图书在版编目（CIP）数据

湛山村志 / 《湛山村志》编纂委员会编 . -- 北京 : 方志出版社， 2019.1
ISBN 978-7-5144-3598-6

Ⅰ . ①湛… Ⅱ . ①湛… Ⅲ . ①村史—青岛 Ⅳ . ①K295.25

中国版本图书馆 CIP 数据核字（2019）第 021403 号

湛山村志

编　　者：《湛山村志》编纂委员会
责任编辑：张　颢

出 版 人：冀祥德
出 版 者：方志出版社
地址　北京市朝阳区潘家园东里 9 号（国家方志馆4层）
邮编　100021
网址　http://www.fzph.org

发　　行：方志出版社图书经销中心
电话（010）67110500

经　　销：各地新华书店
印　　刷：山东黄氏印务有限公司

开　　本：889×1194　1/16
印　　张：32.25
字　　数：777千字
版　　次：2019年1月第1版　2019年1月第1次印刷
印　　数：0001～1500册

ISBN　978-7-5144-3598-6　定价：308.00元

《湛山村志》编纂委员会

主　任：孙中杭

副主任：秦继利

委　员：孙中润　　于志强　　张永兴　　贾世杰

《湛山村志》编纂办公室

主　任：秦继利

主　编：贾世珍

编　辑：孙忠雪

编　务：王　健（女）杨　勇（女）张桂芹（女）

湛山农工商公司 2007 年经济工作会议　　（王健摄影）

中共青岛市市南区湛山农工商公司委员会换届选举　　（王健摄影）

公司党委书记孙中杭　　（王健摄影）

公司领导在电测仪厂车间　　　　（杨勇摄影）

公司领导在电测仪厂车间　　　　（杨勇摄影）

公司领导在电测仪车间 （杨勇摄影）

公司领导看望百岁老人江福芹 （杨勇摄影）

公司党员到革命圣地延安接受红色教育　　（本公司档案提供）

公司党员到革命圣地延安接受红色教育　　（王健摄影）

公司党员宣誓　　（王健摄影）

公司党员在延安宝塔山合影　　（本公司档案提供）

为贯彻中共十九大精神，不忘初心，牢记使命，公司党委带领全体党员重走长征路，2018 年 8 月 28 日在红军过草地“马尔康红军长征纪念馆”合影　　（贾代福摄影）

2018 年 11 月 3 日湛山农工商公司党委召开党员大会进行换届选举，选出新一届党委委员从左至右：吴增忠、王延明、宓跃贤、贾代福、张发亮　　（杨勇摄影）

今日湛山地区全景图

（青岛海航万邦中心效果图 data.house.sina.com.cn）

凡　例

一、本志以马克思列宁主义、毛泽东思想、邓小平理论、“三个代表”重要思想、科学发展观、习近平新时代中国特色社会主义思想为指导，坚持辩证唯物主义和历史唯物主义的立场、观点和方法。本志记述时限，上限不限，凡有资料者尽量记入，下限大体截至2005年，个别章节记述的内容，下限断至搁笔。

二、本志记述空间范围为大湛山村和小湛山村两个自然村，对于村落、姓氏等篇章尽量分别记述，但因两村为一个行政村，大部分内容则合而记述。

三、本志在结构上采用篇、章、节、目体，个别部分则依内容需要而定，不强求一律。《大事记》为编年体，其余力求横排门类，纵述史实。

四、本志纪年，中华民国成立前采用中国历史纪年，夹注公元纪年；中华民国成立后采用公元纪年。1949年10月1日中华人民共和国成立前后，称“新中国成立前”“新中国成立后”。1949年6月2日青岛解放前后称“青岛解放前”“青岛解放后”。青岛的历史分期为：建置初期（1891—1897年），德国侵占时期（1897—1914年），日本第一次侵占时期（1914—1922年），北洋政府统治时期（1922—1929年），南京国民政府第一次统治时期（1929—1938年），日本第二次侵占时期（1938—1945年），南京国民政府第二次统治时期（1945年至1949年6月1日）。

五、本志文体除引文外，采用语体文，记述体，使用国家统一公布的简化字。

六、本志记述历史和当代机构、单位、官职、地名及事件名称，首次出现使用全称（并括注简称），其后用简称。

七、“姓氏篇”中简述之姓氏，限于1958年前到湛山定居至今的各姓氏。

八、“人物选录篇”中故者以卒年先后为序排列，生者以其典型事迹随机排列。以本籍人物为主，也包括对本村有重要影响的非本籍人物，选录人物只记其一生主要事迹、建树贡献、著作科研等，编纂者不予褒贬。不为生者立传，生者记入“健在人物”章节。

九、本志资料主要取自本村档案、市档案馆、旧志、家谱、报刊、正史、专著，同时采用了部分口碑资料和访问记录。援引资料原文，夹注出处。

十、各类统计数字，主要以湛山农工商公司的统计为依据，对于数字的表述，凡名称、词汇、成语、表达性语言和不确切数字（如三四十年代）用汉字，其余均用阿拉伯数字。

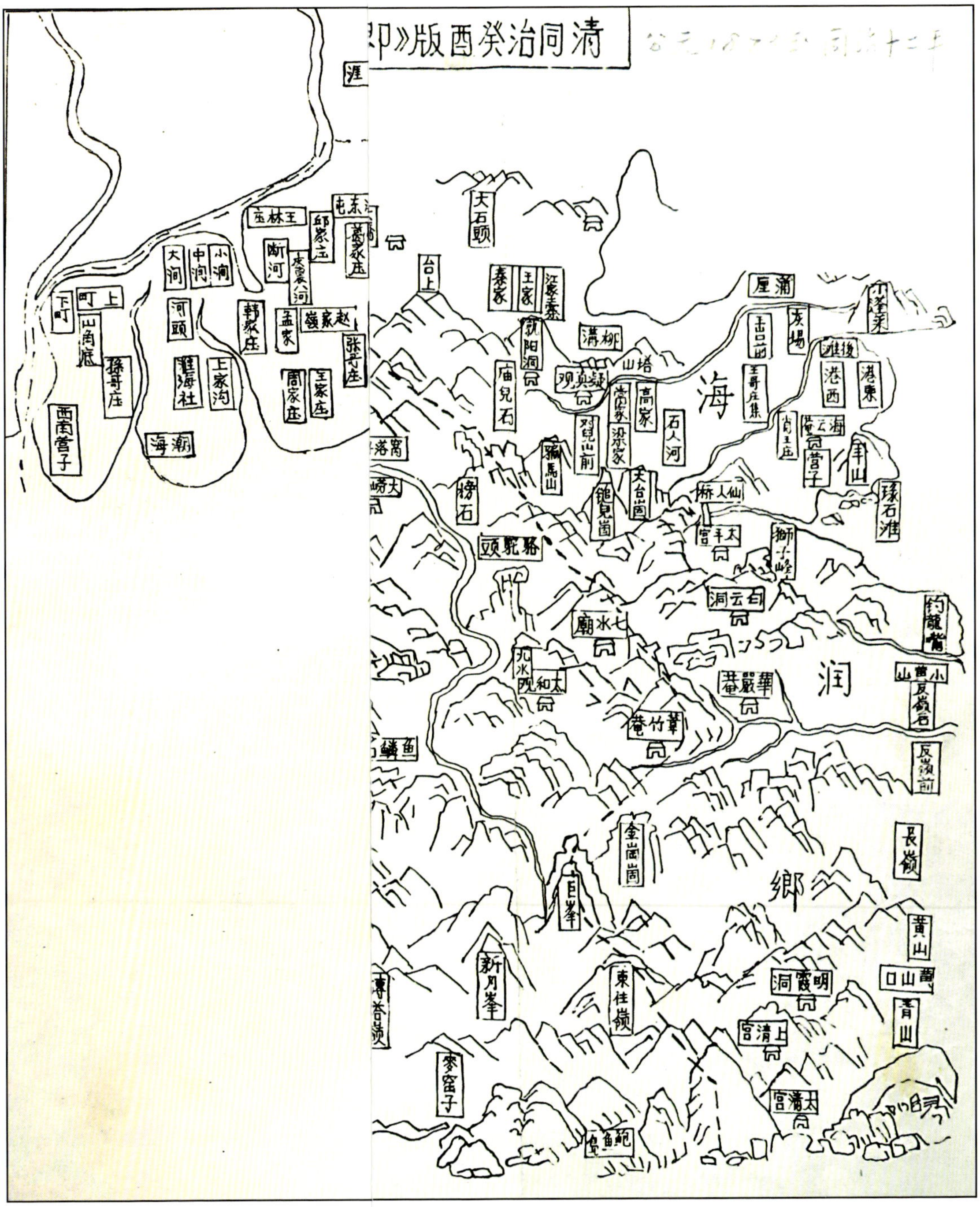

清同治癸酉《即墨县志》载村庄

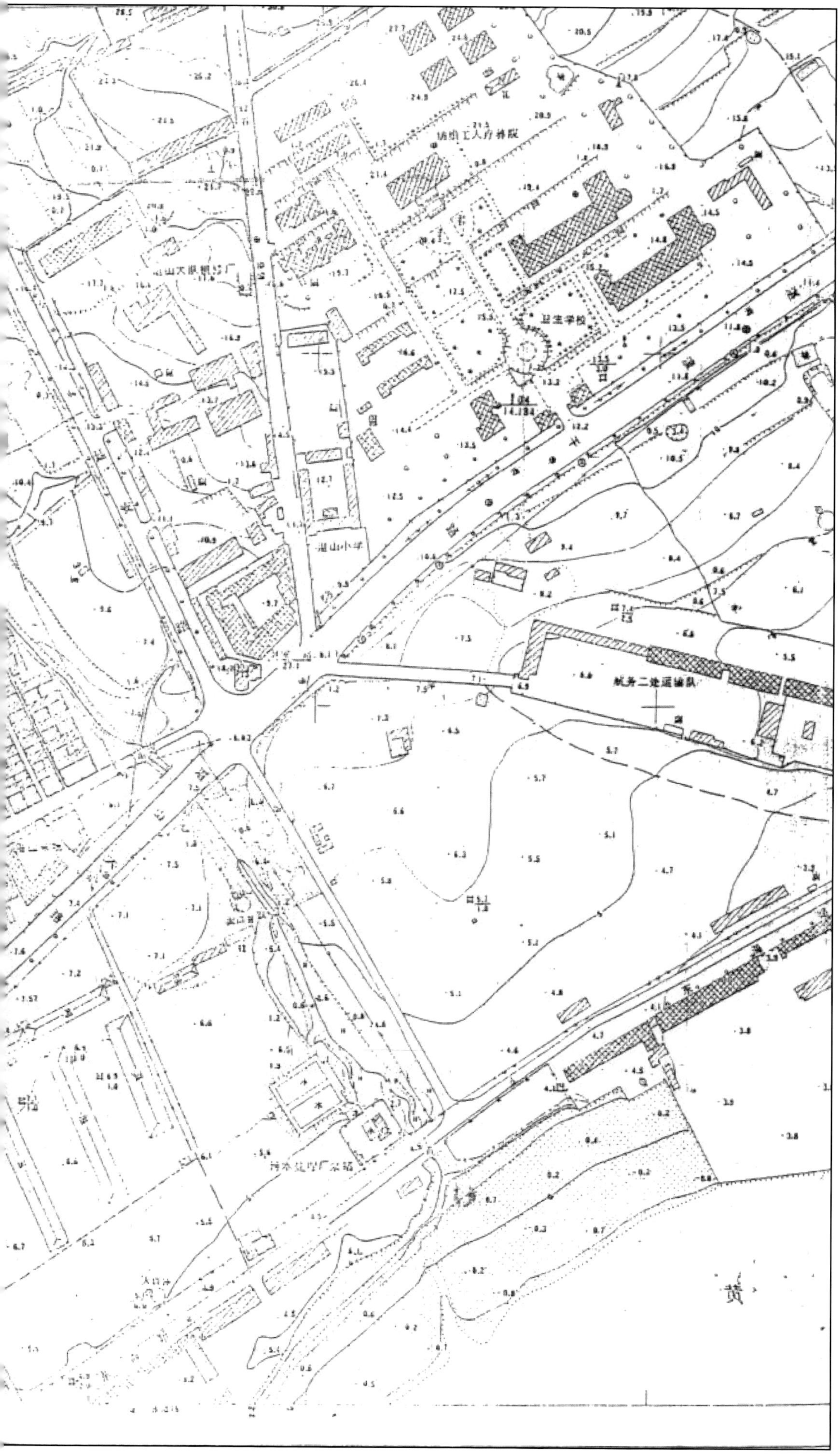
纺织工人疗养院
卫生学校
湛山小学
航务二处运输队
污水处理厂泵站

目　　录

第五篇　小湛山村

第六篇　经济

第七篇　社会

第八篇 党派社团

第九篇 行政

第十篇 军事

第十一篇　文教卫生体育

第十二篇　民风民俗

第十三篇 人物选录

第十四篇 志余

附 录

概　述

湛山村志

ZHAN SHAN CUN ZHI

概 述

湛山村位于青岛市老市区的城乡交界处，今市南区东部。村名沿革经历了斩山、官山疃、湛山村、湛山居民小区4个阶段。古称“斩山”，以村北山峦苍翠的斩山而得名。“斩山”系缘于一个“二郎神在此斩妖，为民除害”的古老神话传说。我们的祖先在村北山上曾修建了一座“二郎庙”，世代香火供奉二郎神，1902年德国人拍摄的照片和海因里希·谋乐编著的《山东德邑村镇志》记载了这座古老的山庙。相传至清时因孙姓和蓝姓争夺斩山（山林）归属权，被即墨县判为“官山”（即国有山），“斩山”从此改称“官山”，村名遂改为官山疃。1910年前后更名为湛山村沿用至今（方音“斩”“湛”同音），一个“湛”字既恰如其分地概括了这里山水清秀风光，海天湛蓝无边的优美自然环境，又以“斩山”的谐音巧妙地吻合了古老的名称。在村东北鸡犬之声相闻处有浮山所明亡失封的军户丁氏后裔于明末清初立一小自然村，乾隆初又有邵姓到此定居，初称丁家庄，后随湛山村命名为小湛山村，故湛山村又称为大湛山村。大湛山和小湛山虽为两个自然村，但历来为一个行政村。小湛山村于1988年、大湛山村于1992年先后进行了拆迁改造，这两个市区里的村庄新建为隶属湛山街道办事处的居民小区。

湛山自古地处即墨辖境，至清时属莱州府即墨县仁化乡文峰社。光绪二十三年（1897）11月1日山东曹州钜野县发生教案，两名德国传教士被杀，以此为借口，德国舰队在胶州湾登陆，迫于压力，光绪二十四年（1898）3月6日清政府与德国签订了《中德胶澳租借条约》，光绪二十五年（1899）10月12日德皇威廉二世令将胶州保护地的新市区定名为“青岛”，这是青岛作为一个城市最早的命名记载。德国侵占青岛（1897—1914）17年，湛山属德胶澳租界，德国将湛山一带规划为大规模营建炮台的军事要地。

1914年8月1日第一次世界大战在欧洲爆发，日本趁德国无暇东顾，8月23日对德宣战，日舰队封锁胶州湾，9月18日日本侵略军在仰口登陆，青岛成为第一次世界大战亚洲唯一战场。这场日德战争空前残酷，湛山一带尤为惨烈，双方动用了海陆空部队。村里许多房屋被炸毁，农民无法耕种，渔民无法出海，村民扶老携幼逃难在外。11月6日日英联军占领湛山中央炮垒，德军陆上防线全线崩溃。入侵湛山村的日本侵略军破门而入，在村民房屋里养马，家里粮食被喂了马，牲畜被日本侵略军吃光。1914年11月11日日军侵占青岛，日本侵略者以武力抢占了德国在山东的全部权益，1915年5月7日强迫中国政府在丧权辱国的“二十一条”上签字，日本第一次侵占青岛8年（1914—1922），湛山又沦为日本胶澳租界。国耻灾难，存史莫忘，以史为鉴，知耻而后勇。凭吊远去的硝烟，倍感珍惜今日祖国来之不易的繁荣昌盛。

1922年12月10日北洋政府接收青岛后，称为胶澳商埠。1929年4月15日南京国民政府接管胶澳商埠，改为青岛特别市，此时期湛山属台东区。1930年改为青岛市，并定为直辖市，1935年市区划为8个区，湛山属浮山区建设办事处。“七七事变”后，1938年1月10日日本侵略者在山东登陆，第二次侵占青岛，1939年改为“青岛特别市公署”，日伪统治时期成立“青岛治安维持会”。1945 年日本投降，南京国民政府接管青岛，为中央直辖市。10 月 11 日美国海军陆战队第六师在青岛登陆。青岛所辖区域，市区有市南、市北、台东、台西 4 个区；乡区有四沧、李村、崂东、崂西、夏庄、浮山、阴岛、薛家岛 8 个区，湛山属浮山区。经历了德、日、美等占领者的统治，饱览了时局的变迁与动荡，终于迎来了 1949 年 6 月 2 日青岛解放，彻底结束了半封建半殖民地的统治，历史翻开了新的一页。

中华人民共和国成立后，1952 年至 1954 年以湛山村为主成立了青岛市市南区湛山大路居民委员会。1954 年 12 月成立湛山大路街道办事处，1956 年 5 月湛山村成立五一蔬菜生产合作社（简称五一社），五一社的农业户和村里的街道户同属湛山大路街道办事处。1958 年 9 月，五一社和浮亢乡的工农联盟社（浮山所、亢家庄、田家村）、浮西乡的海防社（辛家庄、丁家庄、大尧、逍遥）共 9 个自然村联合成立了政社合一的东风人民公社，1959 年改称浮山人民公社，原五一社改称浮山公社湛山大队。1964 年 7 月在湛山村设立浮山所街道办事处，管辖浮山公社范围内九个自然村的街道居民。1982 年，浮山公社社员户籍“农转非”由原农业户口转为城市居民。1984 年 9 月撤销浮山公社和湛山等 7 个生产大队，由原浮山所街道办事处辖属的行政区域划分为湛山、浮山、辛家庄 3 个街道办事处。原设在湛山村的浮山所街道办事处改为湛山街道办事处至今。

湛山村，北倚苍翠太平山三面环抱，南临浩瀚黄海碧波无垠，西毗美丽太平角避暑胜地，东接古老浮山所历史悠久。山水交映，绿树环合，冬暖夏凉，气候宜人。湛山人的祖先独具慧眼，慕此地山水之胜，于明嘉靖年间（1522—1566）选中这山海蕴秀之地，在这里披荆斩棘、创家立业，终于发展成为一个最适宜人居的古村落，惠及历代子子孙孙。

村西有岭，村东有岗，都是村北“斩山”的余脉，西岭未开发前是湛山村的农田和墓地，因草木茂盛，乖乖（蝈蝈的方音）特多，故名乖（蝈）岭。乖岭向南伸入海中之海岬，古称菉豆岛。德占青岛时期因在湛山北山上修了伊尔奇斯炮台将此山改为伊尔奇斯山，1914 年后又被日本侵略者改为旭山，1922 年中国政府收回青岛后始定名为太平山、太平角。从 20 世纪初开始，湛山一带已成为颐养区中心，宋子文别墅、孔祥熙别墅、多国领事馆及官邸等等中外避暑人士咸集于此。村东平岗无高峰，1929 年国民政府行政院院长孙科在这里建了桃园，名曰“孙建华堂”。1933 年孙科桃园以北这一带被国际人士视为“世界最佳风景之一”，经市长沈鸿烈批准征地 510 亩，建了 18 孔高尔夫球场。

自古名山佛寺多，1931 年有诸先贤共议拟在青岛兴建佛寺，选中了被佛家视为佛家佳境的湛山，得到当时青岛市长胡若愚和 1932 年继任市长沈鸿烈鼎力支持，在湛山批地 150 亩，著名高僧倓虚法师应邀到青岛主持寺务，倓虚法师殚精竭虑，历时十年分五期工程创建了青岛最大的寺院湛山寺。1937 年名僧弘一大师（李叔同）到湛山寺讲经历时半年。1947 年 10 月 17 日蒋介石在青期间曾到湛山寺参观。

1949 年青岛解放以后仅十余年时间在湛山周围被大量征地建设了全国纺织工人疗养院、全国总工会疗养院、海军疗养院、空军疗养院、华东军区疗养院、军委疗养院等等，不胜枚举，湛山遂成为全国著名的疗养区。

据《重刊万历莱州府志》记载，明初（600 多年前）此处设“斩山墩堡”，是鳌山卫浮山备御千户所（简称浮山所）辖属的十八个军事墩堡之一。在此驻守的屯垦军民亦军亦农，有警则战，无警则耕。遇有倭寇袭扰，白日举烟，夜间举火，传递警报，镇守海疆。今大湛山毛姓和小湛山丁姓都是明初浮山所军户的后裔〔乾隆三十四年（1769）苏氏族谱记载：追维我浮山所系鳌山卫前所，同封千户者九，我族及余、杨、焦、亢、毛、张两王，同封百户者四，丁、詹、侯、葛，共封 13 户〕。毛姓先祖随燕王朱棣举兵，创业建功被封为浮山所世袭千户正五品武德将军，丁姓先祖丁满八被封为浮山所世袭百户正六品昭信校尉。崇祯甲申明亡失封后，毛姓迁大湛山，丁姓迁小湛山。明初的 18 个墩堡都是依当时 18 个村庄而设，那时的斩山先民至今没有发现具体的文献记载，因年代久远而失传。

据现有族谱文献记载，明嘉靖年间（1522—1566）有孙氏五世祖廷章、廷化兄弟二人自杨家村徙居于此，这是湛山至今有史可稽的立村先人；清康熙二十五年（1686）贾氏五世祖福臻自夏庄徙居于此；康熙四十年（1701）前后辛氏九世祖永第自山东头徙居于此；同时期毛氏始迁祖毛盛自浮山所、王氏始迁祖（讳失传）携子以山、以秀等迁徙到此，形成五姓聚居，遂为土著。湛山最早的这 5 个姓氏因人口繁衍各不相同，孙姓为第一大户、辛姓为第二大户、贾姓为第三大户，毛姓第四、王姓第五，历来有“孙辛贾毛王之说”。

光绪二十五年（1899）秋，因大鲍岛村让地德国，村民“瓜分星散”，其中有王姓的十六世京瑞、于姓的十五世兆礼、兆文先后迁居官山。

光绪二十七年（1901）德夷占青岛四年后收买会前村辟公园，全村遭其驱逐，四散分离，其中有王姓十二世永煴、十三世立晏、立喜、于姓十三世瑞先、刘姓十七世维臣、维盛等迁居官山。

据《胶澳志》记载，“民国 15 年（1926），大湛山庄 252 户、1214 人，小湛山庄 31 户、145 人”。

自 20 世纪二三十年代起，由于农村经济破产和天灾兵燹的驱使，大批农村人口涌入青岛，湛山因地处城乡交界，移民人口急剧增加，据不完全统计，截至 1949 年自胶州、胶南、诸城、日照、平度、即墨等地到湛山定居的外乡移民约 176 户，此时全村共有姓氏 70 多个，至 1958 年全村共有姓氏已达 87 个。诸多姓氏同居于这一方美好的水土，世世代代，香火传承，共洒汗水，建设着可爱的家园，共同书写着湛山村的历史。

村民自古农耕兼业渔。农业生产历来沿袭着以家庭为单位的个体经营，历史上饱受封建制度的压迫和帝国主义的侵略，农民长期处于贫困之中，难求温饱，青岛解放之初划阶级成分时，全村贫农和雇农占总户数的 60% 以上。新中国成立后，在中国共产党领导下，通过群众性的土地改革运动，废除了封建剥削制度，实现了耕者有其田。1956 年在农业合作化中湛山成立了“五一蔬菜生产合作社”，1958 年进而成立人民公社，彻底改变了私有制的小农经济，完成了农业的社会主义改造，走上了社会主义集体经济的发展道路。依靠集体的力量大规模兴修水利、修建水库、打机井、深翻土地改良土壤、发展电力和农业机械、引进新品种进行科学种田，大大提高了劳动生产率和农作物产量，增加了农业收入。从 1959 年起湛山大队成为青岛市蔬菜生产基地之一，合作化之初的 1957 年五一社蔬菜年上市量为 240 余万公斤，而至总产量最高的 1968 年蔬菜年上市量已有 1000 多万公斤。

农业合作化初始湛山的地域范围：西至太平角一路太平湾畔，北沿太平山南麓向东北与仲家洼亢家庄至东与浮山所接壤，南至海岸线。1958 年五一社核准土地共有 1642.1 亩。由于土地不断被征用，湛山的集体经济结构也随之由农业向非农业演变。1971 年以前主要经济来源是依靠农业收入，此后，工业逐渐兴起和发展，1972 年非农业收入已和农业收入持平。中共十一届三中全会后，根据中央一系列有关农村工作方针、政策和经济体制改革的指示，取消了人民公社生产大队建制。1985 年湛山农工商公司成立时，生产队实际耕种的农田仅余 119.92 亩，农业收入仅为 25.62 万元，而非农业收入已达 1175.53 万元。1995 年随着仅存的第四生产队土地（今太平角公园）被征用以后，结束了湛山农业生产的历史。

1978 年改革开放以来，政通人和、国泰民安、百业兴旺，我国经济结束了长期停滞和封闭的局面，经济快速发展，湛山的工业、商业、服务业也进入快速发展期，到 1988 年集体工业企业共有 10 余家，项目产品包括机修、铆焊、玻璃钢、汇线桥架、空压机配件、安全器材、自行车摩托车装修、制药、服装、电子检测仪器、塑料改性材料、客车修理等等。其中电子检测仪器厂属青岛高新技术企业，该厂生产的卫士牌电子检测器获山东省科技进步奖、国家质量银奖、中国国家级新产品及中国名牌产品等称号，销往全国各地并出口东南亚地区。以湛山宾馆为代表的湛山集体商业服务业经历了从无到有、从小到大的过程，1985 年湛山宾馆建成开业，1990 年营业收入 1529.51 万元，1994 年名列青岛市市南区第三产业经济效益十佳企业第一名，曾被誉为青岛市市南区第三产业的“龙头”。

湛山的个体经济也如雨后春笋般的迅速发展起来，1992 年大湛山村拆迁之前，全村的商业、旅馆、酒店餐饮、古玩字画、书报杂志、电子游戏等等个体工商户已达 44 家。拆迁改造后仅几年的时间湛山社区各行各业大大小小的个体工商业户已不计其数，遍布小区。

关于文化教育方面，旧时以私塾为传统的教育方式，由于生活艰难，上学念书的人是少数，多数人为文盲，据不完全统计，清末民初村民中上私塾的仅 40 余人。民国 8 年（1919）成立湛山公立初级小学，校长 1 人，教师 1 人，1923—1927 年 5 年间毕业仅 31 人。1934 年建成新校舍，1940 年又进行了扩建，湛山小学成为当时青岛市近郊重点小学。新中国成立以后即开展了扫盲教育，村里成立了民办业余学校，对文盲和半文盲进行初步读、写、算的教育，参加学习的青壮年 300 余人。1960 年湛山大队成立了民办小学，1967—1993 年共教育培养小学毕业生 1200 余人。1992 年民办小学归并入湛山小学。在大湛山村拆迁改造期间，市南区政府重新选址在湛山投资兴建新校，1995 年竣工，原湛山小学正式更名为青岛市市南区实验小学。现有教学班 25 个，学生 1460 名，正式教职工 78 名。学校拥有机器人室、多媒体教室、藏书室、舞蹈室、稚学堂等 20 个专用教室。学校建有自己的网站，网络接点连接到每位教师的办公电脑和每间教室的教学电脑。学校先后荣获青岛市和山东省规范化学校，青岛市科普教育基地，山东省科普教育示范学校等称号。

“绿树村边合，青山郭外斜”可作为古老湛山村的写照。山峦、云霞、碧波、庙宇、塔影，优雅宁静的山水田园，安详和谐的村居空间，组成了一幅人与自然高度和谐的世外桃源图。

然而到 20 世纪 90 年代湛山村这个城市里的村庄已经发展到 2509 户 7290 人，成为名副其实的“大湛山村”，本地人口的繁衍，外来人口的剧增，居住环境的拥挤，公共设施的落后，承载着湛山人一代一代生生不息的古老村庄，像一个白发苍苍的老人，已经不堪重负。

纵观湛山村的古往今来，可知每一个村庄的命运和国家民族的命运从来都是密不可分的，和整个国家民族的苦难、浩劫、兴衰是永远联系在一起的。

随着我国改革开放的大潮，经青岛市城乡委等有关部门批准，1988 年由青岛市南城建开发公司率先对小湛山村进行整体拆迁改造，拆迁户共 221 户，拆迁总面积 14410.8 平方米。按照统一规划配套建设的原则，小湛山一带建设成 17 个楼座的建筑群体。

1992 年青岛市委、市政府又确定大湛山村改造工程列为当年青岛市 23 件大事之一，此项工程占地 23.74 公顷，拆迁居民 1895 户，由市南区政府组织实施。从 1992 年 5 月 18 日奠基，被拆迁居民开始动迁。由于人们对古老家园留恋怀旧的桑梓之情，对生于斯、长于斯、终老于斯之乡土根深蒂固的眷恋，对拆迁规划改造后之新村的憧憬期待，分外复杂的心情表现在村民对拆旧建新全过程的密切关注。被拆迁村民于 1994 年 3 月后陆续回迁，又经过完善配套设施、绿化、美化等后期工程，1999 年湛山广场落成，大湛山村改造工程全部结束。古老的村庄脱胎换骨建设成 20 世纪 90 年代新的湛山居民住宅小区。新建湛山居民小区共分 3 个区域，东区有住宅 17 万平方米，安置拆迁居民 2745 户，西区住宅 5 万余平方米，为商品房，南区 14 万平方米是高层公建楼群。小区内建有大型中心绿地广场为典型中国园林风格，其首要功能是供居民休息、健身、游玩，广场北部立起大湛山村史碑，记载着古老村庄的沧桑变迁。

大湛山村拆迁改造的同时，青岛市市政府东迁浮山所，青岛市新市中心东移，湛山一带大大加快了向现代化新市区发展的脚步，原有村办老工厂企业如电子检测仪器厂等远迁东李村市南工业园，余者大多已逐渐停业。社员职工从 1994 年 10 月男年满 60 岁、女年满 50 岁开始纳入社会养老保险统筹，1997 年 9 月 4 日正式实行社会养老保险统筹。原企业厂址占地由湛山农工商公司进行招商，合作开发。如电测仪原厂址合作开发建设了青岛湛山软件研发大厦，湛山宾馆原址合作开发了海航万邦中心等。湛山集体经济基础也与时俱进随之向楼宇经济转型。

物换星移，沧桑巨变，祖祖辈辈的先人们想都想不到的美好日子，幸福生活，如今都变成了现实。湛山人告别了落后的村居生活环境和生活方式，历史翻开了新的一页。今天的湛山人，发现周围的一切像梦幻一般在变，昔日湛山沿海的海水养殖场、污水站、网厂、航务二公司等工厂企业单位在湛山村拆迁改造的同时纷纷迁走，建成了海滨风景游览的黄金海岸线。大海变得更加清澈湛蓝，从这里四处眺望就像海市蜃楼。湛山周围的菜地里高楼大厦像雨后春笋拔地而起，古老的湛山村经过规划改造，已融入新时代青岛市东部新城区的城市建筑群落。

大湛山村志（碑文）

大湛山村，北倚太平山，南临黄海，西毗太平角，东接浮山所。山水交映，绿树环合，冬暖夏凉，幽静宜人。名作家郁达夫有诗赞曰："湛山一角夏如秋"。

据史载，明初此处设军事"墩堡"，镇守海防。明嘉靖年间（一五二二年至一五六六年）有孙氏兄弟徙居于此。清康熙三十三年（一六九四年）（注1）又先后有贾辛毛王等姓氏来此聚居。诸姓耕稼陶渔，睦邻友善，繁衍生息，蔚成村落。（注2）

大湛山村古称"斩山"，以村北山峦苍翠谓之"斩山"因而得名。至清时斩山改为官山，村名官山疃。德国侵占青岛时，始更名大湛山村，沿用至今。《胶澳志》载："民国十五年（一九二六年）大湛山庄二百五十二户一千二百一十四人"。

一九三四年村北太平山之阳，兴建湛山寺，构筑堂皇，规模恢宏，每至农历四月初八举行盛大庙会，钟磬齐鸣，香火炽盛，进香、观光者八方云集。一九三七年名僧弘一大师（李叔同）曾来此讲经。

一九五六年成立五一蔬菜生产高级合作社，主要生产蔬菜、水果。村民中农业和非农业人口各占半数，随着土地陆续为国家征用，一九八二年农业人口转为城市居民，经济基础也随之转型。一九八五年成立湛山农工商公司，隶属市南区管辖。

一九九二年至一九九九年市南区政府将大湛山村规划建设成新居民小区，自此古老之大湛山村融入青岛市城市建筑群落。

星移斗转，沧海桑田，缅怀先辈德泽，弘扬古村遗风，溯史镌文，永垂后世。

一九九九年岁在己卯清秋
湛山农工商公司撰文并立石
潍阳高小岩（书）

注：1. 据2015年新发现的老《贾氏族谱》记载："五世福臻康熙二十三年买蓝姓庄产二十五年徙居官山"。

2. 湛山村的老姓氏因人口繁衍各不相同，孙姓人口最多，为第一大姓，辛姓为第二大姓，贾姓第三，毛姓第四，王姓第五，历来有"孙辛贾毛王"之说。

湛山村史碑（碑阳）　　（贾世珍摄影）

造型设计　徐立中

碑阴书法　高小岩　　（贾世珍摄影）

碑文撰文　贾世珍

大 事 记

ZHAN SHAN CUN ZHI

湛山村志

ZHAN SHAN CUN ZHI

明　朝

洪武二十一年（1388）五月

朝廷设立鳌山卫浮山备御千户所（简称浮山所）。

永乐年间（1403—1424）

设斩山墩堡，是浮山所辖属18个墩堡之一。为浮山所右翼最近的一处军事据点，屯垦军民在此驻屯，镇守海疆，抵御倭寇，是湛山有史可稽的早期先民。

嘉靖年间（1522—1566）

孙氏始迁祖五世廷章、廷化兄弟二人自杨家村徙居斩山。

清　朝

康熙二十三年（1684）

贾氏五世祖福臻买官山蓝姓庄产。

康熙二十五年（1686）

贾氏始迁祖五世福臻（配钟氏）从崂山夏庄徙居官山。

康熙四十年（1701）前后

辛氏始迁祖九世永第（配孙氏）来自山东头，徙居官山疃。

康熙四十三年（1704）

大饥、疫。饿殍相望，草根树皮殆尽，人相食。

康熙年间（1662—1722）

毛氏始迁祖毛盛（配王氏）自浮山所迁居官山疃。

康熙年间（1662—1722）

王氏始迁一世祖迁居官山疃后远出，讳失传配无考，不知来处，二世祖以山（配胡氏）、以秀兄弟二人始有记载。

乾隆十二年（1747）二月

辛文焕（字有章考名文通）在辛吉令草创稿的基础上，历时三年修订了全族（包括大埠东、山东头、前窑、后窑、官山等各支派）的《辛氏族谱》，并在序言中倡导全族读书人缮写族谱，以广其传。

乾隆三十二年（1767）二月

孙氏常瑞（十一世）慨然有志于修谱，兼永亨、永坤（十世）、常贵（十一世）、琢公（十二世）俱赞成其事，聘请守福（八世）之外孙辛文焕创修《孙氏族谱》，并为之缮写四册，孙氏四老支各存其一。

乾隆五十九年（1794）既望

七月十六日　赞修孙氏族谱者六人物已故五人，辛文焕时年80岁，又慨强不辞将28年前所修之《孙氏族谱》四册复增修。

乾隆六十年（1795）

辛文焕去世，终年81岁。

嘉庆二十一年（1816）

十月　辛氏十一世数可、治可（文焕之子）兄弟二人始修湛山《辛氏支谱》，并在谱序中记载《辛氏族谱》谱册有三，各宗其一，其父辛文焕订修过两次。

同治三年（1864）

十二月　孙氏家庙建成，重修《孙氏族谱》。

德国侵占青岛时期

光绪二十四年（1898）

3月6日　德国强迫清政府签订《中德胶澳租界条约》。《王氏族谱》记载“青岛海口商业振兴，华洋杂处，大抱岛王氏祖业尽为商界据占”，十六世王京瑞迁居官山疃。

光绪二十五年（1899）

秋　德国胶澳当局征购了上青岛村、大鲍岛村土地，始建青岛市区。

光绪二十六年（1900）

贾氏十世永泉（字鹤桥）约会族人，聘请戴文山先生修订《贾氏族谱》，贾氏家庙在筹建过程中因意见分歧而停建。

同年　大鲍岛因让地德国，于氏十五世兆礼、兆文迁居官山疃。

光绪二十七年（1901）

6月　德海军大佐托尔柏尔接任胶澳巡抚。

德胶抚布告宣布德胶澳当局已收买小鲍岛、孟家沟、小泥洼、会前、海泊等五村，该五处住户房屋要拆除，限到东镇及小泥洼附近划定地块修建房屋，并对建房标准作了七项规定。是年德国收买太平山造林。会前村旧有村民三百六十户，多业渔，其中有王、于、刘等姓氏中的部分人迁居官山疃。

光绪二十九年（1903）

5月19日　德胶督署布告中称菉豆岛为“官山岛”。

光绪三十四年（1908）

德人在大公岛修建灯塔一座。

宣统二年（1910）前后

官山疃更名为湛山村。

1914年

8月1日　第一次世界大战爆发，8月23日日本向德国宣战，日本第二舰队封锁胶澳。

9月27日　日英联军占领浮山。

9月28日　日英舰队炮轰湛山周围的炮台和青岛山俾斯麦炮台。湛山一带德国人的“伊尔奇斯”炮台和中央炮垒为青岛东南隅防守要地。并由湛山海滨向北蜿蜒经亢家庄直至海泊河五号炮台之防御掩护线长达5公里。

10月31日　日英联军向德军发起总攻，湛山“伊尔奇斯”炮台被日英联军彻底摧毁，湛山一带成为德日战场，村民扶老携幼四散逃难，村里房屋被炸毁60余间（此后多年来直至1992年湛山村拆迁改造之前，在农业和民宅施工中仍经常从地下挖出德日之战未爆炸的大型陈旧炮弹）。

11月7日　日军攻占了德军的中央炮垒——东镇炮台和海岸炮台，德军的陆上防线（浮山湾、湛山、亢家庄、海泊河一线）全线崩溃。德军在青岛仅有5000人和5艘军舰，苦战后，因寡不敌众，于是炸毁所有炮台，销毁除警卫部队手提式武器以外的全部军火，同时将所有船舶炸沉于胶州湾口。上午7时驻青德军悬白旗投降。德人投降时，将重要建置如水道、电灯、船厂起重机等尽行毁坏，全市秩序紊乱，日暮以后，如同黑暗世界。我国商绅大都避难他往，居民损失不堪言状。这一场日德之战是第一次世界大战史的一页，也是亚洲唯一战场。

日本第一次侵占时期

1914年

11月11日　上午10点日军入城侵占青岛。日德交战时，村民逃难在外40余天。进驻湛山村的日军破门而入，在村民屋里养马，家里粮食被喂了马，牲畜家禽被日军吃光。

1917年

春季酷旱，秋又多雨，收获大歉。

1919年

3月　公立湛山初级小学开校。校舍教室8间、办公室1间、杂用室1间，教师1人，职员1人，学生总数58人。

北洋政府统治时期

1926年

6月3日　国际运动会在汇泉练兵场举行。有中、日、英、美、法等国参加。湛山孙立魁（字安亭）参加万米长跑比赛（资料失传，名次不详），比赛路线是先在跑马场跑三圈，然后至大麦岛返回跑马场，再跑两圈，沿途由国际裁判（外国人）骑马监督。

9月　胶澳商埠招领市外农地。市外之台东、湖岛子、东西吴家村、上下四方、仲家洼、亢家庄、湛山、浮山所、小村庄等处民户，原有农地，昔年经日设官署发价收买者不少，中国接收后，该村民等呈请以当时出售非由本意，请备价领回，至是决定准按原价由原地主收回，自行耕种。

同年　台东警察署第三分驻所户口调查统计，大湛山庄252户，人口共1214人，其中男性617人、女性597人；小湛山庄31户，人口共145人，其中男性78人、女性67人。

1927年

胶澳商埠统计公立湛山初级小学校历年毕业生人数：

民国年份：	12	13	14	15	16	计
毕业生人数：	9	4	6	4	5	28

时任公立湛山初级小学校校长韩崇圣。

南京国民政府第一次统治时期

民国 18 年（1929）

湛山孙立生之女孙素芳在圣宫女子中学高中毕业，回村从事小学教育。

民国 20 年（1931）

国民党交通部长叶恭绰到青岛避暑，遂有创建湛山寺之议，并作发起人，聚集善信开会、筹备、募捐。经市长胡若愚允许，在湛山拨给土地 150 余亩作为建寺用地，是年，12 月 17 日，沈鸿烈继任青岛市长，与胶济铁路委员长葛静芬等人积极兴建湛山寺庙，经叶公绰推荐倓虚到青岛主持寺务。

民国 21 年（1932）

7 月 31 日　湛山公益会杜叁致信市长沈鸿烈，为了永久保护湛山沿海之美丽风景，建议对于湛山避暑区的开发建设加强规划和管理，将海边之西南角划归海边公园，使海边公园更形完美，确保海边一带天然美景与空旷地面得以保存，使当地居民和大众均得同样享受。

民国 22 年（1933）

1 月　大湛山村开始通电，每家安装一盏电灯，因“油缸”（变压器）小，后街以北暂时未通电。

4 月　“市政府指令 2837 号”《复杜叁先生函》中称，“选据贵会及湛山居民之望和中外商民请求将太平角二路南端辟作海水浴场，当由财政局计划测量并放租一小部，嗣以各方意见未能一致，业由财政局通知领租各户暂缓建筑，静候解决。关于建设湛山海滨公园，本府当饬令主管局妥为计划设法布置，事关市政设施，所需经费自当由本府尽力筹措”。

11 月 8 日　青岛高尔夫俱乐部会长塔加哈西请租湛山一地，面积约计 34 公顷（510 亩），为建设十八孔穴新高尔夫球场之用。

民国 23 年（1934）

4 月　湛山寺始建。选址时要求既要避免市内人声喧闹，保持寺庙庄严，又要防止山海僻远可便往来，几经斟酌始定，认为湛山南麓实属佛家佳境。

同年　新建湛山小学落成开学。

民国 24 年（1935）

湛山高尔夫球场建成。

民国 25 年（1936）

湛山寺被评为青岛十大景观之一，这是青岛第一次评选出代表青岛风光最高水准的 10 个景观，称为“青岛十景”，即飞阁回澜、琴屿飘灯、汇滨垂钓、会崎松月、燕岛秋潮、东园花海、登瀛梨雪、丹邱春赏、湛山清梵、穹台窥象。

民国 26 年（1937）

青岛华新纱厂经理周志辅、周志俊两兄弟为其母祝寿捐巨资兴建的湛山寺第三期工程藏经楼和药师塔落成。

5 月至 10 月　名僧弘一大师（李叔同）应倓虚之请到湛山寺讲学，历时半年。慕名来访者络绎不绝，当时的青岛市市长沈鸿烈到寺访见，被弘一托辞拒绝，此后沈鸿烈又设素斋宴请，又遭拒绝，弘一法师一心向佛，不趋炎附势、攀高结贵，由此可见一斑。

12 月 27 日　是秋日寇内侵，沈鸿烈撤出青岛。

日本第二次侵占时期

民国 27 年（1938）

“七七事变”后，日本帝国主义抢占卢沟桥，抗日战争爆发。1 月 10 日，日本海军在山东头登陆，侵占青岛。

同年　日本侵略军在浮山所建“陆军病院”（今海军四〇一医院）同时将湛山大路修成混凝土路。

民国 28 年（1939）

8 月 30—31 日　本市遭台风暴雨袭击，发生海啸，树木拔起者甚多，屋瓦有吹飞者，低洼村庄悉被水侵，损失严重。

民国 29 年（1940）

新湛山小学第一期毕业生共六人：

韩竹英（韩福茂之女）、孙桂英（孙作梅之女）、孙美芳（孙作亮之三女）、贾连美（贾维仁之女），另外两名男生胡善兴、孙爱宝。

其中韩竹英、孙美芳、贾连美又考入市立女子中学（青岛二中前身）。

民国 30 年（1941）

新湛山小学第二期毕业生共 10 人：

孙正锦、孙中方、贾世琋、辛玉义为前四名，余者不排名次，孙中和、矫钜法、孙中恩、孙立考、王治林、金少清。其中孙中和考入东文书院，矫钜法、孙立考考入崇德中学（青岛十一中前身），贾世琋考入市立中学（青岛一中前身）。

民国 32 年（1943）

日本侵略军强占湛山小学，部分学生临时在村里民房上学，其余学生被迫停学。

民国 33 年（1944）

4 月 4 日　青岛保安大队（简称“青保”即崂山游击队，）总队长李先良派特务队分队长辛承清潜入市内，在登州路将伪商会常务董事长乔智金挟持至湛山击毙，日寇虽派队追击，终未得逞。“青保”宣告如今后为虎作伥，将与乔氏同命运，使市内大小汉奸莫不胆寒。

民国 34 年（1945）

6 月 11 日　“青保”特务大队列兵戴义云等 3 人，潜入市内，在浮山所附近将日寇桐部队驻湛山之特务张常清俘出，并在汇泉马场牵出战马一匹返防。

南京国民政府第二次统治时期

民国 34 年（1945）

8 月 14 日　日本宣布无条件投降，村民奔走相告，欢呼抗日战争胜利，有已缴枪的日本军队乘坐军用卡车路过湛山村前马路，孩子们纷纷以乱石击之，昔日耀武扬威、凶狠残暴的日本兵个个如丧家之犬、垂头丧气、不敢抬头。

11 月 1 日　中美双方接收湛山兵营。

民国 35 年（1946）

3 月 17 日　本市保甲编组完竣。全市划归为 12 区：台东、台西、市南、市北（以上 4 个市区）；四沧、李村、崂东、崂西、夏庄、浮山、阴岛、薛家岛（以上 8 个乡区），全部实行“保甲制度”。

5 月 7 日　白崇禧、顾祝同偕第二绥靖区司令王耀武，第十二集团军总司令夏楚中等 30 余人，分乘 3 架专机到青岛视察，12 时到青，赴机场欢迎者有青岛警备司令丁治磐，青岛市市长李先良，第八军司令李弥等，宪兵及警察沿途布岗警戒。中午李先良摆西餐为白崇禧一行洗尘。午后白崇禧一行视察了汇泉炮台，太平山炮台，湛山炮台等军事要塞。

6 月 25 日　驻青美海军陆战队在湛山寺后实施堡垒攻击演习。

民国 36 年（1947）

大湛山村前街划为第八保，约 500 户选出保长孙立瑞，副保长孙作泽；后街划为第九保，约 400 户选出保长辛承志，副保长辛玉华。

各保按规定成立“民众自卫队”，由保长任保队长，凡 18 岁以上 45 岁以下之壮丁，一律编队受训。

同年冬　下了一场大雪，村内街道积雪一米以上，大雪封门，行走需挖雪开路。村外道路不可行走，井口被封不可辨认。

民国 37 年（1948）

7 月 6 日　本市遭台风袭击。风力九级，风速每秒 23 米，一时狂风大作，沙土漫天，浪涛汹涌，造成本市十年来罕见大海啸。前海风浪激起数丈高。

8 月 14 日　本市大雷雨。降水时间共 6 小时 50 分，总降雨量 158.1 毫米，20 年来所未有，雨势最强时每小时降雨量 66.2 毫米，创 50 年来最高纪录。

8 月 23 日　新金圆券开始发行。法币及东北流通券停止发行，所有以前发行之法币，以三百万折金圆券一元，东北流通券以三十万元折合金圆券一元。

民国 38 年（1949）

5 月　国军溃逃前大肆抓兵拉夫，村里人心慌，青壮年到麦子地里四处躲藏。湛山因被抽壮丁、抓兵、随军或随厂撤离等原因去台湾人员共计 42 人（其中包括小湛山 6 人、仲家洼 3 人）。

中华人民共和国

1949 年

6 月 2 日　中国人民解放军解放青岛，败退的国军多艘军舰撤离大陆，溃逃前停泊在距湛山不远的大公岛附近海域，几天后黯然离去。进驻大湛山村的解放军夜宿大街，对村民秋毫无犯，称呼村民为同志或老乡。村民目睹解放军纪律严明，和蔼可亲，深受感动奔走相告。从此青岛的历史翻开新的一页。

同年秋　土改工作队由队长高绪森带领进驻湛山村。

同年　中共湛山土地改革委员会支部书记纪广智，在湛山村发展首批党员崔久功、侯玉田，预备党员侯淑英、于鑫功。

同年　根据中国人民解放军青岛市管制委员会布告精神，上级派来军代表王基仁兼任湛山小学校长，在抓新教学的同时还组织师生并亲自导演歌剧《白毛女》在湛山和周围各村演出，耳目一新，反应强烈，演出中甚至有观众以乱石子击打台上扮演地主黄世仁的演员。

同年冬　根据人民政府指示，为了扫除文盲提高村民文化水平，村里开办了夜校，晚上利用湛山小学教室组织村民（大多为青壮年）学政治、学文化、学唱红色革命歌曲，参加学习的有 300 余人，夜校校长孙中昆，教师孙作铭、辛玉华、孙作桢等。

1950 年

6 月 25 日　朝鲜战争爆发，27 日美国第七舰队侵占中国领土台湾，10 月美军出动飞机轰炸中国东北边境城镇和乡村，严重威胁中国安全，中央作出“抗美援朝，保家卫国”的决策，并迅速组成中国人民志愿军奔赴朝鲜战场参战。湛山参加志愿军抗美援朝的人有孙中秋、孙中财、贾世琋、孙正凤、孙立法、孙中全（孙中宝二弟）、孙立勇、张诚信、安可祥等。

同年　根据中央人民政府政务院公布的《农民协会组织通则》在中国共产党领导下，土改工作队组织全村农民，经民主选举选出湛山农民协会（简称“农会”）主席贾维星，副主席孙立福，并在全村划片选出大组长，主要有辛玉忠、赵明海、张松鹤、刘正儒、贾世茂、韩永山、崔久功、杨大君等，湛山农民协会成立。

同年　在吸收发展团员的同时新民主主义青年团（1957 年 6 月改称共产主义青年团）湛山支部成立，书记于鑫功，组织委员侯淑英，宣传委员王世纲，团员邵成茂。

同年　湛山剧团成立，在中街戏台演出了歌剧《兄妹开荒》《改邪归正》等。

12 月　根据中央关于镇压反革命的指示

和“惩治反革命条例”全国开展了镇压反革命的斗争。在湛山靶场两次处决了罪大恶极的反革命分子 85 人。

1951 年

由村民入股集资组建的商贸组织——湛山消费合作社成立，社长侯玉田，地址在韩福茂家临街的房子。主要经营粮油、日用百货、布匹、土产等。

同年　孙中财在抗美援朝战争中牺牲，被追认为烈士。孙中秋请求领导批准，将装殓孙中财烈士遗体的棺木又特制了大铁盒子进行外包装，通过铁路从朝鲜战场托运回青岛，烈士英灵魂归故里大湛山村，安息故土，是孙中秋为战友和兄弟的义举和对家乡亲人的交代。

4 月　土改工作队和农会发动群众进行土地改革，划分阶级成分，没收地主部分土地，征收富农多余土地，分给贫下中农和雇农。部分地主的房屋也已经没收，准备分给贫雇农，分配方案已经确定，又接到上级指示，湛山属于市区，按政策规定不没收房产，遂将没收的房屋退还给房主。

同年　孙正凤在抗美援朝保家卫国战争中光荣负伤，左腿截肢，被定为二等甲级革命伤残军人，复员回乡。

1952 年

上半年　在全国开展的“三反”“五反”运动中（“三反”是反贪污、反浪费、反官僚主义，“五反”是反行贿、反偷税漏税、反盗骗国家财产、反偷工减料、反盗窃国家经济情报）湛山村党员干部侯玉田、崔久功因犯错误被撤职。

下半年　根据市政府“民主建政工作计划要点”和“建立街道居民委员会执行计划”市南区全区开始居民委员会组建试点工作。

同年　根据山东省人民政府教育厅指示，村里成立民办业余学校，在夜校的基础上转为常年业余学习，校长孙作铭。

1953 年

全国纺织工人疗养院（简称“纺疗”）在湛山小学以东开始兴建。华东军区疗养院在野鸡台以北，湛流干路以南开始兴建。全国总工会疗养院在湛山村北始建。

4 月　在湛山大路派出所警区的基础上建立了湛山大路居民委员会，主任林同华、副主任苏桂英。

8 月　青岛市人民政府房地产管理局为湛山村农户颁发了土地证：“市区公有农地临时证明”。

同年初秋　纺疗工地一名建筑工人午休时在湛山前海洗海澡游泳时被鲨鱼吃掉。青岛海域（特别是立秋以后）常有鲨鱼在近海出没，不宜在没有防鲨网的海域游泳。

据青岛市档案馆《青岛大事记史料》记载，1948 年 3 月 28 日美军西太平洋舰队杜鲁门号巡洋舰由沪驶青途中，在距石臼所 40 海里处用大炮击毙一条长约 50 米，身围直径约 5 米的大鲨鱼，31 日运抵本市。

10 月 7 日　运送北京天安门广场人民英雄纪念碑碑心的整块花岗岩大石材，10 月 7 日途经湛山村东台湛路（今延安三路），晚上就地休息，有警卫人员值班。碑心石材采于青岛浮山采石场，原石坯重达 320 吨，移至山下平地加工整形至重 280 吨，然后采用滚子及推土机一步步牵引滚移的古老方法，一天 0.5 公里的速度，从王家麦岛到大港火车站 15 公里用了 34 天。装上列车车皮后再加工至长 14.7

米、宽2.9米、重103吨。从4月11日动工到10月16日安全运抵天安门广场工地，历时6个多月，参与人员达7116人。

运送列车途经坊子火车站，湛山人贾世舜（时任坊子列检所列检工长、团支部副书记）为列车进行了安检，该列车号为：P10-10110。

10月　根据市政府整顿居民委员会的要求，将居委会整顿划小，湛山大路居委会改为自治性群众组织。

11月4日　青岛市实行粮食计划供应，村民按规定开始凭粮证购粮。

同年冬　海军潜艇学校（今潜艇学院）在湛山高尔夫球场东部建校。

1954年

空军疗养院在湛山村西北始建。

9月15日　村民开始凭布票购买棉布。

12月　组建湛山大路街道办事处，首任湛山大路街道办事处主任李景邦。

1955年

1月　经中共青岛市委组织部同意，建立中共湛山大路支部。

同年春　孙中昆和孙正锦二人被派到崂山县参加培训学习，准备成立初级农业合作社，在学习中接上级指示停止培训。当年冬又重新到崂山县参加培训，学习内容改为成立高级农业合作社。

同年　成立湛山高级农业合作社筹备委员会，农民的土地、农具、牲畜、种子等全部入社。

7月　根据《中华人民共和国兵役法》规定开始实行义务兵役制，7月30日湛山首批应征青年刘可木、孙正铸、丁正亮、肖维宗、陈文集、李宗照、孙正浩、孙正高、孙中梅、薛进东、薛志礼11人光荣参军入伍。

1956年

4月1日　湛山农业合作社筹备委员会财务记下了第一笔账，购买办公用写字台一个25元。

4月2日　村前湛山大路南在打大井施工中突然塌方，女青年社员辛中美被埋在土中，众人用手扒土奋力抢救无效，发生死亡事故。

5月1日　召开社员代表大会，正式成立市南区（湛山）五一蔬菜生产合作社（简称“湛山五一社”），第一任社长孙中昆，副社长侯玉田、石茂官，委员贾世茂、孙中文、王志高，主管会计张正义、出纳兼保管员李农林、会计员辛玉孝。下设6个生产大队。

同时成立湛山牧场、湛山渔业社、湛山托儿所。

湛山牧场由孙作铭负责设计施工建在东北山后（今江西路北、扬州路南），由袁瑞亭任场长，于焕堃负责业务技术。另在村里还设有小牛棚饲养小牛。

湛山渔业合作社由孙立敦任主任，副主任孙中林、侯玉田。下设拉网队、钓钩队。

湛山托儿所首任所长贾秀凤，第一批保育员有薛秀兰、孙中美、孙淑贞、贾秋芬、贾素珍、王贤英、辛秀美等。

同年　湛山五一社在前街成立“大众澡堂”和洗衣局对外正式营业。

同年　五一社成立之初，经济很困难，花钱靠贷款。社长孙中昆到平度收购土豆种5000多公斤，雇用小推车20多辆，和崔怀雨二人步行50多公里，押运到兰村火车站运回青岛。

同年　为发展副业增加收入，湛山五一社成立油工组、木工组、瓦工组、砖坯组、拉沙组、黄土组、零工组等，统由副业主任孙中文领导管理。

9月5日　暴雨成灾，4日晚8时至5日上午10时，降雨269.6毫米，突破青岛市58年来最高纪录。

11月　中共湛山大路党支部改为中共湛山大路街道办事处党支部，书记史九顺，副书记张云焕。

1957年

8月　市南区委决定湛山大路街道办事处与湛山五一社合并成立一个党支部，书记史九顺、副书记张云焕。

经市委组织部批准成立中共湛山村支部委员会，书记张云焕。

同年　湛山五一社铁匠组成立。

9月　薛家岛渔民在燕儿岛西浮山湾海面用拉网一次捕获刀鱼约1.5万余公斤。

1958年

3月　始建三八水库。

同年　湛山五一社马车组成立。

6月　中共湛山村支部委员会由徐明岐任书记，张云焕任副书记。

8月　全国农村实行大兵团作战“组织军事化，行动战斗化，生活集体化”。湛山五一社编为5个连18个排，各连设立集体食堂，社员全部到食堂打饭，不在自家做饭。

9月14日　全国农村普遍建立人民公社。湛山大路街道办事处所辖湛山五一社与浮山所街道办事处所辖工农联盟社、崂山县浮西乡海防社联合成立青岛市市南区东风人民公社，首任社长张庆官。

湛山五一社改为东风人民公社第一生产大队，大队长任增德，主管会计张正义，出纳会计辛玉孝。

原湛山五一社所属的湛山牧场和浮山所工农联盟社所属的畜牧组组成东风人民公社畜牧部，由湛山石茂官任主任。

在湛山渔业生产合作社的基础上成立了东风人民公社水产部，以捕捞、养殖为主，办公室仍设在原湛山渔业社。

11月　建立中共东风人民公社第一生产大队支部委员会，书记隋春普，副书记马福德。原中共湛山村支部委员会撤销。

经市人民委员会批准，撤销湛山大路街道办事处。

1959年

1月　东风人民公社更名为浮山人民公社。

同年　湛山大队车铺成立，对外营业，修理自行车。

湛山大队磨房成立，对外加工粮食，方便群众。

7月　八一电影制片厂导演王平执导的电影记录片《海底富源》拍摄了湛山渔民孙立夏、孙作滨和安福琴在大公岛海域钓鱼喜获丰收的精彩情景。

9月1日　仲崇光任浮山人民公社第一生产大队主管会计，前任张正义卸任。

同年　辛承梁获北京高校马拉松比赛冠军、北京市第一届国际马拉松比赛亚军，荣获国家体委授予中华人民共和国运动健将终身荣誉称号。

10月　矫宏馨在第一届全运会代表山东省参加射箭比赛，获女子团体（4人）第三名。

1960 年

发生大饥荒，粮食供应低标准，严重缺粮，村民多以野菜、海菜等充饥，人民生活十分困难，健康状况急剧下降，面带菜色，许多人出现浮肿。

2 月 10 日　三八水库建成竣工，湛山大队与支援建设水库的部队联欢。

4 月　青岛市市南区浮山人民公社经过试点，由队为基础三级所有制的三级核算过度到实行公社一级核算（这样的公社全省仅有两处）。

4 月　成立浮山人民公社管理委员会，主任张庆官、孙丕凤，副主任孙风文、张云焕、侯儒生、阎盛福、丁正凤、李景邦、王世刚。

原第一生产大队（湛山）改为第一生产管理区（简称“一管区”），原领导班子不变。

王世刚任中共浮山公社一管区支部书记，隋春普离任。

6 月 1 日 钱镇潮接任一管区主管会计，前任仲崇光于 5 月 31 日办理移交手续卸任。

同年　由于电机、内燃机等水利机械不断增加，湛山大队正式成立机修组，负责电器、内燃机、电动机、抽水机等安装和维修。

同年　湛山民办小学正式成立，因没有校舍，利用家庙、小牛棚、生产队工具房等作教室，首任校长孙作铭。

1961 年

3 月 1 日　张正义接任一管区主管会计，前任钱镇潮于 2 月 28 日办理移交手续卸任。

7 月　一管区更名为湛山生产大队（简称湛山大队），书记马福德，副书记贾彬，大队长任增德。

同年　共青团浮山公社湛山大队支部委员会改为共青团浮山公社湛山大队总支部委员会。

同年　牟舜五荣获青岛市象棋个人赛冠军。

1962 年

浮山公社广播站 1961 年建立后，村民每户都安装了简易音箱式小喇叭，有线广播传至家家户户。

同年　牟舜五第二次荣获青岛市象棋个人赛冠军。

1963 年

6 月　中共青岛市委决定，市南区浮山人民公社的生产管理和党务工作划归崂山县。

同年秋　湛山大队开展了社会主义教育运动（称为“面上四清运动”）。

同年　牟舜五第三次蝉联青岛市象棋个人赛冠军。

同年　湛山大队取消 5 个生产队（原 5 个连）编制，将各队所属的小队改为 19 个生产队，直属大队领导。

1964 年

7 月　经市人民委员会批准，重新建立浮山所街道办事处（办公地址在湛山），李景邦任主任。

1965 年

6 月 14 日　尹周泉、肖维启二人参加国防公路工程建设，去云南省交通厅公路工程局七处，历时 3 年，为工役制工人。

10 月 “四清”工作队进驻湛山村，队长高永刚，副队长闫金良。四清运动开始(“四清”即清政治、清经济、清组织、清思想)，四清工作队队员和社员同吃、同住、同劳动。运动中，由于把不同性质的问题都视为阶级斗争或阶级斗争在党内的反映，使一些基层干部受到不应有的打击。

1966 年

4 月 19 日 青年社员周公美、辛兆辉等 23 人参加建设兵团，赴青海格尔木支援边疆开发建设。

同年 湛山大队缝纫组成立，对外营业，来料加工服装。

7 月 从 5 月“文化大革命”开始，运动初期以批判封、资、修开始了“破四旧”(旧思想、旧风俗、旧文化、旧习惯)，家谱、宗轴、文物、许多书籍等全被视为“四旧”物品被收缴集中焚烧，继而发展到“踢开党委闹革命”村里群众自发成立了大大小小的造反组织。

1967 年

1 月 湛山大队因历史和成分等问题 1966 年 9 月被错误遣送回原籍的 8 户共 37 人，又陆续返回湛山。

2 月 14 日 湛山大队社员 59 人到附近各“红卫兵”接待站担任炊事员，为全国各地到青岛进行革命“大串联”的红卫兵做饭共 34 天。

其中：

全国总工会疗养院“红卫兵”接待站有贾美香等 30 人。

全国纺织工人疗养院“红卫兵”接待站有张宗智等 14 人。

青岛疗养院“红卫兵”接待站(第八分站)有高兴茂等 15 人。

1968 年

11 月 15 日 侯玉田在“文化大革命”中因不堪被错误批斗而自杀，时年 72 岁。

1969 年

湛山采石场成立，在北山石头窝子采石。

5 月 湛山大队卫生室成立，开始实行合作医疗，全大队参加合作医疗的人员共有 2140 人。

6 月 湛山翻砂厂成立，在村里建起一座小高炉——猪嘴炉，是湛山首家村办工厂。

12 月 青岛中药厂在湛山北山征地 9.8 亩，其中有北山果园苹果树 248 棵，作价 10044 元。

1970 年

1 月 7 日 王玉棠在中国人民解放军东海舰队海军航空兵某部执行飞行任务中因飞机失事为保护村庄壮烈牺牲，被追认为烈士。

3 月 湛山药厂成立投产。

10 月 从 9 月开始，青岛市分两批到内蒙建设兵团共计 5400 余人，浮山管区两批共 80 余人，其中湛山有张成利、田振法、李福成、辛淑宝、辛承峰、吴登平等 20 余人。

12 月 湛山自行车安装组成立，专为青岛市交电商品批发站安装各种品牌商品自行车。

1971 年

湛山翻砂厂迁至延安三路建成的新厂房并更名为湛山机修厂。

11 月　浮山公社投资 120 万元，举全社之力开始兴建污水工程。

1972 年

1 月　辛承平任湛山大队主管会计，前任张正义调浮山公社畜牧场任场长。

1974 年

湛山保险柜厂在东海一路 7 号成立。

1975 年

5 月　计划生育开始实行对已生三胎的育龄妇女全部结扎。

7 月　湛山砖厂在北山小湛山后沟成立。

1976 年

湛山图钉厂在保险柜厂成立。

1977 年

7 月　湛山大路、湛流干路拓宽工程开始。

9 月 21 日　湛山砖厂转让给浮山公社，公社付给湛山大队材料款 13396.5 元，房子 8 间作价 4000 元，道路款 1 万元，砖坯款 3 万元，砖窑款 4.2 万元。

1978 年

4 月 20 日　崂山县革命委员会通知从 1978 年 7 月 1 日起在全县一律废除土葬，实行火葬。

同年　湛山保险柜厂与图钉厂合并改为青岛湛山安全器材厂。

9 月 30 日　根据浮山人民公社《关于实行老年丧失劳动能力社员退休制度的暂行规定》，湛山大队开始实行退休制度。

10 月 28 日　公交公司一辆大通道式客车行至湛山大路延安三路路口平地翻车发生车祸，车上是去参加青岛市小学生运动会的浮山所民办小学师生，其中有十几名学生受伤在海军 401 医院抢救。事故现场发生纠纷事态扩大，大量群众围观，场面十分混乱，交通堵塞，公安局调集大量警力维持秩序，化解矛盾。

同年　贯彻党的十一届三中全会精神，开始纠正“文化大革命”错误，根据公安部政策，湛山大队原被管制监督改造的共 11 人全部摘掉“四类分子”帽子，恢复公民身份。

12 月　中共青岛市委决定浮山公社从崂山县划归市南区。

12 月 30 日　国家计委、国家物资储备局在湛山村西征地 37.7 亩，开始建设国家计委、国家物资储备局青岛疗养院。

1979 年

2 月 5 日　湛山的现役军人马同海、孙忠宏、辛兆江、丁正启、孙建伟、宋守建、于胜、高勇、贾世亭等人参加中越边境自卫反击战随部队开赴前线，2 月 17 日正式接火，3 月 8 日凯旋。

3 月　根据中央指示精神，湛山大队将现

有阶级成分为地主 8 户，富农 21 户的称谓全部改称社员。

10 月　湛山大队及时落实相关政策，把四清运动中大队代管的私有房产全部退回原房主。

同年　湛山大包饭店成立。

1980 年

11 月 7 日　青岛市人民政府下发〔1980〕137 号文件《关于贯彻省人民政府〈关于青岛市将市区二十一个生产大队农业户口转为非农业户口问题的批复〉的通知》决定将市区 21 个大队共 46075 人分期分批转为非农业户口。

1981 年

湛山大队在湛山大路 64 号成立湛山饭店（后改为湛山餐厅）。

4 月　根据上级指示撤销浮山人民公社革命委员会（简称浮山公社革委会），成立了浮山公社管理委员会，同时撤销湛山大队革委会，恢复原湛山大队名称。

9 月　湛山服装厂在东海一路 11 号建成投产。

1982 年

湛山大队在镇江路居民区成立蔬菜副食品商店和烟酒食品店。

8 月 17 日　青岛市人民政府命名山东路、江西路。

11 月 1 日　根据青岛市人民政府文件，青政发〔1982〕226 号《青岛市人民政府关于市区 21 个大队转户征地的补充规定》湛山农业户口转为非农业户口。

1983 年

1 月 1 日　青岛市南浮山电子检测仪器厂在延安三路 135 号成立。

8 月　以湛山人郭善吉、孙正发为主力前锋队员的浮山公社篮球队参加在高密举行的山东省农民“丰收杯”篮球比赛获冠军。湛山参加人员中还有领队孙正礼、队务袁有快、摄影孙立坚等。

9 月 26 日　山东路竣工。1982 年 4 月 1 日开工，南段占用湛山 10 队 11 队部分耕地。全路总长 5.12 公里，路宽 40 米，当时为本市最宽的道路之一。

11 月　湛山宾馆开工建设。

12 月　浮山公社篮球队在五莲又获全省“丰收杯”篮球比赛冠军。

1984 年

8 月 1 日　根据山东省人民政府〔1984〕鲁政函 267 号文件，撤销浮山人民公社，同时撤销湛山大队，组建湛山农工商公司经济联合体，以工商为主。将设在湛山的原浮山所街道办事处撤销，建立湛山街道办事处，同时建立浮山街道办事处和辛家庄街道办事处。

湛山街道办事处主任王继明（女）副主任马才元、王敬先。

9 月　浮山公社撤销后，原社办企业组建为青岛市市南区牧工商联合公司，贾启云任公司党委副书记（成立初始党政均暂无正职）。

9 月 15 日　郭善吉、孙正发等为主力前锋的浮山公社篮球队代表山东省在江苏省丹阳市获华东地区农民“丰收杯”篮球比赛第三名。同年又在石家庄参加了国家体委举办的全国工农“友谊杯”篮球比赛。

1985 年

2 月 13 日　南政发〔1985〕16 号文件《关于公社所属大队更名的通知》：原浮山公社七个大队划归办事处领导后，以原大队为基础分别成立农工商公司，原湛山大队正式更名为湛山农工商公司。

5 月　湛山塑料改性材料厂在东海一路 10 号成立。

6 月 29 日　湛山宾馆建成正式对外营业（6 月 25 日举行开业典礼）。

8 月 19 日　九号台风袭击青岛，最大风力 11 级，农业生产遭受严重损失。

12 月 6 日　中共青岛市南区委决定将中共湛山农工商公司支部改为中共湛山农工商公司总支委员会。

12 月 20 日　海天大酒店在大湛山村西南侧征地 63.71 亩，开始建设。

1986 年

湛山综合商店成立。

12 月 28 日　青岛市中级法院、市人民检察院、青岛海事法院、市统计局、市水利局、市计量局等单位政法联建在大湛山村南征地 82.39 亩，新建法庭和办公楼。

1987 年

2 月　市南区成立农工商经济工作委员会（简称“农经委”），湛山和市南区各农工商公司经济工作归其领导。

2 月 17 日　冶金部学术中心在村南征地 39.74 亩，开始建设。

3 月 3 日　湛山街道办事处党委通知，王克忠任湛山农工商公司经理，孙中圣、王元玉任副经理。

9 月　湛山民办小学与湛山小学合并，原民办小学改为湛山小学分校。

1988 年

1 月 1 日　湛山客车修配厂在延安三路 133 号成立。

1 月 16 日　青岛市市南区人民政府在湛山街道办事处召开了小湛山村拆迁安置动员大会，小湛山村开始整体拆迁改造。

4 月 12 日　湛山街道办事处党委通知，湛山农工商公司总支委员会由王克忠、孙中圣、王元玉、张永和、孙中润、孙秀玲、孙浩东 7 人组成。王克忠任书记，孙中圣、王元玉任副书记。

5 月　湛山农工商公司投资 31.6 万元在江西路 26 号成立青岛市市南区百货商场。

6 月 1 日　孙中润接任湛山农工商公司主管会计，前任辛承平移交卸任。

8 月 1 日　青岛市物价和交通管理部门确定 6 条小公共汽车环行线，其中 25 路 26 路设湛山站。

10 月　武术家徐学义在湛山创办东方武馆并任馆长。

11 月 23 日　北海宾馆征地 22.54 亩，开始建设。

1989 年

8 月 12 日　湛山房屋修缮队成立。

10 月 1 日　湛山机修厂更名为湛山空压机配件厂。

1991 年

3 月 15 日　湛山农工商公司通知，自 1991 年 1 月起对社员自留地（包括社员在生产队地片内的开荒地）全部收回，由所在生产队管理耕种。

9 月 1 日　湛山自行车装修厂归并安全器材厂。

11 月 18 日　市委老干部局鲁征地字 350 号文件征地 26 亩，在小湛山村西湛山疗养院东建设青岛市老干部活动中心。

1992 年

5 月 18 日　中共市南区委、市南区政府举行湛山村拆迁改造奠基仪式，副市长李乃胜出席并为基石培土和剪彩，大湛山村拆迁改造工程正式启动。

5 月 23 日　市南区大湛山村旧城改造指挥部成立，总指挥王宝琪。下设指挥部办公室、拆迁征地安置办公室、施工管理办公室、规划设计技术办公室等。

市南区委区政府在湛山小学分校（原队办小学）校园召开湛山村拆迁改造动员大会。改造范围内有居民 1800 多户，工厂企业 5 个，经营服务单位二十几个。

5 月 25 日　发布《青岛市市南区人民政府通告》，为确保 1992 年 8 月 1 日全面开工，规定拆迁时间 1992 年 6 月 20 日始 1992 年 7 月 15 日止。

5 月　湛山振业劳动服务公司成立。

1993 年

1 月 21 日　青岛市东部开发指挥部青政地字〔1993〕2 号文件为建设新市政府和滨海花园，在湛山 11 队征地 52.76 亩。

4 月 21 日　市对外经济贸易委员会青政地字〔1993〕16 号文件在湛山九队征地 43.83 亩，开始建设“世界贸易中心”。

9 月 1 日　市南区大湛山村旧城改造指挥部文件湛指字〔1993〕第 3 号通知，大湛山村新房安置工作领导小组成立。组长崔延南（副区长）。新房安置工作由拆迁安置办公室具体组织实施。

12 月 25 日　大湛山村新房回迁定位安置第一轮抽签历时 4 天结束。市南区政府发布公告，希望广大被拆迁居民消除顾虑，按《实施细则》的规定，参加第二轮抽签。

1994 年

4 月 1 日　湛山农工商公司按照上级规定开始实行新工时制度，职工每日工作 8 小时，平均每周工作 44 小时，第一周星期六和星期日为休息日（大礼拜），第二周星期日为休息日（小礼拜），依次循环。

4 月　大湛山村拆迁改造第一批拆迁户开始回迁。

5 月 16 日　湛山农工商公司新建仰口路市场举行隆重开业典礼，签订租赁协议，入住百货、五金、维修、服装加工、面食、熟食、肉食、烤鸡、酱菜等个体经营业户 68 家，正式开门纳客。

6 月 18 日　原三八水库美化改造为居民小区内的人工湖，湛山农工商公司在水面上新建的“湛山碧水餐厅”成立开业。

6 月　市南区牧工商联合公司改组为“青岛东浮实业集团公司”仲崇光任党委书记、董事长，贾启云任党委副书记。

7 月 25 日　市政府命名东海路。

9月　湛山农工商公司举行工会会员代表大会，成立湛山农工商公司工会委员会，首届工会主席张永和。

同年　青岛市人民政府青政发〔1994〕119号文件决定对市区部分主干道路名称注销、分段、更名、延长和新建道路命名，其中湛山村改建区域新命名道路共17条：

小湛山路、仰口路、华严一路、华严二路、华严支路、秀湛路、秀湛一路、秀湛二路、秀湛三路、秀湛四路、新湛路、新湛一路、新湛一支路、新湛二路、新湛三路、咸阳支路、东海二路。

注销东海路、海口路名称，将两路合并重新分段更名为东海东路、东海中路、东海西路。

延长道路的起止点变更，咸阳路西起太平角四路，向东由太平角六路延长至新湛二路。

同年　湛山宾馆全年创利税332万元，获市南区第三产业经济效益十佳企业第一名。

青岛工贸联营服装厂全年创利税121.5万元，获市南区工业经济效益十佳企业第十名。

1995年

4月1日　中共市南区委青南普发〔1995〕1号文件决定湛山农工商公司设立党的委员会。党委书记王克忠，副书记孙中圣、王元玉，委员石振东、孙中润、张永和、孙秀玲。

共青团湛山农工商公司总支委员会改为团委。

4月27日　湛山农工商公司第三届职工田径运动会在潜校田径运动场举行，组委会主任王克忠，副主任孙中圣、王元玉、孙中润、张永和，各单位参赛的男女运动员共504人。

12月15日　山东省人民政府鲁政发〔1995〕129号文件通报表彰第四批优秀乡镇企业家共219名。孙中圣被授于优秀乡镇企业家称号。

1996年

7月1日　根据区政府青南政发〔1996〕4号文件《关于七个农工商公司及其所属企业全面推行技能工资制度》的规定，湛山农工商公司开始实行技能工资制。40年来从社员到职工以记工分进行分配的制度从此结束。

11月　根据市劳动局关于《青岛市乡镇企业实行劳动合同制度的实施意见》等文件规定，湛山农工商公司实行全员劳动合同制。

1997年

1月　孙中继因经多年潜心研究试验从而填补了国际磁场热处理理论空白,发明设计“磁场淬火槽”获国家专利。获英国剑桥国际传记中心签署的“功绩证明书”，他的显著贡献入选英国剑桥传记中心签署出版的1997年第25版《国际名人大辞典》。

5月4日　青岛市人民政府将湛山大路、湛流干路名称注销并分段更名：湛山大路更名为香港西路，原湛流干路湛山至大麦岛更名为香港中路、大麦岛至石老人更名为香港东路。

7月　石振东任湛山农工商公司总经理。

8月　贾启云任东浮实业集团公司党委书记。

同年　11号台风引发特大风暴潮，青岛出现新中国成立以来最高水位551厘米，近海出现6米的波高，浅海养殖业损失惨重，青岛市伤亡10人，直接经济损失9亿元。湛山宾馆在正南近海扇贝养殖遭到重创。

9月4日　根据市政府青政发〔1997〕153号文件规定，湛山农工商公司职工男年满60岁、女年满50岁正式开始实行社会养老保险统筹。

10月　经中共青岛市南区委批准湛山公司党委书记孙中圣，副书记石振东，委员孙中杭、孙中润、张永和、孙秀玲、王克忠。

1998年

10月16日　中共青岛市南区委决定高绪文任中共青岛市南区湛山农工商公司党委书记，孙中圣不再担任党委书记、委员职务。

1999年

8月30日　湛山村史碑在新建成的湛山广场竖立。湛山农工商公司立石，碑文撰文：贾世珍，书写：高小岩（青岛市书法协会名誉主席），造型设计：徐立忠（青岛画院教授、青岛市美协副主席、山东省雕塑艺术委员会副主席），镌刻：莱州青年工匠杨圣伟。

同时还立有一本大书造型的市南区政府建设湛山村记事碑。

至此大湛山村拆迁改造工程全部结束。

10月29日　中共青岛市南区委决定余珍任中共青岛市南区湛山农工商公司党委书记，高绪文不再担任党委书记职务。

12月8日　青岛市政府命名环浮山湾海边道路为澳门路（西起东海二路，东至澳门六路）。

2001年

2月　牟舜五被中国象棋协会授予“象棋大师”称号。

4月20日　中共青岛市南区委决定设立中共青岛市市南区湛山农工商公司纪律检查委员会，隶属区委和同级党委领导。

5月15日　中共青岛市南区委决定刘祥任湛山农工商公司党委书记，金伟任副书记，孙中杭任党委委员。

中共湛山农工商公司纪委书记金伟，纪委委员孙中润、肖永敏。

8月12日　崔来鸽在前海游泳不幸溺水罹难，享年56岁。生前曾任青岛住宅一公司第四工程处处长，承建了湛山宾馆、青岛大学、大湛山村拆迁改造等多项工程，提前退休后，在湛山农工商公司工程部协助工作。

11月　湛山农工商公司由秀湛路10号迁至香港西路85号裕源大厦C座。

2002年

1月22日　湛山农工商公司党委决定孙中润任湛山农工商公司工会主席，工会原主席张永和退休。

7月19日　孙中杭任湛山农工商公司总经理，石振东不再担任总经理职务。

2004年

6月21日　国务院总理温家宝到青岛期间视察了湛山社区和湛山广场，受到湛山社区居民热烈欢迎，总理和居民群众亲切握手交谈并深入居民家庭，走访社区居民，了解居民生活情况。

11月　湛山太极拳武术协会正式成立，贾世训任会长。

11月20日　孙娜在德国参加第十二届世界顶尖超级模特大赛获世界总冠军。

12月31日　经营20年的湛山宾馆停业。

2005年

6月1日　湛山农工商公司设立村志办公

室，开始编修湛山村志。

12 月 5 日　湛山宾馆开始拆除。湛山农工商公司与香港万邦（青岛）置业发展有限公司合作在湛山宾馆原址建设“万邦中心”。

2006 年

3 月 7 日　青岛电子检测仪器厂搬迁到市南工业园。

9 月 11 日　青岛湛山安全器材有限公司（原安全器材厂）停产。

10 月 14 日　为考证各姓氏先祖来历，追溯明初移民历史，由市南区档案局史志办焦相钦老师带队，组织湛山、浮山所、辛家庄、大尧、逍遥、田家村、亢家庄等各村志办人员，湛山由贾世珍、孙忠雪二人参加，赴山西洪洞大槐树寻根问祖。

12 月 21 日　在青岛市南区企业工委党代会上，孙中杭、张俊、秦继利、张兰芬当选为中共青岛市市南区第十一次代表大会代表。

12 月 30 日　根据中共青岛市南区企业工委南企工发〔2006〕77 号文件批复，经湛山农工商公司党委研究决定：秦继利任公司副经理。

12 月　中共湛山农工商公司党委党校被中共青岛市纪律检查委员会、中共青岛市委组织部和中共青岛市委宣传部授予“先进党校”称号。

2007 年

4 月　湛山农工商公司获得市南区宣传部和文化局联合举办的“市南区迎奥运文明礼仪双语小品大赛”三等奖。

5 月　中共湛山农工商公司党委组织全体党员分两批到中国革命的红色摇篮延安接受传统的爱国主义教育。

10 月　延安三路 135 号软件研发大厦落成投入使用，成为湛山农工商公司又一重要经济增长点。

10 月　湛山武术协会会长贾世训，荣获中国武术协会颁发的中国武术七段段位证书。

11 月　湛山农工商公司党委委员、副经理、工会主席孙中润当选市南区人大代表；党委委员、副经理秦继利当选为市南区政协委员。

12 月　湛山农工商公司获中共青岛市南区委、青岛市南区人民政府授予的 2007 年青岛市南区“文明单位”荣誉称号。

2008 年

2 月 1 日　湛山居民小区开始集中供热。从而使延安三路以西、香港西路以北、东海一路以东、芝泉路以南湛山一带的新用户享受到了青岛热电集团带来的“暖到家”服务。该工程惠及 150 多栋居民楼共 4600 多户居民，他们将在老房里度过一个充满温暖的春节。新增供热全部采用热电联产的高温水，该区域原有已供热的 26 万平方米区域也与新增区域并网，全部改为高温水供热。原来在当地供热站燃煤供热的方式改为用高温水换热后，彻底消除了该区域的燃煤排放污染，同时解决了地下锅炉房的运行安全隐患。该区域新发展的用热户交费时间从今日开始计算。

5 月　四川汶川 5 月 12 日发生里氏 8.0 级大地震，湛山农工商公司党委召集全体党员进行了两次募捐，共捐款 28710 元。

10 月 13 日　根据国家规定湛山农工商公司开始实行带薪休假制。

11 月 30 日　中共青岛市市南区湛山农工商公司党委在福彩大厦五楼召开党员大会进行了换届选举。孙中杭、秦继利、张俊、于志强、贾世杰、张永兴6人当选党委委员，孙永明、孙中润、密跃贤3人当选纪委委员。

12月11日　中共青岛市市南区湛山街道工作委员会批复：

同意《中共青岛市市南区湛山农工商公司委员会换届选举结果的请示》党委委员由孙中杭、张俊、秦继利、于志强、张永兴、贾世杰6人组成。

同意中共青岛市市南区湛山农工商公司委员会第一次全体会议选举结果。书记:孙中杭；副书记：张俊。

2009年

1月5日　中共青岛湛山农工商公司党委研究决定，于志强任公司副经理。

4月1日　中共青岛市市南区委决定王得成任湛山公司党委副书记、湛山农工商公司副总经理。

4月22日　中共市南区委湛山街道工作委员会决定：王得成任中共湛山农工商公司党委副书记和纪委书记；张俊不再担任中共湛山农工商公司党委副书记和纪委书记职务。

7月1日　湛山广场地下工程动工开挖。

9月4日　万邦中心项目主体成功登顶山东第一高度232米，隆重封顶。该项目总投资18亿元，规划建筑面积21.6万平方米，1号楼高232.5米为高级商务楼宇，2号楼高103.2米为高级公寓楼。

12月24日　中共湛山农工商公司党委研究决定，成立公司转换经营机制领导小组。组长：孙中杭，副组长：王宇平、孔兆锋、王得成、于志强，成员:孙中润、秦继利、张永兴、贾世杰、刘清远。

2010年

1月30日　湛山居民王天飞在担任交通协管员工作中被评为2009年“感动青岛”十佳人物。

3月8日　根据青岛市南区委区政府统一部署，湛山农工商公司党委决定对湛山农工商公司进行企业经营机制转换实行股份制，成立了转换企业经营机制领导小组和筹备委员会，并发出《致湛山公司职工（社员）的一封信》。

2011年

1月31日　湛山宾馆改造工程(万邦中心)竣工（开工日期2006年1月1日)。

设计单位：北京市建筑设计研究院。

施工单位：中国建筑第八工程局。

开发单位:万邦(青岛)置业发展有限公司。

投资商:新加坡万邦集团、青岛才高集团。

6月　中共湛山农工商公司党委组织全体党员分两批到毛主席家乡韶山参观学习，为毛主席雕像敬献花圈，表达了对毛主席的敬爱之情，接受红色教育。

8月　湛山农工商公司向青岛市慈善协会捐款5万元，对公益慈善事业进行支持并做出贡献。

11月　中共湛山农工商公司党委书记、公司经理孙中杭被选为中共青岛市南区第十二次代表大会党员代表。

12月　中共湛山农工商公司党委委员、公司副经理、电子检测仪器厂厂长于志强当选为第十二届市南区政协委员。

2018 年

11 月 3 日　中共湛山农工商公司党委召开党员大会进行换届选举，王延明、吴增忠、张发亮、宓跃贤、贾代福 5 人当选为党委委员。

11 月 5 日　中共青岛市市南区委湛山街道工作委员会《南湛山发〔2018〕34 号关于青岛市市南区湛山农工商公司委员会换届选举结果的批复》：经工委研究同意：中共青岛市市南区湛山农工商公司委员会由王延明、吴增忠、张发亮、宓跃贤、贾代福 5 名同志组成。宓跃贤同志任书记，贾代福同志任副书记。

《南湛山发〔2018〕35 号中共市南区委湛山街道工作委员会关于青岛市市南区湛山农工商公司纪律检查委员会换届选举结果的批复》：经工委研究同意：王延明同志任中共青岛市市南区湛山农工商公司纪律检查委员会书记。

11 月 15 日　经中共湛山农工商公司党委研究决定任命宓跃贤担任湛山农工商公司经理职务，免去孙中润湛山农工商公司原经理职务。任命贾代福、吴增忠二人担任湛山农工商公司副经理职务，免去于志强、贾世杰、张永兴、秦继利 4 人湛山农工商公司原副经理职务。

1939年青岛地图（青岛日本商工会议所编）

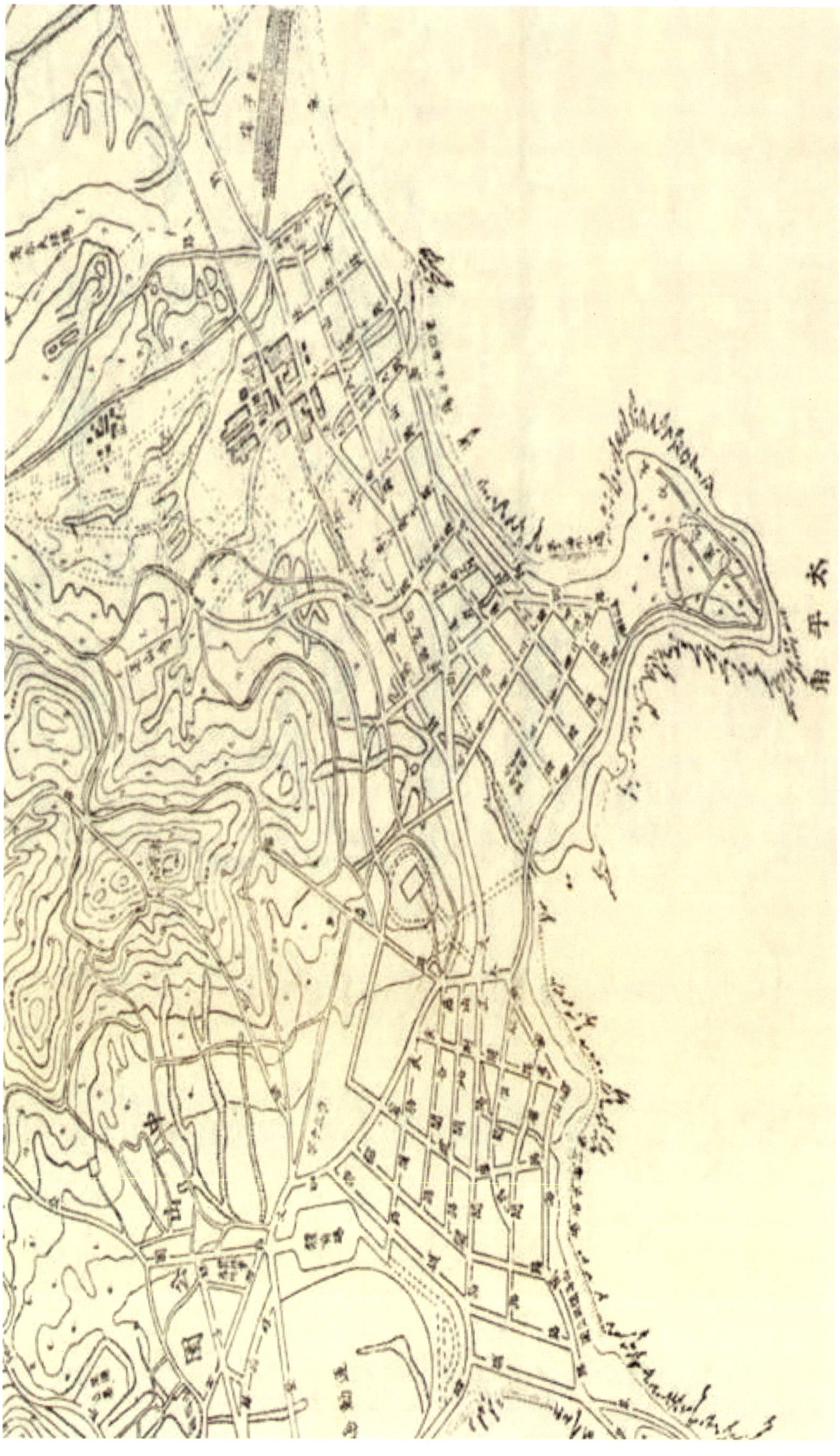

1939年青岛地图局部：湛山地区（青岛日本商工会议所编）

解放初期青岛市市南区区域图
崂山郊区
浮山所
台东区
市北区
台西区
万国公墓
中山公园
体育场
竞马场
山东大学
伏龙山
信号山
栈桥
小青岛
汇泉角
太平角
黄海
胶州湾
青岛市勘察测绘研究院编印

第一篇　建置沿革

ZHAN SHAN CUN ZHI

湛山村志

ZHAN SHAN CUN ZHI

第一章 地理位置

大湛山村位于青岛市市南区东部。北倚太平山，南临黄海，西毗太平角，东接浮山所。

地理坐标：北纬 36° 03′ 38″，东经 120° 21′ 50″。

村前有沿海岸线的景观大道东海西路、澳门路和青岛市市南区交通干线香港西路和香港中路（原为湛山大路和湛流干路），从市区直通崂山；村东延安三路是连接市南区和市北区的交通要道；村西东海一路向北通芝泉路和郧阳路可直达太平山青岛植物园和青岛市区唯一佛教圣地湛山寺。

第二章 村名沿革

大湛山村古称“斩山”，以村北山峦苍翠谓之“斩山”而得名。至清时改为“官山疃”。据传是因孙姓与蓝姓打官司争夺“斩山”（山林）归属权，被即墨县到村现场断案判为“官山”（即国有山），从此“斩山”改称“官山”，村名遂改为“官山疃”。

1910 年（德国侵占时期）更名为“湛山村”，又因村东北有一小村随湛山村名曰小湛山村，故湛山村亦称大湛山村，沿用至今。

“斩山”是缘于一个“二郎神在此山斩妖为民除害”的古老神话传说，“湛山”系由“斩山”转化而来，“湛”字概括了这里依山面海，视野开阔，山清水秀，海天一色，四望上下一片湛蓝的优美环境，“湛山”本天成，妙手偶得之，“妙手”是谁今已无从考证。

第三章 隶属沿革

大湛山村自古地处即墨辖境，《即墨县志》载即墨的历史隶属沿革为：

夏、商、西周、春秋属莱夷；

战国（前 475—前 221）属齐（即墨）；

秦（前 221—前 207）属胶东郡（即墨县）；

西汉（前 206—8）分别属青州胶东国（县名分别为即墨县、壮武县）；徐州琅琊郡（县名分别为皋虞县、不其县、汎乡侯国）

新（王莽）（9—23）属郁秩郡（县名分别为即善县、晓武县、盈庐县、不其县），

东汉（25—220）分别隶属胶东侯国（县名分别为即墨、壮武）青州北海国（即墨侯国）、青州北海国（壮武县）、青州东莱郡（不其县、皋虞）；

三国（魏）（220—265）分别属青州北海国（县名即墨县）、青州城阳郡（县名壮武县）、青州东莱郡（县名不其县）；

晋（265—316）分别属青州北海国（县名即墨县）、青州城阳郡（县名壮武县）、青州长广郡（县名不其县）；

东晋十六国（317—419）隶属关系转移无常，大致先后属赵、前燕、前秦、东晋、南燕等国，地名分别为即墨、壮武、不其；

南北朝：宋（420—479）分别属青州北海郡（县名即墨县）、青州长广郡（县名不其县）；

北魏（368—534）属光州长广郡（县名即墨县、不其县）；

北齐（551—577）光州长广郡（即墨、不其、长广县）；

隋（581—618）属莱州（东莱郡县名即墨县）；

唐（618—907）属河南道莱州（县名即墨县）；

五代（后梁、后唐、后晋、后汉、后周）属河南道莱州（县名即墨县）；

宋（960—1127）属京东东路莱州东莱郡（县名即墨县）；

金（1115—1234）属山东东路莱州定海郡（县名即墨县）；

元（1206—1368）分别属中书省山东东西道益都路、淄莱路、般阳路莱州府（县名即墨县）；

明　洪武元年至八年（1368—1375）属山东省青州府；洪武九年（1376）改属莱州府胶州（县名即墨县）；洪武二十一年（1388）属莱州府鳌山卫，辖雄崖所、浮山所划境而治。

大湛山村隶属沿革表

表 1-1

朝代	时间	隶属		村名	附记
明前				斩山	
明	1388—1644	莱州府	鳌山卫 浮山所	斩山	洪武二十一年（1388）设鳌山卫，辖雄崖所、浮山所划境而治，斩山设墩堡
清	1644—1733	莱州府	鳌山卫 浮山所	斩山	
	1734—1897	莱州府 胶州	即墨县仁化乡文峰社	官山疃	雍正十二年（1734）裁并卫所归即墨县
	1897—1911	莱州府 胶州	德胶澳租界	官山疃 大湛山村	德国强占胶澳时期官山疃于宣统二年（1910）前后改为大湛山村
中华民国	1912—1914	莱州府 胶州	德胶澳租界	大湛山村	
	1914—1922	莱州府 胶州	日胶澳租界	大湛山村	第一次世界大战日军趁机占领胶澳租界，行政区划基本未变
	1922—1929	胶澳 商埠	台东镇	大湛山村	1922 年 12 月 10 日胶澳归还中国，北洋政府将胶澳商埠市区定名为青岛市并分为青岛、大鲍岛、台东镇、台西镇，乡区含崂山、海西两区

续表 1-1

朝代	时间	隶属		村名	附记
中华民国	1929—1930	青岛特别市	台东区	大湛山村	1929 年 4 月 15 日至 1930 年 9 月 8 日胶澳商埠改为青岛特别市
	1930—1934	青岛市		大湛山村	1930 年 9 月 8 日改为青岛市并定为直辖市，青岛的行政区划为邻、闾、坊、区四级，五户为邻，五邻为闾，二十闾为坊，十坊为区，拟在青岛市设立 20 个区，各区皆设立区公所
	1935—1937	青岛市	浮山区建设办事处	大湛山村	1935 年市区划为八区，设建设办事处，湛山村归浮山区建设办事处，该区于 6 月 1 日成立，辖 16 个村庄
	1938—1945	青岛特别市	台东区	大湛山村	第二次日占时期，1938 年 1 月 17 日成立青岛治安维持会，1939 年 1 月 10 日设立青岛特别市
	1945—1949	青岛市	浮山区	大湛山村	1945 年 8 月 15 抗日战争胜利，南京国民政府接收青岛，仍定为直辖市。将青岛划为十二个保甲区，浮山区共辖 29 个保，大湛山村前街为八保，后街为九保
中华人民共和国	1949—1954	青岛市	市南区湛山大路居民委员会	大湛山村	
	1954—1956	青岛市市南区	湛山大路街道办事处	大湛山村	1954 年 12 月建立湛山大路街道办事处
	1956—1958	青岛市市南区	湛山大路街道办事处	大湛山村（市南区五一蔬菜生产合作社）	1956 年 5 月 1 日成立市南区五一蔬菜生产合作社
	1958—1959	青岛市市南区	东风人民公社	大湛山村（东风人民公社第一生产大队）	1958 年 9 月 14 日湛山五一社、浮山工农联盟社、和浮西乡海防社联合成立东风人民公社。（人民公社“工农商学兵”五位一体政社合一）湛山划为第一生产大队
	1959—1961	青岛市市南区	浮山人民公社	大湛山村（浮山公社第一生产管理区）	1959 年 1 月东风人民公社更名为浮山人民公社，1960 年 4 月公社建立管理委员会第一生产大队改为第一生产管理区
	1961—1963	青岛市市南区	浮山人民公社	大湛山村（湛山生产大队）	1961 年浮山公社实行公社一级核算 1961 年 7 月 1 日“一管区”改称湛山生产大队
	1963—1968	青岛市市南区	浮山人民公社、浮山所街道办事处	大湛山村（湛山生产大队）	1963 年 7 月 5 日浮山公社党政和生产管理划归崂山县。1964 年 7 月重建浮山所街道办事处

续表 1-1

朝代	时间	隶属		村名	附记
中华人民共和国	1968—1978	青岛市市南区革命委员会	浮山人民公社革委会、浮山所管区革委会	大湛山村（湛山大队革委会）	1968年11月公社和大队改称革命委员会，1970年2月浮山所街道办事处改为浮山所管区革命委员会
	1978—1981	青岛市市南区革命委员会	浮山人民公社革委会、浮山所街道革委会	大湛山村（湛山大队革委会）	1978年12月浮山公社党政和生产管理划归市南区
	1981—1984	青岛市市南区	浮山人民公社、浮山所街道办事处	大湛山村（湛山生产大队）	1981年4月市南区革委会改为市南区人民政府并撤销公社、大队革委会
	1984年至今	青岛市市南区	湛山街道办事处	大湛山村（湛山农工商公司）	1984年撤销浮山人民公社建制，生产大队同时撤销，浮山所街道办事处改为湛山街道办事处

第二篇　地理环境

ZHAN SHAN CUN ZHI

湛山村志

ZHAN SHAN CUN ZHI

第一章　自然条件

第一节　地域范围

1956年农业合作化，大湛山和小湛山两村的全部土地和南仲家洼农户土地入社，成立湛山五一蔬菜生产合作社，其地域范围，西至太平角一路与八大关交界处，北沿太平山之阳向东北经南仲家洼至今山东路一带，再向南沿今新市政府大院之西南一部分到五四广场，东与浮山所接壤，南至海岸线。

第二节　地质地貌

大湛山村依山傍海，北高南低，为海滨丘陵地区，所处大地构造位置为新华夏隆起带次级构造单元——胶南隆起区东北缘和胶莱凹陷区中南部。区内缺失整个古生界地层及部分中生界地层，但白垩系青山组火山岩层发育充分，出露广泛。坐落在中生代燕山晚期，距今约0.8亿～1.29亿年的艾山式花岗长岩和崂山式花岗岩之上，建筑地基条件良好。

第三节　山脉

太平山山势东西伸展，南北绵亘，山石嶙峋，起伏蜿延，主峰海拔149.8米。山前为市南区，山后为市北区。纵向向北延伸，横向由东向西环抱于湛山村北，四座山峦叠翠如鲲鹏展翅于湛蓝的海天之间，向西南入海形成太平岬角，向东北延伸为东北山平岗无高峰（曾建有高尔夫球场，今名土山）。三面环抱，弧形山势，天然形成适于植物生长的生态环境，林木繁茂，苍翠碧绿，欣欣向荣，清新悦目。

太平山向西延伸为青岛山、八关山及小鱼山，向东平而复起为海拔368米的浮山，同属崂山山系。

第四节　土壤

湛山土壤系棕壤土类，因土壤发育程度受地形部位影响，由高到低依次分为棕壤性土、棕壤、潮棕壤3个土属，棕壤性土因地形部位高，坡度大，土层薄，侵蚀重，肥力低，不适于种植农作物，湛山的大部分菜园和农田属棕壤和潮棕壤。按土壤质地一般分为砂土、壤土、黏土等类别，不同质地的土壤有不同的理化性质和肥力特征。据1959年6月统计，当时湛山大队共有耕地1341亩，其中菜园738.87亩，多为黏土和壤土，分布于村前沿海一带小平原和太平山下的山根地。农田602.13亩，多为砂土和土层较薄的壤土，分布于东北山一带丘陵地，土层浅易受干旱，水土流失较重，一般适宜种植小麦、地瓜、花生等。

第五节　气候

湛山位于青岛市市南区中部黄海海岸，地处北温带季风区域，属温带季风气候。由于海洋环境的直接调节，受来自洋面上的东南季风及海流、水团的影响，故又具有显著的海洋性气候特点。空气湿润，雨量充沛，温度适中，四季分明。春季气温回升缓慢，较内陆迟一个月；夏季湿热多雨，但无酷暑；秋季天高气爽，降水少蒸发强；冬季风大温低，持续时间较长，但无严寒。

据 1898 年以来 100 年气象资料查考

表 2-1

项　目	数　据
平均气温	12.2℃
极端高气温	37.4℃（1997 年 7 月 27 日）
极端低气温	-16.4℃（1931 年 1 月 10 日）
全年最热月份	8 月平均气温 25.1℃
全年最冷月份	1 月平均气温 -1.2℃
日最高气温高于 30℃的天数	年平均为 11.4 天
日最低气温低于 -5℃的天数	年平均为 22 天
年平均降水量	775.6 毫米（春、夏、秋、冬四季雨量分别占全年降水量 14%、57%、22%、7%）
年降水量最多	1272.7 毫米（1911 年）
年降水量最少	308.2 毫米（1981 年）
降水的年变率	62%
年平均降雪日	10 天
年平均气压	1008.0 毫巴
年平均风速	5.3 米 / 秒（东南风为主导风向）
年平均相对湿度	73%（7 月份最高，为 89%；12 月份最低为 68%）
年平均浓雾	51.3 天
年平均轻雾	108.2 天（海雾多频）

1951—1980 年青岛地区气象情况一览表

表 2-2

月　份	1	2	3	4	5	6	7	8	9	10	11	12
月平均温度(℃)	-1.2	0.1	4.5	10.2	15.7	20.0	23.9	25.1	21.4	15.9	8.8	2.0
月平均湿度 (%)	64	68	68	70	73	83	90	85	73	67	65	64
月降水量(毫米)	10.2	13.4	21.7	42.7	48.2	102.4	179.4	163.7	104.3	47.5	31.0	11.0

第六节　海岸

湛山海岸位于太平角（菉豆岛）和燕儿岛之间的浮山湾之西半部，西起太平角海岬经第三海水浴场、王霸石（天地间）、正南（天林花园），东至黑石澜（音乐广场），全长约 2 公里。

太平角古称“菉豆岛”“官山岛”，湛山人亦习称南岛，系太平山余脉向西南延伸入海形成岬角和水下礁石。

太平角东，王霸石以西，天然海湾，水清沙细，沙滩绵软，长约400余米，是青岛市第三海水浴场。

第三海水浴场向东过了绵软的沙滩，一片乱礁与岸边巨大的岩石相连的是王霸石。

“正南”是湛山人对村正南方位近海海域的称呼，这里涨潮后一片汪洋，落潮后岩礁排列成行，依次称之为一行、二行、三行……落大潮时，能落出三行，见到四行，五行则从未露出水面。其中二行礁石较高，除遇大潮外，一般满潮时都露出水面。

黑石澜在湛山湾畔以东，湛山东南部近海岸今音乐广场一带，因岩礁呈黑褐色得名。黑石澜的东北部，野鸡台坡下曾有巨大礁石名将军石，20世纪60年代后期被炸掉。

靠山吃山，靠海吃海，菜豆岛、王霸石、正南、黑石澜一带湛山海岸，因礁石成群，藻类繁多，适于鱼、虾、蟹、贝等栖息，这里丰富的海产是大海对湛山人的恩赐，大海无私的奉献，养育着祖祖辈辈的湛山人。

第七节　岛屿、岩礁

大公岛，坐标：北纬35° 57′ 36.5″、东经120° 29′ 31.8″，面积0.1555平方公里，海拔120.6米，是青岛市第二高岛。上有饮水，灯塔一座，西侧建有小型简易水泥码头，距湛山海岸约8.4海里（15.6公里）。

大公岛上草木茂盛，岛周围悬崖高耸，岩缝洞穴密布，海中又有鱼、贝、藻类食物，因

大公岛（百度图片）

大公岛上废弃的驻军营房（中国青年报）

而鸟类繁多，有100多种，使大公岛成为“鸟岛”。大公岛周围水域鱼类资源极为丰富，是青岛近海渔场，主要鱼类有鲈鱼、鲅鱼、比目鱼、真鲷等。海珍品有海参、鲍鱼等，还有多种贝类生长。

小屿，坐标：北纬35° 57′ 46.7″、东经120° 28′ 46.4″，面积0.01129平方公里，最高

海拔 41.9 米，海岸线长 610 米，与大公岛相距 1.2 公里，距湛山海岸约 7.9 海里（14.7 公里）。

小屿（百度图片）

五丁礁，坐标：北纬 35° 57′ 36″、东经 120° 28′ 6″，俗称“神路”，涨潮时为暗礁，落潮时有 5 个礁石露出水面，在最高的礁石上建有水泥柱标志，距湛山海岸约 7.6 海里（14.1 公里）。

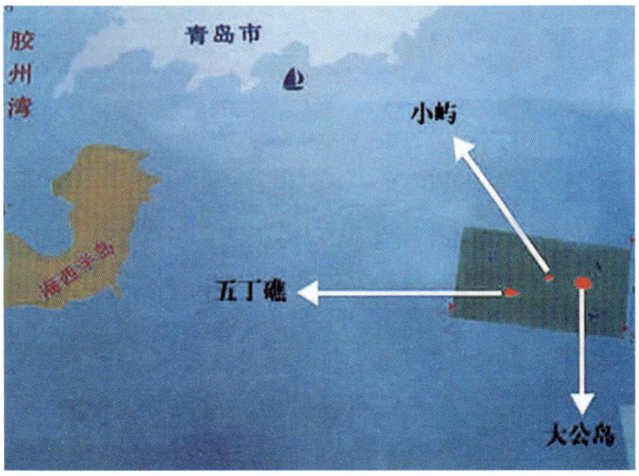

五丁礁（百度图片）

第八节 潮汐

属半日潮，每个太阳日（24 小时 48 分）有两次高潮和两次低潮。高潮出现在月亮中天后 4 小时 50 分，低潮出现在月亮中天后 11 时零 2 分。

简易推算公式为：

高（低）潮时间 =[农历日期 - 1（或 - 16）] × 0.8+ 平均高（低）潮间隙。

（说明：1. 高潮间隙 4 小时 19 分，低潮间隙 11 小时 07 分。2. 上半月减 1，下半月减 16。相邻高低潮时间间隔为 6 小时 12 分。）

潮差 1.9 ～ 3.5 米，大潮发生于朔或望（上弦或下弦）日后 2 ～ 3 天。8 月份潮位比 1 月份潮位一般高出 0.5 米。潮涨潮落永无止息，因其来去有定时，故称“潮信”，一般规律是农历的初五小、十三大、二十小、二十七大，谓之“四信”。每信 7 天，每月 4 信，二十七日起信，大潮开始，初三、十八最大，初八、二十三最小。大潮涨落俱大，小潮涨落俱小。民谚说：“初一、十五正日海，吃了晌饭晚了海”，“初八、二十三早晚两头干”。

朝汐时刻参考表

表 2-3

农历	第一次高潮	第一次低潮	第二次高潮	第二次低潮
初一（十六）	04 时 19 分	10 时 31 分	16 时 43 分	22 时 55 分
初二（十七）	05 时 07 分	11 时 19 分	17 时 31 分	23 时 43 分
初三（十八）	05 时 55 分	12 时 07 分	18 时 19 分	
初四（十九）	06 时 43 分	00 时 31 分	19 时 07 分	12 时 55 分
初五（二十）	07 时 31 分	01 时 19 分	19 时 55 分	13 时 43 分
初六（二十一）	08 时 19 分	02 时 07 分	20 时 43 分	14 时 31 分

续表2-3

农历	第一次高潮	第一次低潮	第二次高潮	第二次低潮
初七（二十二）	09 时 07 分	02 时 55 分	21 时 31 分	15 时 19 分
初八（二十三）	09 时 55 分	03 时 43 分	22 时 19 分	16 时 07 分
初九（二十四）	10 时 43 分	04 时 31 分	23 时 07 分	16 时 55 分
初十（二十五）	11 时 31 分	05 时 19 分	23 时 55 分	17 时 43 分
十一（二十六）	12 时 19 分	06 时 07 分		18 时 31 分
十二（二十七）	00 时 43 分	06 时 55 分	13 时 07 分	19 时 19 分
十三（二十八）	01 时 31 分	07 时 43 分	13 时 55 分	20 时 07 分
十四（二十九）	02 时 19 分	08 时 31 分	14 时 43 分	20 时 55 分
十五（三十）	03 时 07 分	09 时 19 分	15 时 31 分	21 时 43 分

说明：1. 本表根据山东渔港监督局资料计算。2. 高低潮时间空缺是因该潮发生时间在当日零时以后。故顺延至次日第一次

第二章　自然环境

第一节　地理风水

“过去很长一段时间，人们多把‘风水’斥之为迷信而不屑一顾。近年各方专家深入研究，发现在带有迷信色彩的外衣背后，潜藏着许多不可忽视的合理成分。人类从一诞生便与环境打交道，环境好坏往往对人的生活和行为产生积极或消极的影响，人们无法凭自身的力量对环境进行根本的改变，唯一可行的就是对自然环境作出正确的选择。在中华民族数千年的文明历程中，风水一直是中国人追求的理想环境的代名词，风水理论的基本取向特别关注于人与环境的关系，这与传统的‘天人合一’宇宙观是基本一致的，风水强调以自然为本，人类只有选择合适的自然环境才有利于自身的生存与发展。”（刘沛林著《古村落：和谐的人聚空间》）

湛山村位于太平山南麓，东有太平山支脉东北山（今土山）西有太平山余脉太平角（湛山人称西岭或蝈岭），三面环抱，岗峦起伏，苍翠碧绿，南临浩渺黄海，海天一色，湛蓝无垠。得天独厚的环境造就了独特的小气候，村庄背后的靠山有利于抵挡冬季北来的寒风，面朝大海既有利于迎接夏日掠过水面的南来凉风，还能享舟渔之便。朝阳之势便于获得良好的日照，缓坡阶地既可避免淹涝之灾，又可使村落民居获得开阔视野，周围植被既涵养水源，保持水土，又能调节小气候，还可获得薪柴，这诸多环境因素综合在一起，形成了一个美妙的、有机的生态环境。

湛山人的祖先独具慧眼，慕此地山水之胜，于明朝嘉靖年间（1522—1566）选中了这山海

蕴秀、气候宜人的风水宝地，在这里披荆斩棘，创家立业，终于发展成为一个最适宜人居的古村落，惠及历代子子孙孙。

第二节　佛教丛林

大湛山立村将近四百年以后，到了20世纪30年代，有一批世外高人因青岛地区佛教不兴，而其他宗教盛行，遂共同商议筹措资金在青岛市内建一佛刹。创建动议始于1931年，此项提议得到当时青岛市长胡若愚的鼎力相助和后任市长沈鸿烈的积极支持。这一批世外高人踏遍青岛，寻找佛教圣地，要求既要避免市内人声喧闹，保持寺庙庄严，又要防止山海僻远，可便往来。几经斟酌，反复商量，认为湛山“负山面海，原奥而平，左右回环，独具一格，实属佛家佳境”（见青岛市宗教事务管理局存档资料）。当时由市长胡若愚拨出湛山南麓150亩地，为建寺之用，社会各界资助大量资金，著名高僧倓虚法师应邀前来主持建寺工作，自1934年起历时十余载，终于在一片山光秀色笼罩中，一座沿袭民族传统建筑形式，属明代建筑风格的青砖黛瓦灰垣的寺院和气势恢宏的七级宝塔矗立在湛山脚下，这就是青岛市区唯一佛教丛林——湛山寺。

由于建寺之初，又创办了青岛湛山佛教学校。国内道德高僧多到此讲学，造就出一大批弘扬佛法的人才，青岛湛山寺也因此而享誉海内外。这里地处风景佳地，游人不断，尤以农历四月初八释迦牟尼诞辰浴佛节庙会游人最多，庄严的宗教仪式和繁荣的商贸活动为湛山带来融融春意。湛山村里家家户户也多有远道客人赶完庙会又来走亲访友，每年农历四月初八也成了湛山村特有的节日，村寺相彰，远近闻名。

第三节　避暑胜地

从20世纪初开始，德、日、美三代帝国主义侵占青岛和国民党统治的各个时期，“湛山一带已成为颐养区之中心，中外避暑人士咸集于此，避暑山庄在在皆是，其地林木成荫，一碧一际。所有马路均荫庇于绿叶丛中，虽盛夏也不知烈日之炎也。”（见《青岛指南》民国36年2月初版）同时还在湛山周围辟建了十八孔高尔夫球场、海水浴场、太平公园等。中国政府收回青岛以后为古老的菉豆岛取了一个吉祥的名字，叫作“太平角”。在青岛许多风景秀丽的海岬中，太平角是最美的一处，天然美景配着建筑风格各异的多国别墅院落，相得益彰，胜过一幅美妙的画卷，使这里成为中外闻名的避暑胜地。

第四节　全国著名疗养区

1949年青岛解放后，湛山一带很快又成为全国疗养胜地，仅十余年的时间，就在湛山周围征地开发建设了全国纺织工人疗养院、全国总工会疗养院、空军青岛疗养院、海军青岛疗养院、华东军区疗养院、军委疗养院等，后来国家计委、冶金部、化工部等都纷至沓来，湛山人也如海纳百川，不断接受着各种文化的洗礼，“湛山”这个名字也随之名扬四海。

总之，对于湛山一带优越的自然环境和地理风水，古今中外所见略同且趋之若鹜。

第三篇　村落

ZHAN SHAN CUN ZHI

湛山村志

ZHAN SHAN CUN ZHI

第一章　村落的形成

第一节　引言

村落是社会结构的基本细胞，许多城镇都由乡村聚落成长而来，今天的青岛市就是由许多农渔村庄成长而来，一个村落的演变是和社会历史的演变息息相关的。

历数百年风雨而不衰，经众祖先艰苦奋斗而发展的大湛山村，经过年代久远的物质文化积累，就像丰富多彩的村落群体中一颗璀璨的明珠，放射出我们民族的文化之光。从湛山村的地理位置，形态特点，内部结构，周围的山水林木，地形水系，就能发现我们民族文化中的一份丰富的宝藏，村庄内外蕴藏着许许多多我们祖先的智慧。古老的湛山村就像一棵深根大树，而每一个湛山人的后裔就像这棵大树上结出的种子，都传承着列祖列宗留下的全部基因信息，尊奉和延续着本乡本土民族的优良传统。

第二节　明初先民

明初此处设斩山墩堡，是浮山所辖属十八墩堡之一。十八个墩堡皆依村庄而设，明初湛山的先民至今尚无史料可考，而当时在这里驻守着亦军亦农的屯垦军民，则是斩山有史可稽的明初先民。

第三节　立村先人

是谁最先在这里安家落户，在什么时候最先开拓了这片土地？世远年湮，目前只有家谱是可供考证的第一手资料。

《胶澳志》的“民社志”有一段关于胶澳地区移民情况的记载：“盖自金、元被兵，山东户口凋残，而即墨地广人稀，土瘠产薄，尤称疲邑，故现存户口多属明之中叶南方各省移来，族姓家谱均有可征”。

《孙氏族谱》记载，孙氏来自云南乌沙（撒）卫，明朝永乐初迁于即墨杨家村（今台东道口路一带）单传四世，至五世于嘉靖年间（1522—1566）廷章，廷化（配无考）兄弟二人徙居官山，这就是迄今所发现的唯一有记载的湛山村最早的立村之先人。

第四节　五姓聚居

清康熙二十五年（1686）贾氏五世福臻（配钟氏）自崂山夏庄徙居官山。

康熙四十年（1701）左右，辛氏九世永第（配孙氏）“来自山东头，迁居官山疃”。

毛氏据浮山所志记载，明永乐年间（1403—1424）为浮山所世袭千户，正五品武德将军，曾带兵驻守斩山墩堡（在本志姓氏篇里有较详细记述），至清时失封，以始迁祖毛盛（配王氏）为一世祖，自浮山所迁居官山，具体年代因原家谱“失觅”无从查寻，据考证是康熙年间（1662—1722）。

王氏一世讳失传配无考，不知来处，徙居官山后远出，二世以山（配胡氏）、以秀兄弟二人始有记载。

清康熙年间五姓聚居后遂为土著，后因各姓氏人口繁衍各不相同，依次形成了“孙辛贾毛王”之说。

第五节　大鲍岛和会前村移民

清光绪二十三年（1897）德国以山东曹州钜野教案为借口，强占胶澳。大鲍岛村王姓因“祖业尽为商界所据占”，于光绪二十四年（1898）“族人瓜分星散”，其中十六世京瑞（配于氏）迁居官山。

光绪二十五年（1899）秋德国殖民当局征购了上青岛村、大鲍岛村。光绪二十六年(1900)于氏兄弟十五世兆礼、兆文（配王氏继孙氏）从大鲍岛村迁居官山。

光绪二十七年（1901）六月德国胶澳当局收买会前村，村民被驱散，迁居官山的有王、于、刘等姓氏。王姓有十二世永焻配辛氏，十三世立晏配戴氏，立喜配杨氏继辛氏等 3 户；于姓有十三世瑞先配李氏；刘姓有十七世维臣配贾氏、维盛配胡氏。

第六节　外乡移民

从 20 世纪二三十年代开始，由于青岛市区的扩大，加上农村经济的破产及天灾兵祸的驱使，大批农村人口涌入青岛，因地处城乡交界，湛山从一个普通农村发展为青岛近郊区域，许多在市区工作的人和外地到青人员因市区住房价高也住进了湛山村，因而到湛山的移民人口急剧增加。来自胶南、日照、诸城、胶州、平度、即墨等地的外乡移民融入湛山原住民当中，湛山村也成为规模日趋扩大的移民村。

据不完全统计，截至 1958 年全村共有姓氏 87 个，来自全省和全国 58 个县（市）。大湛山由民国 15 年（1926）的 252 户 1214 人，发展到 1990 年的 2401 户 6681 人，成为名副其实的“大”湛山村。

第二章　村落纪略

第一节　概况

古老村庄的形成和发展，类似生物有机生长的原则，是经过长年积月叠合扩展而形成的一个生态聚落。村里民居皆依原有地势，因地制宜而建，全村由 3 条东西横向的主街平行排布，村中有一条天然山沟和沿沟一条路纵向蜿蜒贯通南北，6 条街巷和 99 条胡同（1980 年）纵横交织，自然形成灵活多变的街道系统，有分有和，但整体上协调统一。

第二节　三条街

前街

原湛山大路从湛山村前部穿村而过，也自然形成了湛山前街，村民习称“前马路”，是青岛市区通往崂山的交通要道，日本投降，国民党失败都曾有败兵经这条路撤退。沿前街至村东头路南有孙氏自杨家村迁来的祖墓，并竖有“孙氏祖墓”碑，路北偏东有一座“彤史流芳”碑。

中街

从村东过公益桥，经土地庙、关帝庙、佛爷庙进村，豁然开朗，就是宽阔的中街，沿街两旁的胡同通往南北各处。街里头有戏台，从戏台两旁向西分为两条巷，北巷经一条叫“桥子里”的胡同，再经过一条通后街的胡同向西，至沟崖的南北路而止；南巷左拐通向前街，也可向西至大沟过石桥经西沟崖、“高台子”，又有西南巷可通前街，又可向西直通村外，经“西大湾”至“蝈岭”（太平角）。

中街有孙氏家庙、戏台、碾，形成村民活动中心和共享空间。逢年过节在这里敲锣打鼓、踩高跷、跑旱船、扭秧歌，看戏剧演出。清明节在这里扎起高大的秋千，青年男女大显身手，表演单人和双人各种惊险的秋千动作，村民围观欣赏，欢声笑语，自娱自乐。街北有碾，旁边墙上有“泰山石敢当”石刻镇之，古老的风俗以为可以禁压不祥。中街东头贾家胡同街北也有一盘碾，“碾”是村民共用加工粮食的古老工具，每逢“忙年”的时候，这里十分繁忙，人们或相互谦让，或自觉挨号，大人孩子有说有笑，一片悠然和谐的农家之乐。

后街

大湛山村建在太平山下缓坡之上，从村西北至东南最大落差达 18.8 米，因此后街居高。从村东过公益桥，沿土地庙有路向北转弯上一个坡就是后街，街北也有一座孙氏家庙，街西部向北有辛家胡同，胡同前有碾，后有辛氏家庙，后街最西北一条胡同叫“西北山”。此胡同向西，街上也有一盘小碾。这条胡同历史上曾有孙氏行侠仗义，家法严明，处事公道，包打不平之壮举，所以“西北山”也有“西北衙门”之称（含敬奉之意）。

第三节　吃水井

对于一个村庄来说，吃水井比什么都重要。村里人们每逢过年要在年前把水缸挑满，“请年”后不再挑水，要等“送年”后第一次挑水时在井台旁烧香、烧纸祭井后才能开始挑水，这是一种对大自然感恩敬畏的古老习俗。

大湛山村主要吃水井有四眼，分布在村庄的前后左右各个方位。东井在中街村东公益桥北靠近东河，地下甘泉旺盛，永不干涸，水质也最好，是村民吃水最重要的甜水井，没有城市自来水之前，一代一代湛山人都是吃着东井的水长大的；西井在村西南，前街街北之巷口不远处韩福茂家墙外；北小井在后街西部石头窝子附近；后井在村东北角。1958 年后村里通了自来水，村民开始买水牌到“水龙头”挑自来水吃，井水只做为淘菜洗衣之用，至 20 世纪 80 年代，自来水逐渐通到各家各户。

第四节　乡土文化

宗族、族谱、家庙

古村落精神空间的形成是以宗族礼制为前提的，封建礼制曾经长期左右人们的生活方式和行为。礼制空间表现的是一种精神，一种对家族和祖宗至高无上的崇拜和绝对服从，历代王朝都大力提倡尊祖、敬宗和孝道，这也是维持社会和谐稳定的政治需要，从而也孕育了古村落的乡土文化。清光绪二十三年（1897）德国占领胶澳之后，在 1902—1903 年备忘录中有对当时村落情况的记载：“为数众多的、分布于各处的村落是由拥有数百人的集中的居民集团组成的，这些集团都有亲缘关系，相同的生活利益及具有彼此保护的需要，在农村的观念中这种聚居是合理的，这种观念承认村中最长者组成的集合是具有合理的和事实上的威望的组织，这使人感到父辈的威严，这种情况是历史形成的。在经济上的表现是统一进行同一类型产品的生产。这里首先是农业生产各家各户自己所需的消费品，首先是每天的食品，基本上能够做到自给自足。因此，人民的经济生活仍然还停留在闭锁的小生产阶段……”

湛山村中街和后街有两座孙氏家庙，后街有一座辛氏家庙，各姓氏都有自己的族谱。家庙也称祠堂，主要用于祭祀、修谱、年庆、节庆、会商家族大事等宗族活动。修族谱主要的目的是“祭祖、尊祖、敬宗、收族”，这都是乡土氏族文化的反映。今天所能见到的湛山各族谱，都是清朝时期纂修，历经沧桑幸存下来的，已经成为考证湛山村的起源和研究古代宗法制度，各姓氏的来历，人口迁移，乡土文化等方面极为珍贵的资料。

庙宇

大湛山村里曾有三座庙，土地庙、关帝庙、佛爷庙。反映出宗教信仰是历史时期人类精神生活的重要组成部分，对村落空间的形成有着重要影响。由于生产力低下，人们在大自然面前感到渺小无力，古人信“万物有灵”自然崇拜的原始宗教，认为村庄土地都有神灵，在村口建庙可以驱挡邪恶，消灾降福，保护全村人畜平安，五谷丰登。

中街是湛山村的中心，由村东沿着中街在村外边建有土地庙，向里至村口建有关帝庙，和佛爷庙。土地庙供奉土地神，有对联曰：“是是非非地，明明白白天”，横批“一村之主”。村里的人死后其子女亲属要一天三时到土地庙“报庙”，直到在土地庙为逝者送“盘缠”后出殡。

关帝庙供奉忠义千秋的关公，庙内关羽、关平、周仓的塑像栩栩如生。有对联曰：“忠义贯日月，义气满乾坤”，横批“协天大帝”。

佛爷庙供奉释迦牟尼、老子、孔子等诸圣先哲之神位。

每逢红白喜事和过年从初一到十五，村民一天三时都到三座庙烧香磕头顶礼膜拜，这种习俗曾长期留存于村庄之中。解放后，易风易俗，破除迷信，由民兵将庙拆除。

第五节　山水田园

湛山村在今东至秀湛路，西至东海一路，南至香港西路，北至华严路，约方圆一里之间。村北有峰峦叠翠的太平山，村南是碧波浩淼的大海，村东原有一条河习称“东河”，由太平山汇水而成，从小湛山村西之山沟蜿蜒而下，雨季水流湍急，泄洪入海，平日小溪绕村，水清沙明，妇女沿河洗衣，村童戏水其间，蛙声不绝于耳，流经中街东村口，有一座建于1932年的“公益桥”，附近立一座高约1.6米、宽约0.7米的“公益桥碑”，碑阳的碑文记载了村东久有沟壑，村民出入甚为不便，自愿捐款集资建桥，沟堑变坦途，全村皆受益，并命名为“公益桥”的事迹，碑阴镌刻近300名捐款人姓名金额，其中有在四方机厂的工人十余人，有女性十余人。1958年后，湛山大队在上游先后修建了“三八水库”和“小湛山水库”，东河始断流，但仍为雨季村里和水库排洪的重要河道。村西太平山水系从湛山寺荷花湾（即“放生池”）烟台沟水流顺势而下，在村西低洼处形成了“西大湾”（在今东海一路西，国家计委疗养院后莲岛路东头），这里曾经溪水潺潺，荷风扑面，香远溢清。村后在人民公社成立以后利用孙家茔、辛家茔、贾家茔等辟为大片桃园和苹果园，春花秋果，绕村飘香。

“绿树村边合，青山郭外斜”可作为湛山村的写照。山峦、云霞、碧波、庙宇、塔影，优雅宁静的山水田园，安详和谐的村居空间，如梦如烟，组成了一幅美丽的天然画卷，恍如仙苑佳境，俨然世外桃源。1934年郁达夫有诗赞曰：“湛山一角夏如秋”（见《青岛名人游踪》），曾有人写诗描写自己的家园，可谓湛山村人与自然高度和谐的写真：

红舍傍湛山，

四季花满院。
门对菜圃绿，
窗映海天蓝。

第六节　相邻村庄

湛山村周围从古到今相邻较近的村庄有十余个，这些村庄大多为明朝或清初形成的农村聚落。虽同在一方水土，村风民俗、风土人情大同小异，但由于各自先祖来历不同和各自的地理小环境的差异，人们长期生活、聚居、繁衍在各自的固定地域，这种依血缘、地缘等多重因素而形成的不同聚落，也就自然有了不同的历史渊源、历史文脉、传统氛围，也产生了各自的经济特色、生活习俗、民间艺术、传奇人物等等，正所谓“出门三里路，别是一乡风”。每一个村庄都曾经是一个农村政治、经济、文化生活的宽广舞台，除会前村于清光绪二十七年（1901）因德国人辟建“植物试验场”而消失外，余者皆已随着青岛市的风雨岁月和成长过程，逐步“城市化”，由原生态的农村聚落就地融入了城市建筑群落之中，其中浮山所、亢家庄、田家村、大尧、逍遥、辛家庄、丁家庄在1958年至1984年间与湛山同属浮山人民公社，南仲家洼的农业户则属湛山大队第十八生产队，至今这些村庄已经全部消失。

会前村

会前村在湛山村西，太平山西南麓，距湛山村约1.5公里，这个与湛山村一山之隔的山清水秀的古村落已于清光绪二十七年（1901）消失。

据民国19年（1930）修的《王氏族谱》记载，“始迁祖于明天顺（1457—1464）中以伯仲自云南来家于即墨县南境，青岛域内偏东有村曰会前……。居会前者皆伯氏所出之子孙也，世代相传，人丁日众……历明迄清四百余年……不幸于清光绪二十三年（1897）德夷占青岛，越四年于会前村辟公园，全村遭其驱逐，吾祖于是四方散处，遂致分离”。“第一公园樱花路右侧是吾故里也，有堂曰明秀堂”。清光绪二十七年（1901）六月会前村被德国胶澳当局收购拆迁，其中有王、于、刘三姓的部分后裔迁居大湛山村。

民国27年（1938）当时的农林事务所曾将会前村的变迁镌刻“会前村遗迹”石碑，碑文记载：“会前，今伪为汇泉或会泉。旧有村民三百六十户，多业渔。清光绪二十四年（1898）德租胶州湾，二十七年收买是村、附近山地”。今中山公园内的人文景观“会前村遗迹”就是原会前村旧址，尚有古槐、古井等是会前村的遗存。

杨家村

杨家村在湛山村北约2公里，有太平山相隔，位置在今辽宁路东端两侧的道口路、滨县路、郭口路、清和路一带。

杨家村与湛山村有着悠久的历史渊源，湛山孙氏的先祖是曾居杨家村早期先民之一。据《孙氏族谱》记载，“孙氏出自云南乌沙卫，明永乐初迁于墨邑，兄弟三人，一在峅峪，一居祇房，惟吾祖住杨家村，单传四世，至五世祖嘉靖时兄弟二人徙居官山”，谱中还记载了在杨家村东南埵为孙家茔。又据世居杨家村的《杨姓族谱》记载，杨姓于明代由云南迁居崂山乌衣巷，继之又迁至此地定居繁衍，后以姓氏为村名杨家村。从杨姓族谱的排辈世系计算，其由云南迁入即墨辖区的时间约在永乐年间（1403—1424）。

德国占领青岛后，在规划城市时将杨家村一带划为“平民区”，又按照中国人的居住方式建成了最初的棋盘街，即台东一路至九路，后来随着这一带人口的不断增加，德国人便将贮水山以东的地方作为台东镇，也称东镇，当时虽将这里划入了郊区，而杨家村从清光绪二十五年（1899）开始就已演变为“市镇”。民国 11 年（1922）北洋政府收回青岛之后，正式将台东划为市区。

仲家洼

仲家洼在湛山村北约一公里，山岭后偏东低洼处。主要姓氏有张、葛、仲、胡、姜等，以仲姓为村名。仲氏来自即墨普东镇宋家町（今王家街）与康熙初迁入浮山所的仲氏为同支；葛氏原为明浮山所军户（世袭百户），其后裔葛进山于清乾隆年间（1736—1795）迁居仲家洼；胡氏原居浮山所，八世胡志理清嘉庆年间（1796—1820）迁居仲家洼。胶澳志载“民国 15 年（1926）仲家洼 198 户 855 人”，后来逐渐扩展为青岛市人口密集的居民区，分为南仲、北仲、东仲、西仲，其范围在今市北区，南至扬州路、北至延吉路、西至延安三路、东至镇江路一带，其中南仲家洼即原仲家洼，地面最大，居民最多。农业合作化和人民公社时期，仲家洼为数不多的农业户划归湛山大队第十八生产队。从 1985 年修建宁夏路大桥开始至 1998 年，陆续将市区这一最大的棚户区拆迁改造为楼宇林立的新居民区。

浮山所

浮山所在湛山村东 1.5 公里。于明洪武二十一年（1388）设立鳌山卫浮山备御千户所，又称浮山所，下设四军寨：楼山寨、金家岭寨、于家庄寨、张家寨；二十五军屯：即墨县境内九处，平度州十六处；十八墩堡：麦岛、错皮岭、双山、塔山、翁窑、转山头、狗塔山、桃林、仲村、东城、张家庄、程家庄、城阳、女姑、楼山、孤山、红石、斩山。从设立浮山所始，先后有 13 名有职位的军人奉调从各地来浮山所赴任，分别是丁、王、毛、亢、汪、苏、余、张、杨、侯、焦、葛、詹。另有明代浮山所属下军屯之一的浮山所屯众多亦民亦兵的世袭军户马、孙、洛、胡等。至清雍正年间（1723—1735）“裁所削编”浮山所由军事重镇变成普通农村，相继有章、仲、孙、王、郭、胡、刘、戴、蓝等姓来浮山所定居。《即墨县志》载：“清雍正十二年（1734）浮山所 159 户 684 人。”《胶澳志》载：“民国 15 年（1926）浮山所 377 户 1751 人。”2002 年浮山所总户数为 2208 户 5672 人。

浮山所曾是浮山区、浮亢乡、浮山公社等驻地，有始于明初延续至今的浮山所集，每逢农历四、九为集日。

1993 年青岛市政府东迁至浮山所村西，浮山所周围地区很快发展成为青岛市东部新市中心区。1998 年至 2003 年浮山所村拆迁改造为现代化新城区，其位置在南至香港中路、北至江西路、东至南京路、西至新浦路。

亢家庄

（贾世珍摄影）

亢家庄在湛山村东北约 1.5 公里，坐落于今山东路、宁夏路交会处。

明初张姓居此，村名原称张家疃。清康熙十九年至二十九年（1680—1690）原浮山所军户世袭正千户亢姓后裔迁居于此，后又有闫姓于乾隆四十一年至五十一年（1776—1786）自海西相继迁入，约至嘉庆五年至十五年（1800—1810）更名为亢家庄。

胶澳志载“民国 15 年（1926）亢家庄 89 户 481 人”，拆迁改造前村民 500 余户 1500 人。1991 年起自建楼群，村庄改造为新居民小区。

田家村

田家村在湛山村东北 2.5 公里浮山余脉山峦脚下。

明天顺年间（1457—1464）田氏兄弟二人由胶邑田家窑（今胶南王台田家窑）迁来，兄富贵居瓮窑头，弟布华来此定居，以烧窑为业，繁衍生息，以姓氏为村名田家村，沿用至今。

清乾隆年间（1736—1795）有午山村王氏和登窑村王氏徙居于此，清嘉庆年间（1796—1820）即墨石桥村王氏徙居于此，至清末又有大麦岛戴氏和蓝氏来此定居。胶澳志载“民国 15 年（1926）田家村 94 户 548 人”，1996 年村改前 653 户 2083 余人。

1996—2001 年旧村改造为青岛市东部楼宇林立的新居民小区——田家花园，在今南至宁夏路、北至仙居路、东至丰华路、西至绍兴路。

大尧村

大尧村在湛山东偏北约 2.5 公里。

明永乐年间（1403—1424）即墨县登窑（今登瀛）村王氏贡元迁居于此，明天启年间（1621—1627）张氏从浮山所徙居于此。清康熙年间（1662—1722）错埠岭于氏迁居于此，村名始称后窑，至清时改称大窑，民国 25 年

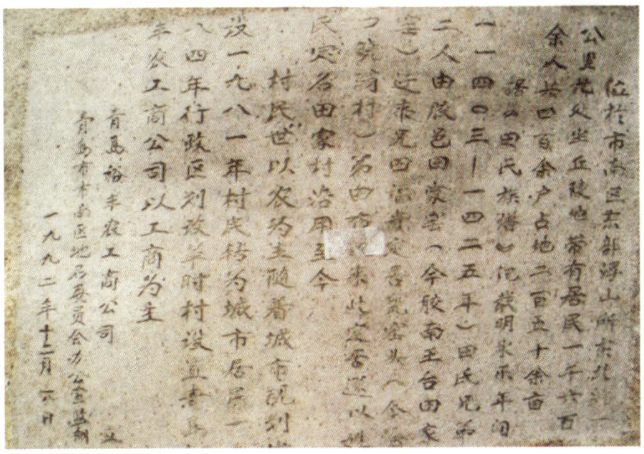

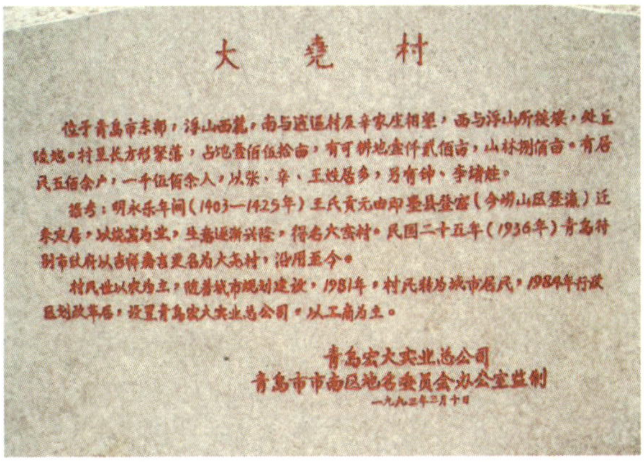

（贯世珍摄影）

（1936）更名大尧村沿用至今。《胶澳志》载："民国 15 年（1926）大窑村 114 户 504 人"，拆迁改造前有居民 500 余户 1500 余人，以张、辛、王姓居多，另有钟、李诸姓。

从 20 世纪 90 年代起陆续拆迁改造为青岛市东部新市区的居民小区，其位置在北至宁夏路、南至逍遥三路、西至大尧一路、东至大尧三路。

逍遥村

逍遥村在湛山村东偏北 2.5 公里，坐落于辛家庄和大尧之间，原名小窑村。

明天启年间（1621—1627）浮山所张氏后裔徙居于此，清初河西村袁氏一支来此定居，清光绪二十七年（1901）德胶澳当局强迁会前村时又有王姓迁居于此。胶澳志载："民国

（贾世珍摄影）

15 年（1926）小窑村 94 户 408 人。" 1936 年更名为逍遥村沿用至今，村庄拆迁改造前共有居民约 430 户 1500 余人。1999 年 6 月至 2000 年 12 月拆迁改造为青岛市东部新市区楼宇林立的逍遥花园居民小区，呈东北西南群落，东北至逍遥二路、西南至江西路、东南至漳州路、西北至大尧三路。

辛家庄

辛家庄在湛山村东 2.5 公里，原名前窑。

明嘉靖三十一年至万历十年（1552—1582）浮山后大埠东辛氏后裔陆续到此聚族而居，繁衍生息，以姓氏更名为辛家庄沿用至今。

《胶澳志》载："民国 15 年（1926）辛家庄 205 户 942 人"，村庄拆迁改造前共有居民 1186 户 3120 人。1998 年至 2000 年与丁家庄一起拆迁改造为青岛市东部新市区高楼林立的香港花园居民小区。其址在香港中路南北两侧

（贾世珍摄影）

东至福清路、嘉义路、南至珠海路、西至泉州路、北至古田路。

丁家庄

丁家庄与辛家庄相连，位于辛家庄东南，明天启六年（1626）浮山所军户丁氏后裔十世进玘、进章来此定居，以姓氏为村名丁家庄。明末崇祯十一年（1638）又有王氏一族由团岛小泥洼村徙居于此。《胶澳志》载："民国 15 年（1926）丁家庄 31 户 190 人。" 村庄拆迁改造前共有居民 194 户 680 人，1998 年至 2000 年与辛家庄一起拆迁改造为香港花园居民小区。

（贾世珍摄影）

第三章　旧地踪迹

第一节　村东

东北山

湛山村东北是太平山东之余脉自北向南坡度较平缓的丘陵地带，习称“东北山”，建了高尔夫球场以后，也直称这里为高尔夫球场，后来这里建了北舰招待所、海军干休所、船厂宿舍、五十九中等，人们又称这里为土山。

1897 年 11 月 14 日德国占领青岛以后，此山成为德军规划营建炮台的军事要地之一，胶澳志载：“太平山东一公里许，为湛山平岗无高峰，最高处海拔八十余公尺，德人建炮台于上，分一、二、三号，南北排列，名中央炮垒，乃青岛市东部之重要防御地带，由此东北一公里有小岭，名小湛山，德人建有四号炮台，台东镇之北，海泊河左岸有小山，海拔二十九公尺，德人建有五号炮台，今均毁矣。”

民国 22 年（1933）在山前坡修建了湛山高尔夫球场，当时只有一条无名沙土路（今盐城路）从湛流干路沿湛山小学和高尔夫球场西侧向北通至山后坡，青岛解放后这里成为军事区。除 1956 年在此山北部修建的湛山牧场外，东北山四周皆为农田，至 20 世纪 80 年代，东北山的土地陆续被征用。山西坡（延安三路东侧），1985 年建孚德鞋厂、青岛照相机厂，

1986年建化工部劳保研究所，1987年建中国人民银行青岛支行。山北坡，20世纪80年代初原湛山牧场被征用建航务二处宿舍，1982年修了江西路以后，这一带渐成居民区，1983年建青岛电视机厂（海信），1986年建青岛汽车旅游公司。山南坡，1987年建了北海宾馆，20世纪90年代以后城市建设速度加快，往年的东北山已经是高楼林立、居民密集，旧地踪迹已荡然无存。

湛山高尔夫球场

德国侵占青岛后，高尔夫球传入本市，1908年英国侨民艾克夫尔德在青岛创办了高尔夫球协会，有英、美、德、法、日会员40余人，球场设在汇泉跑马场内。1932年冬为迎接1933年7月在青岛召开的第十七届华北运动会，在跑马场之东部动工兴建青岛体育场，跑马场内之高尔夫球场被取消。

1933年11月8日青岛高尔夫俱乐部会长塔加哈西致函国民党市长沈鸿烈“请租湛山一地面积约34公顷（510余亩）为建设十八孔新球场之用”，并说明“高尔夫球场为任何文明国新城市中重要外观之一，足使市民有体育上之练习，同时足以吸引世界之游客，以晋国家及地方之繁荣，是故世界上多数城市具有相宜之高尔夫球场。敝人决敢在此请领地址上建就新球场，足为世界上最佳风景之一，且为青岛之大观，现在青岛高尔夫俱乐部拟进行重大之业，估计约在十万元之价。”经沈鸿烈市长批准在湛山东北山第一炮垒东至沙河一带（今纺疗后盐城路以东至潜艇学院）重建了18孔高尔夫球场，1934年开业，租期为20年。

在东北山最高处，二号炮垒前建有高尔夫球场办公楼，内设登记处、休息室、球棍、球袋陈列租赁处、管理人员办公室等。球场的草坪是进口的优质深绿色草皮，有专人维护管理，定时用剪草机修剪、浇水，另外还按季节雇佣本村妇女工清除杂草。当时在这里应聘背球的球童大多来自大湛山和小湛山村的青年人，来此打球的都是洋人，高尔夫球协会会长仍为英国人艾克夫尔德，最盛时有会员200余人。

1941年太平洋战争爆发，各国侨民纷纷逃难，球场随之关闭。1945年抗日战争胜利，湛山高尔夫球场又恢复活动，1946年英国人与国民党政府修改租约，将球场租期延至1956年，月租金为1万元。因美国海军陆战队第六师等1945年10月起驻扎青岛，此后来湛山高尔夫球场打球的以美军官兵居多。1949年青岛解放后，这里成为军事区，外事部门与英国人几经交涉，于1950年6月25日将湛山高尔夫球场收回，自此湛山高尔夫球场废止。

孙科桃园

孙科桃园建于1929年，在今纺疗一带，依山面海，景色秀美如世外桃源。园内广种桃树，并建有数间平房，名曰“孙建华堂”，桃园的四周都有界石。

桃园前后各有一条东西向小路，早年间人们从这里去浮山所走亲赶集比较近，桃园里看院子的人姓姜，他的儿子就在湛山小学，毕业后又考了中学。桃园里养着大狼狗，外边的孩子们进园抓蚂蚱玩耍常遭狗咬。

孙科（1891—1973）广东香山（今中山市）人，字哲生，孙中山之子，美国加利福尼亚大学、哥伦比亚大学毕业，曾任广州非常国会外交部秘书，英文《广州时报》副主编、广州市长、武汉国民政府常委、代理广东省长、交通部长、国民党中央执行委员会常委。1927年起历任国民党政府建设部长、财政部长、铁道部长、考试院副院长、行政院长、立法院长、国民党政府副主席。曾代表国民党政府去苏联谈判，签订《中苏互不侵犯条约》和《中苏商务条约》。1949年辞职后去法国、美国。1964年到台湾，曾任“总统府”高级咨议、“考试院长”。

1953 年建中国纺织工人疗养院时这个桃园被征用。

湛山小学

1931 年 12 月就任的青岛市长沈鸿烈与南开大学校长张伯苓是朋友，他到天津参观南开大学，深为张伯苓的办学成果而敬佩，诚邀天津南开中学教务主任雷法章到青岛，张伯苓为其诚意感动，同意雷法章到青岛，沈鸿烈任他为青岛市教育局长。雷法章制定出教育条例，尤重视农村小学学校建设，改扩建校舍，聘有师范学校毕业资历的教师到校任教，新建校舍图纸由政府提供。坐落在湛山村东，今盐城路南端以东，香港中路以北的湛山小学旧址，就是这一时期兴建的青岛早期小学之一。

1934 年湛山小学建成开学，为郊区重点小学之一，共有教室 4 间，中间为拱门，左右对称，内有檐廊。开始只有高年级在这里上课，低年级仍在村里家庙和民房，1940 年第一届毕业生共 6 人，1941 年第二届毕业生共 10 人。

1940 年后因学生生源不断增加，村民和社会人士自愿集资，扩建了东西两厢教室各 3 间和北教室 3 间，组成一个大四合院，并在校舍后院扩建了宽敞的操场，操场周围栽植了参天杨树，成为一所初具规模的公立湛山小学。

1943 年日本侵略者强占了湛山小学，部分学生在村里上课，大部分学生被迫停学，1945 年抗战胜利日本投降后湛山小学才复课。

1948 年结束了在家庙和民房上学的历史。

1949 年青岛解放，上级派来军代表王基仁任校长，在开展新中国教育的同时，还组织师生并亲自导演了歌剧《白毛女》，在湛山和周围各村演出，耳目一新，反应强烈，湛山小学开始了新的历史时期。

1994 年随着大湛山村拆迁改造工程在新建居民小区内规划建设了市南区实验小学，古老的湛山小学历经沧桑，今已废弃，旧校舍犹存。

野鸡台

位于黑石澜东北，原是一土岭，岭下是大海，岸边有巨石名“将军石”，因在原湛山第十一生产队地片以南，湛山人也习称小南山，浮山所人则称为西南山。相传在人烟稀少的年代，这一带草木茂盛，鸟类繁多，因野鸡多在这里栖息，故名“野鸡台”。单干时期，孙正清家在这里有一块地，还曾经在麦秸垛里发现刚孵出来的小野鸡。青岛解放后，这里曾经有驻军第五中队和后来的中韩养殖场。由于东部开发建设今已难以看出野鸡台的确切位置，大约位于今山东路南端东海西路以南，五四广场和音乐广场之间。

靶子场

今香港中路西端以南，延安三路以东、世贸中心以西至海边，曾经是湛山靶子场。

德军侵占青岛后，最初在韶关路附近修建了一个较小的手枪靶场，后来在湛山东南洼修建了长短枪多用的大型靶场，习称靶子场。靶场长约 500 米，每一射击弹道两旁分别用土堆筑成高约 3 米，底宽约 4 米的高大隔离土垒，每隔 50 米开两道断口，靶场内设有射坑、壕沟和掩体，靶场周围全是灌木林。1938 年后的日伪时期，日本侵略者不仅在此军训，而且还在这里残害无辜，据老人回忆，日本侵略者在这里杀害的中国人，不下 200 人。民国时期和解放初期这里仍是军用靶场也曾用作刑场。1956 年农业合作化以后，湛山靶子场废弃变成了生产队的耕地，20 世纪 60 年代末，这里被航务二公司汽车运输大队征用一部分，1985 年建了湛山宾馆，20 世纪 90 年代航务二公司迁走，又陆续建了世贸中心、国税局等。2006 年 1 月至 2011 年 1 月湛山宾馆改造为海航万邦中心。

第二节　村南

桥子南

桥子南在湛山村前至海边，今香港西路南、东海西路北、太平角六路东、延安三路西是一片地势平坦、土壤肥沃、地下水充足的上好菜园良田。农业合作化以后这一地片共有湛山大队4个生产队，自西向东依次是1队、5队、12队、13队，其中还有散居在这一带大多为菜园屋的临字号居民30余户。

西半部1985年山东海洋学院2月征地拟建学术中心（今为万丽海景）、海天大酒店12月征地始建，1987年2月冶金部征地始建冶金部学术中心等。东半部20世纪70年代建污水处理站（今东海西路中国联通大厦一带），余者1986年12月被征用做政法联建，建了青岛市中级法院、海事法院、市检察院、市审计局、市水利局等单位，今已全部拆迁，2010年这一地块（52.35亩）经过57轮竞拍由绿城房地产集团有限公司以以总价40余亿元收入囊中，2012年年底开工建设青岛城市中央的高端地标建筑——占地35.5万平方米、总投资80亿元的“深蓝广场”，该项目规划由74层超高层综合塔楼（高度达327.25米）、两栋超高层住宅楼（高度接近200米）、商业裙楼地上建筑面积22.7万平方米和地下4层建筑面积12.76万平方米组成。

正南

“正南”是湛山人以湛山村之正南方位命名的海岸附近海域。这里涨潮后汪洋一片，落潮后礁石嶙峋，水落石出岩礁排列成行，依离海岸由近至远称为一行、二行、三行……落大潮时，能落出三行，见到四行，据说在深水区还有五行但从来没有露出水面，有潜水下去拿冻菜的人见过。正南海产丰富，历来是湛山人赶海最近的好地方。其中“一行”于20世纪90年代被填海造地，其位置大约在“天林花园”前滨海步行道的半圆形小广场一带，西头海里还有少量礁石是一行残存的标记。

1968年在“正南”海岸建了青岛水产局第二海水养殖场（简称养殖二厂），主要在这片海域养殖海带，1971年扩建海带胶车间，以海带为原料生产海带胶、碘、甘露醇等，1996年停产，养殖二场被拆迁，填海造地建设了滨海步行道、天林花园别墅小区和青岛市妇女少儿活动中心。

第三节　村西

烟台沟

村西北东海一路西，太平山下，空疗院内东北部原有山沟，名烟台沟。明初斩山设烟台，“烟台”即古代边防作为瞭望及烧柴或烧狼粪报警用的高台，隔一定距离筑一座，发现敌情白日举烟，夜间举火，临台见后也举烟火示警，烟台也叫烽火台、墩堠。明初，为防倭寇设立斩山墩堡，在斩山高处筑有烟台，故其山沟称“烟台沟”，如麦岛的“烟墩”，也是明初麦岛墩堡遗留下来的古老遗址。烟台沟北部修建湛山寺时辟为放生池，池中广植荷花，故也称“荷花湾”，又因其中生长有很多大大小小的鳖，故也习称“鳖湾”。1934年修芝泉路截断烟台沟设涵洞连通溢洪，烟台沟附近曾经是孙氏和辛氏的老茔，1954年始建空疗，烟台沟一带被征用。

乖岭（蝈岭）

村西太平角一路和六路之间的平岭是太平山余脉，未开发前，这一带为湛山的农田和茔地。原生态草木茂盛，蝈蝈（方言乖乖）多，故名“蝈岭”（方言“乖岭”），又因在湛山村西也称西岭。1923年中国政府将被德国胶澳当局改为伊尔奇斯山后又被日本侵略者改为“旭山”的“斩山”（官山）定名为太平山，乖岭和菉豆岛也随之称为“太平角”。

菉豆岛

太平山余脉太平角伸入海中之岬角原名菉豆岛，因岛上遍生野菉豆而得名，斩山改为官山后又随官山又称“官山岛”，湛山人也习称其为“南岛”。

菉豆岛东南西三面临海，环绕一周约 2.5 公里，海拔 18.3 米，其周围又分作 5 个岬角和 5 个小湾，海岬的衔接处有楔形礁群，分割成一个个半月形海滩，有的岬角峭壁如削，有的乱石林立。菉豆岛右襟太平湾，波光摇曳，左拥浮山湾，远山巍峨。人至太平角南端，环顾四周，海阔天空，“凭海临风天尽头，沧溟茫茫无际涯”之感会油然而生。

清同治十二年（1873）刻印的《即墨县志》将此岛记为“菉豆岛”，1903 年 5 月 19 日德国当局的正式布告中称此处为“官山岛”（此时湛山村称“官山疃”），德占胶澳以后将此岛改为“伊尔奇斯岬”，1923 年中国政府将这里定名为“太平角”。《胶澳志》载：“湛山之南为太平岬，伸入海中与西方之汇泉岬遥遥相对，汇泉岬伸入海中与太平岬、团岛岬并列而三，昔有炮台为德人最重要之防御工程”。

1934 年在岛上辟建“太平公园”，著名女作家苏雪林描写道：“这园子面积虽不及中山公园之大，规模也颇可观。园中亭榭花木，全属中国风味，甚至一个喷水池的装饰，也用的是“国虫”——龙。这园除了中国风味外，若问有什么特点？我可以一口回答说：荷花多。嫩白娇红的花朵，掩映田田绿叶，眼前似展开一片连绵不断的云锦。中山公园那个池子的荷花，比这里又差的远了。”

陆渭渔在诗中写道：

世外桃源里，行吟路不赊。
地偏人迹罕，云散夕阳斜。
入耳闻渔唱，迎头拍浪花。
言归向山路，林际噪昏鸦。

日本占据青岛后，这里被征用为军事基地，太平公园惜遭破坏而荒废。1949 年青岛解放后，这里成为军事管区。

岛西

岛西即菉豆岛西，在太平岬西边的海湾有着得天独厚的自然条件，海岬地形成为天然屏障，不受南风和东南风的袭扰，除偶遇极少猛烈的西南风外，这里常年风平浪静，适宜渔船靠岸停泊，方便出海。历史上湛山渔民曾长期以此为基地，出海打渔，湛山渔业合作社、浮山公社水产部和后来归并的台西渔业社也都以此为基地，在这里经营养殖海带、海虹等。

这里岸边有一较高平台，平台上有一棵茂盛的中国槐，出海归来的渔民常在树下乘凉休息，妇女们在树下倒线补网。“入耳闻渔唱，迎头拍浪花”，渔舟唱晚，笑声爽朗，不绝于耳。

岛西以南的海面水流湍急称为西南流，有一行礁石东西间隔排列向西延伸为大老鼠岛子（另有小老鼠岛子在苇沟），老鼠岛子和高澜隔水相望。

高澜

高澜在太平岬以西，距海岸约百米，是孤立于海中的一片礁石。涨潮以后全部淹没于水面以下，落潮后浮出水面，礁石错落纵横各 30 米左右，是垂钓赶海的绝佳去处。其周围黄鱼、鲈鱼、黑头、鲍鱼、海虹、冻菜应有尽有。

由于涨潮后高澜形成暗礁，不熟悉此处地形的人行船至此，极易触礁搁浅。高澜与太平岬之间的海沟，在涨潮和落潮时，水流湍急，尤其在落潮时的落流，似有飞流直下之感。

岛东、第三海水浴场

菉豆岛东侧海滩叫岛东，海产丰富，自古以来就是湛山人赶海的好去处。岛东以东，王霸石以西是天然的湛山海湾，这里水清沙细，沙滩长约400余米，1933年辟作海水浴场。著名女作家苏雪林写道："青岛规模较大的海水浴场一共有5个，除第五海水浴场外，这四个浴场是四枝婀娜多姿的轻盈的姐妹花……三姐和四妹同在太平角，大概因为是小姊妹感情更厚，故此特意结邻而居。……第三、四这两个浴场的水比汇泉的更清洁，更绿得令人销魂欲绝。倘若说汇泉的水是海的清净女儿身，这儿处远离市嚣的浴场之水，便该说是那天真无邪，娇憨可爱，而又幽深窈远，含蕴无边，神秘的女儿的灵魂了！"

青岛市第三海水浴场解放前只有寥寥几间更衣室，罕有游客到此，解放后，由于湛山一

风光旖旎的菉豆岛和第三海水浴场（@青岛老照片 weibo.com/qingdaolaozhaopian）

带建成疗养区，各疗养院大多都在这里建有更衣室，且幢幢风格各异，海中还筑了挡浪坝。2002年又拆除了挡浪坝进行了大规模改造，浴场较前更加美丽。水域面积30000平方米，沙滩面积20000平方米，因有太平角做天然屏障，浴场内水平如镜，沙质细软，是一处优良的露天游泳场所。

王霸石

王霸石原名"霸王石"，在湛山西南，太平角六路南端，海岸巨岩与落潮时可落出的大片乱石岩礁相连，巨大的礁石依岸临海，潮涨潮落，壮观海天，每遇汛期大潮，狂风巨浪，惊涛拍岸，任凭风浪再大也淹没不了它，像霸王一样傲然屹立，故名霸王石，不知什么时候又叫成了王霸石。20世纪90年代在东海路规划建设了中华文明雕塑街，王霸石一带新建的"世纪长廊绿地"是雕塑街的一号园区，绿地面积8292平方米，绿地内有两处大型城市雕塑。《天地间》设计形式采用现代艺术的处理手法，用巨大的手和脚纵向连接在方柱与球体之间，以具象的手、脚这一人类劳作改变世界的基本行为，象征人类的美好理想和建设理想世界的力量，超视觉比例放大，造成强烈视觉震撼，锻铜制作材质尤增强了雕塑的凝重感。从这一带向南望去，海天一色的背景映衬下充分凸现主题——天地间：人与自然关系的无穷韵味，周边环境寂寥空旷，仰视巨大的手脚组合，使观者近距离产生强烈地震撼心魄的力量之美；"世纪长廊"雕塑，等距离排列着12根高8.6米、直径1.1米雄伟的石柱，沿海岸线排列。以演绎中华古代文明与精深文化为主题，浮雕柱内容分别用尧舜禅位、四大发明、大禹治水、孟母三迁、愚公移山、将相和等故事，从民族精神、爱国正气、科技文化、团结信义、勤业智慧、家教治学6个方面表现这一主题。凝重的花岗岩质感和高大坚强的石柱的

隐喻与镌刻在柱石上的浮雕构划的文明故事，和这里的海天环境完美统一，共同营造出震撼人心的艺术力量，令人流连忘返。

王霸石（贾世珍摄影）

王霸石的城市雕塑“天地间”（贾世珍摄影）

大型城市雕塑世纪长廊（选自《青岛·中国最具魅力的海滨城市》）

第四节　村北

太平山

太平山古称“斩山”，主峰海拔 149.8 米，在浮山未划为市区之前是青岛市区最高峰。明初此处设斩山墩堡，清时改为官山（国有山）。清光绪二十三年（1897）德军侵占青岛后在此山修筑炮台，并以德军伊尔奇斯号军舰之名将炮台命名为伊尔奇斯炮台，将山名改为“伊尔奇斯山”。1914 年日德战争后，日本取代德国占领青岛，将此山易名为“旭山”。1922 年 2 月 4 日华盛顿会议，中日两国签订条约，中国

德国人在 1902 年左右拍摄的湛山二郎庙近处大量农田远处可见浮山（选自《青岛画报》2012.05 总 195 期）

政府收回青岛，1923年将此山定名为太平山，沿用至今。

太平山之阳曾有两座古庙，在今革命烈士纪念馆一带有一座孔庙，在小湛山村北山前是二郎庙。湛山孔庙据传毁于山洪暴发，二郎庙供奉二郎神，始建年代不详。据传二郎庙曾有道人武功高强，在此传授武艺，乾隆年间（1736—1795）小湛山丁氏十三世丁永照是其高徒。

1901年德国胶澳当局收买位于太平山西麓的会前村和该村全部土地，辟为植物试验场，集中世界各地花草树木170多种23万多株，其中从日本移植樱花两万株，建林木园地约百万平方米，取名为森林公园。

1914年日本第一次占领青岛后在这里进一步扩种樱花，并更名会前公园、旭公园。

太平山顶始建于1994年的青岛电视塔（@青岛老照片 weibo.com/qingdaolaozhaopian）

1922年我国收回青岛后改为第一公园，1929年5月为纪念孙中山先生，定名为中山公园。

1934年在太平山东麓始建湛山寺，占地150亩，历时10年建成青岛市规模最大的佛教寺院。

1978年湛山寺北始建青岛革命烈士纪念馆，1981年建成对外开放，总占地35000平方米。

1979年太平山南麓湛山寺以西辟为青岛市植物园，占地1035亩，1994年正式对外开放。

1984年在太平山北坡榉树林中建公园，占地289亩，修建人工湖、亭台、廊阁、雕塑等，植树14000株，1986年7月6日经青岛市人民政府命名为榉林山公园，1987年7月建成对外开放。

1994年在太平山顶建起了青岛电视塔，塔体高232米，海拔348米。

湛山寺

湛山寺始建于1934年，坐落在太平山东麓，依山面海，风景秀丽。民国24年（1935）出版的《青岛风光》记载湛山寺为大湛山村1242号，今为芝泉路2号。因建成较晚而被称做中国最年轻的佛寺，属中国佛教天台宗，是青岛市规模最大的佛教寺院。

1931年夏，国民党南京政府交通部长叶恭绰（解放后任全国政协委员，中国国画院院长）客寓青岛，与佛学家、佛教居士周叔迦等人见青岛市外有道观，市内多教堂，而佛寺罕见，遂有在青岛市内创建寺庙之议，便发起募捐，社会各界资助大量资金。得到市长胡若愚鼎力相助和1932年继任市长沈鸿烈的积极支持，在湛山批给地皮150亩为建寺之用，经叶恭绰推荐倓虚法师到青岛主持寺务。

湛山寺选址是经叶恭绰等人反复商量，几经斟酌始定，认为湛山一带实属佛家佳境。倓虚法师聘请卢树森、赵深两位工程师设计寺庙蓝图，因限于经费，工程分期进行，以便随建随募。

第一期工程仅建三圣殿（又称后殿）、僧寮及围墙，由北平恒信营造厂承建。自1934年4月开工9月落成，12月8日开光。又寺前有一个大湾改建成放生池，内植莲花。1935年建讲经堂7间、厨房3间、库房2间、茶房1间、浴池1间、方丈寮3间、执事寮4间。

第二期工程建筑大雄宝殿，仍由恒信营造厂得标承建，至1938年完工。

第三期工程建造藏经楼及药师塔，由周氏家族中周志辅、周志俊（原青岛华新纱厂经理、后曾任山东省人大常委会副主任）、周叔迦等为给母亲祝寿，捐款3万元，于1937年动工。藏经楼是两层建筑，上藏经卷，下供阅览。药师塔建在湛山寺旁，是七级宝塔（内实三层）古朴典雅，名为“药师琉璃光如来瑅墙（宝塔）”。

第四期工程建造天王殿，1941年崔岱东（原崂山烟厂董事长）捐联银券31500元，由张柏祥（原青岛胶厂、祥记行经理）捐款3万元，建造了天王殿，在湛山寺东院建一所居士念佛堂。

第五期工程修建山门及台阶，1944年由林耕宇（原汪伪驻日本公使）等捐联银券16万元动工修建。1945年林耕宇等又捐联银券44万元，雇工平整院子，油漆后殿及两边耳房，又在大雄宝殿建栏楯三重，在三圣殿建栏楯四重，共计七重，应《弥陀经》七重栏楯之说。至此湛山寺建造工程始全部完成。

湛山寺坐北向南，是一座五进院落。第一进是山门，山门前有一对精美高大的石狮子，据说是北魏遗物，为珍贵的艺术雕塑。明代在益都建造衡王府时石狮被移于府门两侧，明亡后，此艺术珍品被罗致入冯家花园，建湛山寺时这对石狮辗转移来青岛。湛山寺正门之上有横匾“湛山寺”，门旁左为“常住”右为“三宝”四字，两边石墙上刻有“佛日增辉、法轮大转”8个大字，均为倓虚法师所书。第二进天王殿供奉弥勒菩萨，左右为四大天王。第三进为大雄宝殿，是全寺主殿，当中供奉佛教创始人释迦牟尼，左为文殊菩萨，右为普贤菩萨。第四进为三圣殿，门上有“海印遗风”匾额，是纪念明末高僧憨山大师的。殿内供奉阿弥陀佛菩萨，左为观世音菩萨，右为大势至菩萨。第五进为藏经楼，所藏经典，卷帙浩繁。各殿均为青瓦灰砖，屋檐飞翘，殿内雕梁画栋，金碧辉煌。寺中佛像都是请杭州陆启明塑造的，多姿多态，栩栩如生。

湛山寺为宣讲佛教经义于民国23年（1934）还在小鱼山之巅建立了“湛山精舍”，位于鱼山路（福山支路）11号公地，小鱼山顶上。1934年与湛山寺后殿同期兴建，占地12公亩，为两层古式高阁，上下各九间，供讲经及外地居士信徒客居之用。上层中间5间为佛堂，楼下5间为讲经堂，可容听众200人左右，右两间为佛经流通处。此处高居鱼山极顶，登临其上放眼远眺，全市形势海陆风景一览无余，有结庐人境超然物外之感。山下有石坊两座，前书“湛山精舍”，为叶恭绰手书，后书“回头是岸”，是吴郁生所题。当时因湛山寺建于市外，居士们来往听经不便，于是由居士王湘汀出资，在市里兴建了一处居士们礼佛诵经之所，名青岛佛学会。后倓虚法师将其改名为“湛山精舍”，作为湛山寺的下院，湛山寺作为出家师傅重修之所，湛山精舍为居士们修行之处。每逢星期日下午，倓虚法师或其他名僧法师在此讲授佛教经义。每次集会，男女居士可达二三百人，风雨无阻。青岛解放后，精舍的活动虽有所减少，但每周的讲经集会一直没有间断，直到1956年。1959年后因房屋逐渐倒塌被拆掉。1982年由园林部门将湛山精舍旧址辟为小鱼山公园。

建寺之初，湛山寺首任住持倓虚法师创建了湛山佛学校，国内道德高僧多到此讲学。在叶恭绰倡议下，1937年倓虚法师邀请我国著名文学家、艺术家、名僧弘一大师（李叔同）到湛山寺讲经。湛山佛学校最盛时学僧达160多人，培养出众多优秀佛学人才，倓虚大师的弟子在中国香港和美国、新加坡、加拿大都设湛山分寺。

1966年后在“文化大革命”中，湛山寺受到严重破坏，一度充作厂房、库房。1986年政府拨巨款修葺一新。1988年6月6日（农历四月二十二日）中国佛教协会常务理事明哲法师膺任湛山寺方丈，举行盛大佛像开光、方丈陞座典礼，中国佛教协会会长赵朴初亲临出席庆典。1995年重新装修了药师塔，1996年翻修改建放生池，在荷花池中建玉石观音，下有甘露泉，侧有“二兰亭”、吉祥桥，前有流水亭，与药师塔遥相辉映，湛山寺为岛城佛教圣地一大景观，有“北方丛林明珠”之誉。

2004年恢复办学，成立山东湛山佛学院，2007年首届大专毕业学僧38名。

湛山寺欣逢盛世，国泰民安，百废俱兴，现住僧众40余人，晨钟暮鼓，如法如仪。每逢农历四月初八释迦牟尼诞辰俗佛节举行盛大庙会。

湛山寺

湛山寺药师琉璃光如来瑹墖（宝塔）

革命烈士纪念馆

青岛革命烈士纪念馆是山东省著名四大烈士陵馆之一，坐落在久负盛誉的湛山风景区的太平山东麓南坡，按民族殿堂的建筑风格呈“品”字形分布。主要建筑纪念堂和革命烈士群雕与湛山寺在同一中轴线上，依山俯海，气势雄伟。

该馆始建于1978年，1981年6月建成对外开放，总占地面积35000平方米，顺山势辟出平台三层。广场宽阔平坦，上百级台阶使纪念堂显得格外宏伟高大，让人肃然起敬。登上第二级高台，气势磅礴的革命烈士群雕巍然屹立在广场中心，群雕“山河魂”是共青团青岛市委发动全市青年通过义务劳动和捐款等形式募捐筹资，于1987年4月5日建成。群雕采用87块总重1630多吨青岛优质白色花岗岩雕塑而成，雕像高 9.7 米。东西两座展厅分列于中层平台的两侧，展示革命先烈和青岛市近年来涌现出的革命烈士的英雄事迹。

登上最高平台，即为烈士纪念馆的主体建筑——纪念堂主厅，高 14 米、长 55 米、宽 23 米，共分两层，建筑面积为 1790 平方米，仿造毛主席纪念堂的式样建造，高大而庄严。正面额檐的白色大理石堂匾，刻着“青岛市革命烈士纪念馆”10 个涂金大字，系著名书法家舒同所题。馆内收集、保管和展出了王尽美、邓恩铭、李慰农、郭隆真、刘谦初等革命烈士的大量资料和珍贵文物，二楼室内为烈士骨灰堂，清明节接待烈士家属扫祭，其中湛山村人王玉棠烈士的骨灰也存放于此。

纪念堂东侧为 2001 年 10 月 1 日树立的大型革命烈士英名碑，镌刻青岛、即墨、胶州、胶南、莱西、平度烈士英名共计 14958 人，青岛市区 1619 人，其中有湛山村人王玉棠、孙忠恒两位烈士的英名。另外还有 4911 名无名烈士长眠于青岛地下。

纪念馆环境幽美，花木环绕，雪松成行，龙柏参天，苍松翠柏象征革命烈士的崇高品德流芳千古，万年常青。每逢清明前后，人们成群结队前来祭扫，这里已成为共青团员，大、中、小学生及解放军战士接受革命传统教育的最好课堂。

青岛革命烈士纪念馆（贾世珍摄影）

青岛革命烈士英名碑（贾世珍摄影）

王玉堂（棠）孙忠恒二位烈士的英名镌刻在青岛市革命烈士英名碑上（贾世珍摄影）

第五节　老路往事

湛山大路

湛山大路是一条老路，东起湛山村，西至中山公园与文登路相接，1997 年为庆祝香港回归祖国，命名一条香港路并分为香港西路、香港中路、香港东路，香港西路即原湛山大路。

青岛的路名中叫“大路”的只有湛山大路一条，因太平角有湛山路和湛山一路至五路，这六条“湛山路”都是湛山村西太平角别墅区内的道路，不属交通要道，且都很短，其中最短的湛山路仅百米左右，修建湛山村至文登路之间的马路则长了许多，宽了许多，从湛山村向东又与湛流干路相接是连接城乡的交通要道，而且又同在湛山地区，于是就命名了“湛山大路”。

德侵占时期，湛山大路的西端德军建了伊尔奇斯兵营（当年与俾斯麦兵营、毛奇兵营合称三大兵营）。

日侵占时期改叫旭兵营。

1922 年中国政府收回青岛以后，胶澳当局决定利用这里的部分房屋成立胶澳商埠公立职业学校，于 1923 年 9 月开学，这是青岛历史上中国人开办的第一所中学，校长王在密，他原来的学生共产党人中共一大代表之一的邓恩铭在校任教，学校曾是党的一处活动中心。

1924 年 3 月高洪恩任胶澳督办，7 月将陈名豫同年在登州路毛奇兵营创办的私立胶澳中学也迁入伊尔奇斯兵营营址内。1926 年私立胶澳中学改为公立胶澳中学。1929 年改为青岛市立中学，由蔡元培题写校名。

1938 年日本占领青岛以后，校址被占为兵营，市立中学迁往西镇。

1945 年抗日战争胜利后，这里被国民党青年军占为兵营，于是此处又叫“青年之家”。

1949 年青岛解放后，这里成为人民解放军军营。

德国侵占初期，在伊尔奇斯兵营以东太平山前发现优质矿泉水，1930 年德国商人罗德维在这里地下的深层花岗岩隙间找到了优质矿泉水资源。美国可口可乐公司听说之后，也到青岛开设加工灌装场，这是可口可乐在中国的第一个灌装场。早期，这一带仅此一座建筑，对面路南曾是天主教会的公墓，解放后建了疗养区供应站（简称“疗供”），疗供以西至太平角一路之间 1956—1995 年是湛山大队第四生产队菜园地，湛山人习称“大园”。

1938 年日本侵略者建陆军病院（今 401 医院）时将湛山大路修成混凝土路，路面很窄，东段从湛山村内穿过，也自然形成了湛山村的前街。

解放后湛山大路加宽，将湛山村内这一段南移至村前，路面比老路宽了很多，湛山百货店等一些小商店和住房随之建于新湛山大路两侧。1977 年湛山大路和湛流干路进行了拓宽工程，改革开放以后，随着经济的发展，车辆不断增加，出现行车困难，于是湛山大路再次拓宽，现在的香港西路是在第三次修湛山大路的基础上再次扩建而成的。

湛山二路（贾世珍摄影）

湛山三路（贾世珍摄影）

湛流干路

湛流干路西起湛山与湛山大路相接东至崂山流清河（今为香港中路、香港东路、崂山路）。

从湛山村沿湛流干路东去三里是浮山所、五里是辛家庄、八里是大麦岛，经过徐家麦岛、王家麦岛再向东路经山东头、石老人、姜格庄、沙子口、大河东……至流清河，是过去青岛市沿前海一线通往崂山的唯一交通干线，故称“湛流干路”，原湛流干路虽然比较狭窄而崎岖，曾有“九沟十八崖”，但也是青岛最早的交通干线之一。

湛山村地处青岛老城区的城乡交界，村东是老青岛的市郊，除了村庄全是菜地和农田，解放前这一带人烟稀少，十分荒僻。湛流干路西端路北是老湛山小学，路南曾是湛山靶子场，1953 年在湛山小学东建了全国纺织工人疗养院，在湛山靶子场东的野鸡台以北建了华东军区疗养院，1985 年在湛流干路西端路南建了湛山宾馆。1992 年随着市政府东迁至浮山所村西湛流干路北侧，青岛市新市中心区像雨后春笋迅速在东部崛起，老湛流干路也不断地变宽、变平、变直、变繁华，1997 年被重新命名为香港中路、香港东路，如今已成为青岛市最美的一条迎宾、旅游、观光大道。

台湛路

台湛路，顾名思义，台东至湛山。今台湛路北起海信立交桥，南至扬州路，只有仲家洼一段。原台湛路是北接台东一路，向南经仲家洼、小湛山村，大湛山村至湛流干路（今香港中路）、湛山大路（今香港西路）路口。

这是一条老沙土路，路的东侧铺有马道石，供马车和铁轮大车行走。当年仲家洼这一段是拥挤不堪的居民平房，路两旁大小店铺鳞次栉比，有缝纫、鞋铺、磨房、商店小铺、茶炉等。从芝泉路口通往湛山村这一段除了树林就是农田，20 世纪 50 年代小湛山有四十余户人家，另外附近只有几处茅草屋。台湛路芝泉路路口处称为“北口子”，由此向西沿太平山通往湛山寺，向东北曾有德国侵占时期沿山后坡修的很宽的防御壕沟，后来形成一条路，俗称“阴间路”，当年这一带十分荒僻，常有“断道”的（劫匪）出没。日本第二次占领青岛时期，在这一带设了岗哨盘查行人，许多中国人因路经北口子没给站岗的日军鞠躬遭到殴打和体罚。日本投降后，直到解放前，这条路依然十分荒凉。台湛路的南端，湛流干路和湛山大路的路口处，解放前建有湛山派出所，俗称“小衙门”。解放后重新规划建设的延安三路取代了原台湛路，今之台湛路只是原台湛路的北段，也可以说是原台湛路的“遗存”。从北口子到湛山的原台湛路南段早已随着城市的发展而消失，历史上的荒凉之地，今已是高楼林立、灯火辉煌的现代化新城区。

芝泉路

青岛除去在德国和日本侵略者侵占期间使用过的路名以外，以人名命名的路名只有两条，一条是中山路，另一条就是以段祺瑞的字命名的“芝泉路”。

段祺瑞原名启瑞，字芝泉，信奉佛教，很

早与倓虚法师相识。段祺瑞为建湛山寺捐款，同时还动员一些旧时军政大员共同捐款。沈鸿烈以段祺瑞几为国务总理、中华民国临时政府执政，便将1934年兴建湛山寺时沿着寺前和寺东修的一条马路，以他的字命名为“芝泉路”，并将芝泉路东段路北的山命名为“芝泉山”。

芝泉路由湛山寺前向东北沿山半坡蜿蜒至“北口子”与台湛路相接。而从湛山寺向西南至湛山大路（今香港西路）的这一段已在1954年建空军疗养院时被截断，从“空疗”南大门向南至香港西路的这一段老芝泉路，今已改为太平角六路向北延长的路段。

芝泉路多年来只有每年农历四月初八的湛山寺庙会期间异常热闹，进香、观光、赶庙会的人八方云集，远远望去密集的人流十分壮观。而平日车马行人极少，异常清静。改革开放以来，原沙土路修成了柏油路，通了公交车，芝泉路今已成为繁忙的交通线路。

第六节　太平角的别墅

太平角部分别墅情况一览表

表3-1

地址	修建筑年份	别墅形式	建筑设计师	用途
太平角一路9号	1940	英国乡村风格	张新斋	1946年英国驻青总领事官邸
太平角一路12号	1925	欧式		挪威、芬兰领事馆旧址
太平角一路14号	1925	欧式	哈林斯（法）	
太平角一路18号	1930	欧式	白纳德（法）	
太平角一路21号	1931	欧式		1947年比利时驻青领事馆旧址
太平角一路29号	1926	欧式		
太平角二路3号	1932	欧式		
太平角二路4号	1932	欧式	黄佳模（中）	
太平角二路12号	1931	折衷式		
太平角三路3号	1932	欧式	张少闻（中） 尤力甫（俄）	
太平角五路2号	1931	日本维新式	日本设计师	
太平角六路2号	1929	欧洲乡村风格		丹麦驻青领事赵亨生官邸旧址
湛山一路1号	1934	欧式	张少闻（中） 尤力甫（俄）	
湛山一路2号甲	1928	欧式	李希德（德）	
湛山一路2号丙	1926	欧式	白纳德（法）	
湛山二路1号	1931	欧式	尤力甫（俄） 唐蔼如（中）	解放后诗人柳亚子，科学家李四光曾居此楼
湛山三路5号	1929	欧式		
湛山三路10号	1926	欧式	尤力甫（俄）	

续表3-1

地址	修建筑年份	别墅形式	建筑设计师	用途
湛山三路12号	1931	欧式	白纳德（法） 尤力甫（俄）	
湛山四路1号乙	1930	欧式	白纳德（法）	
湛山四路5号	1932	欧式	白纳德（法）	
湛山五路6号	1929	欧式乡村风格	白纳德（法）	

太平角一路

青岛建城之初，湛山与太平湾之间划为颐养区，并陆续在太平角建了12条马路，其中南北纵向6条以太平角命名——太平角一路至六路，东西横向6条在湛山大路以南与湛山大路（今为香港西路）平行，以湛山命名——湛山路、湛山一路至五路。

太平角一路是6条太平角路中最长的一条，从香港西路（原湛山大路）沿太平湾海岸直到蓑豆岛。太平角一路1号是一座欧陆贵族宅邸式建筑，这里曾是德国驻青岛领事馆领事的宅邸。解放后改为宾馆，朱德元帅曾在此住过，人们称其为“朱德别墅”。太平角一路3号（今9号）是1928年傅道孚私宅，英国式别墅建筑，大斜坡屋顶带有起伏，单柱门廊有鹿角灯。1940年这里是英国人克兰慕斯宅，1946年又曾成为英国驻青岛领事高贺禄的住宅。

太平角一路9号1946年为英国总领事馆官邸

（贾世珍摄影）

太平角一路12号，曾是芬兰驻青岛领事馆。

太平角一路21号曾经是比利时驻青岛的领事馆，太平角一路25号曾是亚细亚公司经理的别墅，后改为疗养楼。

1954年卫生部青岛疗养院在太平角一路2号征地54亩，建了理疗大楼。大楼东侧为体疗大厅，西侧为游泳大厅，北侧为泥疗、水疗区，南侧为电疗、化疗、按摩区等，建成后与中央军委疗养院合用。周恩来总理视察时认为这里设施一流，全国第一。

孔祥熙别墅

太平角一路至六路南起靠近蓑豆岛的湛山五路和湛山湾畔的湛山四路，北至湛山大路，当时唯独太平角四路穿过湛山大路向北通往湛山山上的郧阳路。郧阳路当时没有几处建筑，离太平角四路口不远的半山腰处是昔日孔祥熙别墅。

孔祥熙（1880—1967）字庸之，孔子后裔，山西太谷人，早年留学美国，1907年获美国耶鲁大学经济学硕士，是基督教信徒，与同学王正廷同属基督教一个兄弟会，王正廷为会长。他们回国后都成为基督教中国青年会理事，当时的国际奥林匹克委员会与世界基督教青年会有着密切联系。1914年孔祥熙与宋氏家族中的大小姐宋霭龄结婚。“五四”运动后，中国与日本谈判收回青岛及山东权益，王正廷是中方首席委员，在国际外交界中成了知名人士。还在中国参加奥委会之前，1922 年王正廷就已成为国际奥委会第一位中国委员。同年 12 月，中国政府收回青岛，称胶澳商埠，原拟由王正廷任督办，后改任他为外交总长，由熊炳琦任胶澳商埠督办。王正廷代表中国政府参加了中国收回青岛的仪式。在王正廷推荐下，孔祥熙任胶澳商埠电讯处处长、实业处处长，这是孔祥熙迈入政坛的第一步。

青岛是孔祥熙的发迹之地，孔祥熙认为青岛是中国城市中最适宜居住的，在太平山南麓修建郧阳路时，他在山坡上购建了别墅，当时这一带仅此一座小楼。

也是在王正廷的推荐下，孔祥熙成为国际奥委会的第二位中国委员。蒋介石成立南京国民政府后，孔祥熙屡任工商部长、财政部长、行政院长、中央银行总裁，掌握财政大权，为民国的“蒋、宋、孔、陈”四大家族之一。宋、孔在青岛都有别墅，孔祥熙只是偶尔到青岛别墅，宋霭龄也曾到青岛居住，他的女儿孔四小姐则较长时间住在这里。

孔祥熙别墅造型美观，在半山腰处，这里地势很高，位置绝佳，从这里远眺汇泉角、太平湾、太平角、浮山湾、湛山村一带尽收眼底，美不胜收。湛山人习称此楼为“法国楼”，现为青岛市植物园管理处。

孔祥熙别墅（贾世珍摄影）

沿着山势而下的太平角四路，两边是花园小楼，环境幽静，行人稀少。14 号是瑞士人万戈德的别墅。

周氏别墅

太平角四路 5 号是周氏别墅。周氏集团来青岛定居的第一代周馥，曾任山东巡抚、两江总督，贵为封疆大吏。1912 年到青岛，在广西路、蒙阴路口建了府邸，是当时中国人在青岛最大的私人住宅楼。周馥有 4 个儿子，四子周学熙曾任民国政府财政总长，周氏父子在青岛、天津、唐山等先后建了一大批企业，青岛的华新纱厂曾是青岛最大的一家中国人开办的企业。周学熙的儿子周志辅是著名京剧研究家；周志俊（华新纱厂经理）是企业家；周叔迦是佛教居士、佛学家，曾任中国佛教协会副主席，他与叶公绰等人创建了青岛湛山寺，又是湛山寺建设时期的最大捐施者，他著有《中国佛教史》《八宗概论》等。

周氏在太平角四路 5 号建的别墅，人称“周园”，有楼房 5 间，平房 2 间，共 368.74 平方米，造型美观，环境幽雅，周氏家族人到这里小住、休息、度夏。

卫生部在青岛建青岛疗养院，将八大关、太平角的建筑全部划入，除部分公房、代管房外，将私房尽行收购，“周园”也被收购，1953 年 11 月中央军委在青岛建疗养院时，太

周氏别墅旧址（贾世珍摄影）

平角小区的建筑转拨给军委第一疗养院（后下放给济南军区）。

宋氏别墅

在湛山路和湛山一路至五路 6 条路中最短的一条就是湛山路，全长不足百米，至今也只有 6 个门牌。原湛山路 2 号是宋子文专为其母所建的宋氏别墅。

海南文昌县人氏韩教准，12 岁被送给婶母的弟弟收养，改名宋耀如，随养父去美国，进神学院，毕业后当了基督教牧师，回中国传教，与浙江余姚人倪桂珍结婚，生了三男三女，男宋子文、宋子安、宋子良，女宋霭龄、宋庆龄、宋美龄分别嫁给了孔祥熙、孙中山、蒋介石。

宋子文（1894—1971）早年毕业于上海圣约翰大学，后去美国哈佛大学攻读经济学，获硕士学位，继入哥伦比亚大学，获经济学博士学位。1923 年任孙中山英文秘书，1924 年在广州创办中央银行，任总裁，1927 年起任国民党政府财政部长、中央银行总裁、行政院院长、中央银行董事长、最高经济委员会主席、外交部长、国民党中央执行委员会常委，1945 年联合国大会成立时为中国首席代表。

宋子文到青岛，见青岛风光秀美，气候宜人，与上海隔海相望，来往方便，就在太平角别墅区的湛山路购地建别墅。选地考究、建筑工整，是中式建筑思想指导下的西式建筑，中西合璧，庭院宽敞明亮，花木错落有致，周围环境幽静，距大海很近，东为湛山湾，西为太平湾。三层小楼共 340 平方米，主楼两层，三层又有局部，另一部分是斜面大屋顶，室内装修很豪华，以舒适为目的，因有电梯，客厅餐厅在一起，卧室在二楼，三楼为佣人住房（当时青岛全市仅有两座五层楼有电梯）。

宋子文在青岛建别墅，主要是为母亲倪桂珍居住，因倪桂珍身患癌症，身体虚弱，上海大都市喧嚣以及政治影响的烦恼不利于老人休养。因此别墅建好后，宋子文于 1931 年 6 月将母亲从上海接到青岛，但老太太到青岛以后，并没有解脱病痛，不久便病入膏肓，1931 年 7 月 23 日倪桂珍在青岛湛山路这座刚刚装修完毕的豪华别墅中病逝，享年 62 岁。悲痛欲绝的宋子文做了两件事，一是给兄弟姐妹打电话。因为自从 1927 年蒋介石发动反革命政变后，宋氏姐妹反目，这些年再也没有联系过，得知母亲去世的消息，儿女们纷纷赶赴青岛。另一件事是找到当时的东北海军司令沈鸿烈，让他帮忙将灵柩运回上海。沈鸿烈连忙答应，并于 24 日给宋子文发了一封电报：“家慈于昨日弃养，风树之悲，百身莫赎。谨电告哀，伏乞矜鉴。”宋氏家族同来青岛奔丧，他们为母亲办了丧仪，然后灵柩由湛山路 2 号宋氏别墅运至大港码头，由当时驻在青岛的东北舰队、东北海军司令沈鸿烈亲自护灵前往上海。

倪桂珍对子女倾注了全部母爱，深得子女的崇敬。远在德国寓居的宋庆龄得知母亲在青岛辞世后，泣不成声，回国奔丧，8 月 11 日到达青岛，利用轮船停靠青岛港的短暂时间，专程到母亲住过的湛山路 2 号凭吊。倪桂珍的遗体早已移送上海，人去楼空，别墅内空空荡荡，宋庆龄睹物生情，痛哭失声。之后去上海，8 月 18 日参加了母亲的葬礼。宋氏姐弟将母

湛山一路 2 号宋子文别墅旧址（贾世珍摄影）

亲安葬在上海万国公墓宋氏墓地。

1937年年底，宋子文将湛山路2号的别墅卖给了一位美国人。这座别墅在解放战争时期，一直是美军军官的住宅。

拍摄电视剧《宋庆龄和她的姐妹们》时，在青岛拍倪桂珍病逝的情节，还有宋子文别墅的镜头，2002年这座别墅被拆掉。

丹麦领事住宅

太平角六路2号是丹麦王国驻青领事馆领事赵亨生的住宅，丹麦领事馆在馆陶路。

20世纪20年代，丹麦王国宝隆洋行驻青岛分行经理赵享生被任命为丹麦驻青领事。由于领事业务不多，赵享生主要精力用于经营宝隆洋行。

赵享生在太平角六路2号建了领事住宅，位于太平角六路南端和湛山四路东端的拐角处，濒临大海，东与湛山农田（今为万丽海景花园）毗邻，南为湛山湾海岸，西南距第三海水浴场不足百米，视野开阔，风光秀丽，是太平角最东南的一座别墅。这是一座二层小楼，部分墙基及高大的墙外烟囱用石料砌成，由丹麦人设计建筑，阳台、门窗表现出鲜明的丹麦风格。许多年来是青岛的著名建筑景观，为许多摄影爱好者所青睐，湛山人习称此处为宝隆院。

丹麦驻青领事赵亨生官邸旧址

丹麦领事馆还购买了湛山四路3号、湛山五路4号两座别墅，供领事馆官员居住。

避暑旅馆

在太平角别墅区里曾有许多小型避暑旅馆。太平角三路1号曾是新大陆旅馆，太平角五路6号曾是伊尔奇斯旅馆，附近是半夜舞厅。太平角五路13号曾叫作“长生园”，是一家日本旅馆，是河南路大和旅馆的分店，大和旅馆是“和式”，房间里是榻榻米，而这里是“西式”。“长生园”在广告里写道：“敝园在青岛郊外湛山海滨，乘汽车仅10分钟路程，道路好，风光明媚，处于别墅区，海水浴场就在门前”。今这里已改为疗养院。

第七节　昔日生产队田园
今日现代化市区

1956年由世世代代个体小农经济开始走向农业合作化。男女社员不分老少，集体生产，那时老年社员没有退休制度，直干到丧失劳动能力为止。一年四季披星戴月，栉风沐雨。生产队长们按照蔬菜公司的计划，精打细算，指挥生产，巧妙安排茬口，交叉种植各种蔬菜。随着节气转换，大红大绿的新鲜蔬菜，整整齐齐装满一辆一辆地排车，每车500至1000多公斤。凌晨两三点钟就起来，一人单拱（即一人拉）一车，洒下一路汗水，拉到广州路青岛市蔬菜批发市场。由蔬菜公司和本大队评价员经过一番讨价还价，逐车评出价格，再统一分配送到全市各个菜店，按重量里程计算每车可得运费1～2元（当时2元可买黄胶鞋一双）。蔬菜大量出园时，就加用马车，后来又发展到用拖拉机、汽车。就这样周而复始，年复一年，湛山人在这片土地上耕耘播种，收获着无穷无尽的苦辣酸甜，喜怒哀乐。直到最后一个生产队于1995年在太平角的4队土地被征用，至此，湛山永远结束了农业蔬菜生产的历史。一代代老者老去，一代代青年变老，当年的生产队早已不复存在，当年的菜地也已沧桑巨变为高楼林立的新市区。历史长河逝者如斯，抚今追昔旧踪依稀，能不感慨系之。

湛山各生产队地片今昔对照一览表

表3-2

昔　日	今　日
第一生产队	海天大酒店、万丽海景
第二生产队	国家计委（今国家发改委、国家储备局）疗养院、居民小区（东海一路西太平角六路东岳阳路南）
第三生产队	青岛汽水厂北矿泉花园
第四生产队	太平角公园（疗供西至太平角一路太平湾海岸）
第五生产队	冶金部学术中心、青岛市公安局交通指挥中心等
第六生产队	湛山居民小区（西部）
第七生产队	青岛市老干部活动中心、华侨新村东半部
第八生产队	青岛画院、仰口路西部以北居民小区
第九生产队	世界贸易中心
第十生产队	香格里拉大酒店
第十一生产队	市政府（部分）滨海花园、五四广场（部分）
第十二生产队	市中级法院、检察院、市水利局、海事法院等（今深蓝广场）
第十三生产队	市审计局（今深蓝广场）、中国联通大厦、英德隆大厦、海航万邦中心（原湛山宾馆）
第十四生产队	邮电宾馆（今丽天大酒店）、福彩大厦、市邮政局、原孚德鞋厂等、盐城路居民小区
第十五生产队	秀湛路东延安三路西居民小区
第十六生产队	海信集团
第十七生产队	镇江路以东江西路两侧至山东路居民区
第十八生产队	扬州路两侧居民区（原湛山牧场以北）
第十九生产队北山苹果园村后桃园	青岛中药厂、天泰花园、青岛画院、青医附院心血管医院华侨新村、青岛市市南区实验小学及附近居民小区

20 世纪 70 年代的二疗（青岛市市南区档案局史志办提供）

始建于 1953 年的华东军区疗养院后改为济南军区第二疗养院（简称“二疗”），二疗以东原是 11 队菜地（今山东路），以西依次是湛山村前沿海 10、9、13、12 生产队菜地（今世贸中心、音乐广场、国税局等）。

潜校（今潜艇学院）前湛山 10 队菜园（今香格里拉大酒店）
（青岛市市南区档案局史志办提供）

第八节　老村照片

大湛山村前半部鸟瞰（孙立治 1985 年航拍）

大湛山村前街（原湛山大路东端）（郭磊提供）

临近拆迁前的大湛山村之一（贾代福摄于 1992 年）

大湛山村中街（贾代福摄于 1991 年）

临近拆迁前的大湛山村之二（王克忠摄于 1992 年）

胡同（贾世珍摄于 1989 年）

胡同（孙中继摄影）

大湛山村的胡同（郭磊提供）

拐胡同（郭磊提供）

胡同（油画）孙立坚写生

胡同（油画　孙立坚写生）

中街碾旁的胡同（郭磊提供）

大湛山村拆迁前的民居（石振东提供）

湛山民居（郭磊提供）

湛山民居（郭磊提供）

第四章　东部开发和旧村改造

第一节　村改基本情况

随着岁月的流失，古村落环境与风貌逐渐失去了昔日的风采。大湛山村到1990年已经发展到2509户7290人，成为名副其实的“大”湛山村。本地人口的繁衍，外来人口的剧增，居住环境的拥挤，公共设施的落后，承载着湛山人生存了一代又一代的古老村庄，历尽沧桑，像一个白发苍苍的老人，已经不堪重负。

历史的长河永无止息，村庄的命运和国家民族的命运从来都是密不可分的。纵观湛山的历史，可知一个村庄和祖国、民族的苦难、浩劫、兴衰是永远联系在一起的。在漫长的岁月中，湛山人经历了德、日、美等侵略者的统治，饱览了时局的动荡与变迁。20世纪90年代初，我们国家迎来了经济腾飞的机遇，百年历史的青岛市高奏着东进序曲，展开了崭新的东部开发的宏伟蓝图。就在青岛市政治中心东移的同时，青岛市委、市政府决定对大湛山村这个城市里的老村庄进行改造，并将大湛山村改造工程列为青岛市1992年23件大事之一，由市南区政府组织实施。

拆迁伊始，人们对故居的留恋和怀旧，对生于斯、长于斯、终老于斯的乡土的热爱，对未来的新村充满了憧憬和期待，这种分外复杂的心态表现在对拆旧建新全过程的密切关注，毕竟这是青岛市当年的一件大事，更是湛山历史上的头等大事，也正是这种密切的关注又对建设者由压力升华为动力，风雨过后见彩虹，如同自然规律，这也是新生事物在取代旧事物时需要经历的必然进程。

1992年5月18日青岛市副市长李乃胜出席大湛山村拆迁改造奠基仪式，为基石培土剪彩，拆迁改造工程正式启动，1895户被拆迁居民开始动迁。1994年3月开始陆续回迁，又经过配套设施的逐步完善、社区环境的绿化、美化等后期工程，1999年8月30日在湛山广场上立起了“湛山村史碑”，大湛山村改造工程全部结束。至此，古老的大湛山村顺应了我国改革开放的大潮流，紧随着青岛市东部开发的新战略，建设成为20世纪90年代新的湛山居民住宅小区。

此项工程占地23.74公顷，共分3个区域：

东区有住宅17万平方米，主要安置拆迁居民2745户。

西区住宅5万余平方米，为商品房。

南区14万平方米是高层公建楼群。

在改造过程中市南区政府还放弃了在寸土寸金的黄金地片开发房地产的想法，在居民住宅小区的中心建设了占地两万多平方米的大型湛山绿地广场，这是一项民心工程，营造了中国园林风格式的优美环境，其首要功能是为湛山居民服务，供居民休息、健身、游玩，广场北部树立的大湛山村史碑，言简意赅地记载了自明初以来大湛山村在历史长河中的沧桑变化。湛山广场迄今仍是目前全市普通住宅小区最大的广场。

湛山人告别了落后的村居生活环境和生活方式，历史翻开了新的一页。楼宇错落，街道整洁，绿草如茵，花木扶疏，新建的市南区实验小学和幼儿园取代了落后的民办小学、幼儿园和老旧的湛山小学；美食街、高层写字楼、随处可见的体育运动设施昭示着现代文明；广场上载歌载舞、运动健身、悠闲散步的居民展现着安居乐业、文明和谐、国泰民安、太平盛世。

在湛山村改造的过程中，湛山人发现周围的一切就像梦幻一般在不知不觉中都变了，在东部开发十余年的时间里，湛山海边的海水养殖二场、污水处理站、网厂、航务二公司等单位纷纷迁走，大海变的清彻湛蓝，沿海建成了海滨风景游览的黄金海岸线。海边的王霸石一带建成了海涛园，这里有“天地间”“世纪长廊”等大型城市雕塑，魅力无穷。原海水养殖二场建成了青岛市妇女少儿活动中心，填海造地伸入大海建成海上别墅天林花园，从这里眺望东部新市中心就像海市蜃楼，国际友人在这里也赞不绝口，看不出这里是中国还是外国。原航务二公司、网厂一带建成了大型音乐广场和称为齐国名人雕塑园的“海风园”。滨海花园、香格里拉大饭店、世界贸易中心、国税局、中国联通、民政大厦、青岛市公安局交通指挥中心、冶金部学术中心等这些在湛山周围菜地里像雨后春笋拔地而起的高楼大厦不胜枚举。过去狭窄的湛山大路、湛流干路变成了宽畅、亮丽的迎宾大道——香港西路、香港中路、香港东路；原为土路的东海路而今已是精雕细琢、树木成荫、绿草鲜花、七彩灯饰、一路风光美景的现代化的景观大道，无论是步行观光还是驾车飞驰，都会令人心旷神怡、豪情万丈。奇迹般的变化还在继续，神话般的发展还在加快，几天未到的地方就会发生令人惊奇的变化，人人都在由衷地感叹，百姓自有百姓福，湛山今非昔能比。

第二节　村改记事碑

大湛山村拆迁改造以后，市南区政府在湛山广场立了村改记事碑，以一本大书的造型寓意为历史翻开了新的一页，碑文如下：

建设湛山村记事碑

大湛山村，原为历尽沧桑的旧村落，房屋破旧，道路狭窄，公共设施简陋。九二年，青岛市委、市政府确定大湛山村改造工程为二十三件大事之一，由市南区政府实施。

此项工程占地二十三点七四公顷，拆迁居民一千八百九十五户。居民动迁于一九九二年五月，回迁于一九九五年十二月。

新建湛山居民小区共分三个区域。东区有住宅十七万平方米，主要安置拆迁居民二千七百四十五户，西区住宅五万余平方米，为商品房；南区十四万平方米是高层公建楼群。新小区规划新颖合理，高低错落有致，绿草如茵，碧树掩映，环境优美，设施齐全，九三年获山东省优秀城市规划设计一等奖，并被确定为山东省新一代住宅试验小区。

青岛市市南区人民政府

一九九九年

市南区人民政府建设湛山村记事碑（贾世珍摄影）

1993 年大湛山村拆迁结束完成“三通一平”（贾代福提供）

湛山村开始拆旧建新（王克忠提供）

改造后的湛山居民小区（贾世珍摄影）

新建两万多平方米大型湛山绿地广场（青岛市市南区档案局史志办提供）

湛山广场北部（贾世珍摄影）

湛山广场局部（贾世珍摄影）

湛山小区新貌（贾世珍摄影）

1992年前大湛山村及青岛市东部新市中心旧貌（王克忠摄影）

村改后古老的大湛山村融入20世纪90年代开发建设的青岛市东部新市区建筑群落

（选自《青岛·中国最具魅力的海滨城市》“新城区”）

1992 年湛山村前部和沿海一带以及青岛市东部新市中心东移之前的景象（王克忠摄影）

原客车修理厂厂址开发建设了天晟苑（本公司档案提供）

今湛山农工商公司（裕源大厦东部 C 座）（本公司档案提供）

今日湛山小区远眺

原电测仪器厂厂址开发建设了青岛市南软件研发大厦（本公司档案提供）

折迁以前的原湛山宾馆（贾世珍摄影）

湛山宾馆拆迁后新建的海航万邦中心

（海航万邦中心提供）

今日湛山地区全景图

第四篇　诸姓

ZHAN SHAN CUN ZHI

湛山村志

ZHAN SHAN CUN ZHI

第一章　诸姓来历

大湛山村的土著姓氏（俗称“坐地户”）历来有“孙辛贾毛王”之说。明嘉靖年间（1522—1566）孙姓从杨家村到此定居，清康熙二十五年（1686）贾姓从夏庄徙居官山，康熙四十年（1701）前后辛姓来自山东头徙居官山疃，康熙年间（1662—1722）毛姓、王姓迁来，陆续形成五姓聚居。由于五姓人口的繁衍发展各不相同，孙姓为第一大姓，辛姓为第二大姓，贾姓为第三大姓，毛姓第四、王姓第五。依次形成了“孙辛贾毛王”之说。至1898—1900年因“让地德国”，从大鲍岛先后迁来王姓、于姓，光绪二十七年（1901）又因德国强迁会前村，迁来了王、于、刘等姓氏。自清末直至新中国成立以后的各个历史时期，都有外乡移民陆续迁居大湛山村，截至1958年，据不完全统计，全村共有87个姓氏，因此湛山村也可以说是一个移民村。诸多姓氏同居于山清水秀，美丽如画的这一方水土，共同书写了大湛山村的历史。由于年代久远，沧桑巨变，已极难将所有的姓氏逐一查清，如有遗漏，敬请谅之。

第一节　明朝时期迁入

孙氏

据孙氏族谱记载，湛山孙氏祖先出自云南乌沙卫（乌撒卫），明永乐初迁于即墨县南乡杨家村（在今市北区台东道口路一带），同来共兄弟三人，其他二人，一在峆峪，一居祇房。住杨家村一支单传四世，讳配失传，只记葬杨家村东南崖孙家茔。到五世廷章、廷化兄弟二人于明嘉靖年间（1522—1566）徙居官山，官山一派与峆峪曾保持了多年相互往来，至今仍有传说从前老辈人湛山与峆峪每到过年时抬着食盒（供品）相互轮流拜宗祭祖。地处崂山的峆峪《孙氏族谱》记载，明天启年间（1621—1627）遇水灾将宗谱失迷，乾隆三十五年（1770）修谱时前五世失考，以六世为始祖，谱中也记述孙氏来自云南乌沙卫，并记另有祇房一支，可知峆峪与湛山孙氏同姓一族，但其世次未详，命名辈号与湛山并不相同。

湛山孙氏于清乾隆三十二年（1767）由八世守福之外孙辛文通执笔创修族谱，在序言中说，“为之缮写四册，俾四老支之后各存其一”。清同治三年（1864）创造宗祐（家庙）重续族谱，此后历次都是各支分别续修的支谱。历经沧桑至今原有族谱大多已在“文化大革命”中被收交焚毁，现幸存的两支族谱，原前街一支为七世祖大宽配孟氏之裔；后街一支为七世祖大友配刘氏之裔；另两支经多方查寻，未能找到老谱，虽有部分“轴子”资料，但其根源迄今无从考证。孙氏至今已传至二十三世，是湛山现有诸姓中最早、人口最多的一大姓氏，历史资料不全，终为憾事，跂望知情者和有收藏族谱者，不吝珠玉赐教，是对厘清孙氏和湛山历史的重要贡献。

第二节　清朝时期迁入

辛氏

《辛氏支谱》清嘉庆二十一年（1816）记载：“始祖居浮山后，日后有徙居山东头者，有徙居后窑者（今大尧），有徙居前窑者（今辛家庄），族姓渐繁，居不一处”，“吾九世祖讳永第者，来自山东头，迁居官山疃。”

据考约在康熙四十年（1701）九世永第与湛山后街孙氏八世守福之女成亲后迁居官山，即为湛山辛氏之始迁祖，至今已传至二十世。

据康熙五十五年（1716）辛吉龄创修《辛氏族谱》记载：“传吾族来自肥城，而世远年湮，故属难考，至闻与大西头同族，而世次亦尚未详。”大西头村在今平度、即墨、胶州三地交界处，隶属平度，至今仍然辛氏居多。

辛氏始祖景直配吕氏，景初配贾氏、李氏，景元配刘氏永乐初远来是乡，始建大埠东村。山东头、大湛山、辛家庄、大尧等各村的辛氏皆出自大埠东，与大埠东辛氏一本同宗。据《辛氏族谱》记载，辛氏后裔居大埠东和迁居各地繁衍共形成33个支派如下：

辛氏族谱记载大埠东辛氏繁衍的支派

1. 大埠东（文峰后）派
2. 山东头派
3. 前窑（文峰西头、辛家庄）派
4. 瓮窑头（晓瓮）派
5. 关东于家沟翟三牛录派
6. 后窑（大尧）派
7. 城南派
8. 杏桁派
9. 贾家庄派
10. 蒲同柳沟派
11. 谢家屯派
12. 泉庄派
13. 六亩地派
14. 詹家屯派
15. 仙家寨派
16. 郝家屯派
17. 官山（湛山）派
18. 马家屯派
19. 海泊派
20. 小水清沟派
21. 城后阴岛龙家屯派
22. 新城派
23. 小鲍岛派
24. 新屯派
25. 吴家村派
26. 小村庄派
27. 李村集派
28. 侯家屯派
29. 东李村派
30. 矫哥庄谢家屯派
31. 中华埠派
32. 安茔愁派
33. 闫家山派

古今如一瞬，大埠东一带的古老村庄已经消失，今已发展为崭新的青岛市市北区东部现代化新城区，旧地踪迹不复存在。浮山北麓辛氏始祖三墓，道光十二年（1832）所立之墓碑在文化大革命中被毁，大埠东村1993年重立

辛兆胜向辛氏始祖三墓献花（贾世珍摄影）

了“辛氏始祖三墓”碑。江山幸无恙，雄伟壮丽的浮山是鉴证历史的永久坐标。

辛承祖（右一）辛兆胜（左一）在湛山村志办贾世珍（中）陪同下到浮山北麓拜谒辛氏始祖三墓（孙中雪摄影）

贾氏

贾氏五世祖福臻康熙二十五年（1686）自夏庄徙居官山。

《贾氏族谱》光绪二十六年（1900）首页单独记载着始祖宣符（配无考），高祖廷玺配刘氏，曾祖朝元配张氏，但没有记载来历和年代。在谱中以始迁祖为一世但讳与配墓俱无考，只记载相传自明万历年间（1573—1620）因报军役迁胶州东乡夹河套疃，后徙即墨南关，是一世祖一生之阅历。至三世祖应登配张氏，清康熙年间（1662—1722）迁居夏庄，值膏产40余亩。五世祖福臻配钟氏，于康熙三十三年（1694）买蓝姓庄产二十五亩自夏庄徙居官山，即为湛山的贾氏之始迁祖，至今已传至十七世。

2015年发现了贾世宏的先父启平收藏的先祖遗存年代更久远、资料更翔实的贾氏老族谱，虽因年久老化残缺，但据依然较完整的主要资料考证，贾氏老谱约修于乾隆十一年至十五年（1746—1750），对列祖列宗的记载更详细，对贾氏从夏庄始迁官山的五世祖福臻记载资料尤其清晰：五世福臻，顺治九年（1652）生，寿五十六岁，子四。康熙十二年（1673）长子进山出生，康熙二十三年（1684）买蓝姓庄产、次子进清出生，康熙二十五年（1686）自夏庄徙居官山，康熙三十二年（1693）三子进石出生，康熙三十七年（1698）四子出生。

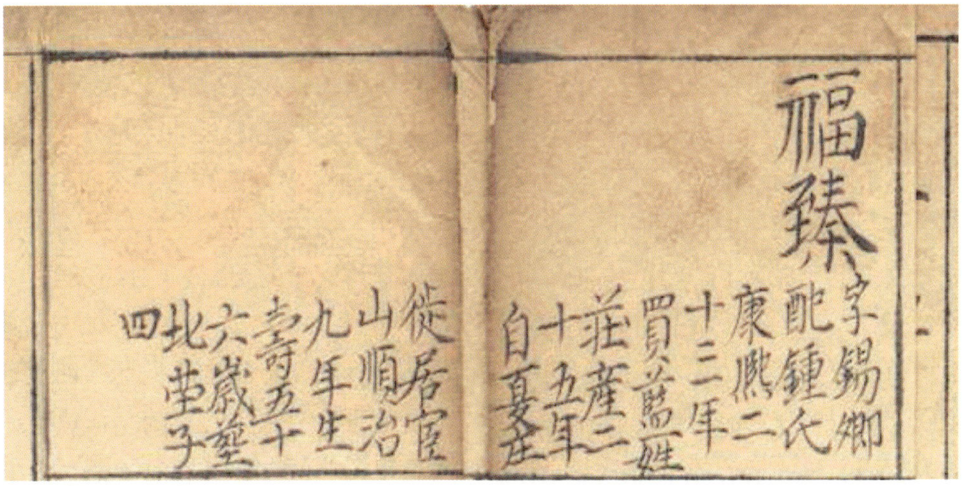

福臻
字錫卿
配鍾氏
康熙二
十三年
買藍姓
莊產二
十五年
自夏莊
徙居官
山順治
九年生
壽五十
六歲塋
北塋子
四

修于乾隆十一年至十五年（1746—1750）《贾氏族谱》局部（贾世珍摄影）

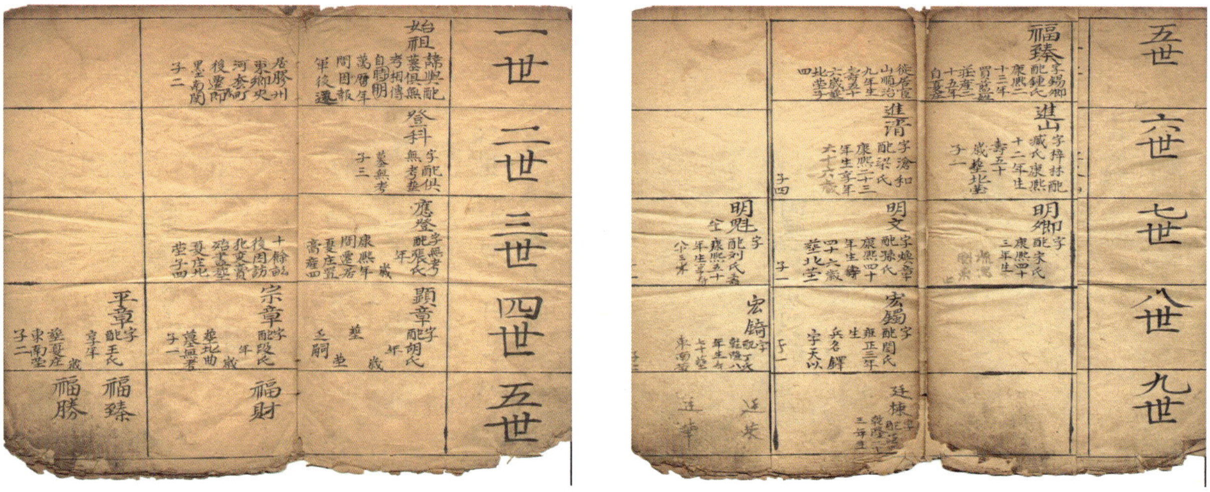

修于乾隆十一年至十五年（1746—1750）《贾氏族谱》局部（贾世珍摄影）

按照贾氏祖先迁徙路线至今仍有踪迹可寻，崂山夏庄镇有贾家营村，现有贾姓约15户。胶州东乡李哥庄镇北五里在大沽河畔有个村庄叫贾疃，与即墨、城阳交界，全村现有350户1260人，贾姓居多，共150户551人，贾疃的人大都知道和湛山姓贾的是一家子。贾维训（胶州贾疃十五世）提供了《贾氏族谱》是同治八年（1869）续修，记载了贾氏于明永乐四年（1406）迁于沽佐，一世至五世失传，以宣符为一世始祖，二世高祖廷玺（配刘氏）、廷玓、廷瑜、廷珩4人，三世曾祖朝元（配张氏）、朝臣、朝桂、朝男、朝公、朝辈、朝相7人，至今已传至十七世。其辈号从一世至十世或用单字，或二三字并用，似无定式，十一世为廷字辈，从十二世至三十一世分别为：墩德子维贵 立志在义方 明亮传世远 忠贞安邦昌。谱中还特别记载着“上至东南官山疃，贾廷栲、贾廷榛到此百里有余，他说三世自此迁出，认成一家，因此开去三世记在谱上，屡年往来，余恐后失，因此记之。”由此可知湛山贾氏九世祖廷栲、廷榛道光二十三年（1843）到胶州贾疃寻根，确认了湛山和贾疃的贾氏是同祖同宗。贾疃的《贾氏族谱》里还详细记载了咸丰十一年（1861）八月二十六日因战乱有贾疃贾姓逃难120里到官山疃避难，直到九月二十三日方回的这一事件的经过。可见胶州贾疃和青岛官山疃历史上曾多年保持往来，这次在纂修《湛山村志》收集资料时，找到了胶州贾疃，追根溯源，两地贾氏渊源流长，明确了湛山贾氏的先祖于明永乐四年（1406）迁于胶州沽佐（即贾疃），湛山贾氏出自胶州贾疃的历史。

湛山贾氏溯源始末

湛山《贾氏族谱》记载：“始祖于明万历年间因报军役，迁胶州东乡夹河套疃，后徙即墨南关”，并尊为湛山贾氏一世祖，讳配墓俱无考。但在族谱首页又单独记载了始迁祖之前的一世始祖、二世高祖、三世曾祖，讳配清晰明确。

忝荷史任，纂修村志，敢忘直笔，惟义是规。在对村里诸姓氏源渊进行的考证中，通过胶州市档案局查无“夹河套疃”，但意外找到了位于胶州、城阳、即墨交界处大沽河边胶州东乡隶属李哥庄镇的贾疃，全村约350户共1260人，其中贾姓150户551人。2006年7月18日电话访问到胶州贾疃十五世贾维训说，村里人大都知道青岛大湛山姓贾的是从贾疃迁出的，经多次电话交流后，又找到家谱，其中关于湛山族谱首页所记的“一世始祖宣符、二世高祖廷玺配刘氏、三世曾祖朝元配张氏”在贾疃《贾氏族谱》里一世、二世、三世中都有记载，并记有“道光二十三年，东南官山疃贾廷栲、贾廷榛到此百里有余，他说三世自此迯出，认成一家，因此开去三世记载谱上，屡年往来，余恐后失，因此记之”。还有同治七年（1868）贾墩新自序遭难之事，“咸丰十一年八月十六日全家一百二十里连夜逃到官山疃避难，至九月二十三日方回”。从同治八年（1869）贾疃十二世祖贾墩新创修《贾氏族谱》时留下的珍贵历史记载得知，湛山九世祖廷栲、廷榛早在道光二十三年（1843）就长途跋涉到贾疃寻根问祖，认成一家，并屡年往来，但至光绪二十六年（1900）湛山贾氏修谱时只记下了祖宗名讳。廷栲、廷榛二祖不远百里到贾疃寻根问祖的事迹，能不使人肃然起敬切缅怀至深，然而却因当时没有留下关于这次寻根的记载因年代久远而失传。

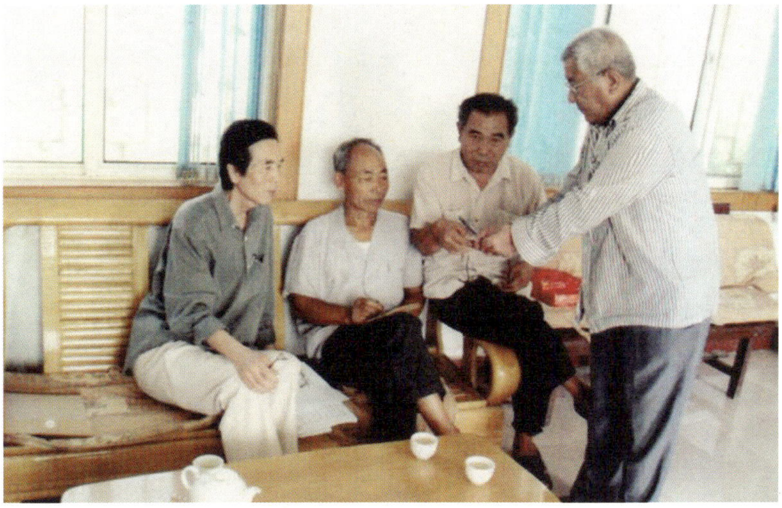

湛山贾世舜（右一）贾世珍（左一）在胶州贾疃与贾维训（右二）贾维三（左二）互换家谱（秦继利摄影）

“历史睡了，时间醒着”，丙戌年闰七月二十三日湛山贾氏十四世孙世珍、世舜与湛山农工商公司主任秦继利和村志办孙中雪等一起驱车拜访胶州贾疃。踏着祖先的足迹，和贾疃的十五世贾维训、贾维三共同完成了一次历史性的会晤，相互交换了家谱，确认了湛山与贾疃的贾氏为同姓一脉，再次认成一家，续接了中断的历史，书写了一段寻根溯源，认祖归宗的历史佳话。

贾氏先祖明永乐时迁于“沽佐”，湛山贾氏皆出自胶州贾疃贾氏始祖，是为后世子孙当永世铭记不忘之纪念。

湛山贾氏十四世孙 世珍谨志

岁在丙戌仲秋（2006年9月29日）

毛氏

据《浮山所志》记载，明永乐年间（1403—1424），毛姓祖先随燕王朱棣举兵，后被调往浮山所，封为世袭千户，正五品武德将军。斩山墩堡是明代浮山所辖属墩堡之一，当时浮山所设掌印千户一人，佥书千户一人，佥书为副职，又称管军千户，共同管理屯田、验军、营操、巡捕、备御、出哨、入卫、戍守、军器等军务。其余不任事之千户，保留原俸，编入军队，带军、管军，称“带俸差操”，如浮山所毛姓千户就曾带兵驻守斩山墩堡（今大湛山村）。至崇祯甲申明亡失封。相传因一场变故，原有家谱、辈行等皆失觅，清康熙年间（1662—1722）始迁祖毛盛从浮山所迁居官山疃为湛山毛氏一世祖，二世兄弟二人毛金配余氏，毛玉配赵氏，毛玉只传一代而止，毛金后代至今已传至十二世，共16户39人，现浮山所已无原毛姓人居住。

王氏

始祖无考，始迁祖讳失传配无考，不知来处，迁居官山疃后远出，家谱唯记“任货流行”4字。从二世以山、以秀始有记载，以秀无后，以山单传至七世世成、世能兄弟二人，其中世能之遗孀于氏携子毓材迁居会前村，至光绪

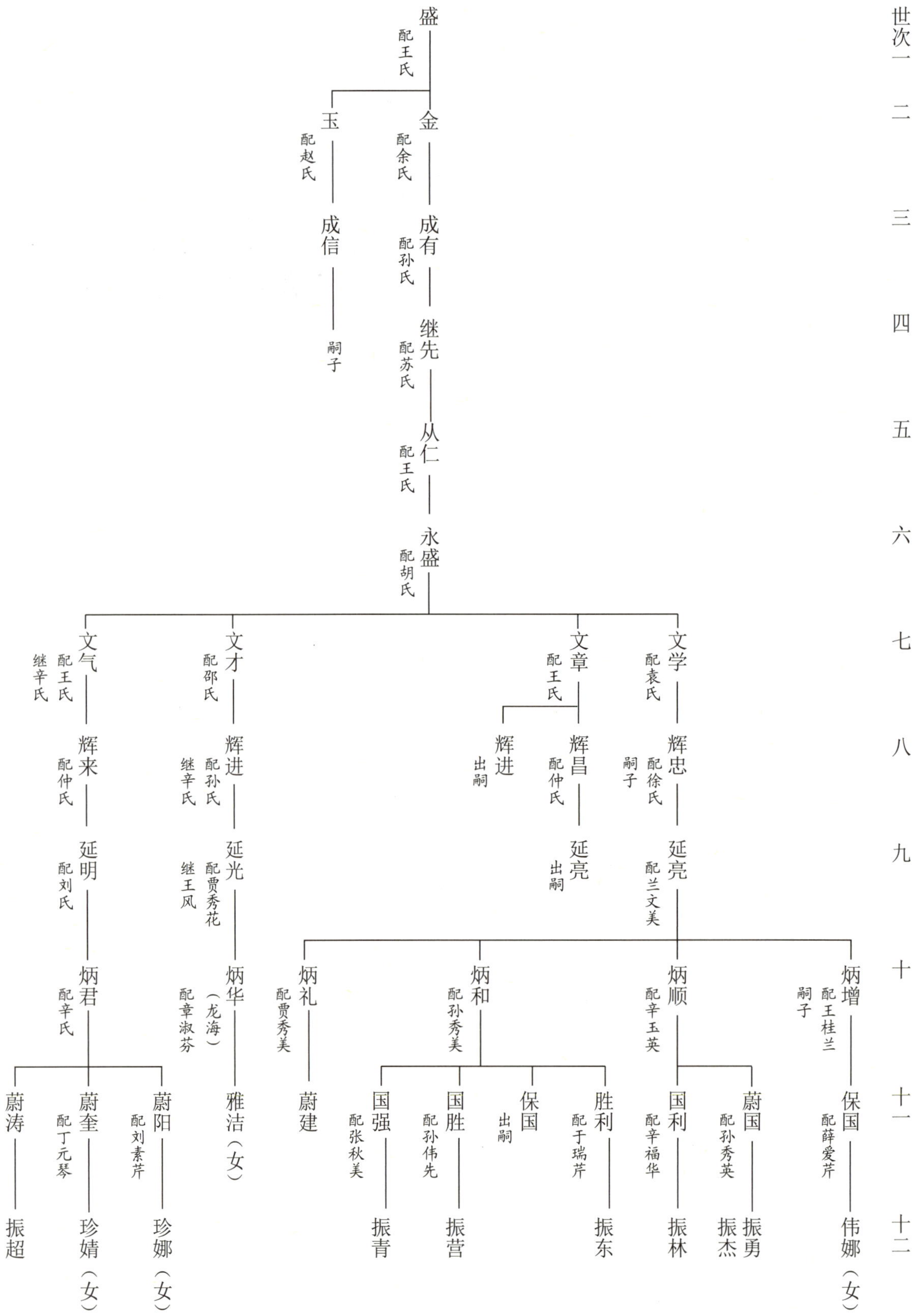
世次
一
二
三
四
五
六
七
八
九
十
十一
十二
盛 配王氏
玉 配赵氏
金 配余氏
成信 嗣子
成有 配孙氏
继先 配苏氏
从仁 配王氏
永盛 配胡氏
文气 配王氏 继辛氏
文才 配邵氏
文章 配王氏
文学 配袁氏
辉来 配仲氏
辉进 配孙氏 继辛氏
辉进 出嗣
辉昌 配仲氏
辉忠 配徐氏 嗣子
延明 配刘氏
延光 配贾秀花 继王凤
延亮 出嗣
延亮 配兰文美
炳君 配辛氏
炳华（龙海） 配章淑芬
炳礼 配贾秀美
炳和 配孙秀美
炳顺 配辛玉英
炳增 配王桂兰 嗣子
蔚涛
蔚奎 配丁元琴
蔚阳 配刘素芹
雅洁（女）
蔚建
国强 配张秋美
国胜 配孙伟先
保国 出嗣
胜利 配于瑞芹
国利 配辛福华
蔚国 配孙秀英
保国 配薛爱芹
振超
珍婧（女）
珍娜（女）
振青
振营
振东
振林
振杰
振勇
伟娜（女）

图 4-1　毛氏谱系

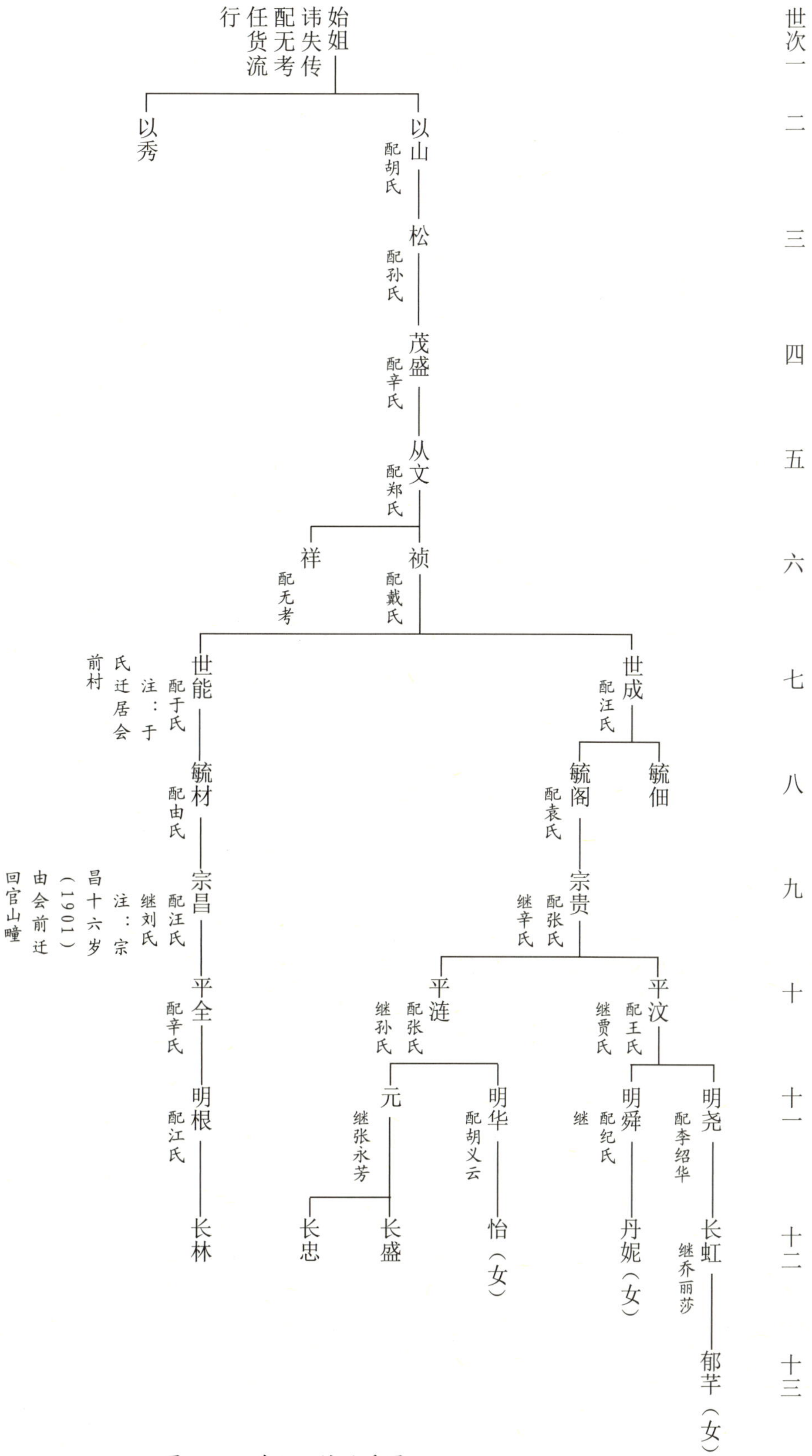

世次
一
二
三
四
五
六
七
八
九
十
十一
十二
十三
始祖
讳失传
配无考
任货流行
以秀
以山
配胡氏
松
配孙氏
茂盛
配辛氏
从文
配郑氏
祥
配无考
祯
配戴氏
世能
配于氏
注：于氏迁居会前村
世成
配汪氏
毓材
配由氏
毓阁
配袁氏
毓佃
宗昌
配汪氏
继刘氏
注：宗昌十六岁（1901）由会前迁回官山疃
宗贵
配张氏
继辛氏
平全
配辛氏
平涟
配张氏
继孙氏
平汶
配王氏
继贾氏
明根
配江氏
元
继张永芳
明华
配胡义云
明舜
配纪氏
继
明尧
配李绍华
长林
长忠
长盛
怡（女）
丹妮（女）
长虹
继乔丽莎
郁芊（女）

图 4–2 湛山王姓世系图

二十七年（1901）德国强迁会前村，毓材之子时年十六岁的九世宗昌又迁回官山疃，与其伯兄宗贵二人至今已传至十三世共 9 户 17 人。

王氏虽无关于年代和来历的文献记载，但据其在湛山中街村东世居共传至十二世时，而辛氏和毛氏也共传十二世、贾氏共传十三世，可知王姓与辛、贾、毛同属清康熙年间（1662—1722）到湛山定居，但王姓来自何处已无从考证。

第三节 德占时期迁入

大鲍岛移民

王氏

大鲍岛《王氏族谱》记载，“我家世代相传自一世祖兄弟二人远来是乡，兄则居于大抱岛，弟则远居张源，从此兄弟分离，音闻遂绝，无所据考。独是大抱岛一支，自一世祖历代相传至十五世时青岛海口商业振兴，华洋杂处，我家祖业尽为商界所据占，于清光绪二十四年（1898）族人瓜分星散，远徙播迁，遂有李村镇、湛山村、仲家洼、东西镇、东西吴家村、水清沟、王家庄、仙家寨、古岛村、南万村、小产头、安营头之各支。独是李村镇一支居本市之中区又为各支领袖，宗轴存焉，先祖之坟墓在焉，众支皆依之为故里，于年节岁时众支俱必归故里拜祭先祖以为族规”。

王氏居大抱岛约始于明弘治六年（1493）传至十五世，其中十五世述莪配胡氏女一子四，长子京瑞迁湛山，衍为大抱岛王氏的湛山一支，次子伦瑞、三子存瑞、四子修瑞迁居仙家寨。

湛山一支今已传至二十世，共 16 户 41 人。

（注：王氏族谱记为“大抱岛”今大都用“大鲍岛”故二字并用）

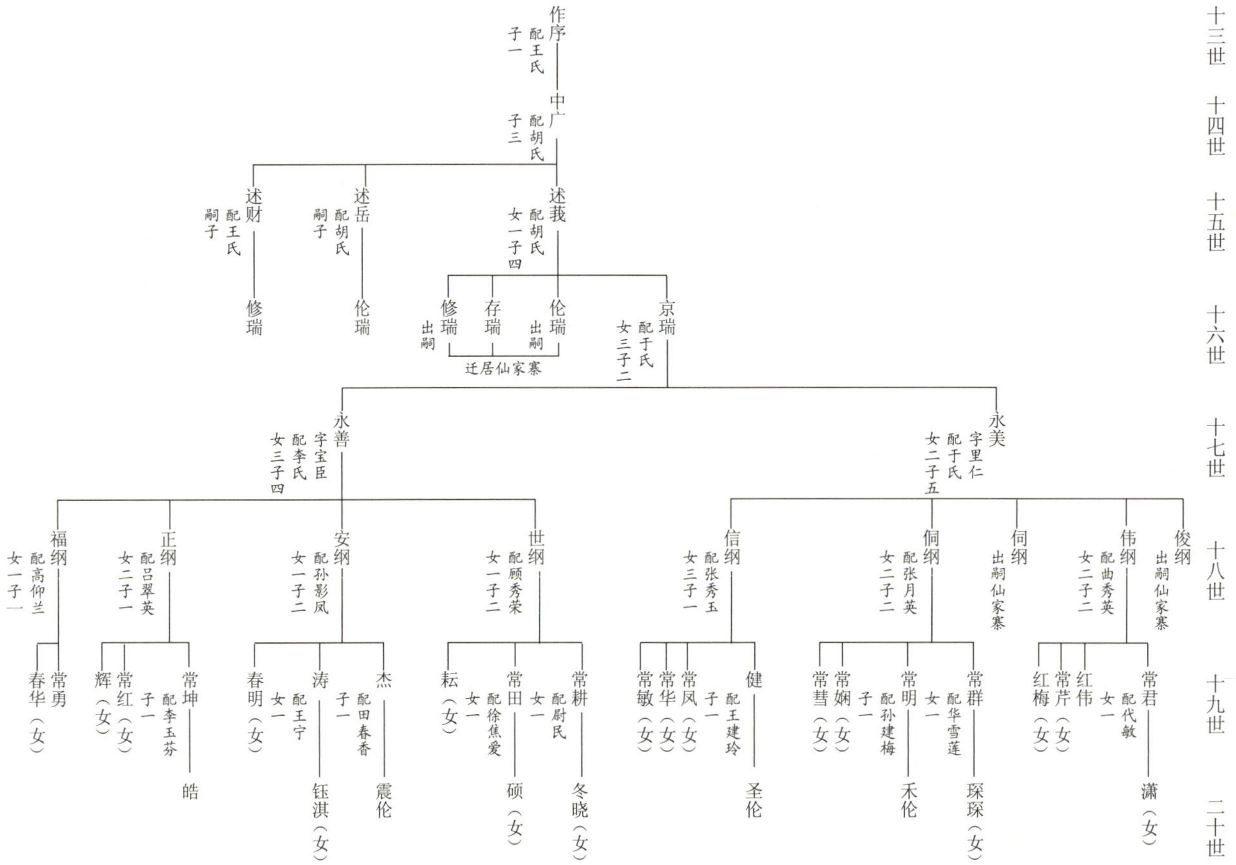

图 4-3 大抱岛王氏世系图

于氏

于氏原籍登州府文登县大水泊村，明永乐年间（1403—1424）始迁祖徙居即墨县城南错埠岭，数传而后衍为三支，长支移居大窑，二支后来丁户繁衍，移居多方，有枣园、流亭、湖埠、会前等处，三支移居大鲍岛。大鲍岛即今青岛市中山路以东四方路、黄道路、海泊路、博山路等一带，原先这里是一个渔村，叫鲍岛村，后来在村东北不远处又发展形成了另一个鲍岛村，为了区别，人们把最早的鲍岛村叫大鲍岛，后来的称小鲍岛。光绪二十五年（1899）秋德国殖民当局征购了上青岛村、大鲍岛村的土地，开发建造了青岛早期的市区。《于氏族谱》记载："鲍岛一支，让地德国，迁居异城，星

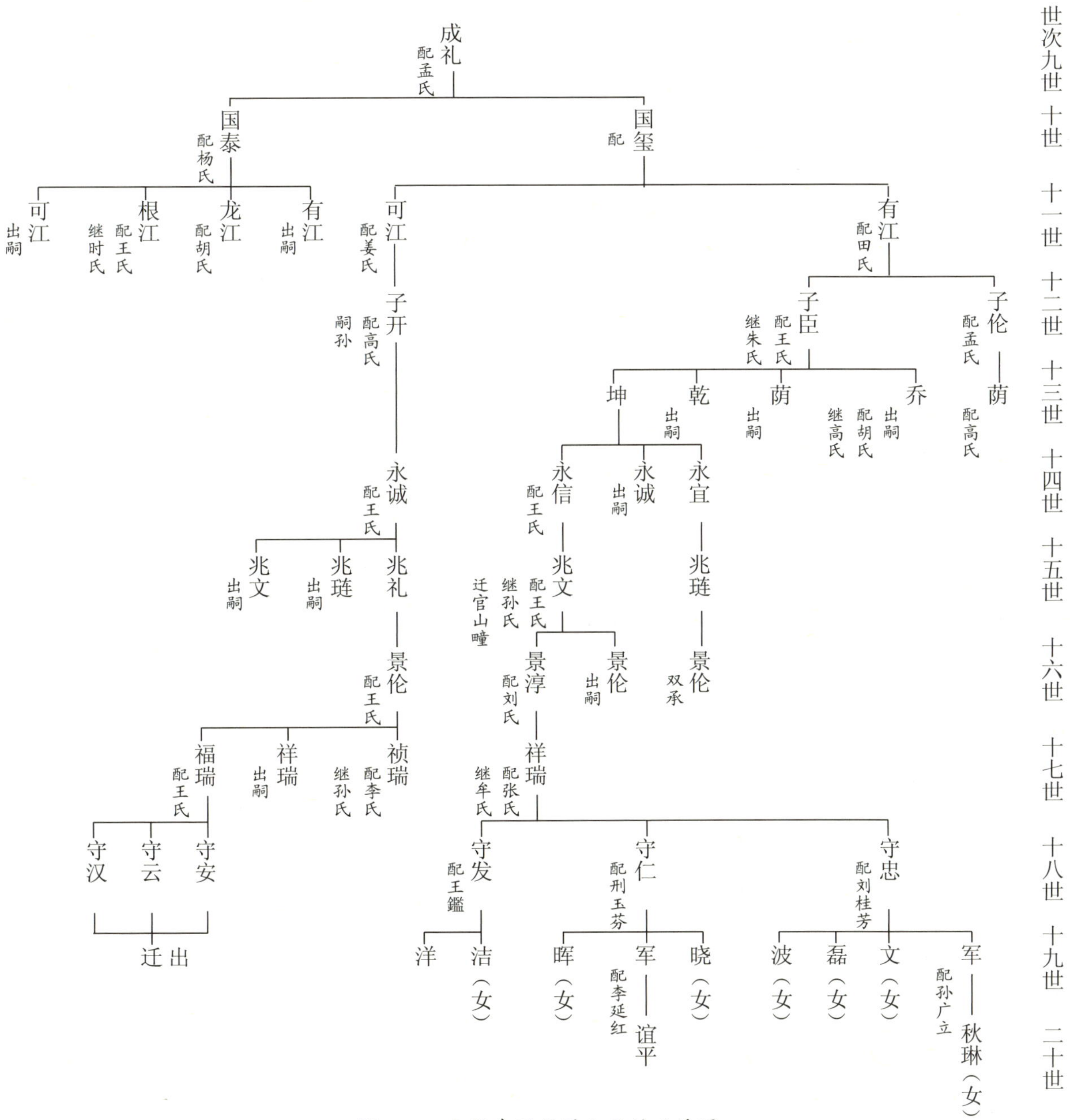

图 4-4　大鲍岛迁居湛山于姓世系图

散棋布，天各一方……”。光绪二十六年(1900)于氏十五世兆礼、兆文从大鲍岛迁居湛山，将本支祖坟迁葬湛山东南洼，后来因日本修靶子场，又将祖坟迁葬桥子南（在今香港西路南、东海二路西），这里曾有于氏坟墓四十余冢。

至今湛山的大鲍岛于姓已传至二十世，共4户10人。

会前村移民

清同治版《即墨县志》的地图上标有与斩山毗邻的会前村，会前村村前临海湾，是一个渔村。今青岛中山公园樱花路东有一处人文景观是“会前村遗址”，1938年，当时的农林事务所曾将会前村的变迁刻在石碑上叫“会前村遗迹碑”，碑文记载：“会前，今伪为汇泉，或会泉。旧有村民凡360户，多业渔，清光绪二十四年（1898），德租胶州湾，光绪二十七年（1901）收买是村，附近山地……”光绪二十七年（1901）六月德胶澳巡抚布告：“德胶澳当局已收买小鲍岛、孟家沟、小泥洼、会前、海泊5村，该五处住户房屋要拆除。”被强迁的村民四散迁居，来湛山的会前村移民有王、于、刘等姓氏，分述如下：

王氏

会前村的王姓是明代天顺年间由云南迁徙而来，兄弟二人，哥哥叫王龙即会前村的王姓始祖，弟弟王虎迁至平度双庙疃，其后另为一宗。《王氏族谱》记载，“居会前者……历明迄清四百余年……，不幸于清光绪二十三年（1897）德夷占青岛，越四年于会前辟公园，全村遭其驱逐，吾族于是四方散处，遂致分离。吾族始祖龙公行一，居会前村距青岛三里余，即今之第一公园樱花路右侧是吾故里也，

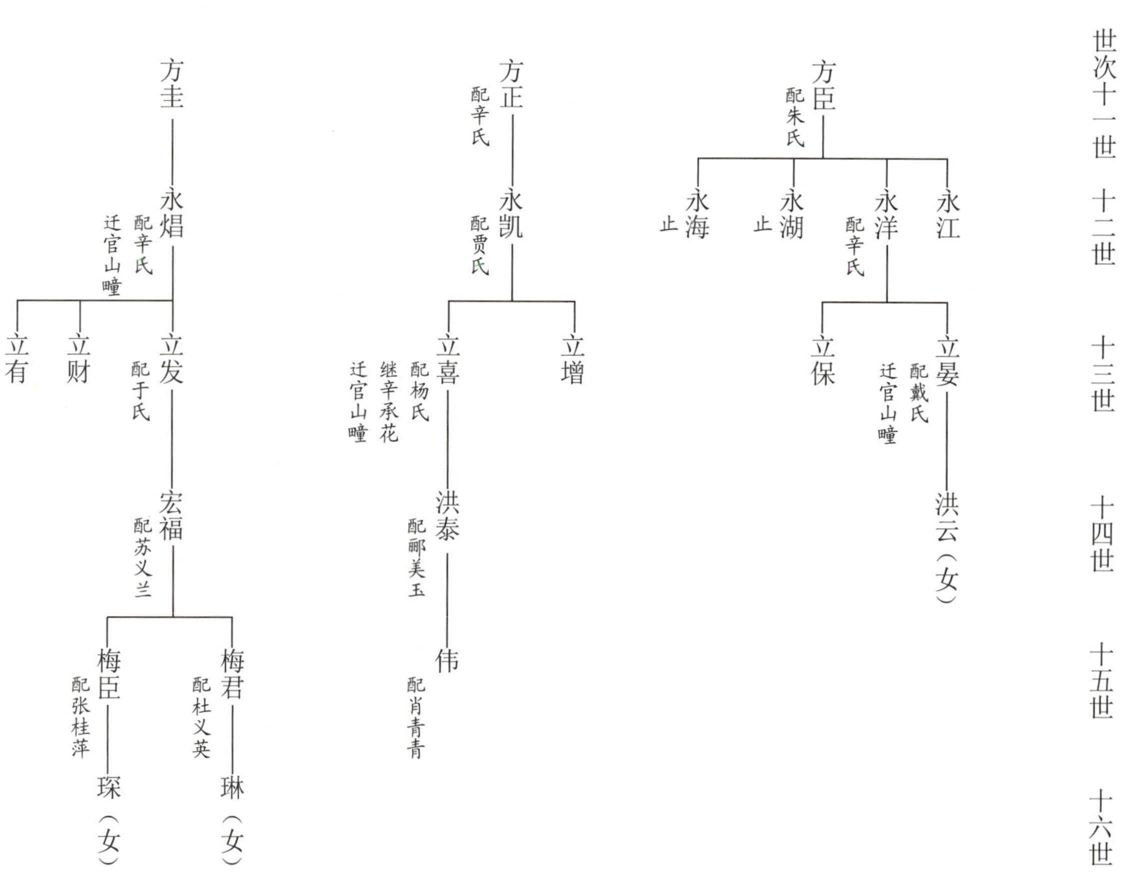

图 4-5　会前村王姓世系图

有堂曰明秀堂。吾族自明中叶聚居一村至清光绪二十七年（1901）始被德夷驱散，分处各方，为永世不忘之纪念。”

光绪二十七年（1901）迁居湛山的会前王氏有三户，其一，十二世永焻配辛氏（十三世立发，十四世宏福）今已传至十六世；其二，十三世立晏配戴氏只有一女，即今之王宏云老人；其三，十三世立喜配杨氏继辛氏（十四世宏泰）今已传至十六世。今居湛山会前王氏共4户10人。

于氏

于氏世居会前村，家谱已失传，只有本支从九世于顺配于氏以下的简单资料。相传十三世瑞先兄弟7人，打鱼为业，家里用大囤盛鱼

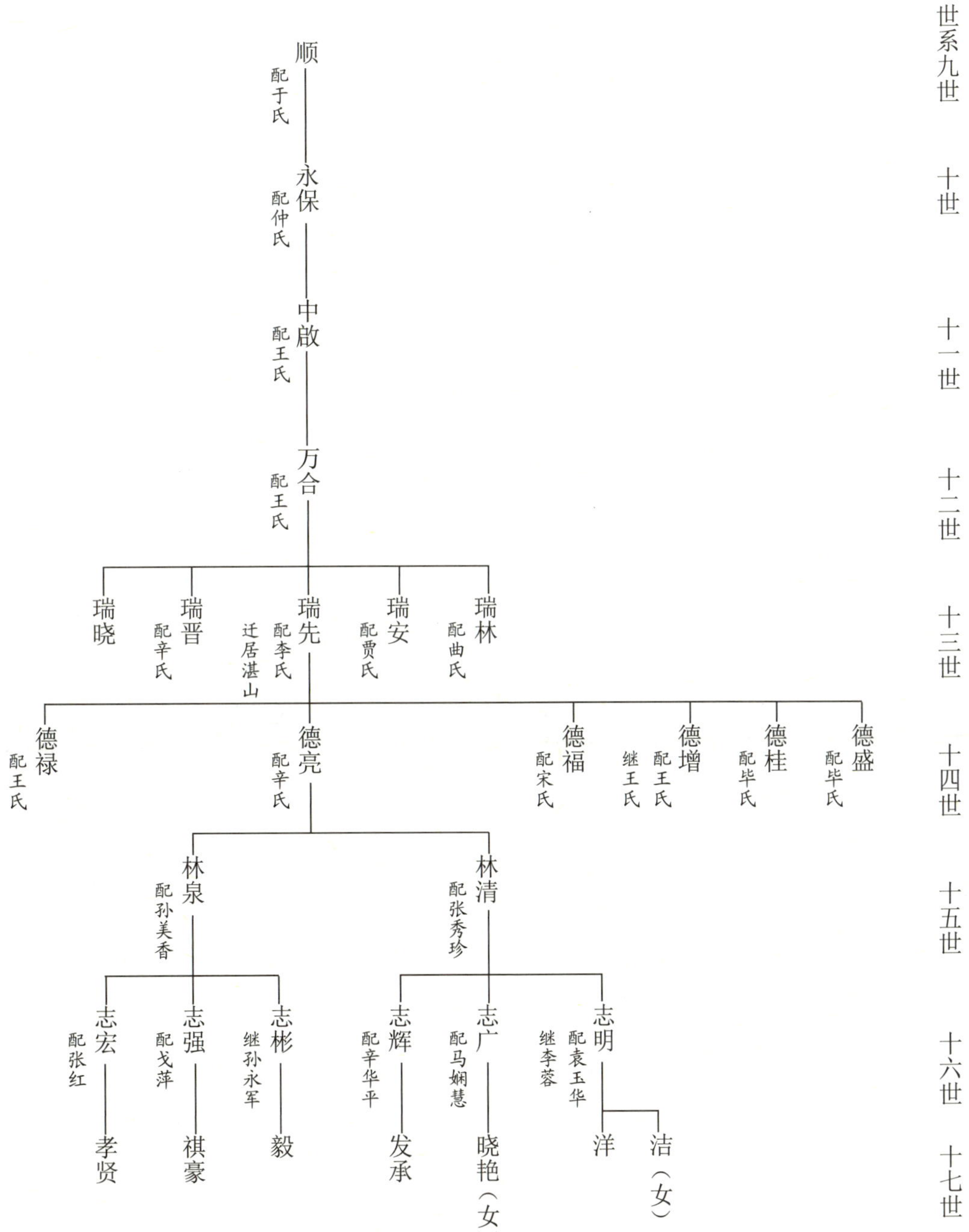

图4-6 会前于氏世系图

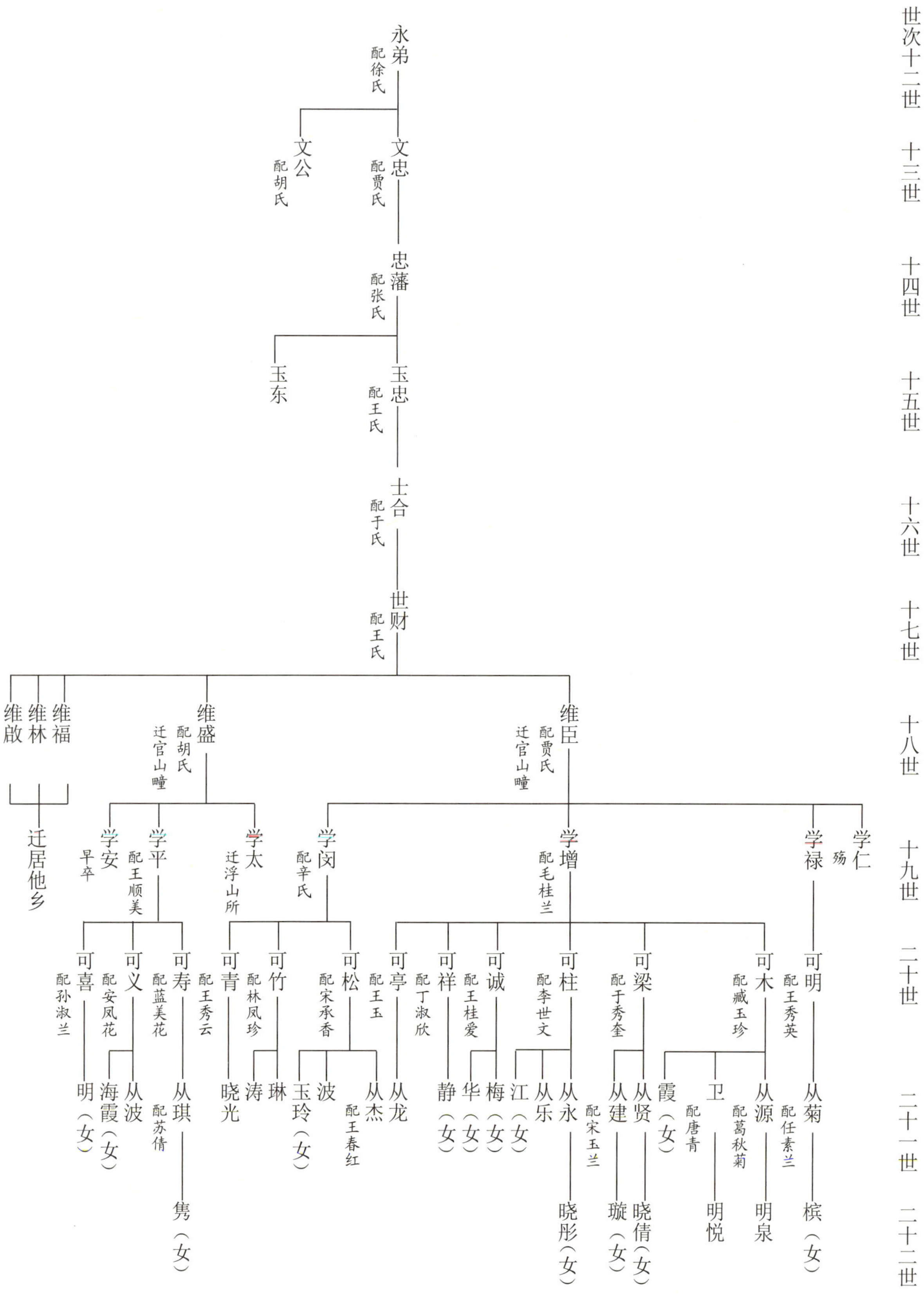
世次十二世
十三世
十四世
十五世
十六世
十七世
十八世
十九世
二十世
二十一世
二十二世
永弟 配徐氏
文公 配胡氏
文忠 配贾氏
忠藩 配张氏
玉东
玉忠 配王氏
士合 配于氏
世财 配王氏
维啟
维林
维福
迁居他乡
维盛 配胡氏 迁官山疃
维臣 配贾氏 迁官山疃
学安 早卒
学平 配王顺美
学太 迁浮山所
学闵 配辛氏
学增 配毛桂兰
学禄
学仁 殇
可喜 配孙淑兰
可义 配安凤花
可寿 配蓝美花
可青 配王秀云
可竹 配林凤珍
可松 配宋承香
可亭 配王玉
可祥 配丁淑欣
可诚 配王桂爱
可柱 配李世文
可梁 配于秀奎
可木 配臧玉珍
可明 配王秀英
明（女）
海霞（女）
从波
从琪 配苏倩
晓光
涛
琳
玉玲（女）
波
从杰 配王春红
从龙
静（女）
华（女）
梅（女）
江（女）
从乐
从永 配宋玉兰
从建
从贤
霞（女）
卫 配唐青
从源 配葛秋菊
从菊 配任素兰
隽（女）
晓彤（女）
璇（女）
晓倩（女）
明悦
明泉
槟（女）

图 4-7　会前刘氏世系图

干，用大缸盛自家酿酒，衣食无忧，渔歌豪饮，安居乐业，光绪二十七年（1901）遭德国强迁，于氏兄弟大都迁往大村庄（李村一带），唯瑞先带携妻小迁居大湛山，瑞先配李氏即为湛山的会前于氏始迁祖，当时十四世德亮年仅6岁。瑞先用拆迁的钱在大村庄买了块地，在湛山租房居住。后来德亮长成，1908年至1909年在青岛港务局干油工，1910年闯关东在齐齐哈尔铁路局干油工至1918年挣了钱回来，1947年又承包外国人的油漆粉刷工程，生活才逐渐好转，自己盖了房子。于德亮1969年去世，享年74岁，至今已传至十七世，居湛山共8户21人。

刘氏

明末，徐、刘两姓相继迁进“西韩村”，因刘姓人丁兴旺，曾名“刘家韩哥庄”。清乾隆四十八年（1783）前后，十三世文忠配贾氏、文公配胡氏，住西韩村南河边，因发大水，遂携子忠藩、忠章、忠安、忠汝、等迁至会前村。光绪二十七年（1901）遭德国强迁会前村，刘姓十八世兄弟八人，号称“八虎”，行二维臣配贾氏，行五维盛（人称刘老五）配胡氏，迁入大湛山，其他分别迁至浮山所、小埠东、东镇及海西（胶南）等地，现住大湛山的会前刘氏传至二十二世，共22户60人。

第四节 近代外乡移民

1958年以前迁居大湛山村的外乡移民各姓氏的始迁人及其同来的亲弟兄及其在湛山繁衍的子孙共统计祖孙三代，并详记其原籍、迁居青岛和湛山村的具体时间，（因年代久远，资料缺乏，难免遗漏）列表如下：

1958年前外乡迁居大湛山村姓氏一览表
（以姓氏笔画为序）2008.6.18

表4-1

姓名	亲弟兄及子孙	原籍	到青岛时间	定居湛山时间
丁风平	子：作柱、作福，孙：毅、力、涛	青岛胶南市大场镇北寺村	1923	1923
丁文林	子：顺堂、顺德，孙：恩杰、恩黎、恩明	青岛胶南市海青镇马家沙河村	1936	1936
于贵林	子：尊江，孙：成水、成合、成亮、成金、成顺	青岛胶州市城关	1910年前	1910年前
于春君	子：瑞令、瑞平，孙：忠刚、洋	青岛市崂山区大麦岛村		1917
于焕堃	子：信然，孙：胜志、景之	山东潍坊市	1945	1946
于双奎	子：宝元、宝顺，孙：毅、强、胜	辽宁凤城市（于双奎辽宁省凤城生人，祖籍烟台海阳市）	1936	1946
于连福	子：风坤、风军、风刚（已返原籍）、风祥，孙：涛	山东潍坊诸城市瓦店镇管家大村	1949	1950
于树声	子：芳、明、亶、亮，孙：海峰	山东潍坊市	1951	1951
于卓先	子：錸功、鑫功、美功、铸功，孙：乐凯等	青岛市崂山区夏庄街道办		

续表 4-1

姓名	亲弟兄及子孙	原籍	到青岛时间	定居湛山时间
马贵庆	兄：贵吉、贵祥，弟：贵福，子：勤学，侄：立臣、立恩，孙：树亮、树德、树利，侄孙：树彬	青岛胶南市大场镇朱家庄	1932	1932
马修坤	子：德生，孙：同海	山东泰安市东平县接山乡苍丘村	1936	1936
马洪进	子：文清	青岛胶南市王台镇千里沟村	1943	1943
马贵香	弟：马贵民，子：立功、立言，侄：立顺，孙：树杰，侄孙：树彬	青岛胶南市大场镇朱家庄	1945	1945
马福德	子：寿旗、寿平，孙：喜宝、喜斌	青岛平度市张戈庄镇马家庄	1925	1951
马勤业	子：孙晚生、马克发，孙：马镇清	青岛市黄岛区北屯村	1953	1953
马学风	女：娴惠、娴巧、娴敏	青岛胶州市营海镇马家村	1948	1958
王维荣	子：玉存，孙：鲜胜、鲜增、鲜高	原籍不详，青岛湛山生人		1903 前
王培友	子：肇纯、肇基、肇蕴，孙：顺明、顺亮、立、顺刚、顺宏	山东潍坊诸城市吉利河王家桃园村	1904	1904
王交庆	二兄：交信，弟：交运（子：占敖）	山东潍坊诸城市十七区王家朱庙村	1917	1917
王守文	子：永起、永强	青岛胶州市马店镇辛庄	1921	1921
王永高	子：仁豪、仁杰、仁生，孙：军、强	山东烟台栖霞市庙后镇后许家村	1928	1928
王宝山	子：玉先，孙：福兴、同兴、进兴	青岛胶州市胶北镇北台	1926	1930
王学真	子：仁德、仁义	青岛胶州市城关挪庄村	1932	1932
王德泉	子：克忠、克进、克友，孙：健	山东日照市东港区西湖镇竖旗岭村	1935	1935
王守田	子：恒谦、恒晨、恒诺，孙：松正、伟健、宝刚	青岛即墨市丰城镇苏口村	1934	1936
王书田	弟：书喜，子：延明，侄：元德、延进，孙：石，侄孙：健、彬	青岛平度市仁兆镇代家庄	1933	1938
王立生	子：磊	青岛市崂山区中韩街道办东韩村	1938	1938
王明甫	子：志诚，孙：舜山、杰、正	山东潍坊诸城市相州镇九台村		1938
王熙聚	子：兆学、兆华、兆文，孙：涛、健	青岛黄岛区长江街道办戴戈庄	1928	1939
王德所	子：树海	青岛莱西市武备镇毛家埠	1940	1940
王治崇	子：明、明春，孙：子凯、帅	青岛平度市香店镇店前村	1940	1940
王元伦	弟：元玉，子：秀堂，侄：修刚、修强、海，侄孙：涵兴、云兴	青岛市崂山区中韩街道办午山村		1940
王立元	子：守东、守明、守亮，孙：伟、健、朋	青岛市崂山区北宅晖流村	1927	1942
王顺先	子：玉棠	山东潍坊昌邑市十字路镇	1933	1942
王孝忠	子：福先、禄先、寿先，孙：志鹏、志勇、志胜	青岛市城阳区棘洪滩街道办上崖村	1942	1944

续表 4-1

姓名	亲弟兄及子孙	原籍	到青岛时间	定居湛山时间
王寿山	子：志宽、志正，孙：琪、琳、伟	山东肥城市安林站镇王家界首村	1940	1949
王永雨	子：志高、希水，孙：国胜、国利、曙光	青岛即墨市田横镇山东头村	1939	1950
王在启	子：子贵，孙：延强	青岛胶州市营海镇关王庙村	1921	1950
王栋生	子：本健，孙：德胜	山东烟台海阳市朱吴村	1940	1950
王方烛	子：振海、振湖，孙：彦杰	青岛即墨市龙山街道办官庄村	1948	1950
王业馥	子：砚光、明光、乃光，孙：刚、顺	山东威海荣成市北桥头村	1949	1950
王毓清	子：培乐、进乐，孙：涛	山东潍坊诸城市郭家屯镇封家岭村	1950	1950
王茂仁	子：成材，孙：吉来	山东滨州邹平县皇后庄	1930	1951
王星如	子：泽滨、泽鹏、泽明、泽光，孙：刚、磊	山东潍坊诸城市耿家庄子	1929	1952
王宪玉	子：家平、家安、家荣，孙：成军	山东枣庄滕州市大坞镇河富村	1952	1952
王修义	子：德高、德庆，孙：光磊、广健	青岛市市南区浮山所		1952
王新存	子：德茂	青岛胶南市灵山卫街道办小洼村	1953	1956
王忠堂	兄：风岐、弟：忠明，子：贵福、贵亮，侄：振玉	青岛胶南市大场镇陈家小庄	1956	1956
王克成	子：洪明、洪光、洪亮、洪国、洪旗，孙：宗彧、宗彦、宗勇、宗涛、宗舰、宗魁	青岛胶南市灵山岛乡城口子村	1956	1956
王希中	子：宪洲、宪魁、宪宝、宪和，孙：伟亮	山东泰安肥城市鲁利村	1931	1956
王凤祥	子：思圣、思聪，孙：伟	青岛即墨市移风店镇南辛庄	1931	1958
仉世宽	子：培成，孙：贺	青岛胶南市铁山街道办大平岭村	1954	1954
仉世培	子：培林、培森、培盛	青岛胶南市铁山街道办大平岭村		
尹秀起	子：周泉，孙：长虹	青岛胶南市宝山镇罗戈庄	1919	1943
方玉璞	子：欣	山东烟台莱州市柞村镇西朱宋村	1948	1956
仇作臣	子：洪晏、洪盛，孙：申龙、申童	青岛莱西市沽河街道办前庄扶村	1951	1951
石茂官	子：振民、振兴、振武、振东、振海，孙：磊、鑫	山东日照市两城镇竹园村	1931	1943
石汝温	弟：汝让，子：云宝，侄：伟，孙：峰	山东泰安肥城市边家园乡蝎子山村	1956	1956
石振岩	子：月荣、月忠、月亮、月利、月有孙：强、涛、林、昆	山东日照市两城镇竹园村	1940	1956
卢徐崔	子：云苓、云利、云昌、云胜、云华孙：树杰、强、涛	山东威海市望岛村卢家疃	1947	1948

续表 4-1

姓名	亲弟兄及子孙	原籍	到青岛时间	定居湛山时间
孙志绪	子：为民、恩、福昌，孙：岩松、景皓	山东潍坊高密市祝家庄	1923	1923
孙源芝	子：建华、建国、建人，孙：礼、磊	山东烟台蓬莱市	1942	1944
孙学进	子：培刚、培强，孙：明亮	青岛即墨市北安街道办八里庄	1941	1944
孙福吉	子：洪臣	青岛即墨市太祉庄乡蓝家庄	1944	1944
孙殿祥	子：奎一、奎忠，孙：长年、长军、长胜	青岛平度市城关	1944	1945
孙仲友	子：天民、天杰，孙：明东、明芳、明红	青岛胶南市王台镇朱郭村	1920	1946
孙德光	子：蒙惠、蒙悦、蒙选，孙：亮	山东烟台市牟平区姜格庄镇林柏村	1948	1951
孙浩洲	子：安梁、安乐，孙：光辉、焜、炜	山东潍坊诸城市岔道口村	1949	1951
孙乐清	子：树法，孙：永亮、峰	山东日照市安东卫街道办东蓝营	1932	1953
孙又侃	子：觉民	青岛胶州市城关镇南观街	1954	1954
孙照升	子：增斌，孙：钦亮	青岛胶南市滨海街道办小哨头村	1957	1957
纪世凯	子：忠生，孙：佃勃	青岛即墨市灵山镇东山坡村	1920	1920
纪梅松	子：嘉城、嘉卫，孙：毓贝、元	青岛市城阳区流亭街道办	1925	1937
纪家秩	子：毓祯	青岛市城阳区后桃林村	1942	1942
庄福仁	子：和魁，孙：吉伸、红雨	青岛胶南市藏南镇庄家崖下	1938	1938
安丰年	子：福芹、百顺、百永，孙：迪、景文	山东日照市两城镇安家村	1919	1937
安茂佐	子：玉福，孙：丰钢、丰卫	山东日照市秦楼街道办立家村	1940	1940
安凤岐	子：百良、宝国，孙：东、刚	山东日照市两城镇安家村	1946	1947
安可祥	子：宝意，孙：磊	青岛胶南市海青镇大石庙子村	1951	1951
安盛玉	子：郁恩、郁岩，孙：丰勇、丰武、丰文、丰俊	山东日照市两城镇王家滩村	1945	1956
任瑞兰	子：兴周，孙：增杰	青岛市黄岛区红石崖街道办	1932	1932
任守德	子：增仪、增国、增秋，孙：百峰	山东日照市两城镇小沙沟村	1939	1939
任守玉	子：增利、增德等，孙：百福、百承、百亮、百祥、百顺、百胜	山东日照市河山区小沙沟村	1932	1935
乔瑞云	子：太平、祥洪，孙：正顺、正伟	山东日照市秦楼街道办乔家墩子	1937	1940
曲洪贵	子：贾世有	青岛市崂山区姜戈庄	1938	1938
曲学诰	子：智进、智中、智宝、智国、智源，孙：建仲、建全、大育、大健、永青、大军	青岛市李沧区东李村		1944

续表 4-1

姓名	亲弟兄及子孙	原籍	到青岛时间	定居湛山时间
刘朋程	子：书志，孙：德良、财良、吉良	山东潍坊青州市	1934	1934
刘正儒	女：淑珍、秀云	青岛即墨市丰城镇车家疥	1941 前	1941 前
刘典池	子：福强，孙：龙	青岛即墨市丰城镇车家疥	1941	1941
刘崇谋	子：喜镕、喜金、喜银、喜针，孙：新源、忠源、青源、福源、盛源、虎源等	青岛即墨市北安街道办辛庄	1921	1943
刘玉来	子：振元，孙：挺胜、挺利	青岛胶南市灵山卫街道办小洼村	1946	1946
刘庆昌	子：同信、同生、同利，孙：刚、强、峥、坚	山东日照市虎山镇朱家官庄	1927	1947
刘德信	子：庭福、庭起、庭杰、建庭，孙：宝龙	青岛胶南市	1935	1947
刘忠义	子：长青、长建，孙：正	青岛市黄岛区戴戈庄	1941 前	1949
刘成金	子：胜利、永利	潍坊昌邑市李戈庄		1948
刘一泉	子：军、琪，孙：川	山东烟台莱阳市肖格庄	1945	1951
刘金相	子：洪友，孙：本辉、本义	山东潍坊诸城市桃园乡石河头村	1952	1952
牟志谦	子：舜五、重光，孙：博源、明源	山东烟台栖霞市蛇窝泊镇	1943	1943
牟仁海	子：绍义，孙：礼铭	青岛市城阳区上马街道办王林庄	1947	1947
齐敬忠	子：义山、义明、义柱，孙：峻、羽航	青岛胶州市城北盖家栋	1936	1958
吕德臣	子：宝嵚、宝鉴，孙：捍文、建	山东日照市西城镇藏家窑村	1936	1955
许俊山	子：志豪、志杰、志刚，孙：勇强	北京市崇文区	1942	1952
朱同吉	三弟：同照	青岛胶州市李哥庄镇沽河	1949	1949
仲跻三	弟：仲跻，侄：维京（迁牡丹江）	山东烟台莱阳市教格庄		1938
邱衍九	子：玉林、玉森、玉盛，孙：建宏、建波、建隽、建钊	青岛胶南市王台镇邱家庄	1941	1941
邱子玉	子：大福，孙：景泉、景海	青岛胶南市王台镇邱家庄	1941	1941
冷相君	子：林忠安、林忠法	山东潍坊高密市官家屯村	1943	1943
谷忠章	子：洪德、洪江，孙：鹏	青岛即墨市华山镇后水村	1939	1939
谷熙俊	子：新昆、新仑、新崇、新岭、新峰、新峙、新岐，孙：庆海、庆涛、庆汇、庆清	山东威海市北沟街	1947	1947
匡宝书	子：少文、少义、毅，孙：建刚、建新、顺	青岛胶州市南关大同	1935	1939
李有德	弟：有泉，侄：永其、永伟、永风，侄孙：文、准	山东日照市望海区浪墩坡村	1920	1924

续表 4-1

姓名	亲弟兄及子孙	原籍	到青岛时间	定居湛山时间
李毓善	子：典芳、典向、典斌、典深，孙：帅、鹏	山东烟台市牟平区观水镇上寺口村	1928	1929
李智山	子：孝增，孙：祖德、祖伟	青岛即墨市金口镇园西村	1916	1930
李乔先	子：智从，孙：延庆	青岛市城阳区仲村	1927	1930
李公远	子：侍堂，孙：福德、福河	山东枣庄滕州市李家村	1933	1933
李于祥	子：福臣、福刚、福相、福城，孙：磊	山东淄博市临淄区关庄		1936
李奎文	三弟：奎元，五弟：奎昇，子：德政、德顺、德泉，侄：德洲、德洪、德民、德林，孙：臣	山东淄博市临淄区皇城镇刘家官庄	1938	1938
李清芳	子：新成、新荣、新典，孙：俊宗、华宗、瑞宗	青岛即墨市灵山镇李家村	1931	1939
李保彦	子：鸿德、鸿才，孙：增文、增武、增斌	青岛胶南市海青镇麻沟河村	1939	1939
李兆海	子：公德、明德、连德、荣德，孙：庆祝、庆珊	山东济宁市二十里铺镇谢庄	1942	1942
李庆荃	子：裕华、裕杰，孙：健	山东聊城市阳谷县安乐镇	1946	1946
李子仁	子：云先、广先，孙：小乐	青岛市城阳区后田村	1929	1947
李登贵	子：德明、德亮，孙：强、涛	山东济宁兖州市颜店镇薛家迟村	1938	1947
李　秀	子：兆和、兆全、兆平，孙：龙军、毅	山东济宁市二十里铺镇谢庄		1949
李农林	女：玉玲	山东潍坊高密市双羊镇李家山东村	1929	1950
李进斗	子：皙生、维令，孙：晒	山东烟台栖霞市藏家庄镇草格庄村	1948	1948
李锡纯	子：洞照、洞岷、洞旭、洞昕、建华，孙：春生、永杰、震、鹏、勇、伟、强	山东潍坊诸城市北关	1937	1953
李仁昌	子：鸣、宁、宏、刚，孙：伟、鹏、翔	青岛胶南市海青镇董家洼村	1952	1953
李述平	子：占兴、占昌、金国、金华，孙：刚、猛、坤	青岛胶南市王台镇徐村	1938	1956
李春财	子：平、青	辽宁省营口县八家子村	1956	1956
李德忠	子：吉青，孙：世豪	青岛胶南市灵山卫街道办柏果村	1956	1956
陈玉树	子：宝国、宝升，孙：金勇、金韬	青岛市黄岛区辛安街道办港头陈家	1927	1929
陈玉珠	子：金明、金龙、金坚	山东济宁市	1930	1930
陈　明	子：步村、步海、步远，孙：刚、磊、伟、勇	山东临沂市沂水县石梁村	1943	1946
陈文登	子：泽发、泽亮，孙：云峰	青岛胶南市灵山卫街道办车家岭	1941	1947

续表 4-1

姓名	亲弟兄及子孙	原籍	到青岛时间	定居湛山时间
陈元义	子：文成，侄：文玉，孙：国轩、国宁，侄孙：国健、国亮	青岛胶南市灵山岛乡上安村	1945	1947
陈中甫	子：伟、宁，孙：鉴、钧	山东潍坊诸城市		1945
宋玉琢	弟：玉玺（迁张店），子：聚昌、平昌、安昌，孙：乃顺	青岛市城阳区女姑	1930	1930
宋振恒	子：守禄、守祥、守全、守建，孙：杰、本成	青岛胶州市胶西镇叶家庄	1931	1956
杜业德	子：从贤、从理，孙：和睿	青岛即墨市七级镇前吕戈庄	1925	1953
杜守晋	子：光辉、光裕	山东潍坊高密市河崖镇王家屋子村	1947	1956
余存青	子：任来，孙：守莲	青岛市市南区浮山所	1958	1958
邵盛银（字汉三）	子：希田，孙：延庆、延德、延祥、延新	青岛市城阳区小赵村		1892 年前
邵盛训	子：希道、希适、希进、希述、希连，孙：延耕、延耘、延昆、延仑、延九、延甫、延明、延章、延平、延令、永军	青岛市城阳区小赵村	1933	1933
邵希贤	子：延昌，孙：守山、守亮、守华	青岛市城阳区小赵村		1949 前
张德成	子：新田、鑫田，孙：正庭、正堂、正礼、正喜、正义、正信、正起、正来、正幸、正福	青岛胶州城南南窑头村	1908	1908
张相林	子：培堂、培寿、培德，孙：立明、德胜、升敌、升军、立强	青岛胶州市李哥庄镇魏家屯	1925	1925
张义海	子：相干，孙：培群、培同、培根	青岛胶州市李哥庄镇魏家屯	1926	1926
张松鹤	子：治全	青岛胶州市城关五里堆	1916	1927
张诚信	子：宝山、宝书、宝海，孙：旭	山东潍坊市西下洼	1934	1934
张龙阁	子：德福、德利、德胜，孙：皖青、皖峰、信铠、信强	青岛平度市店子镇大青杨村	1934	1934
张锡奎	子：志好、志宝，孙：胜、震	青岛平度市苇园村	1936	1936
张正语	子：新财、信宝，孙：存瑞、存起、存良	青岛崂山区夏庄街道办青峪村		1937
张鸣珊	子：国仁，孙：星、光	天津市	1939	1939
张玉璇	子：成利	青岛市市北区南仲家洼		1942
张宗智	子：玉江、玉海、玉河，孙：勇、壮	青岛胶南市滨海街道办峡沟村	1940	1940
张鸿昌	子：永和、永平、永远、永兴，孙：发亮、发强、龙、隽	青岛胶南市海青镇廒上村	1936	1947
张监信	子：希春，孙：双进、金泉	青岛胶南市张家楼镇大溧水	1947	1947

续表 4-1

姓名	亲弟兄及子孙	原籍	到青岛时间	定居湛山时间
张建五	子：保中、连盛、保罗、保成、保兴、保玉、保来、保林，孙：裕东、山湘、毅捷、维清、宇清、鹏、平、顺、磊	山东烟台市	1947	1947
张维卿	子：曙光、重光，孙：肄、欣	山东潍坊安丘市王家石桥村	1947	1947
张文义	弟：演义，子：书亭、中芳、学芳，侄：勤芳，孙：磊、允龙	青岛即墨市华山镇西流河庄	1921	1948
张振渭	三弟：振吉，子：春生、顺义，侄：顺山，孙：志，侄孙：健	山东临沂市沂南县砖埠子镇南黄埠村	1944	1948
张凤洲		青岛胶南市海青镇大黄米崖村	1921	1950
张传忠	子：立臣，孙：卜元	山东潍坊青州市东夏镇二府庄	1950	1951
张方进	子：云洪，孙：文杰	青岛即墨市华山镇柳河庄	1919	1952
张庆堂	子：金城、锡朋，孙：云龙	山东日照市五莲县十区百店	1947	1953
张松喜	子：福强	江苏南京市		1953
张士伟	女：其风、其方、其彩、其贞、其蕴	山东临沂市沂南县张家埠村	1947	1954
张振东	子：军、宏，孙：龙、斌	山东潍坊市	1923	1956
吴俊才	子：德进、高生、重生，孙：登平、宝安、俭、强	山东潍坊安丘市金冢子镇万戈庄	1910	1910
吴太和	子：忠祥、永祥	青岛平度市张戈庄镇吴家屯	1939	1945
肖汉梅	兄：汉卓（子：维海、维山、平），弟：汉举（子：维正、维国、维伦、维和、五龙）， 子：维生、维启，孙：永贵、永周	青岛胶南市灵山岛乡毛家沟村	1922	1922
肖汉喜	子：维举、维先、维宗、维华， 孙：顺堂、永国、永强、永林、永平、永安、永军	青岛胶南市灵山岛乡毛家沟村	1943	1943
尚武源	五哥：武宝，子：德进、德平，孙：伟	青岛胶州市九龙镇菩萨庙村	1918	1918
杨保林	子：玉臣、玉福，孙：德青、德仁	山东临沂市马庄	1921	1924
杨吉聚	子：王嘉林	青岛胶南市海青镇前显沟村	1932	1952
杨玉萍	子：红卫	山东荷泽曹县普连集镇杨家村	1952	1957
林方传		青岛即墨市前东城村	1905	不详
林英才	子：和兴，孙：子韬	山东济南市西郊区吴家堡镇申庄	1930	1935
林学文	子：忠安、忠法，孙：青、彬、伟等	山东烟台栖霞市桃村镇西城村	1918	1918
林继成	子：毓炫、毓炳、毓焱、毓川，孙：村、立、政	山东烟台栖霞市草家庄	1937	1946
宓光润	子：钊迟、钊勋、钊堪、钊玉、钊增、钊禄，孙：跃进、跃贤、学军、红波、峰塘、顺塘	青岛胶南市海青镇辛店子村	1927	1927

续表 4-1

姓名	亲弟兄及子孙	原籍	到青岛时间	定居湛山时间
范锡厚	子：作福	山东潍坊高密市注沟镇尚家村	1947	1947
郑全保	子：佩章、佩河、佩海，孙：世潭、世阳、世隆	山东日照市五莲县杜家河子	1933	1944
郑士松	子：淑成，孙：全侯、全岱、全胜	山东日照市涛雒镇占子村	1937	1945
周纯先	子：公海，孙：相来、相生	青岛市城阳区后桃林村	1920	1943
周亚南	子：克复、克恩、克成，孙：胜飞	辽宁沈阳市于洪区高台子村	1931	1950
郇传松	子：述君	山东潍坊青州市郇家庄	1938	1946
房立桂	子：学春	青岛即墨市金口镇房家庄	1931	1948
房喜文	子：延瑞，孙：杰	青岛胶州市洋河镇寺村	1939	1943
单亦汉	子：福昌，孙：连生、连起、连来	山东潍坊高密市城关窑头村	1926	1931
侯玉田	女：淑英	山东德州临邑县王庄村	1921	1930
侯文福	女：桂珍、桂香、桂芳	青岛即墨市金口镇	1933	1933
姚玉成	子：福达、福来，孙：利、青、宝、彬	山东临沂市费县马庄镇大井头村	1925	1931
胡学法	子：绍奎、绍庆，孙：佳民、佳祥	山东烟台栖霞市桃村镇清香崮	1933	1933
胡占荣	子：振喜	河北昌县北家庄	1943	
费云新	子：守忠，孙：立舜	山东日照市东港区奎山街道办费家村	1930	1930
费守训	子：立法、立春、立秋、立刚，孙：洪安、洪君、洪山、洪坤、洪伟、洪超、洪兵	山东日照市东港区奎山街道办费家村	1935	1935
封金春	子：鸿瑞、鸿升、鸿三、鸿基，孙：俊海、福昌、福明	青岛胶南市泊里镇西封家庄	1929	1934
（母）刘氏	子：钟财先、钟发先、王平全，孙：钟兆春、钟兆军	青岛崂山区中韩街道办钟家沟	1936	1936
柳元升	子：绪忠、绪平，孙：少波、杰、军	青岛胶州市营海镇马家辛庄	1923	1937
赵长禄	兄：长祥（迁美国），弟：长祯，子：建国、建伟，侄：利、伟、俊	山东聊城市高唐县梁村镇十五堡村	1940	1940
赵明海	子：玉光、玉明，孙：凌云	山东烟台莱阳市穴坊镇教格庄	1945	1945
类建政	子：维庆、维新、维国、维泰、维民、维安，孙：延峰、延刚、延龙	山东临沂市蒙阴县三区马崮店子村	1946	1949
姜福先	子：法宝、法强，孙：正兴	青岛即墨市刘家庄镇泉庄	1951	1951
姜永斋	子：传贤，孙：昕、立新	青岛即墨市普东镇姜家庄		1956
殷有河	弟：有江，子：姜社、殷长生	青岛胶南市大平岭村	1934	1934
祝洪津	子：宝金（韩连金）、宝全，孙：韩成	山东烟台牟平市观水镇贾家中村	1948	1948

续表 4-1

姓名	亲弟兄及子孙	原籍	到青岛时间	定居湛山时间
贾廷三	子：安仁、安义、安礼、安智，孙：春滨	山东荷泽市成武县贾楼村	1940	1949
袁相密	子：华川、国川，孙：有鹏、有斌	青岛市市南区逍遥村		1916
袁子久	子：大忠，孙：玉利、玉亮、玉才	青岛市城阳区皂户村	1928	1932
袁永考	（原名钟永考，随母改嫁逍遥村改姓袁）	青岛市逍遥村		1930
高恩义	三弟：福义，子：思先、思进、勇、孙：军，侄：思连、思成、思忠、思顺，侄孙：峰、鹏、龙、绪明	青岛胶州市营海镇	1931	1938
高文登	子：绪林、绪华、绪福、绪平，孙：鹏、峰、勇、伟、磊	山东潍坊市寒亭区朱里镇亓家庄	1940	1941
高维喜	子：兴茂，孙：悦忠、悦午	山东日照市涛雒镇占子三村	1914	1945
高育华	子：德增、德森，孙：翔	北京市	1939	1947
郭学德	子：文斗，孙：善吉	青岛胶南市王台镇前二沟村	1936	1936
郭以奎（字聚五）	子：磊，孙：勇、强	山东滨州市邹平县东关	1937	1937
郭金泰	子：明、亮，孙：玮	山东淄博市高清县洪家台子村	1930	1957
郭风启				
秦嗣焕	子：继昌、继成、继民、继胜、继利，孙：凯、晓培	山东日照市秦楼街道办鼋泉庙村（松竹村）	1941	1947
徐元喜	子：宝山、俊峰（宝贵、宝泉迁出），孙：金鹏、福顺、顺利、金龙、金虎、金彪、金豹、金钟	青岛胶州市李哥庄镇魏家屯	1930	1930
徐龙笙	子：连刚	江苏省苏州市	1937	1937
徐风池	子：成全，孙：玉良	山东德州乐陵市河流区大徐家村	不详	1937
徐海中	子：宝友、宝田、宝秀、宝平，孙：强、坤、宏伟、宏波	青岛胶州市营海镇徐家村	1943	1950
徐茂贵	子：光来、光顺、光新，孙：福磊	山东泰安肥城市石横镇道口村	1937	1958
矫扶忠	子：铸法、钜法，侄：镒法，侄孙：恒纲、恒令	青岛崂山区夏庄街道办杨家南坡村	1910	1910
崔洪钧	子：久功，久经、孙：恩平、恩祥、恩臣、恩利、恩起、恩法	山东临沂市莒南县团林镇崔家沙沟村	1922	1935
崔怀尧	弟：怀雨，子：桂森、桂梓、桂棣，侄：桂桓、桂杰，孙：建、军、贤刚、贤辉、贤波、贤涛等	青岛胶州市胶东镇大麻湾村	1925	1925
崔洪宝	子：久彦、久喜、久彬、久来，孙：恩强、恩鹏、恩伟	山东莒南市团林镇崔家沙沟村	1920	1941
崔文玉	子：瑞亭、瑞华、瑞平，孙：震	青岛胶南市泊里镇毛家庄	1943	1943

续表 4-1

姓名	亲弟兄及子孙	原籍	到青岛时间	定居湛山时间
阎学明	子：恒臣、恒苹，孙：立恩、立惠、立刚	青岛市四方区阎家山		1935
曹世松	子：福业，孙：文龙	青岛即墨市段村	1930	1930
曹世忠	父：曹振铭（53 年到湛山），子：绪森、绪林	青岛胶州市洋河镇魏家庄	1940	1940
黄景亭	子：善之、政之、维之、信之，孙：海	山东威海市田和街道办王家庄	1948	1949
谢占元	子：少华	山东济宁市	1949	1953
隋福玉	子：宋玉琢、宋玉玺、隋安庆、隋安善，孙：隋敏、隋杰	青岛即墨市长直镇隋家疃	1910	1910
隋锡海	子：洪忠、洪君、洪顺，孙：树彬、树东	山东诸城市北十里铺二村	1947	1947
隋锡好	弟：锡学等，子：洪国、洪伟、洪青，侄：洪革、洪新，孙：顺吉、乐等	青岛市城阳区棘洪滩镇大胡埠村	1947	1958
董世昌	子：吉盛，孙：强	青岛胶南市柳河大庄	1933	1933
董文亭		青岛胶南市大庄寺	1933	1936
董振海	叔弟：振三，子：若武，侄：若杰，侄孙：起	山东淄博市桓台县起凤镇北村	1936	1944
董子良	子：梦元，侄：梦森，孙：长清、长胜	山东潍坊昌邑市城关黑埠村	1949	1949
傅宗汉	子：根道、根源、根法，孙：学修、学胜、学进	青岛胶南市铁山街道办刘梅家庄	1930	1934
傅树槐	子：忠善	山东潍坊安丘市景芝镇高家傅岗	1939	1939
韩永山	弟：永林，子：金祥，孙：林春、林生等	青岛胶南市王台镇刘家庄	1934	1935
韩福清	女：玉芳	青岛胶南市王台镇前二沟村	1950	1950
韩宝和		青岛即墨市店集村	1919	1919
韩德发	子：连金、连胜、连财，孙：成、毅	山东济宁市泗水县对峪村		1947
韩光明	子：昌玉、昌麟、昌新，孙：国顺	山东潍坊安丘市石堆镇韩家下坡	1954	1954
赖兆弟	子：庆海、庆杰、庆江、庆河，孙：永鑫	四川省万源市牛溪乡螺丝白	1952	1952
臧家兴	兄：传兴，子：王元伦、王元玉、臧友文、臧友财、臧友发，孙：臧治贤、臧治德	山东临沂市莒南县北岗区臧家庄子	1921	1921
管泽美	子：贾世华、管永疆	青岛市黄岛区辛安街道办管家楼村	1943	1943
谭永进	子：青克、青山、青海，孙：德浩、玉龙	青岛胶南市隐珠街道办朝阳山前村	1957	1957

续表 4-1

姓名	亲弟兄及子孙	原籍	到青岛时间	定居湛山时间
潘召堂（字明斋）	子：立连、立前、立迎、立道、立福，孙：信国、信双、信华、信来、信波、信平、信德、信广、信泰、信考、信文、信波、信宇、信磊	青岛即墨市通济街道办西流峰村	1937	1942
潘永琪	子：增宝、桂宝	江苏省常熟市	1947	1950
薛和君	弟：义三，子：瑞彩、瑞永，侄：瑞明、瑞亮、瑞金，孙：福刚、亮，侄孙：海涛、海滨、峰、磊	青岛胶南市灵山卫街道办车家岭村	1937	1937
薛均林	子：志超、志利、志义，孙：明起、明军	青岛胶南市灵山卫街道办荒里村	1948	1948
薛善喜	子：辛兆瑞、辛兆祥，女：秀琴、秀玉	青岛市黄岛区薛家岛街道办鹿角湾村	1932	1950
薛宝信	子：瑞州、瑞县，孙：大尉	青岛市黄岛区薛家岛街道办施沟村	1948	1948
魏克江	子：垂功，孙：建	青岛胶州市李哥庄镇魏家屯	1913	1930
魏静侯	子：志明、志谨，孙：平安、同安、连安、群安、全安、保罗、保堂、保和、保成	青岛胶州市李哥庄镇魏家屯	1926	1945
魏垂芝	子：鉴德、鉴修，孙：泰源	青岛胶州市李哥庄镇魏家屯	1949	1949

1958 年前外乡迁居小湛山村姓氏一览表（以姓氏笔画为序）

表 4-2

姓名	亲兄弟及子孙	原籍	到青岛时间	定居小湛山时间
王玉法	子：洪令，孙：立山、立岗、立春、立智	青岛市崂山区灰牛石北头村	1931	1936
吴尚清	子：明德，孙：增忠、增平	青岛市市北区扫帚滩村	1922	1922
武邦林	子：宏滨	山东寿张县王家楼村（今属河南范县）	1943	1943
袁有吉	弟：有庆、有快，子：丁重阳、松山、松水	青岛市市南区逍遥村	1942	1942
秦思和	子：绪言	山东日照市泗山区湖西乡营子村	1939	1939
李青山	子：建国，孙：鹏义	山东烟台莱阳市姜王庄	1949	1949

第二章 诸姓族谱

族谱是记载一姓家族或宗族世系和重要人物事迹的谱籍，是一个姓氏的重要史料，而村中各姓的历史又组成了村落的历史。今要追寻几百年来我们祖先的踪迹和村落的起源发展，沧桑变迁，难矣，各姓族谱就必然是弥足珍贵的第一手资料。

湛山的各族谱都创修于清朝，今天所能看到的族谱都是有心人历经风雨而幸存下来的。在纂修村志工作中得到了各姓热情支持，孙中圣提供了大宽一支《孙氏族谱》(前街)，97岁老人孙中涛提供了后街孙氏一支宗轴，根据这一线索找到孙丽香提供的孙作桢老人手抄本后街大有一支《孙氏族谱》，然后又由孙正训提供了孙中秋收藏的大有一支正版《孙氏族谱》，孙正元也提供了前街正版《孙氏族谱》，辛承祖提供了《辛氏支谱》，辛家庄村志办提供了《辛氏族谱》，贾世琋提供了贾维培存光绪丙午本《贾氏族谱》，贾代贤又提供了光绪庚子手抄本《贾氏族谱》，毛延光提供了《毛氏谱书》，王平全提供了《王氏族谱》，88岁老人王宏云提供了保存完好的原版会前《王氏族谱》，于守忠提供大鲍岛《于氏族谱》，王世纲提供大鲍岛《王氏族谱》，隋洪国、刘新源、张成利、姚福达等都提供了本姓的族谱，丁成钧、丁正梅提供了小湛山丁氏有关家谱资料，辛家庄村志办提供了手抄本小湛山和丁家庄《丁氏族谱》，丁作柱提供了《琅邪丁氏家乘》等。这些族谱对于了解各姓氏家族的起源、迁徙、繁衍、生养死葬、衣食住行、村落扩展以及古代宗法礼制等，对于研究大湛山村和小湛山村自明朝以来的历史，在文献资料极少的情况下，各族家谱是获得村落史料、丰富村志内容的重要文献宝库。

第一节 孙氏族谱

一、纂修过程

孙氏族谱240多年来经历了合修、分修两大过程。

1. 合修过程从乾隆三十二年(1767)至同治三年(1864)

创修于乾隆三十二年(1767)，常瑞倡导，永坤(字培元)、永亨(字元初)、常贵、琢公一致赞成，共议请八世守福之外孙辛文通执笔代修了《孙氏族谱》并缮写四册，四老支之后各存其一。

第二次续修是乾隆五十九年(1794)七月，孙元初因感慨参加创修族谱的六人物在28年之后已故5人，恐以后家族中少有能修谱的人，又请已时年80岁的辛文通将原修之四册增修了一次。

第三次续修是同治三年(1864)腊月中旬，承礼发起，与启连、承敬、承寿、国俐等人约会族众共议重修，承礼的内侄教书先生戴名贤(字伯文)为之续修，并在序言里详细记载了孙氏“出自云南乌沙卫，明永乐初迁于墨邑，兄弟三人一在岣峪，一居祇房，而惟吾祖住杨家村……，嘉靖时兄弟二人又徙居官山”的经过。这次全族修谱的同时还创建了孙氏家庙。

2. 分修过程从光绪二十五年(1899)至今

由于家族规模的扩大，“丁日滋、户日繁”，合修族谱的难度越来越大，于是就分而修之了。

①后街大有一支

光绪二十五年（1899）春，承礼于弥留之际，唯叮咛修谱一事，其侄修贵默然承命，与修谧、修枋及阖支之人共议，续修了本支家谱，至今已107年，后街孙氏大有一支的家谱至今没续修。

②前街大宽一支

光绪二十五年（1899）以承崑、承道、炳修为主请了浮山所饱读诗书的仲跻成（时年23岁）代为续修了本支家谱。在序言中说明"自五世以下虽合并而修，各有其支……，分而观之虽各成一派，合而观之实共出一源……，知官山同姓为一脉。"

民国19年（1930）族人复议重修，烇修为主，作洪、作臻、立宝、立增、作铭、作珍等人齐心协力，再次续修了本支家谱。

如今大宽支鉴于家族人口众多,居住分散，统一续修难度极大，因而又分为两分支各自续修了支谱。

2000年经族中长老奉修老人赞许，由作池、作宽、作生、立森、立鹏、立水、立安、立进、中雪等人续修了自九世祖文平之后的分支谱。

2001年立江、立坚、中全、中和、中国、中喜、中奎、中光、中早、中超10人续修了九世祖文举、文明之后，从十六世开始编修的分支谱。

③原中街一支老谱失传，2006年忠明、忠春等约了8个小支派的族人代表，共议修谱事宜未果，因老谱已失传和客观因素所限，2007年10月暂由忠明自费续修了自十二世祖铜以下本小支派家谱。

④原常琚一支，经过多方反复查证，唯知的一本族谱已在文革中被焚毁。2005年由忠平发起，立连及族人共同支持，忠昆、忠峰、忠达、忠功、正德、正云、正烈、正信等人参与，遍访族中数十位长老及散居全市各地的族人，重新续修了本支族谱。但老谱失传，族中知情长辈多已仙逝，十一世常琚祖以上无从考证，常琚祖以下支派清晰，世次昭然。

3. 存疑

乾隆三十二年创修《孙氏族谱》时共有四老支，而现今的孙氏4支已不全是原始的四老支，现有4支：

原前街大宽、后街大有两老支现存的族谱是光绪二十五年（1899）各支分修的支谱，可以确定是原始四老支其中的两支。

原中街的一老支经多方查寻未能找到老谱，仅有"轴子"上简单记载的资料，从十二世以下可知，但七世至十一世无考。

常琚一支据传是过继养子（会前于姓）继承的，从十一世常琚以下清晰，常琚以上无考，虽经多方查询，至今也没找到家谱。

光绪二十五年（1899）分修支谱时，各支由十四世至二十三世统一择定十字以为命名定例，但十四世却不统一，大宽、大有两老支为"承"字辈，中街一老支和常琚一支则为"延"字辈。

二、内容简介

孙氏族谱由序、谱例、修谱记名、命名定式、孙氏族谱、孙氏后谱、跋共7个部分组成。在序言中记载了每次修谱的经过和孙氏出自云南乌沙卫，几经迁徙最后定居官山的经历。后来因家族扩大而分支修谱时，又说明了官山孙氏同姓一脉。谱例九条和重修谱例五条，对于家谱的格式、名、字、年龄、配某氏、葬何处、子几、出嗣、外出以及为僧、道等等的记载方式和有关规定作了详细说明，并特别强调要标明懿行，详志节烈，使人有所劝。

三、命名定式

光绪二十五年（1899）重修族谱时记载了先世命名似有定式，对十四至二十三世予择十字，以为定例，并说明每世同用一字，方见一本同宗之亲，并可避免殊列和重复之弊病。至民国 19 年（1930）重修族谱时又对二十四至三十三世复拟十字，使每世命名统一于一字，具体如下：

孙氏世系命名定式一览表

表 4-3

五世	六世	七世	八世	九世	十世
廷	继	大	守	文	永
十一世	十二世	十三世	十四世	十五世	十六世
常	单字	啓	承	修	作
十七世	十八世	十九世	二十世	二十一世	二十二世
立	中	正	公	平	贤
二十三世	二十四世	二十五世	二十六世	二十七世	二十八世
明	德	可	基	景	瑞
二十九世	三十世	三十一世	三十二世	三十三世	
毓	良	振	照	声	

四、序、跋选录

孙氏族谱序

族之有谱，所以昭本原叙支派，尊祖敬宗，联涣散之人心，而使之聚，此仁人孝子所不容已焉者也，缙绅巨族莫不皆然，而庶民之家亦式之。今有表侄孙常瑞，慨然有志于修谱，兼表兄孙培元，表弟元初、表侄常贵、表孙琢公，俱赞成其事。但以不知修谱规矩，因予曾修敝族族谱，而索予以代之修。夫修谱善事也，予又忝在亲谊，义何容辞。于是一准诸家族谱式，序其世次，辨其支派，其所及知者详载之，其所不知者姑阙之，为之缮写四册，俾四老支之后各存其一。倘后世子孙再有嗣修者，即依例修之，而仁孝之思，垂于无穷矣，岂不幸甚，是为序。

时

乾隆岁次丁亥仲春之吉外孙辛文通谨识

重修族谱序

孙氏族谱，谱孙氏之族也。孙氏出自云南乌沙卫，明永乐初迁于墨邑，兄弟三人，一在崂峪，一居祇房，而惟吾祖住杨家村，单传四世，至五世祖嘉靖时，兄弟二人又徙居官山，官山一派，固与崂峪相往来也。而谱不及者，谱为亲作也，非特为此，一为承先业，一为启后昆，间尝观诗书礼乐之制，老成之著作可法，已既奉为典型矣。虽至時异势殊，芳徽莫覩，而抚简编之流传，犹将珍护之，维毁继志，述事有由致也，而况上治祖祢尊，尊也。下治子孙亲，亲也，旁治昆弟，别礼义也，能不缵绪而无替乎？又尝观堂构棓棬之器，高曾之矩护维新已既垂为家法矣。虽至世远年湮，提命难亲而冀后祀之缵承，又宜制作而不遑创业垂统为可继也，而况系姓弗别敦本也，辍食弗殊睦族也，从宗合族示亲从也，能不昭垂于无穷乎？是则吾族姑夫承礼生平精神之所注也。念自守福孙公之外孙，庠生辛文通修之迄今，已数十年矣，予自教授生徒以来，吾姑夫持谱时至精舍，与我展阅，世系清晰，昭穆秩序，夫乃叹一本九族之亲，恍然若父子兄弟之聚顺一堂也，岂不休哉。虽昔老泉先生云，情见乎亲，亲见于服，又云无服则亲尽，亲尽则情尽，情尽则涂人也。呜呼！谁非一本所自出而等诸涂人也乎？予姑夫因慨然起续修志，爰偕其启连叔，承敬兄、承寿弟、国俐侄，约会族众，共议重修族谱事，莫不翕然称善曰，前人之志事今而后庶可无负矣。尤愿后之留意于谱者，如期续修，不忘继述，俾子子孙孙，永绵延于万世，然后知为亲作也，系之以诗曰：

孙氏之族，百叶其昌。鼻祖家此，山海盖藏。
耕读继世，闾里生光。传至云耳，千秋表扬。

时

同治岁次甲子嘉平中浣谷旦戴伯文谨书

孙氏续修族谱序（大宽支谱）

孙氏之有谱也，元初公创修于乾隆丁亥，启连公重修于同治甲子，数百年来，谱书之修屡矣。第自甲子迄今又三十余年，生齿益繁，户口渐增，若不及时续修，日久而愈难考也。今岁春，予表祖承昆慨然有志于续修族谱，兼表祖承道，表叔炳修暨阖支之人共议，莫不翕然曰，前人之志后人继之，前人之事后人述之，斯固义所当然，实亦分所应尔。况乎谱之修所以永木本水源之思，申尊祖敬宗之意，同源分派，意不容不详焉，俾分之则各统于宗，合之则皆统于祖。一以见世泽之长，一以见流派之广，续修之事，岂不休哉。但己不能任，而索予以代之修，嗟夫，予学浅才疏，敢云能胜此重任乎。然修谱善事也，义何容辞，于是据其旧谱，间阅所纪，自五世以上虽讳配失考要皆单传，自五世以下虽合并而修，各有其支。倘仿按二支续修之式本旧谱世系之条，而叙一长支，呜呼，分而观之，虽各成一派，合而观之实共出一源，令后之人览谱兴感，知祖当尊而尊之，知宗当敬而敬之，知官山同姓为一脉而亲爱之，和睦之。去傲慢之气，洗陵暴之心，蔼然而恩相联，秩然而义相维。此予所以代续修之事而不可辞也夫，此更予表祖承昆所以起续修之意而不敢缓也夫。

时

光绪二十五年岁次己亥三月吉日仲跻成谨书

续修族谱序（大有支谱）

盖闻前人之志后人继之，前人之事后人述之，垂诸奕祀，乃可历永世而不敝，予孙氏之族谱也，创修于高祖常瑞，继修于堂叔承礼。忆吾叔之濒危也，予诣榻前问疾，吾叔他无所言，惟叮咛修谱一事，曰，谱之修所以永木本水源之思，申尊祖敬宗之意，同源分派，义不容不详也。更订重修岂可缓哉，斯固吾叔之厚望，而亦生平精神之所注也。予当时默然承命，怦怦于怀，隐以摄篆之责自励，要顾于今计之，自前甲子以至今己亥已三十余年矣，丁日滋，户日繁，若不及时续修，不亦大负乎吾叔跂望之至意哉。爰偕修谧弟、修枋弟、暨阖支之人共议续修，莫不翕然称善曰，允若兹前人之志事，庶几可无负矣夫，莫为之前虽美弗彰，莫为之后虽盛弗传。由此以往，后之留意于谱者，遵三十年一修之例，是则祖宗灵爽所式凭，而亦阖族之所共赖者矣，尊祖敬宗者在是，敦本睦族者亦在是，孝弟之心油然而生，诚哉，老苏之言也，子子孙孙勿替引之，是所望于云礽者，是为序。

时

光绪岁次己亥阳春月谷旦十五世孙修贵

谨识。

跋

予自乾隆丁亥岁修孙氏族谱，迄今甫二十八年，即迟至数年再修，亦不为晚。乃表弟孙元初既感昔之赞修族谱者，六人物故者五。而仅存其一，复恐后日族中之克修谱者或鲜其人焉，而又索予以代之修，予因自思，敝族之谱予修过两次矣，推己及人，固所应尔，虽予年八旬，犹康强而耳与目尚聪明及人也，敢惮其瘁乎？于是慨强不辞，遂取先修之四册而复增修之云。

时

乾隆五十九年七月既望外孙辛文通顿首再书。

孙氏后谱序

乞养异姓之子，诸大家皆不入谱，固定例也。然入谱恐犯乱宗之例，不入谱又无亲爱之意，附录于此，俾为之后者尚知鞠育情深，世世不忘其初云。

十三世启连谨参决

第二节　辛氏族谱

一、编修过程

1. 族谱

《辛氏族谱》由吉龄创其始，文焕卒其业，“清本源而序支派，诚非一朝一夕之功，……哲人已往而苦心具在也”。十世辛文焕，字有章，考名文通，是湛山辛氏第二代，曾两次修过阖族之《辛氏族谱》。乾隆十二年（1747）辛文焕第一次订修《辛氏族谱》时记载，“余自弱冠时，即闻吉龄侄曾修吾家之族谱，但流布绝少，每以未睹其书为恨，乾隆甲子夏，幸得诸吉臣书帙中，展观之，乃仍草创而未就，不过粗有其具而已，重复倒乱者尚多焉。想亦因天不假年（编者注：吉龄享年 33 岁），故功未成而赍志以殁也，是足悲已，且后半之残缺者已五篇，倘及今不修，势必毁坏遗亡而无复存，敢不引为己任，前继往后开来，以卒吉龄未卒之业乎？”“于是敬持旧谱博询族众，其恍惚无据者仍阙之，显有足征者详序之，重复者删之，倒乱者正之，残去者补之，未及修者增之，越丙寅冬而后底于成，缮写清真，俾族中诸读书人各录一册，以广其传。愿阖族惟以同出自始祖者为念，虽支派莫辨，而名氏之森列，世次者昭然也。”

文献资料明确地记载了康熙五十五年（1716）十一世吉龄草创其始，未及完成，只留下了一个残缺不全、重复倒乱，十分粗略的草稿。乾隆九年（1744）夏开始至乾隆十二年（1747）二月，由十世文焕历时将近三年修订完成了《辛氏族谱》。

《辛氏族谱》创修、订修、续修共经历了六次：

康熙五十五年（1716）十一世吉龄。

乾隆十二年（1747）十世文焕。

道光七年(1827)十二世功太、十四世延珮。

光绪元年（1875）十六世毓训、毓琢。

光绪三十二年（1906）十四世延栋、十六世毓训。

民国 17 年（1928）十四世延栋、十六世毓晶、十八世肇智、肇温。

2. 支谱

辛氏始祖居浮山后大埠东村，四世万迁居山东头，九世永第从山东头迁居官山疃。由于迁居到各村的人渐多，“族姓渐繁，居不一处”，续修阖族之《辛氏族谱》难度很大，“又恐后人失其源流，由是而修湛山《辛氏支谱》”。

自九世永第配孙氏，约康熙四十年（1701）左右迁居官山疃，至嘉庆时已经是“后裔之盛，数十余家”了。为了使继述无缺，世系不绝，追远于前，企望于后，于是在《辛氏族谱》的基础上，十一世数可、治可子承父志，于嘉庆二十一年（1816）又修订了湛山《辛氏支谱》，并有记载，“吾族之谱册有三，各宗其一，源流、徙居、条例、命名一一昭然。是三谱者，自吾父订修两次矣，苦心于斯者，恐后失其源流也。”

第二次继修支谱是六十四年之后，十四世延阶“不揣固陋，愿承先以启后，大会族人”，于光绪六年（1880）续修了湛山辛氏支谱。

第三次于民国13年（1924）由“行素堂”编纂续修，当时续到十七世承字辈。

第四次，历经沧桑，八十余年之后，欣逢盛世，政通人和，十七世承祖、十八世兆胜等担当重任，于2006年会同族人，多次会商遍访长老族众，开始进行《辛氏支谱》的续修。

二、内容简介

《辛氏支谱》由订修支谱序和继修支谱序、族谱条例十一条、命名十字、辛氏族谱、抚养子附后和万祖二支之后共六部分组成。

嘉庆二十一年（1816）修订《辛氏支谱》的是辛文焕的二子数可和四子治可，在支谱序里简要记载了《辛氏族谱》有三册，全族三个宗，每宗一册。谱中对辛氏的源流、徙居、族谱条例、命名定式等都记载十分明确，并说明其父文焕曾两次订修过族谱。阅览族谱，有感于其父之苦心而动念，订修了支谱，记载了九世祖永第来自山东头，迁居官山疃。始祖居浮山后，日后有徙居浮山东头者，有徙居后窑者（大尧），有徙居前窑者（辛家庄），族姓渐繁，居不一处，据此可知辛氏从浮山后大埠东村向附近几个村庄迁徙的情况。

支谱中还记载三始祖景直配吕氏，景初配李氏、贾氏，景元配刘氏，因详情不可考，第列始祖之虚位，尊三祖为一世祖。“吾族之嫡长莫辨，自一世、二世、三世空载，名氏支派未分，惟四世祖讳　万者，支派先详，因先序之。”自四世祖万以下，以《辛氏族谱》为基础，订修了湛山《辛氏支谱》。

三、命名定式

辛氏世系命名定式一览表

表4-4

一世	二世	三世	四世	五世	六世	七世
景	单字	单字	单字	单字	单字	得
八世	九世	十世	十一世	十二世	十三世	十四世
守	天、永	文、国	可	作、喜、功	启	延
十五世	十六世	十七世	十八世	十九世	二十世	二十一世
立	毓	承	肇	克	若	华
二十二世	二十三世	二十四世	二十五世	二十六世	二十七世	二十八世
显	珍	定	伦	贞	庆	通
二十九世	三十世	三十一世	三十二世	三十三世	三十四世	三十五世
一（在底）	廷	中	连	法（在底）	德	兴
三十六世	三十七世	三十八世	三十九世	四十世	四十一世	四十二世
元	良	祥	开	允（在底）	崇	全

四、序、跋选载

1. 辛氏族谱序

尝见缙绅家之谱也，自一世祖而后，支分派别了如指掌，盖其代有传人，故历历可考云。若吾家先世质朴仅存影图，今日者，遍问父老，有悉及高曾者，有仅知祖讳者，且有并祖讳而茫然者，以故自始祖以来传至七世，始多与闻，若于七世中而知孰为六世祖所自出，于六世中而知孰为五世祖所自出，阖族中不过数人，至若始祖三，二世祖六，三世祖十一，则阖族无一知者，是现载宗谱者，其详犹不与闻，况欲问始祖之所自出又何可得耶？虽传吾族来自肥城，而世远年湮固属难考，至闻与大西头同族，而世次亦尚未详，然则谱将如何修明乎？遍商尊卑，考究未悉者，仍依宗谱列其世次，而得诸传闻者，辨其支派详序于后，庶后之视今，不至如今之视昔也。要之由后而言，凡吾族之尊卑长幼，士农工商，贫富贤愚，极其悬殊，而自祖宗视之，则皆其子孙，未始有二也。故修之而敦宗在斯，睦族在斯，岂敢殚其瘁乎？是为序。

康熙五十五年闰三月　十一世孙　吉龄谨识（1716）

2. 订修族谱序

族之有谱，所以昭本源，叙支派，敦宗而睦族者也，前贤之述备矣。余自弱冠时即闻吉令侄曾修吾家之族谱，但流布绝少，每以未睹其书为恨。乾隆甲子夏，幸得诸吉臣书帙中，展观之，乃仍草创而未就，不过粗有其具而已，重复倒乱者尚多焉。想亦因天不假年，故功未成而赍志以殁也，是足悲已，且后半之残缺者已五篇，倘及今不修，势必毁坏遗亡而无复存，敢不引为已任，前继往后开来，以卒吉龄未卒之业乎？嘻！亦难矣，夫谱所以昭本源，则必自下溯之斯上者皆有稽，叙支派，必自上推之斯下者皆可寻，条理分明，然后同源共派之谊著而人亲睦也。今上世之源流支派，吉龄既莫辨于前，余又无由详于后，则修之远于不修者几何也？然事无如何者，圣人所难，不能也，非不为计，惟有信传信，疑传疑，凡思力之所可至者，靡弗至焉，斯已耳。于是敬持旧谱博询族众，其恍惚无据者仍阙之，显有足征者详序之，重复者删之，倒乱者正之，残去者补之，未及修者增之，越丙寅冬而后底于成，缮写清真，俾族中诸读书人各录一册，以广其传。愿阖族惟以同出自始祖者为念，虽支派莫辨，而名氏之森列，世次者昭然也，相敬相爱，疏者亲而涣者萃，勿负余与吉龄修谱之苦心也，则幸矣！若由此而继述无缺永垂不朽焉，是所望于后人也夫，是所望于后人也夫。

乾隆十二年二月丁卯　十世孙　文焕敬书（1747）

（选自《辛氏族谱》）

3. 订修支谱序

吾族之谱册有三，各宗其一。其源流、徙居、条例、命名，一一昭然。是三谱者，自吾

父订修两次矣，然苦心于斯者，恐后人失其源流也。余览动念及此，由是而修支谱，使继述无缺，世系不绝，是以追远于前，企望于后。嗟乎！獍枭之嗣人不如物，豺獭报本物胜于人。圣人以至德语大贤，伤本亡枝警庸人，凡有血气者，当知莫不尊亲。自吾九世祖讳永第者，来自山东头，迁居官山疃，及吾身三世矣，后裔之盛，数十余家。人各修身，何啻宗族七百，灵椿已老，丹桂时芳，孝悌之风不息，芝兰之生世芳，光前裕后，是吾又不能不侈望于后人也哉。

嘉庆二十一年岁次丙子孟冬之月十一世孙

数可

治可　　敬书

（选自《辛氏支谱》）

第三节　贾氏族谱

一、编修过程

2015年发现的老谱因年久残缺，但基本资料较完整，对列祖列宗的生卒迁徙等记载比后修的版本更翔实。据考证老谱修于乾隆十一年至十五年（1746—1750）。

现存“光绪丙午本”和后发现的“光绪庚子本”，《贾氏族谱》编修于光绪二十六年（1900），由于贾氏历史上数次迁徙，世系虽存而文献不足。十世贾永泉，字清源，号鹤桥，于谱系怦怦有怀，约会族人请表侄孙戴文山先生代为修订了族谱。后来曾有族人多次酝酿续修，皆因种种原因而未能如愿。直至1997年由贾世琋、贾启文、贾世舜、贾世珍为主，贾维星、贾启恩、贾启忠、贾启云、贾彬、贾世训、贾世国、贾代贤等参与组成编撰小组，在族人一致支持下续修了族谱，并定名为《贾氏世系名录》。

二、内容简介

1. 族谱由贾氏族谱序、贾氏谱例十三条、命名定式、单独记载始祖、高祖、曾祖讳配，并尊为一世、二世、三世，贾氏族谱等五部分组成。序言记载了湛山贾氏自明万历间自胶州迁即墨县南关，三世祖迁崂山夏庄、五世祖徙居官山的经历。谱例首先明确了画明世次，条分支派，使昭穆不紊，标明懿行，详志节烈，使后人有所劝的宗旨，然后对于年令、茔域、出嗣之子的生父、嗣父，嗣孙、有子之妇的改适，配氏与侧室的区别，移居他乡知其地必志等等，都作了具体规定。

族谱部分以始迁祖为一世，修至十三世。

2. 续修族谱——《贾氏世系名录》

主要内容有序言、编写说明、编撰人员名单、“贾”姓溯源参考资料、从十一世至十七世名录和世系，共六部分组成。

序言简要回忆了祖辈迁徙、繁衍、修谱的概况和大湛山村拆迁的改造发生巨变，今逢盛世，族人的历史责任感油然而生，续修族谱已成族人的共同愿望。于是当仁不让地自发组织起来，按各支脉详加考证，全面核对，终于编纂成湛山《贾氏世系名录》。

编写说明则体现了在尊重历史的前提下与时俱进的新思想新观点，遵循国家现行的《中华人民共和国婚姻法》《中华人民共和国继承法》《中华人民共和国计划生育法》等法律法规，做到实事求是，顺应历史现实。编修方法是将原《贾氏族谱》复印，保留历史原貌，做为第一部。从十一世起编修至十七世的《贾氏世系名录》做为第二部，并增补了二十二至三十一世辈号共十字。

“贾”姓溯源参考资料选载了《史记》和《姓纂》中关于中国贾姓的起源和贾氏的始祖等有关记载。

“名录”中记载了从十一世仲字辈至十七世长字辈各世名单。“世系”中依照原谱式从十一世起续修至十七世。

三、命名定式

族谱记载，“先世命名似有定式，今预择十字以为定例，每世用一字，方见一本同宗之亲，庶不至有殊列重复之弊矣。

贾氏世系名命定式一览表

表 4-5

一世无考						
二世	三世	四世	五世	六世	七世	八世
科	应	章	福	进	明	宏
九世	十世	十一世	十二世	十三世	十四世	十五世
廷	永	中	维	启	世	代
十六世	十七世	十八世	十九世	二十世	二十一世	
远	长	久	振	宗	盛	

续修族谱《贾氏世系名录》中再增选十字以备后人沿用：

贾氏世系命名定式续一览表

表 4-6

二十二世	二十三世	二十四世	二十五世	二十六世
文	林	利	平	兴
二十七世	二十八世	二十九世	三十世	三十一世
共	和	民	志	成

《贾氏族谱》中除规定了上述每世的辈行用字外，还对每世命名用字规定了相同的偏旁部首，从八世宏字辈以下分别为：

金木水火土 耳目口手足 一门人心顺 言食走马车

四、序、跋选载

《贾氏族谱序》清光绪二十六年（1900）

诗有之，瓜瓞绵绵，螽斯振振，浸浸乎昌大之势。吾为贾氏詠矣，自予设教以来，鹤桥贾表祖于谱系怦怦有怀焉，斯握管之责，有所必任也，予不禁为之奖劝焉。其先世相传也，自明时万历间，因报军役迁胶州东乡夹河套疃，后徙即墨县南关，此始祖一生之阅历也。至应登祖，康熙间迁夏庄，值膏产四十余亩，后因访犯，变卖殆尽，此三世祖之阅历更甚也。迨至五世，福臻祖于康熙三十三年买蓝姓庄产二十五亩，自夏庄徙居官山，官山之有贾氏，自是始。予于是为之增感，为之欣羡焉，迁徙数则，室家虽保，世系虽存而文献不足，纵欲永简编之流传，下不登闾胥之书，上不邀史笔之载，此亦稽古者所隐然心伤也。忠厚远则代有传人，里闬增辉而昭穆生光，自能保宗祊于不墜。上以承先祖之成烈，下以启后人之率由，此亦表扬者所乐为推崇也。吾为贾氏幸矣，幸其祖宗灵爽所凭式矣，幸其宗支秩序之清晰矣，楚茨云，子子孙孙勿替引之是所望于云礽者。

孚谷闲人戴文山敬书

《贾氏世系名录》序言

湛山《贾氏族谱序》于清光绪二十六年（1900）由戴文山撰文，略记贾氏渊源，并以《润聚堂》号修订，距今已逾 97 年。此间曾有族人多次酝酿续修，皆因种种原因而未能如愿。

贾氏先人历经几度迁徙后，至五世福臻祖于清康熙三十三年（1694）定居官山，此即为官山贾氏之始，约至1909—1911年德占青岛时改为湛山村。贾氏在此繁衍生息三百余年，历史兴废，沧桑迭变，所幸秋水长天，江山无恙。

1992年秋，大湛山村开始拆迁改造，由原来的村庄改为城市居民小区，古老的祖业和居住格局，已发生巨变。今逢盛世，族人的历史责任感油然而生，一个民族没有历史，如同一个人没有记忆，血脉相连，落叶归根，作为中华姓氏大家族中的贾氏一支，唯一可资寻根溯源的依据就是《贾氏族谱》。虽然其文献不足，但仍不失为贾氏一族的珍贵历史资料，为年代久远，恐其失传，应尽快加以补充完善，已成为族人的共同愿望。理顺世系，上承列祖列宗，下昭后继之人，使之昭穆不紊，亲序无乱，明晰历史变迁，减少重名重字。故族人当仁不让，自发按各支脉，进行了详细考证，全面核对，终于编成湛山《贾氏世系名录》，由于条件水平所限，不当之处，在所难免，望族人能予以理解。

一九九七年清明

贾氏族谱序（胶州贾疃）

夫家谱何为而修也？万物本乎天，人本乎祖，世德相承，人固不容忘本也。闻我祖自明永乐时迁于沽佐，始祖失讳，二世、三世至四、五世仍远而莫稽。以数百年后之子孙，而欲序数百年前之宗派，难矣！然而家谱不修，孰祖孙、孰父子、孰昆弟、孰夫妇，后世愈无能知者。予甚不愿其失传，因问于长老，访诸亲故，昧者阙之，明者志之，自兹以往，后人庶可一览明目，而尊祖敬宗之意，亦继续不忘矣。

时

大清同治八年己巳秋菊月上浣十二世孙墩信年六十岁谨序

道光二十三年东南官山疃，贾廷栲、贾廷榛到此百里有余，他说三世自此迯出，认成一家，因此开去三世记载谱上，屡年往来，余恐后失，因此记之。

（选自胶州贾疃《贾氏族谱》）

同治七年贾疃围子修成贾墩信又序自遭难之事

自道光二十九年，闻听说湖北不安，从此连年不安。维有咸丰十一年春间，贼到京芝安丘，自胶州至即墨东山，每夜防守。最可怜者，凡京芝安丘之人，往东逃难者，则以土蛋论之，有送官者，亦有斩首者，被害者不少。而孰知既贼一到，魂飞千里，手足无所措矣。自八月初，贼来到城西铺上，自沽河至东山，连庄聚众，欲挡贼兵，俱到仙人桥，孰知人心不齐，一见贼兵如蝼蚁一般盖地而来，南滩杀人无数，见势不好，各自逃散。初十日余把家里送到龙家屯，三子德柏，是年十二岁，亦上南屯，十二日想家，自南屯返回。午时贼过河而来，余命长子德桓，二十三岁，次子德本，二十岁，兄弟三人同向南逃，走至周家村，被贼劫去，独剩德本逃出，此时余冲贼而出，男女叫哭连天，无奈，走至南河堐苇子藏出，待日暮之后，村中火起，余夜奔南屯循找家里，幸贼未到南屯，亲戚听说贼远，同逃至王连庄，自王连庄又逃艮河，余找未遇，心实悲伤。不意天至半夜，郭家屯后相遇，此时妻室子媳抱小孙，名五十，是年三岁，半夜相遇于路途，绝无见贼，实有天意。直待东方日出，始到阴岛，自十二至十四日饮食不思，以哭为事。十五日早上，听说贼往东去，心欲寻找三子，自过南屯，死尸迷路，及至到家，牲口、衣服、粮食皆无，河堐男女，村中东湾至西湾，死者不可胜数。敢说如何死人如此之多，因谈家庄、刘家店、圈子、前后店口，修河堤以做围子挡贼，自城以西，男女孩子俱逃此村，所以土匪到此，死者无数矣。十五日午时以后，听说长兄在东屯被贼所害，年方七十，余恐犬伤，用秫秫秸葬于大窑前。十六日家里扳回。十七日德桓自高望山夜间奔回，二十六日晚上又见火光复起，夜间又逃官山疃，一百二十里路，直到九月二十三日方回。家中贼未抢净者，本地之贼已尽抢去，贼所到之处，不论男女，不受伤者则被掳去，凡年少之女，更可恶者，徒匪何处遇之，即何处奸。德柏十月初七日自运粮河逃回。呜呼！言有穷而情不可终，万幸遭此一劫，合家人口俱全，福无量矣！

同治八年五十亡，是年十一岁。

同治六年听说贼自西来，不意五月十二日过运河，二十六日贼至马山前，贾疃俱逃小辛疃围子。六月初官兵至，余只说官兵可以解难，家物可以有主矣，而熟知更有甚焉，其害加贼百倍矣。在店口河西堐修墙子，南至南海，北至莱州府北，官兵日日到村，时时到疃，逢人拥入，门窗俱以烧坏，他物可知矣。直至七月二十二日贼过沽河西去，官兵亦走。二十三日余始方回，所用之物俱已皆无。自遭难以来，眼疾、手疾皆至甚矣。天时已定，不知以后何时太平？

同治十三年合社举宾。

光绪四年，李老爷又赐功碑，余今六十九岁矣。

少年以来，未见祠堂何在，冬年致祭，往往在此而在彼，宗祖有不怨恫者乎？噫，宗祖绝无定所，子孙何以甘心，自咸丰七年共议当社，月月拨钱，年年算账。至同治十二年夏五月，十二世孙墩信六十四岁，同本族父兄共立祠堂一座，已备春秋供献，以来宗祖之格享云尔。

（胶州贾疃《贾氏族谱》）

第四节 毛氏谱书

一、编修过程

《毛氏族谱》原本现已无存，1999 年湛山农工商公司立“大湛山村史碑”撰写碑文时，查寻《毛氏族谱》，找到毛炳君收藏的残缺手抄本。后来，毛延光据此旧手抄本和本人回忆进行整理，编成了《毛氏谱书》。

二、内容简介

《毛氏谱书》有“前言”“排辈”“家谱”三部分组成。

“前言”叙述了《毛氏谱书》的编修过程及主要特点：即已知女方名字的就不再以某氏表示，同时加注了三处祖茔的地址，始祖老茔扫国洼茔，在今海军四〇一医院南大门西侧（现闽江路西段，山东路东侧）；小洼茔在湛山三路太平角五路；东北茔（即毛家茔）在今延安三路与秀湛路间的北半部。《毛氏谱书》保留了旧手抄本中的简短记载，即只知始祖永乐年间迁居浮山所，而关于毛氏迁居浮山所以后的历史资料和辈行已全部“失觅”，迁居官山疃以后始有记载。

三、命名定式

毛氏从浮山所迁居官山疃以后尊毛盛为一世始祖；二世毛金、毛玉；三世成有、成信；四世继先；五世从仁；六世永盛，多为单传，从七世以下辈行为：

七世	八世	九世	十世	十一世	十二世	十三世	十四世	十五世
文	辉	延	炳	蔚	振	毓	含	英

四、序、跋选载

毛氏家谱序

始祖于永乐年间（1403—1424）扫北迁居浮山所失觅，其辈不已，迁居官山疃，乏嗣。

毛氏谱书前言

本谱根据原本整理及本人回忆，加上已知女方名字，不为某氏为例，加注三处古茔地方，为后知其处，祖父母为何方。

己卯年一九九九年整理　毛延光

第五节　王氏族谱

一、编修过程

《王氏族谱》原本现已无存，王平全收藏的《王氏族谱》中只记载是民国9年（1920）重修，因没有序、跋等文字，加之年代久远，对于王氏一族的来历和家谱编修过程现已无从考证。

二、内容简介

《王氏族谱》由“附命名十字”和“王氏族谱”两部分组成。“命名十字”从七世至十六世，族谱中只记一世始祖“讳失传，配无考，任货流行”，自二世以下始有记载。

三、命名定式

七世	八世	九世	十世	十一世	十二世	十三世	十四世	十五世	十六世
世	毓	宗	平	明	长	久	振	修	清

第六节　王氏族谱（大抱岛）

一、编修过程

大抱岛王氏原只有宗轴没有族谱，民国25年（1936）由李村一支的十四世中木等与合族议允，按先祖之宗轴排序，有据者重序之，无所据者列其名讳，从十四世以下男名女氏俱载确寔。虽族人已播迁十几个村庄，分散已38年之久，但合族同心终于创修了《王氏族谱》。

二、内容简介

《王氏族谱》创修于民国25年（1936）岁次丙子冬月，由李村仁德石印局代印。其内容主要有“序”、“命名辈行”、“王氏族谱”三部分组成。

“序”由十四世中木（字端一）所作，序中记载了历代相传的一世始祖远来定居大抱岛传至十五世时，经历了四百余载沧桑岁月，至清光绪戊戌（1898）祖业尽为商界所据占，族人远徙播迁李村镇、湛山村等十四余处村庄的情况。特别记载了先祖之坟墓迁于李村，宗轴也存于李村，李村一支为全族之领袖，且众支俱依李村为故里，年节岁时众支俱必归故里拜祭先祖，以为族规，并以李村一支为首创修了族谱。

“命名辈行”

从三世“良”字辈至三十二世“齐”字辈共三十辈，由合族同立。

“族谱”中一世至十三世按先祖之宗轴排序，列其名讳，十四世以下始详序世系至十八世，并详记各支徙居村名。

三、命名定式

命名辈行

王氏（大抱岛）世系命名定式一览表

表 4-7

三世	四世	五世	六世	七世	八世	九世	十世
良	人	守	景	进	曰	志	继
十一世	十二世	十三世	十四世	十五世	十六世	十七世	十八世
尚	西	作	中	述	瑞	永	纲
		在中	在中	在中	在中	在中	在下
十九世	二十世	二十一世	二十二世	二十三世	二十四世	二十五世	二十六世
常	伦	礼	基	仁	义	振	先
在中	在中	在下	在下	在中	在下	在中	在下
二十七世	二十八世	二十九世	三十世	三十一世	三十二世		
业	敦	宗	传	家	齐		
在下	在中	在下	在下	在中	在中		

四、序、跋选载

序

闻之国有史、家有乘、族有谱，由来尚矣。夫族谱者，所以联宗派明世系，合族姓之众胥归一本之亲而不紊乱也。我家世代相传，自一世祖兄弟二人远来是乡，兄则居于大抱岛，弟则远居张源，从此兄弟分离，音闻遂绝，无所据考。独是大抱岛一支，自一世祖历代相传至十五世时，青岛海口商业振兴，华洋杂处，我家祖业尽为商界所据占，于清光绪戊戌岁，我族人瓜分星散，远徙播迁。遂有李村镇、湛山村、仲家洼、东西镇、东西吴家村、水清沟、王家庄、仙家寨、古岛村、南万村、小产头、安营头之各支。独是李村镇一支居本市之中区，又为各支之领袖，宗轴存焉，先祖之坟墓在焉。众支俱依之以为故里，故于年节岁时众支俱必归故里，拜祭先祖，以为族规。惟是族谱一事，在先祖之明哲尚未留成绩，况子孙之愚鲁，敢自以为聪明，遽然成立乎。盖族中无谱，秩序紊乱，诚为无归之民耳。今合族议允，按先祖之宗轴排序，世系有所据者重为序之，无所据者暂为因之。至十四世以下男名女氏俱载确寔族谱既成，上知先祖之讳，下明世系之支派，使后人展卷拜览，有以动木本水源之思耳。

中华民国二十五年仲冬月

十四世孙　中木率合族人沐手敬书

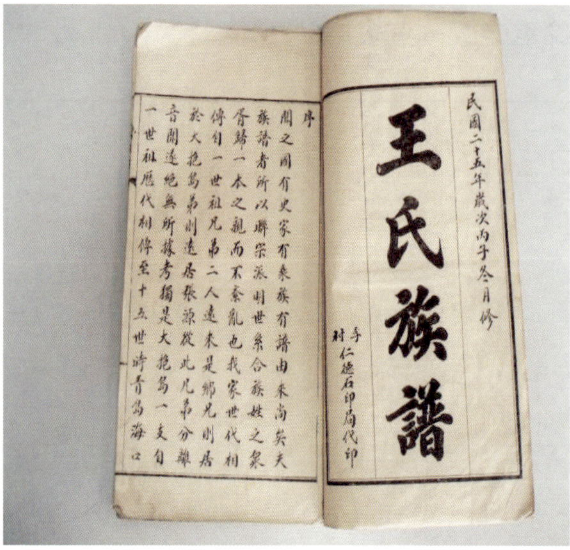

王世纲（80 岁）主动献出大抱岛《王氏族谱》

（贾世珍摄影）

第七节　于氏族谱（大鲍岛）

一、编修过程

创修于光绪二十一年（1895），十六世景悉有感于家族繁衍、分支、迁徙，“亲疏莫辨，服纪未谙”，同族兄弟有“觌面不相识，溯名不相知”者，皆因“无谱之咎”。于是与合族共商创修族谱，“共出资斧，举重若轻”，族人翕然乐从，勠力同心，按户采访，挨名登记，校阅无讹，终于修成《于氏族谱》。

第二次重修于光绪三十三年（1907），离创修族谱仅 13 年，但景悉因自感年老，如按惯例，30 年一修势恐难及，“前之所修尚有不惬意处，兼之鲍岛一支让地德国，迁居异城，不及时修之，恐代远年湮，欲考而无据，故趁此未没之身，亟亟以重修事商诸阖族，阖族欣然乐从”，对族谱进行了订正，续增。

第三次续修于民国 20 年（1931），因族丁日众，户口日繁，而且鲍岛一支被德国所逼，又值甲寅（1914）日德交战，兵荒马乱，族人或迁徙他乡，或流寓关东，恐年久欲考无据，于是族人同心协力，按其世次，序其支派，分辑合纂，共襄盛事，三修族谱。

二、内容简介

《于氏族谱》由“谱序”“谱例”“命名定式”“于氏族谱”“附谱”“三修族谱人”6 部分组成。

“谱序”有景悉“创修族谱序”和“重修谱序”，贡瑞“三修族谱序”共 3 篇。景悉原名相文，字文祥、业儒，恩荣耆儒八品，留心于族谱之事 30 余年。在“创修族谱序”中记载了于氏原籍系登州府、文登县、大水泊村人，永乐年间迁入即墨错埠岭村，后衍为 3 支，长支移居大窑，3 支移居大鲍岛，2 支有安居错埠岭，有移居枣园、流亭、湖埠、会泉等处的迁徙情况和创修族谱的经过。“重修谱序”中记载了德国强迁大鲍岛，族人星散碁布，天各一方的历史变故。虽离创修族谱仅 13 年，恐年久欲考无据，所以趁此未没之身，亟亟重修，数月告峻，尊祖之心稍慰，睦族之情稍安。“三修族谱序”中贡瑞记载了鲍岛一支被德国所逼，又值甲寅（1914）日德交战，族人被迫迁徙他乡或流寓关东的悲惨情景和族人同心三修族谱的情况。

“谱例”共 14 条，对于族谱的格式、记载方法等都有详细规定。特别强调坟茔为先人形魄所在，应予详志，以便后人省墓。妇女贞烈者要详志褒奖，守节非年过六十不录。为劝仁孝，凡有敦本睦族之行者，必传其事实，永垂不朽。忤逆匪类不得入谱，乞养之子入附谱以示情义两尽。

《于氏族谱》从始祖至四世基本清晰，五世至十三世失考者依影图列其名讳于右，有考者按支派次序于左，长支、二支、三支分别序到十九世。

民国 20 年（1931）修谱人

总拴：十六世孙　景昭、景广

分辑：十六世孙　景修、景荷、景邦、景谟、景青、景论

采访：十六世孙　景瓒

十七世孙　吉瑞、悦瑞、恒瑞

检阅校正：十七世孙　瑛瑞、贡瑞

合纂謄真：十八世孙　守诏

监理：十六世孙　景炜

三、命名定式

命名无定式则行辈难辨，祖讳亦易犯，今予择定十六字，嗣后命名无论支派远近，皆统于一字，庶顾名思义，知为同宗，永笃一本之亲。

于氏（大鲍岛）世系命名定式一览表

表 4-8

十六世	十七世	十八世	十九世	二十世	二十一世	二十二世	二十三世
景	瑞	守	延	正	士	宗	启
二十四世	二十五世	二十六世	二十七世	二十八世	二十九世	三十世	三十一世
昌	公	法	祥	作	善	应	吉

四、序、跋选载

于氏创修族谱序

从来世系之流传，年湮则失考，支派之分散，代远则易淆，此族谱一书不可以不厘订焉。余家原籍系登州府文登县大水泊人也，明永乐年间，吾始祖迁入即墨县城南错埠岭，数传而后衍为三支。生齿既繁，迁徙不一，长支移居大窑，三支移居大鲍岛，惟吾二支安居旧城。嗣后吾二支内丁户蕃衍，迁移多方，有居枣园、流亭、湖埠、会泉等处者，乃或亲疏莫辨，服纪未谙，甚至于姓兄弟有觌面不相识溯名不相知者，呜呼，此无谱之咎也。乙未元旦拜献礼毕，余以修谱事商诸阖族，佥曰，此盛举也，其于公产空乏何，余曰共出资斧，举重若轻，创修何难。于是族人翕然乐从，戮力同心，按户采访，挨名记载，汇族姓之繁多，登谱牒兮分明，余又取诸大家谱式参互考订，校阅无讹，然后付诸剞劂。谱书既成，按支给存，使知吾族之众皆一脉之所遗也，顾前有作，尤赖后有述，愿世世增修无替云。

光绪二十一年岁次乙未清和上浣 十六世孙　景悉谨志

重修谱序

谱之增修，所以补前番之遗漏，亦以续后来之世次也。以故年所多历而重订之功，自不容视为缓图，考诸例每三十年而一修，吾家谱书创造于光绪乙未，至今仅十三年，重修若可有待，但余今年老，势恐难及，又以前所修者，尚有未惬意处，兼之鲍岛一支让地德国，迁居异城，星散碁布，天各一方，不及今修之，恐代远年湮，欲考而无据矣。故趁此未没之身，亟亟以重修事商诸阖族，而阖族欣然乐从。由是遍户采访，取前所修者更加订正，续增详明，付之梓人，数月告竣。尊祖之心于以稍慰，睦族之情略以少安，虽余学疏才浅，在族党中无甚功绩，然留心于谱事者已三十余年，后之人其思余之苦心而无废坠焉可也，果尔则裕于后者亦光于前，余有厚望焉。

时

光绪三十三年岁次丁未季秋之月重阳后二日 十六世孙　景悉敬序

三修族谱序

盖闻前人之志事，后人继述之，如木有本水有源，族谱修所以历百世而常昭也。余于氏族叔景悉公创自光绪乙未至丁未又重修，迄今二十余年，族丁日众，户口日繁，而且鲍岛一支被德国所逼，又值甲寅年日德交锋，或迁徙他乡，或流寓关东，脱犹因循姑待，恐代远年湮，欲考稽而无据矣。故余父与族叔景广慨然以谱事为心而命余纂辑，余学疏才浅，不能胜任，但义不容诿，命不可违，爰与族兄仍依旧谱逐户采访，细心检阅，按其世次序其支派，分辑而合纂之，同心协力，共襄盛事，庶不至稍有遗憾耳，俾后之人不忘继述，如期续修，则先人之灵爽有所凭，后世之昭穆亦不紊，谓非阖族之所共赖哉。

时

中华民国二十年岁次辛未仲春之月十七世孙　贡瑞沐手谨志

第八节　王氏族谱（会前）

一、编修过程

清光绪二十七年（1901），遭“德夷”驱逐，族人离开了四百余年的故土会前村，仓皇出走，四散分离。三十年后徙居浮山所的十二世永元在经历了由德而日，由日而我国收复之后，青岛开商埠，荒僻之壤一变而为繁华之区。族人在此数十年中有经营创造立户四乡者，有逃亡流离失所者，若无谱以志之，年远代湮，必将错误紊乱，同室路人，深感修谱之举急不容缓。于是发起修谱倡议，族人一致响应。先有立瑗募捐，立集国币百元多，不足部分，永元又令其儿立贤以经商之资垫付修谱所需之资费。族人中或任募捐，或担采访，或司书录，或负校阅，或缮辑世系，绘画墓图，尤其有立堂、立瑗等人，采访于墨邑遐迩一带，凡属本族无不踵门考查实籍，往返数百里而不以劳诿，族众分任合作，矢勤矢慎，不以难阻。饮食费、路费、纸笔费、印刷费，耗资银币壹佰捌拾叁元，历时两个月，于民国19年（1930）《王氏族谱》告成，共印110部。

二、内容简介

《王氏族谱》由“明秀堂”合纂，其主要内容有“王氏族谱序”“王氏族谱后序”“族谱缮绘志”“述要三条”“凡例八条”“始祖茔誌”“王氏先茔图”“四世祖至八世祖茔志”“沙岑庄四世祖茔图”“王氏族谱”“跋”等部分组成。

“谱序”由十二世永元撰写，记载了王氏兄弟二人来自云南，兄王龙居会前，弟王虎居平度双庙疃，其后另为一宗。居会前者皆为王龙所出之子孙。光绪二十七年（1901）“德夷”于会前辟公园，全村遭其驱逐，遂致分离。直到民国19年（1930）族人齐心协力，克服困难修成族谱。

“后序”由十三世立乾记载了永元以子立贤经商之资担任修谱之举，以及对本族外迁者遣人一一查访，悉勿遗漏，编纂成谱付诸印刷的情况。

“缮绘志”是十四世宏千记载了族中尊长以缮绘世系、绘画墓图“见委”，自己责无旁贷而受命的情况。

“述要三条”主要记载会前村的村址在今之第一公园樱花路右侧，是王氏故里，有堂曰“明秀堂”。王氏居会前村时，曾有前街三支，后街六支之称，但不知指何世而言，自明中叶聚居一村，至清光绪二十七年（1901）被德夷驱散，分处各方，为永世不忘之纪念。

“凡例八条”主要是对于无子者、乏嗣者、过继嗣子者等情况的具体规定，特别规定长支长子不得出嗣，独子非长支也不得出嗣，唯长兄乏嗣，亲弟只有一子，可以兼祧（即兼继），无子者当继嗣子，不当继嗣孙，忌断代。祖宗之讳子孙不可轻犯。

“始祖茔志”“四世祖至八世祖茔志”两篇，记载了始祖茔原在会前村南张家洼，被德人逼迁至浮山所。在沙岑庄的王氏庙产护茔地，被日本人侵占，又以占洋六十元在浮山所西井北价置三分地，出租作为祭先茔之资。四世至八世祖坟一百余塚，九世至十一世共二百余塚，被德人逼迁，阖族公议在沙岑庄置买墓田和护茔地，祖茔不得私自行葬动土，违者明秀堂公论公罚，并详细绘制了“王氏先茔图”和“沙岑庄四世祖茔图”。

“王氏族谱”自一世始祖王龙序至十四世“宏”字辈。

“跋”由十三世立贤撰写，评介了修谱的要义，回忆了本族自遭“德夷”驱逐三十年来的现状和其父倡导修谱也是自己的夙愿，并以自己经商之资垫付修谱所需之费用以及族人齐心协力，分任合作，族谱告成的经过等情况。

三、命名定式

辈行原定八字，现已占到五字，再续八字，以便衍派，每世命名必取一字嵌入名内，令其相同，示敦睦也。

王氏（会前）世系命名定式一览表

表 4-9

一世	二世	三世	四世	五世	六世	七世	八世
始祖龙（单字）	保（单字）	志	好	添	应	福	兆
九世	十世	十一世	十二世	十三世	十四世	十五世	十六世
玉	可	方、焕	永	立	宏	美	中
十七世	十八世	十九世	二十世	二十一世	二十二世	二十三世	二十四世
恒	正	克	宗	世	相	承	丕
二十五世	二十六世	二十七世					
显	文	兴					

四、序、跋选载

王氏族谱序

夫以木有本枝叶附焉，水有源派流出焉，人有祖子孙属焉。观于枝叶之荣，而知木本之固，观于派流之长，而知水源之远，观于子孙之盛，而知祖德之隆，此不易之理也。我王氏始迁祖于明天顺中，以伯仲自云南来家于即墨县南境，青岛域内偏东有村曰会前。仲氏旋徙居平度之双庙疃，其后另为一宗。居会前者，皆伯氏所出之子孙也，世代相传，人丁日众，门闾虽非高大，而雍和辑睦，有古处风，历明迄清四百余年，继继绳绳，非祖德之隆，胡易得此。不幸于清光绪二十三年（1897）德夷占青岛，越四年，于会前辟公园，全村遭其驱逐，吾族于是四方散处，遂致分离。永元东徙浮山所，去故居较近，当其时，诸族姓仓皇出走，有并其家堂图轴弃之去者，永元悉为收存之，供祭之，视其有将残灭者急更制而新之。良以图轴所关非细，乃先人世次所凭依也，吾爱吾之先人，亦爱人之先人，人之先人与我之先人同出于一先人，则为先人所从出者，不当共爱之乎？则凡先人所相遗者不当互爱之乎？尊祖敬宗收族之义于是乎在，虽然欲充斯义，又非一图轴之足恃，必修谱乃为功顾安，所得款乎先有立瑗侄者，曾因捐积公产发起一次，指顾间立集国币百元有奇。吾鉴于吾族人之勇跃于前，庶不至退缩于后也，即或不足，令吾儿立贤補而成之，尚非难也。斯议一出，族之人争奔走焉，或任募捐、或担采访、或司书录、或负校雠，阅两月而事告竣。吾览斯谱，俯仰人事之变迁，而不胜今昔之感矣。设使当日无德夷之我逐吾族人居，于是衣、于是食、于是朝夕相过从，庆吊相问闻，耕田凿井，渔水樵山，长为太平之百姓，讵不甚乐。然而谱之克修与否，则未敢必也，族而无谱，其不至于尊卑长幼之相逾，远迩亲疏之相昧，又未可知也。古人有言曰，礼义生于富足，自青岛开商埠，荒僻之壤一变而为繁华之区，德而日，日而我国收，三十年来其间才俊子弟，学校读书，市廛坐贾，以此发名，以此成业，比比皆是，即我族中亦不乏人。将来建祠宇，广祭田，昌大我门闾，光耀我宗族，衰朽人且拭目俟之，仅修谱云乎哉。念及此，则又未尝不叹德夷之困逼我者，皆其成全我者也。斯役也，宜叙劳自募捐，以至校讐诸人，皆克尽厥职，其尤著者则立瑗、立乾侄之运筹，而宏千孙之缮绘云。

中华民国十九年仲冬下浣 十二世孙　永元谨序

跋

谱也者，所以尊祖敬宗而收族者也。本源于是溯，支派于是分，行辈于是定，名讳于是正，亲疏于是别，涣散于是联，谱之所关顾不重哉。回忆吾族人，自遭德夷驱逐迄今三十余年矣，凡此数十年中，经营创造，立户四乡者有之，而逃亡流离失所者亦有之，若无谱以志之，数十年后，虽欲溯本源、分支派、定行辈、正名讳、别亲疏、联涣散而不可得也。况年湮代远，错误紊乱，同室路人，将躬逢而目觌矣。立贤久蓄此虑，未及表明，一日，家严诏示之曰，吾拟修谱，而必须繁费，吾族半多农户，即令出资，能得几何？而公产又不可动移，谱，公事，吾又不愿独擅其名，欲令汝先以资垫，余众听其自输，弗强劝，如是则时可省而事易成。立贤曰，父所言儿之夙愿也，惟以身羁商务，不暇兼顾为憾。出而以告立瑗、立乾两兄及宏千侄，今拟修谱，出赀劳力，我等分任而合作之可乎？皆慨诺各就事，对所有一切，无不矢勤矢慎，努力进行，不以难阻。然身虽劳勚，而谱创于兹，俾后人知木本水源，为尊祖敬宗敦本睦族之谊者，此其嚆矢也。计共印谱壹佰壹拾部，合饮食费、道路费、纸笔费、印刷费共用银币壹佰捌拾叁元有奇，历时两朔望有余，斯谱告成，谨胪颠末以志。

庚午季冬月朔 十三世孙　立贤敬跋

第五篇　小湛山村

ZHAN SHAN CUN ZHI

湛山村志

ZHAN SHAN CUN ZHI

第一章　村落

第一节　地理位置

小湛山村在大湛山村东北不足 0.5 公里，位于太平山东麓山前，延安三路（原台湛路）西侧，今仰口路南，小湛山路和华严一路一带。自小湛山和大湛山两村拆迁改造后加之城市规划建设的发展，今已无间距。

地理位置：北纬 36° 03′ 57″，东经 120° 21′ 46″。

第二节　村名沿革

这里原为荒岭，明末清初浮山所军户丁姓长支后裔来此定居，以姓氏称丁家庄。据桃林《邵氏族谱》记载，邵氏二始祖八世孙自桃林迁齐记，后又迁丁家庄。德国人海因里希·谋乐（Heinrich Mootz）于 1899 年编纂的《山东德邑村镇志》记为“小斩山”，大斩山则记为“斩山或官山”。官山疃改为湛山村时，村名随之改称小湛山沿用至今。今小湛山属湛山街道办事处仰口路街道社区居委会。物换星移，而今只有一条东起延安三路西至华严一路的“小湛山路”，尚保留着曾经的小湛山村这段漫长历史的记忆。

第三节　隶属沿革

小湛山村与大湛山村历来为一个行政村，两村隶属沿革相同：

明前属即墨县。

清时属即墨县仁化乡文峰社。

民国时期属青岛市台东区。

1949 年青岛解放后属市南区。

1956—1958 年属市南区湛山大路街道办事处五一蔬菜生产合作社第六生产大队。

1958—1984 年非农业人口属浮山所街道办事处，农业人口属市南区浮山人民公社湛山大队，其中 1958—1962 年为湛山大队第五生产队（五连）1963—1984 年为湛山大队第 16、17、18 生产队（18 队包括南仲家洼农业户）。

1985 年至今属市南区湛山街道办事处和湛山农工商公司。

第四节　村落概况

小湛山村在太平山东麓，三面环山，因位于东山西坡，村庄地势东高西低。德国人海因里希·谋乐（Heinrich Mootz）于 1899 年编著的《山东德邑村镇志》记载:“小斩山有 130 人。在依尔梯斯山（今太平山）南侧约 300 米处有一座古老的山庙，其位置和环境十分优美。要说明的是，在依尔梯斯山南坡余脉处有漂亮的植物繁茂的小山谷。这些有水的小山沟很寂静，繁茂的树木，成为鸟儿在这里自由筑巢和歌唱的世界，在其他地方难得看到这么多鸣禽。”

村里有随民居而蜿蜒的一条东西街和一条南北街，都不很宽，东西方向的街是主要街道，有棵老槐树苍翠挺拔，街上有一盘碾供全村使用。古有无庙不成村之说，小湛山村虽小也有两座庙，街西头有座关帝庙，再向西至村外有座土地庙。顺土地庙旁小路至坡下有一眼甜水井，村民世世代代都吃这眼井的水。1958年修三八水库后此井被淹没，村里通了自来水，设了公用水龙头，供全村用水。

村西，小山谷溪水潺潺，雨季水流湍急，这里是原大湛山东河的上游，沟西山坡与湛山寺相望，晨钟暮鼓，清晰可闻。

村北，太平山最东的一座山头，此山前古时曾建有二郎庙（即上述《德邑村镇志》记载的古老山庙）。民国时期，为纪念段祺瑞（字芝泉）支持修建湛山寺，以他的字命名了“芝泉山”和“芝泉路”。芝泉路在山前东起北口子沿湛山寺向西南通往湛山大路。北口子在今延安三路、芝泉路路口附近，位于市南区和市北区（原台东区）的分界线与南仲家洼毗邻。

村东，小湛山村的东山，大湛山村称东北山，因此山为平岗无高峰，《胶澳志》称为“湛山平岗”，实为太平山之余脉，海拔80余米，德占时期在此山修建1、2、3号炮台南北排列名中央炮垒，由此东北1公里有小岭名小湛山，德人建有4号炮台。1933年在湛山平岗东坡建高尔夫球场，解放后这里成为军事区和农田，今已为高楼林立的繁华市区。

村南，与大湛山村鸡犬相闻，20世纪80年代以前村庄周围全是农田，小湛山村居高临下，视野开阔，有凭海临风之感，村前的住户坐在炕头上即可遥望大海一览无余。

小湛山丁氏自明永乐初任浮山所世袭百户（正六品）官职，明亡失封后，丁氏后裔来此定居立村，约至乾隆初又有邵氏徙居于此。漫长岁月，仅此两姓，1922—1949年又先后迁来几户外乡移民。村庄发展缓慢，胶澳志载：

“民国15年（1926）小湛山庄31户145人，其中男78人、女67人。”

20世纪70年代前，小湛山村门牌编号至42号丁可宝家。

20世纪80年代初，湛山大队在小湛山村西南划出一片宅基地，有大湛山村30余户社员来此建房定居，小湛山村规模逐渐扩大。

1987年拆迁登记在册的门牌从1–132号和邻近小湛山的大湛山村临字39–42号，共计221户672人。

图 5-1　1987 年前小湛山村住户位置示意图

第五节　拆迁改造

1987年下半年，青岛市城乡委等有关部门批准，由青岛市南城建开发公司对小湛山村进行拆迁改造。拆迁户共计221户，拆迁总面积为14410.8平方米。

1988年1月16日市南区人民政府在湛山街道办事处召开了小湛山村拆迁安置动员大会，小湛山村开始整体拆迁改造。

改造后的基本情况：按照统一规划配套建设的原则，小湛山规划建设17个楼座的建筑群体。住宅楼多为6～7层，有4栋13～15层的高层建筑。改造后住宅面积为53063平方米，网点及办公房除外。新建后可安置居民住户789户。

小湛山村拆迁改造后新貌（贾世珍摄影）

第二章　诸姓

第一节　丁氏

丁氏祖籍系明朝直隶庐州（今安徽省合肥市）人，始祖满八以军功被敕封为世袭昭信校尉，赐爵百户，为正六品武官。明初奉调鳌山卫辖属之浮山备御千户所任职。到任之时即丁氏定居浮山所之始。据浮山所《苏氏族谱》乾隆三十四年（1769）记载，“浮山所系鳌山卫前所，同封千户者九，我族及余、杨、焦、亢、毛、张、两王，同封百户者四，丁、詹、侯、葛，共封十三户，其余军户难以悉数，然至今各族寥寥，甚者一丁仅存……”。有明一代，丁氏族人皆为军户，奉旨屯兵，戍守海防，抵御倭寇，有警则战，无警则农，保家卫国。从四世丁英、丁杰兄弟二人以后衍为两支，长支承袭百户官职共九世，至崇祯十七年（1644）明亡失封，遂力耕自食。长支丁英的后代十世进学等徙居湛山村北荒岭立村，以姓氏称丁家庄后随湛山村名为小湛山村。二支丁杰的后代进茂、进维、进玘、进章等徙居辛家庄村东立村为丁家庄。

关于丁氏来历的参考文献：

即墨詹家屯的《张氏族谱》文献资料记载，明天启六年（1626）浮山所百户丁治朝的家人张才广、张才保二人上告本营老爷的文书，原文如下：

告执照人张才广、张才保，系浮山所百户丁治朝家人，为肯恩讨之，以防挟诈事。才广等祖张端系直隶庐州府无为州人，因浮山所先世百户丁英祖籍係庐州人，回家祭扫，价买产祖张端使用，端生子张秀，秀生广父张大友、张大本。大友生才广，大本生才保，已经四辈随今百户丁治朝当差，审户册、串票并本官证。天启六年三月内，被营刁军夏八现平空捏赴守府魏老爷处，告广等系伊昭，蒙送何老爷当堂审明，伊系挟诈，已蒙辞允责惩。倘日后再恐诈端，赊冤难分，乞恩讨之防患，上告本营老爷详恤执之。

天启六年四月初五　百告之人张才广/保

注：文中浮山所先世百户丁英为丁氏四世，百户丁治朝为丁氏七世。

原文影印件如下：

第二节　邵氏

据桃林《邵氏族谱》记载，邵氏一世始祖邵端、邵玉兄弟二人明洪武间（1368—1398）由河南迁来墨邑，卜居桃林，二始祖邵玉之七世孙希墨之子（讳失考）迁居齐记，家计人丁累世不昌，又迁居丁家庄（小湛山）。

据现有资料，小湛山邵氏始迁祖为十三世邵俊（清乾隆初），至今已传至二十二世，共30余户。

桃林今隶属青岛市城阳区城阳街道办事处，分前桃林和后桃林两个自然村。邵氏居前桃林，全村现共有810户，80%以上都姓邵。

第三节 外乡移民

1958 年前到小湛山村定居的外乡移民列表如下：

1958 年前迁居小湛山村的外乡移民一览表

表 5-1

姓名	兄弟及子孙	原籍	定居时间
王玉法	子：洪令 洪德 孙：立山 立岗 立春 立智	青岛市崂山区灰牛石北头村	1936
吴尚清	子：明德 孙：增忠 增平	青岛市扫帚滩	1922
武邦林	子：宏滨	山东寿张县王家楼村（今属河南省范县）	1943
袁有吉	弟：有庆 侄：成祥 有快 斌 本山 子：丁重阳 袁松山 袁松水	青岛市市南区逍遥村	1942
秦思和	子：绪言	山东日照市泗山区湖西乡营子村	1939
李青山	子：建国 孙：鹏义	山东莱阳市姜王庄	1949

第三章 诸姓族谱

第一节 丁氏族谱

《丁氏族谱》于二十世纪六十年代文化大革命中被毁，虽经多年寻访，仍未有下落。2006 年 11 月 27 日丁家庄十七世丁立升向辛家庄村志办献出了《丁氏族谱》，是当年被收交时保留下来的手抄本，丁家庄和小湛山两支分抄为两本。虽无谱序等文献记载和详细的传承关系，但丁氏两支从一世至十七世，世系名讳历历可考，对于考证丁氏的历史提供了极为珍贵的资料，从而解开了因无家谱而造成的许多历史疑问。

丁氏长支族谱（小湛山）：

命名定式

十六世至二十五世命名十字：成立正啓继、齐盈智平同

族谱

一世祖：满八 配

二世祖：宁 配 宣 配

三世祖：文 配

四世祖：英 配王氏 子三

五世：條元 配孙氏 條安 配张氏
條臣 配王氏

六世：全 配苏氏 忠 配胡氏
孝 配焦氏 顺 配韩氏
礼 配焦氏 还 配刘氏
连 配王氏

七世：治朝　配王氏　有才　配辛氏
万福　配徐氏　万贵　配王氏
万敏　配于氏　万高　配张氏
万忠　配孙氏　万召　配王氏
万德　配胡氏　万良　配张氏仲氏
有良　配候氏刘氏

八世：世训　　　　世爵　配张氏
世志　配王氏　世禄　配赵氏
世凤　配胡氏　世强　配于氏
世荣　配于氏　世良　配胡氏
世信　配苏氏　世正　配纪氏
世登　　　　世华　配马氏
世盛　配张氏　世俊　配孙氏
世善　配王氏　世玉
世增　配王氏　世崇
世泰　配周氏　世恩　配陈氏
世聪　　　　世显

九世：三尧　配胡氏　三友　配赵氏
三进　配于氏　三吉　配仲氏
三爽　配张氏　三时
三成　　　　三益　配仲氏
三魁　配王氏　三佩　配方氏
三敬　配张氏　三玘　配邵氏
三锡　配仲氏　三常　配王氏
三俊　配王氏　三礼
三省　配孙氏

十世：进学　　　　进连
进琢　　　　进虎　配于氏
进才　配赵氏　进顺　配于氏
进明　　　　进庆
进信　配王氏　进才　配王氏
进田　配胡氏　子三　江、海、河
进瑞　配孙氏　进旺　配袁氏
进坤　　　　进享
进官　配孙氏　进敬　配高氏
进训　配宋氏　子一　玉
进宽　配梁氏　进关　配赵氏
进洪

十一世：复珍　配胡氏　　方
君
玉　配田氏　子一　明义
召　配徐氏　赓　配张氏
岭　配于氏　钦　配毛氏
文　配于氏　子一　明秀
江　配朱氏王氏　子一　明仁
海　配龚氏　河
恺　配孙氏　育
铎　　　　洁
良　　　　明
申
照　配徐氏　子一　喜刚
更　配张氏　子一　喜洛

十二世：明秀　配卢氏　子一　永显
明俊　　　　明魁　配毕氏
明元　配王氏
明智　配刘氏　子二
永柱、永顺（出嗣）
明义　配葛氏　子一　永照
明信　明仁　继子　永顺
喜刚　子一　永官
喜洛　配王氏　子一　永兰

十三世：永照　配王氏　子三　得荣、
得和（出嗣）、得魁（出嗣）
永茂 配周氏 继子得和
永显　配王氏　继子得魁
永辉　配袁氏　继孙可禄
永顺　配郭氏　子三
得增（出嗣）、得显、得发
永灿　配胡氏　继子得公
永兰　配王氏　子一得公
永柱　继子得增
永金　永官　配张氏

十四世：得荣　配田氏　子三
可吉、可正、可昌
得和　配李氏　子五
可玉、可禄（出嗣）、可祥、
可成、可寿
得魁　配杨氏　子一可瑞
得增　配马氏（改嫁）子二
可亭、可俭（二人赴关东）
得贤　配张氏　子一可学
得发　配刘氏　子三
可林、可秀（赴关东）、可宝
得公
得令　配徐氏　子一可春（以前
住浮山所又迁小湛山自民国
十八年进宗入谱）
十五世：可吉　配孙氏　子三
成谟、成训、成诰
可正　配孙氏　子二
成文、成才
可昌　配仲氏　子四
成仁、成义、成礼、成智
可玉　继子成元
可禄　配王氏　子四
成元（出嗣）、成贵、
成福、成全（出嗣）
可祥　配王氏　子二
成论、成语
可成　继子成全
可寿
可瑞　配孙氏　子三
成恩、成忠、成恕
可亭（赴关东）
可俭（赴关东）
可学　配孙氏　子一
可林　配葛氏
可秀（赴关东）
可宝　配薛氏
可春　配王氏　子二
成金、成鑫
十六世：成谟　配于氏于氏　子三立先
成训　配仲氏　子三
立本、立德（出嗣）、立云
成诰　配王氏孙氏孙氏　子三
立钦、立锡
成文　嗣子立德
成才　嗣子立顺
成仁　继子一
成义　配仲氏　子二立顺
成礼　配刘氏刘氏　子二
成智　配贾氏
成元　配王氏何氏　子二
立山、立友
成贵　配刘氏
成福
成全　配王氏　子一
成论　配詹氏　子一立学
成语　配贾氏　子四
立堂、立传、立世
成恩　配孙氏　子二　立章
成忠　配张氏闫氏 子一
成恕　配孙氏
成金　配孙氏
成鑫　配杨氏　子一
十七世：立先　配贾氏　子一
立本　配孙氏　子二
立德　配孙氏
立云
立钦　配孙氏
立锡
立顺　配于氏孙氏　子二
立章
立山　继子一

立友　配庄氏　子一
立学　配孙氏　子一
立堂
立传　配王氏
立世

第二节　邵氏族谱

小湛山的《邵氏族谱》已失传，由邵成流等人遍访族人，参照各家“轴子”的记载，较为详细地整理了小湛山邵氏世系，但辈行世次等不确切。湛山村志办经过多次联系，得到前桃林村委会大力支持，于2011年5月26日湛山村志办秦继利、贾世珍、孙忠雪与邵成流专程去城阳区前桃林，终于拜访到续修族谱的十九世邵成章老人（77岁），热情提供了全套再版邵氏族谱和新续修的族谱。他们在续修族谱过程中也一直在寻访迁“丁家庄”的邵氏二支，由于年代久远下落不明而深以为憾，通过这次互访终于使邵氏历史彰明较著。邵氏分为长支和二支，长支（端公）派下以桃林为主并有赵村、十姑埠、大村庄、姜格庄、小寨子、金州（关外）、王埠庄、程哥庄、东荆沟、瓮窑头、苇箻、灰牛石等各支派。二支（玉公）的分派在谱中记为丁家庄（即小湛山）派。

一、纂修过程

十世泽润（字滋堂），业儒，初创谱稿

乾隆二十五年（1760）

十二世孟远（字来方）二次创修《邵氏族谱》，在玉成（泽润之孙）家“得泽润祖所书草谱二章，自祖而上溯之，较若列眉，于是谋为修谱，又幸有（十一世）克和（字斯美）赞成其事。自祖而上仍由旧章，自祖而下，咨询的确，稿既成矣，统成支派，了如指掌”。

嘉庆十四年（1809）

十二世芹（字泮思）三次继修族谱，“据旧谱所载，凡同世俱载一处，前人用心非不义气，特难分支派耳，今创为一式，非敢自用，仍有前人所记者秩而序之，而支派清矣……”。同时记载了“二始祖之七世孙希墨子搬居齐记，永无往来，莫知其后人之名讳者。今闻士俊孙知其后人有在丁家庄住者，名尽录，吾与莘弟往而问之，亦知从桃林搬出，谱中亦载搬居齐记，则为玉祖之后也，无疑矣。可痛者后人不昌，人少家寒，不知其高曾之名讳，亦不知迁居几世，两支辈行何由而分，不得妄为称呼，自当各为一支以奉玉祖之祀。”

嘉庆十七年（1812）

十五世兴中（字君周）四次继修谱稿，“泽润祖所书草谱二章因因流以溯源，由木以推本，遂手录一册，使吾等不至束手无策。然而谱稿虽成，而族人不能镌刻，亦不能尽书，则数十年之间而新丁不入，初娶不载，此谱之所以宜续也……欲得其详莫若于每年正月初一日阖族拜奠之后，而新丁命名入谱，某人娶某氏，某人葬某处某山某向，一一详载，如此则后人继修者庶不至有缺略焉。”

道光十九年（1839）

十四世正儒（字圣勉），五次继修族谱，因“吾族虽有稿存，而所书者支派难辨，恐迟延愈久，湮没不传者所在多有将后之视今更甚于今之视昔也，余念及此，细心参酌，手录成编……”

宗屏序

族有影谱，所以载先人之名讳也，先人之名讳即先人之英灵在焉。余族之谱世远年湮格式微少，人丁盛繁以世排列添写不开，恐有上下误添，辈行无次，长幼不分，支派混淆之失焉。今已亥正月一日，阖族拜奠之后，同相议论，欲无错失，莫若修屏。于是择佳材，请良工，修屏七架，兼修享几一，屏匮一。告成之日，长幼咸集，自始祖而下，支派分清，世次界明，使后之人，由本及末，因流溯源，一观则知源同何世矣。再者谱中失传之名，影谱与族谱相照，影谱所有，族谱所阙者载之，影谱所阙，族谱所有者亦载焉。某世某祖仍载某世，不敢失次，亦不敢漏遗，敬而序之，以俟后之继修者晓焉可也。

十四世孙　正儒谨志

同治十三年（1874）

十六世廷桃等六次续修族谱，十五世慎中十六世廷栻倡导，族人忻然，廷桃总其成，丕岳、中鉴等“同心协力，约合各支同赴祠堂，遂派考校，补其遗，正其讹，迁居者考之，失讳者阙之，由是而创草者有人，謄真者有人，管理纂修者又有人。自祖而上仍由旧章，自祖而下因著的确，传所信阙所疑，不敢妄为填载，未数日而观厥成”。

光绪三十年（1904 甲辰）

十五世恩中、十六世廷许等 13 人七次续修族谱，“约阖族同至祠堂将新丁命名，新娶核氏，迁居外疃者命人查考详记入谱。自八世礼基公迁居姜哥庄至十一世振先公谱已载明，自十二世以下无往来，莫知其居何名配何氏者，今查考确实亦按次入谱。二始祖之七世孙希墨子迁居齐记，人丁累世不昌，又有迁居丁家庄者，数年前廷桓贸易而至丁家庄，于廷礼家见草谱一本细阅，自玉祖至七世祖与影谱相同，于是合为一谱，以联同气之云”。

民国 3 年（1914 甲寅）

十六世廷训倡其首八次续修族谱，士赞、恩中董其成，廷杜、廷许同砚以誊真，银中削竹以划界，廷昌、丕训司参观以检点，对读以质证，丕尚、丕煴、中升、宏春、中德、中美奉命听差查访逃户，以期无遗而无误。族人长幼咸集协力同心，迄甲寅二月枣李之材已备，楷书之稿已脱，付之梓人（注：刻板印刷）可计日而观厥成矣。

2008 年农历戊子

十九世承章等费尽周折，终在族祖宏茂家找到基本完整的旧谱二册，并续修了自十一世钢公派下本支支谱。族中优秀企业家先孟、先寨、先中兄弟三人出资再版印刷 100 部。

二、内容简介

《邵氏族谱》由序、凡例、修谱记名、命名定式、茔图、买契地段、族谱等部分组成。

序言部分有历次修族谱序 8 篇，刻族谱序 9 篇，宗屏序 3 篇，义田序 1 篇，重修祠堂记 1 篇，2008 年再版序 1 篇。重点记载了“吾族本河南人，明洪武起小民，（始祖端、玉）甫来即墨卜居桃林疃，一始祖端永乐甲午科举人”。“二始祖玉七世孙希墨子迁居齐记，家计人丁累世不昌，又有迁居丁家庄者（即小湛山），嘉庆间十六世廷桓贸易而至丁家庄，于廷礼家见草谱一本，玉祖至七世祖与影谱相同，于是合为一谱，以联同气”。

凡例十四条同父兄弟以伯仲为次第，同族兄弟以支派分先后自然之序。名下书字与配氏并及其子之名，俾后人易于考证。配氏未详者书配失考或配下空一格写氏以示后考之义。原配继配位次序列先后不紊，改适之妇不入谱，有子者直书配失。名下书乏、书止、书卒、书殇者明其不继。逃户星布，如二始祖玉公之后住丁家庄，谱边即注丁家庄，七世祖希舜、宗舜之后住赵村谱边亦注赵村，十四世正儒住程哥庄谱边亦注程哥庄，住桃林者谱边亦注桃林。

三、命名定式：

四世富公派为长支，命名定式十四世至三十三世：

正　永　廷　中　尚　承　先　作　维　光
敬　宗　方　世　贵　有　恒　德　裕　亮

四世禄公派为二支命名定式：

士　中　丕　宏　义　善　绪　福　锡　昌
继　立　功　思　齐　存　敦　建　本　相

四、序跋选录：

邵氏族谱序

吾族本贯河南人也，明洪武起小民，甫来即墨卜居桃林疃，永乐甲午科举人讳端者余阖族之始祖，其所自出莫得而考，已嗣是族众日繁，世代渐远，且迁居他处子孙多有不识其高曾之名讳者。嗟乎，谱牒无存，支派混淆，近戚也而陌路矣，尚忍言哉？余每念及此，思所以秩而序之，诚莫要于修谱。然族远莫考，载诸谱影者苦无统纪，有志未遂，徒抱隐痛尔。岁庚辰，忽于玉成家得泽润祖所书草谱二章，自祖而上遡之，较若列眉。于是谋为修谱之举，又幸有斯美叔赞成其事，自祖而上仍由旧章，自祖而下咨询的确，今稿既成矣，统成支派，了如指掌，余之幸也，实阖族之幸也。顾未经镌刻，赖有踵其事而增之者，庶可久而不替，不能不望于后之贤子孙耳。

（乾隆二十五年庚辰 1760）十二世孙　孟远谨序

序

据旧谱所载，凡同世俱载一处，前人用心非不义气，特难分支派耳。今创为一式，非敢自用，仍由前人所记者秩而序之而支派清矣。其上无来历者，不敢妄为记载，亦不可漏遗，以俟再考，后世子孙谨而遵之，庶不失敦睦之风云。

二始祖之七世孙希墨子搬居齐记，永无来往，莫知其后人之名讳者，今闻士俊孙知其后人有在丁家庄住者，名尽录。吾与莘弟往而问之，亦知自桃林搬出，谱中亦载搬居齐记，则为玉祖之后也，无疑矣。可痛者，后人不昌，人少家寒，不知其高曾之名讳，亦不知迁居几世，两支辈行何由而分，不得妄为称呼，自当各为一支，以奉　玉祖之祀。后之人有知我罪我者，其在斯乎。

（嘉庆十四年己巳 1809）十二世孙 芹谨序

继修谱稿序

族之有谱贵继修也，三十年为一世，以其时考之正三十年宜修之时也。癸卯秋吾族侄廷桓廷杜共倡继修之举，业已商確而行犹未逮，未几而桓侄辞世，是谋遂寝。迨甲辰年寅月七日，吾族叔士赞及吾族侄廷杜廷昌复倡修谱之事，约阖族同至祠堂，将新丁命名，新娶核氏，迁居外疃者命人查考，详记入谱。自八世祖礼基公迁居姜哥庄，至十一世振先公谱已载明，自十二世以下无往无来，莫知其居何名而配何氏者，今查考确实亦按次入谱。

二始祖之七世孙希墨子迁居齐记，家计人丁累世不昌，又有迁居丁家庄者，数年前廷桓贸易而至丁家庄，于廷礼家见草谱一本，细阅，自玉祖至七世祖与影谱相同，于是合为一谱，以联同气之谊云。

（光绪三十年 1904 甲辰）十五世孙　恩中谨志

二支分派：二始祖　玉　明洪武间由河南迁墨邑卜居桃林疃

一世：玉　配王氏子二
二世：宣　配曹氏子一
　　　纪　配陈氏子一
三世：水　配栾氏子一
　　　荣　配张氏子二
四世：通　配于氏子二
　　　达　配张氏
　　　逵　配李氏子二
五世：都　配宋氏子一
　　　邦　配常氏子二
　　　——
　　　存仁　配李氏
　　　存智　配陈氏子三
六世：进恩　配王氏子一

进思配宋氏子一

进忠配吴氏子二

——

——

进

逊

遂

七世：希墨　配失考子一

希茂　配失考

希行　配孙氏子一

希乐

八世：失讳迁居齐记

——

秀住　丁家庄　配失考子一

——

九世：——

——

失讳　配失考子一

——

十世：——

——

包公　配失考子一

十一世：包公派　方　配氏子二

十二世：进福　配常氏子二

进禄　配李氏子二

十三世：应

杰

俊　配王氏子一

伟　配苏氏子四

十四世：——

——

正法　配张氏子二

正云

正雨　配曲氏

正风

正清　配胡氏

十五世：——

——

永泰　配李氏子三

永情（清）配徐氏子二

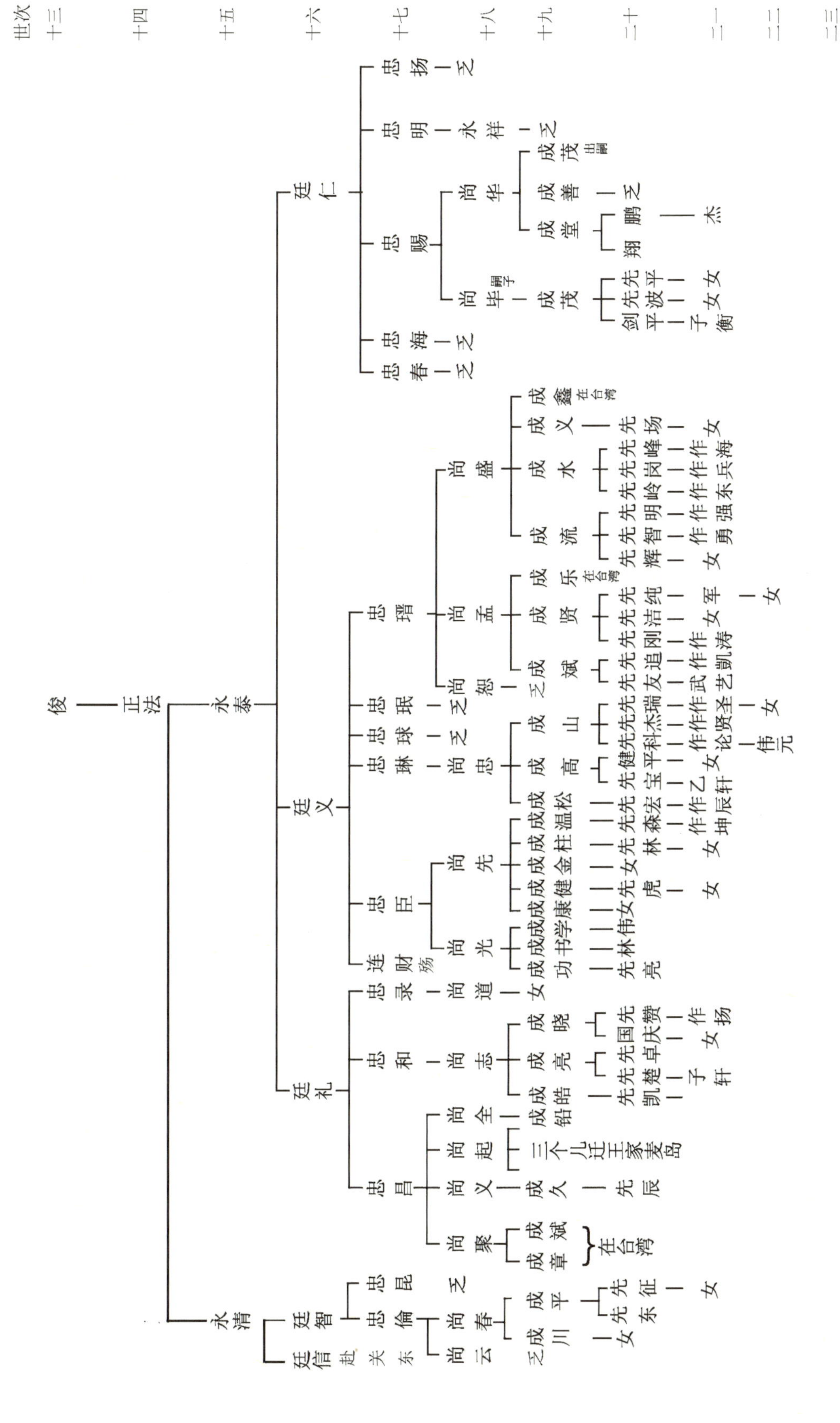

图 5-2　小湛山村邵姓世系图

第六篇　经济

ZHAN SHAN CUN ZHI

湛山村志

ZHAN SHAN CUN ZHI

第一章　农业

第一节　生产组织

土地私有个体经营

农业生产自古以来是以家庭为单位分散经营，大多数贫苦农民生产资料缺乏，长期处于饥寒交迫之中，生活极为艰难。中华人民共和国成立后，在中国共产党和人民政府的领导下实行了土地改革，划定的阶级成分中全村贫雇农占总户数的60%以上，广大贫苦农民分得了土地、农具等生产资料，彻底摧垮了封建的土地制度。农户单干至1955年，一家一户个体经营，劳力、农具、耕畜不足，抵御自然灾害的能力低下，土地潜力得不到充分发挥。根据中央《关于农业生产互助合作的决议(草案)》精神，许多农户响应上级号召，成立了互助组，其中有常年互助组和临时季节性互助组，其规模、人员、条件大小不等，同时也为本村的军工烈属和干部代耕。互助组实行自愿、互利、民主的原则，土地和生产资料归农民个人所有，只在生产劳动过程中互助协作，以工换工或以工换畜力，农田收入全部归土地所有者。

湛山土地改革时划定阶级成分情况如下：(统计时间1966年6月)

贫雇农：352户　1514人

下中农：18户　79人

中　农：181户　692人

上中农：18户　94人

富　农：18户　69人

地　主：8户　21人(其中包括外地迁入5户)

总　计：595户　2469人

五一蔬菜生产合作社

1955年冬孙中昆、孙正锦二人到崂山县参加了培训班，学习1955年10月中共中央七届六中全会通过的《关于农业合作化的决议》，同时湛山村成立了高级社筹备委员会，由任增利任筹委会主任，筹委会成员有孙立佩、孙金鸣、孙正凰等。经过一段时间的筹建，于1956年5月1日湛山村正式成立了高级社，全称为：青岛市市南区五一蔬菜生产合作社(简称“五一社”)。土地归集体所有，各农户的牲畜、大型农具等折价作为股金入社，社员组织起来，参加集体生产劳动，实行“各尽所能，按劳取酬”和不分男女老少同工同酬的原则。由社员代表大会民主选举出合作社管理委员会和监事会、社长、副社长。

管理委员会：

孙中昆　石茂官　侯玉田　贾世茂

孙中文　张正义等

社　　长：孙中昆(1956—1957年)

石茂官(1957—1958年)

副 社 长：石茂官　侯玉田

监事会主席：孙立佩等

生产股主任：孙中文

财务股：

主管会计：张正义

出纳兼保管会计：李农林

统　　计：辛玉孝

下设六个生产大队：

五一社各生产大队任职情况一览表

表 6-1

年份	职务	队别					
		1	2	3	4	5	6
1956	队长	任增德	孙作桢	王志高	贾世茂	贾启堂	邵尚义
1957—1958	队长	类建政	孙作桢	任增德	张松鹤	孙正禄	邵尚义
1956	记帐员	袁大忠	孙立江	孙正锦	辛桂芳	贾启福	丁正水
1957—1958	记帐员	袁大忠	孙立江	孙正锦	孙作匡	贾启福	丁正水

浮山人民公社湛山生产大队

根据中共中央《关于在农村中建立人民公社问题的决议》，1958 年 9 月 14 日由湛山大路街道办事处所辖的湛山五一社和浮山办事处所辖的工农联盟社（浮山所、田家村、亢家庄）、浮西乡的海防社（辛家庄、丁家庄、大尧、逍遥）联合起来成立了“工农兵学商”五位一体、政社合一的东风人民公社。实行生活集体化、组织军事化、生产战斗化，将男女劳动力编为团、营、连、排，公社可统一调配，搞大兵团作战。原 3 个高级社划为 3 个营（生产大队），其中湛山划为第一营（第一生产大队）下设 5 个连，各连设立集体食堂，社员全部到食堂就餐。

1959 年 1 月东风人民公社改为浮山人民公社。1960 年 4 月建立公社管理委员会，湛山又改为第一生产管理区（简称一管区）。

一管区管理干部：

主　　任：任增德

副 主 任：孙中文　贾世茂　丁正丰　张秀兰

主管会计：仲崇光

出纳会计：孙倚云

保　　管：李农林

统　　计：邵尚志

会 计 员：詹仁孝　孙立伦

食堂会计：孙立江　辛桂芳

下设五个生产队：

1958—1959 年各生产队及所属各小队任职情况一览表

表 6-2

队　别	一	二	三	四	五
队　长	类建政	孙中宝	孙立斌	董梦森	秦思和
副 队 长	周公海	孙中岳	宓钊堪	王志高	邵成茂
指 导 员	孙　琪	毛景陶			刘志刚
妇女队长	薛志英	孙秀英	孙进芳	王秀珍	丁淑华
统 计 员	袁大忠	于林清	贾启光	辛承平	胡文中

续表 6-2

队　别	一	二	三	四	五
小队长	马贵庆	王元伦	贾启盛	尚武元	邵尚华
	孙立温	崔久经	王守田	辛玉中	李青山
	高维喜	牟仁海		乔瑞云	邵尚先
	薛君林	辛兆祥			
小队记工员	王秀丽	孙中圣	贾维悦	孙中伟	邵成茂
	韩金祥	张正义	孙立尧	辛玉华	武邦林
	周公海	王玉莲		孙兆升	邵成亮
	吕宝钦	李臻墺			

注：其中指导员皆为下放的国家干部

1960 年经公社研究批准第一生产管理区的生产队长、副队长、队委会委员为：

1960 年各生产队任职情况一览表

表 6-3

队　别	一	二	三	四	五
队　长	孙立温	孙中宝	孙立辉	董梦森（代理）	秦思和
副队长	周公海	孙中岳	突钊堪	王志高	邵成茂
	孙美香	孙秀英	孙进芳	王秀珍	丁淑华
队委会委员	马贵庆	王元伦	孙立冬	尚武元	邵尚先
	高维喜	辛兆祥	孙正明	乔瑞云	丁成智
	孙立水	崔久经	孙美贞	辛玉中	葛本达
	袁大忠	徐茂贵	贾启光	辛承平	
	孙美玲	于林清	孙秀花		
	孙秀美				

1961 年 7 月 1 日第一生产管理区改为湛山生产大队（简称湛山大队）

大 队 长：任增德

副大队长：孙中文　贾世茂　孙中梅　张秀兰

湛山大队历年管理人员：

湛山大队历年管理人员任职时间一览表

表 6-4

职务	姓名	任职时间
大队长	任增德	1958 年—1965 年 9 月
	王元玉	1965 年 10 月—1984 年 9 月
副大队长	孙中文	1958 年 9 月—1965 年
	贾世茂	1958 年 9 月—1964 年
		1973 年—1974 年
	张秀兰	1958 年 9 月—1968 年
		1973 年—1982 年
	丁正丰	1958 年 9 月—1960 年
	孙中梅	1961 年—1962 年

财务人员：

湛山大队历年财务人员任职时间一览表

表 6-5

职务	姓名	任职时间
主管会计	仲崇光	1958 年 9 月—1960 年 5 月 31 日
	钱镇潮	1960 年 6 月 1 日—1961 年 2 月 28 日
	张正义	1961 年 3 月 1 日—1971 年 12 月
	辛承平	1972 年 1 月—1984 年 9 月
出纳会计	孙立江	1960—1970 年
	贾　顺	1971 年至 1984 年 9 月
保管会计	辛承平	1961—1971 年
	周公海	1972 年至 1984 年 9 月
统　计	邵尚志	1961—1964 年
食堂会计	孙立江	1961—1964 年
	辛桂芳	1961—1964 年

1963 年湛山大队取消了下设 5 个生产队的编制，将原 5 个队所属的生产小队改编为直属大队的 19 个生产队。

原一队（一连）的 4 个小队改为第 1、第 2、第 3、第 4 生产队；

原二队（二连）的 4 个小队改为第 5、第 6、第 7、第 8 生产队；

原三队（三连）的 3 个小队改为第 9、第 10、第 11 生产队；

原四队（四连）的 4 个小队改为第 12、第 13、第 14、第 15 生产队；

原五队（五连）的 3 个小队改为第 16、第 17、第 18 生产队；

果园为第 19 生产队。

各生产队历年干部任职情况列表如下：

湛山大队各生产队任职一览表

表 6-6

项目 职务	第一生产队（1985 年撤销）			第二生产队（1988 年撤销）			第三生产队（1972 年撤销）		
	姓名	性别	任职时间	姓名	性别	任职时间	姓名	性别	任职时间
队长	殷有河	男	1963—1964	孙立温	男	1963—1971	石振岩	男	1963—1971
	孙奉修	男	1965—1969	牟仁海	男	1971—1975			
	朱同吉	男	1970—1974	孙中春	男	1976—1978			
	孙作财	男	1975—1980	孙立岳	男	1979—1986			
	孙立峰	男	1981	孙作财	男	1987			
	孙作三	男	1982—1984						
记账员	李洪德	男	1963—1964	韩金祥	男	1963—1965	袁大忠	男	1963—1964
	孙瑞云	女	1964—1965	辛克平	男	1966—1968	任守河	男	1965
	丁桂美	女	1966	孙立柏	男	1969—1970	孙瑞云	女	1966—1968
	马金花	女	1967—1971	孙中春	男	1971—1975	尹周泉	男	1969
	孙淑珍	女	1972	孙立伟	男	1976—1977	郭秀香	女	1970—1971
	马金花	女	1973.1—1973.7	马娴惠	女	1978			
	张玉海	男	1973.8—1975.8	孙红霞	女	1979—1980			
	孙秋梅	女	1975.9—1977.4	仲秀芳	女	1981—1982			
	付爱美	女	1977.5—1981.8	马娴惠	女	1983			
	刘挺利	男	1981.9—1984	王云峰	女	1984			
				孙红霞	女	1985—1986			
				刘本辉	男	1987			
政治队长	王克忠	男	1966—1967	韩金祥	男	1966—1969	任百福	男	1966—1970
	张玉海	男	1968—1969	秦继民	男	1970			
	张聿美	女	1970						
妇女队长	张聿美	女	1963—1975	孙红花	女	1963—1973	孙美玲	女	1964
	逄洪凤	女	1976—1980	马金花	女	1976—1977	侯淑英	女	1965—1966
	辛忠芳	女	1980—1982	葛美云	女	1978—1981	付秀兰	女	1967—1970
民兵排长	马金花	女	1967—1972	秦继民	男	1968—1969	不详		
	付爱美	女	1977—1981	邱凤英	女	1973—1979			

湛山大队各生产队任职一览表

续表 6-6

职务＼项目	第四生产队（1995年撤销）			第五生产队（1987年撤销）			第六生产队（1979年撤销）		
	姓名	性别	任职时间	姓名	性别	任职时间	姓名	性别	任职时间
队长	任守德	男	1963—1965	孙中宝	男	1963—1966	崔久经	男	1963—1965
	李奎文	男	1966—1971	孙中春	男	1966—1974	孙正明	男	1966—1969
	石振岩	男	1972—1983	王立生	男	1975	任守德	男	1969—1977
	王仁生	男	1984—1995	王书喜	男	1976—1978	孙中春	男	1977—1978
				任增德	男	1979—1980			
				付学胜	男	1981—1982			
				刘同信	男	1983			
				孙作财	男	1984—1986			
记账员	尹周泉	男	1963—1964	张正礼	男	1963—1966	孙中洲	男	1963—1964
	吕宝钦	男	1964—1966	张正起	男	1966—1967	辛承秋	男	1964—1966
	张素云	女	1966—1971	辛涛	女	1967—1968	王玉莲	女	1966—1971
	郭秀香	女	1972—1977	高兴茂	男	1969—1975	王子莲	女	1972—1977
	马金花	女	1978—1979	孙艳	女	1975—1977			
	马国惠	女	1980—1983	石云英	女	1978—1983			
	刘青珍	女	1984—1985	辛春德	女	1984—1986			
	马金花	女	1986						
	魏鉴修	男	1987						
	刘本辉	男	1988						
	魏鉴修	男	1989—1995						
政治队长	孙立伦	男	1966—1970	王元伦	男	1966	辛承秋	男	1966—1967
				孙秀英	女	1966—1970	孙中圣	男	1966
							孙正实	男	1968—1970
妇女队长	孙美香	女	1963—1970	孙秀英	女	1963—1965	仲维花	女	1963—1967
	杨青吉	女	1973—1985	孙秀芹	女	1966—1970			
				孙秀英	女	1971—1975			
民兵排长	费立菊	女	1966—1970	孙艳	女	1970—1974			不详
	任增国	男	1973—1974						

湛山大队各生产队任职一览表

续表 6-6

项目 职务	第七生产队（1987 年撤销）			第八生产队（1992 年撤销）			第九生产队（1992 年撤销）		
	姓名	性别	任职时间	姓名	性别	任职时间	姓名	性别	任职时间
队长	徐茂贵	男	1963—1972	李清芳	男	1963	孙正太	男	1963—1965
	孙正谟	男	1973—1986	于林清	男	1963—1964.4	孙正禄	男	1966—1985
				齐敬中	男	1964.5—1965	孙正汉	男	1986—1991
				崔久彦	男	1966			
				谷熙俊	男	1967—1969			
				牟仁海	男	1969—1971			
				徐成全	男	1971—1991			
记账员	孙正铸	男	1963—1964	谷熙俊	男	1963—1964	孙立尧	男	1963—1976
	孙正谟	男	1965—1968	孙立修	男	1965	张爱芳	女	1977
	李秀珍	女	1969—1974	郇玉琴	女	1966—1971	贾梅花	女	1978—1984
	徐光玉	女	1975—1976	孙新华	女	1972—1976	邵先卓	男	1985—1986
	张玉莲	女	1977—1981	王春萍	女	1977—1981	孙公伟	男	1987—1990
	孙贤忠	男	1982—1983	陈国亮	男	1982—1983	王秀琪	女	1991
	孙贤斌	男	1984—1985	亢秀志	女	1984—1991			
	孙正谟	男	1986						
政治队长	王守东	男	1966—1968	徐成全	男	1966—1970	贾启传	男	1966—1969
	臧友文	男	1969—1970				刘爱美	女	1970
妇女队长	王秀英	女	1963—1981	孙进美	女	1963—1971	孙进芳	女	1964
				于芝萍	女	1971—1985	刘爱美	女	1966—1985
民兵排长	臧友文	男	1969—1971	不详			孙美菊	女	1969—1974
							孙中润	男	1975—1977
							宓跃贤	男	1977—1979

湛山大队各生产队任职一览表

续表 6-6

项目 职务	第十生产队（1994年撤销）			第十一生产队（1994年撤销）			第十二生产队（1989年撤销）		
	姓名	性别	任职时间	姓名	性别	任职时间	姓名	性别	任职时间
队长	孙立斌	男	1963—1965	孙正明	男	1963—1965	王书田	男	1963—1967
	房喜文	男	1966—1973	贾启盛	男	1965—1975	孙中伟	男	1968—1972
	邱美英	女	1974—1977	刘同信	男	1975—1982	王宪玉	男	1973—1976
	毛炳顺	男	1978—1986	孙中栋	男	1983—1993	贾安义	男	1976—1978
	高绪平	男	1987—1994				孙中春	男	1979—1981
							王秀珍	女	1982
							贾代友	男	1983—1988
记账员	贾启顺	男	1963—1964	贾维悦	男	1963—1971	孙中伟	男	1963—1967
	辛兆俊	男	1966—1967	刘美珍	女	1972—1980	辛桂珍	女	1968—1969
	隋志全	男	1968—1978	刘青珍	女	1981—1983	王桂爱	女	1970—1975
	贾玉霞	女	1979—1983	孙忠勇	男	1984—1985	辛兆国	男	1976
	由和平	女	1984—1985	孙立庄	男	1986—1993	王桂爱	女	1977—1978
	王秀琪	女	1986—1990				孙　耀	女	1979
	张德业	男	1991—1994				张存瑞	男	1980
							辛丽华	女	1981—1982
							王金峰	女	1982—1987
							辛克林	男	1988
政治队长	董吉胜	男	1966—1970	于瑞芳	女	1966	贾　顺	男	1966—1968
				邱玉林	男	1967—1970	丁作柱	男	1969—1970
妇女队长	孙秀英	女	1964—1975	孙美贞	女	1963—1964	孙中娥	女	1963—1965
	招秀芳	女	1975—1979	刘玉美	女	1965—1969	王洪芳	女	1966—1970
	蓝秀美	女	1979—1993	辛淑芬	女	1970	胡桂珍	女	1971—1979
							王秀珍	女	1982
民兵排长	不详			刘可义	男	1968—1974	孙中娥	女	1964
							刘可诚	男	1968—1975

湛山大队各生产队任职一览表

续表 6-6

项目 职务	第十三生产队 （1987 年撤销）			第十四生产队 （1987 年撤销）			第十五生产队 （1978 年撤销）		
	姓名	性别	任职时间	姓名	性别	任职时间	姓名	性别	任职时间
队长	类建政	男	1963—1965	乔瑞云	男	1963—1965	贾世茂	男	1963
	尚武元	男	1966—1979	辛承泰	男	1966—1967	董梦森	男	1964—1965
	类维国	男	1980—1986	刘可木	男	1968	类建政	男	1966—1971
				辛承泰	男	1969—1970	王秀珍	女	1972—1977
				张永和	男	1971—1986			
记账员	李孝增	男	1963—1964	孙照升	男	1963—1967	贾世友	男	1963—1965
	辛承升	男	1965—1966	邱美珍	女	1968—1974	王洪兰	女	1966
	孙立恺	男	1966—1968	贾荣华	女	1976—1977	辛承岱	男	1966—1973
	孙中丰	男	1969—1975	辛　艳	女	1978	王洪光	男	1974—1975
	孙建华	女	1976—1979	孙玉珍	女	1979—1982	辛兆胜	男	1975
	孙保粮	男	1980—1983	曹玉英	女	1984	孙培刚	男	1975—1976
	谭青克	男	1983—1984	杨秀兰	女	1985—1986	袁桂兰	女	1977
	孙中丰	男	1985						
	类维国	男	1986						
政治队长	李孝增	男	1966—1970	贾世友	男	1966—1970	贾世茂	男	1966—1970
妇女队长	孙秀玲	女	1963—1965	张素云	女	1963—1965	王秀珍	女	1963—1965
	徐金美	女	1966	孙正花	女	1966—1967	姚桂兰	女	1966—1977
	孙淑美	女	1972—1973	辛永梅	女	1968—1977			
	王美英	女	1978—1986	姚桂兰	女	1983—1986			
民兵排长	不详			不详			不详		

湛山大队各生产队任职一览表

续表 6-6

项目 职务	第十六生产队（1992 年撤销）			第十七生产队（1982 年撤销）			第十八生产队（1986 年撤销）		
	姓 名	性别	任职时间	姓 名	性别	任职时间	姓 名	性别	任职时间
队长	邵尚春	男	1963	邵尚义	男	1963	秦思和	男	1963—1966
	邵尚志	男	1964—1965	邵尚先	男	1964—1965	丁立德	男	1967—1968
	武邦林	男	1966—1970	孙作津	男	1966	邵成流	男	1969—1973
	袁有吉	男	1970—1974	丁成航	男	1966—1967	孙振法	男	1974—1980
	邵先纯	男	1974—1992	邵尚义	男	1968—1972	赵秀春	女	1981—1986
				丁成航	男	1973—1981			
记账员	武邦林	男	1963—1965	丁成航	男	1963—1965	胡文忠	男	1963—1964
	丁正宏	男	1966—1967	丁正广	男	1966—1967	胡文钦	男	1964—1966
	丁重阳	男	1968—1969	丁成航	男	1968—1972	丁成利	男	1966
	邵先纯	男	1970—1971	丁秀兰	女	1973—1976	丁彩英	女	1966—1967
	武邦林	男	1972	丁菊花	女	1977—1979	何子增	男	1968—1975
	邵先纯	男	1973—1974	曲爱兰	女	1980—1981	孙玉珍	女	1976—1978
	丁正善	男	1975—1976				胡正芳	男	1979—1984
	李秀芬	女	1977				赵秀春	女	1986
	袁小琴	女	1978—1981						
	丁启蔚	女	1981—1983						
	丁立哲	男	1984—1992						
政治队长	肖维宗	男	1966—1970	王秀珍	女	1966—1967	孙振法	男	1966—不详
				丁成航	男	1968—1970			
妇女队长	袁秀花	女	1966—1973	丁玉美	女	1963—1964	丁秀花	女	1964—不详
				李桂花	女	1966—1967	单连贞	女	1966—不详
				王秀珍	女	1968—1970			
民兵排长	不详			不详			不详		

湛山大队各生产队任职一览表

续表 6-6

项目/职务	第十九生产队（1978 年撤销）			第二十生产队（1968 年撤销）		
	姓 名	性别	任职时间	姓 名	性别	任职时间
队长	牟仁海	男	1963	王元玉	男	1965
	王志高	男	1964—1965	王元伦	男	1966—
	孙正海	男	1966	张正礼	男	1967
	吴明德	男	1967			
	牟仁海	男	1968			
	徐宝友	男	1969—1972			
	肖维启	男	1973—1975			
	胡玉萍	女	1975—1977			
记账员	隋安庆	男	1963—1965	辛美香	女	1965
	孙中亭	男	1966	丁作福	男	1966—1967
	孙立修	男	1967—1977			
政治队长	宓钊堪	男	1966—1968			
	贾世珍	男	1968—1970			
妇女队长	孙玉芳	女	1963—1964			
	辛桂芳	女	1965—1967			
	仲维花	女	1968—1974			
民兵排长	不详					

1965 年为了推广科学种田，在温室的基础上设立了农业科技试验田，编为第 20 生产队（也称技术队），1968 年并入 6 队。

此后，湛山大队的农业生产组织再无重大变化，直到农业生产结束。

湛山农工商公司

1984 年浮山人民公社和湛山大队撤销后，成立了湛山农工商公司，此时 3、6、15、17、19 等 5 个生产队因土地被征用已撤销，至 1995 年随着最后一个生产队 4 队的土地被征用，最终结束了湛山村农业生产的历史。

各生产队撤销时间一览表

表 6-7

队别	撤销时间	队别	撤销时间	队别	撤销时间
1	1985	8	1992	15	1978
2	1988	9	1992	16	1992
3	1972	10	1994	17	1982
4	1995	11	1994	18	1986
5	1987	12	1989	19	1978
6	1979	13	1987		
7	1987	14	1987		

第二节　生产条件

土地

1949 年共有可耕地 1524 亩，其中菜园地 371 亩，大多数皆为农田地。农田地缺少水浇条件，又多为山地丘陵和山前缓坡地，水土流失较严重，养分含量缺乏，以种植粮食作物为主。农业合作化以后转变为以种植蔬菜为主，随着水利灌溉的发展，加之 20 世纪 60 年代后大搞深翻土地改良土壤，逐渐将农田地改良为菜园地，至 1975 年停止了粮食作物的种植。

20 世纪 60 年代深翻土地

1975 年在“农业学大寨”运动中大搞造大寨田

历年土地统计表

表 6-8　　单位：亩

年份	耕地总亩数	其中			
		菜田	农田	果园	自留地
1949	1524	371			
1950	1514	382			
1951	1507	397			
1952	1302	449			
1953	1221	471			
1954	1109	493			
1955	1184	502			
1956	1174	498			
1957	1131	492			
1958	1642.1	530	1049.92		
1959	1421.13	907	350		
1960	1218	869	262		
1961	1208	769.68	345.69		
1962	1308.09	756.08	417.08	15.23	82.01
1963	1233.68	702.98	433.43	15.26	82.01
1964	1227.93	704.83	439.39	15.87	83.71
1965	1125.83	684.12	438.08		
1966	1198.76	682.1	432.95		
1967	1204.36	682.73	437.63		
1968	1204.36	720.45	399.91		
1969	1225.79	720	421.79		
1970	1214.65	732	340.65	58	84
1971	1121.46	726.81	272.46	58	84
1972	1131.51	717.05	234.90	58	84
1973	1062.31	692.3	228.01	58	84
1974	1208.39	659.32	192.73	38.61	84
1975	981.05	807.6		30	84
1976	890.40	806.95		33.45	50

续表 6-8　　单位：亩

年份	耕地总亩数	其中			
		菜田	农田	果园	自留地
1977	841.67	791.67			50
1978	758.9	708.9			50
1979	681.19	631.19			50
1980	650	625.1			24.9
1981	565	536.17			28.83
1982		506.5			
1983		446.6			
1984		419.7			
1985	283.2	265.964			12
1986		239.674			
1987	192.6	176.5			
1988	193.524				
1989	167.8				
1990	152.3				
1991	152.3				
1992	153.4	153.4			
1993	86.14				
1994	65.4	65.4			
1995	0	0			

水利

农业合作化以前，历来延续着个体农耕方式，农田大多没有水浇条件，菜园户在地里打上一眼井，用辘轳提水浇园。湛山周围地下水资源较为丰富，但遇大旱大涝之年则无能为力，而山坡丘陵农田缺水，只能靠天吃饭，祈求风调雨顺。

农业合作化以后，原有的小农经营条件已经远不能适应集体化大生产。水利是农业的命脉，1956 年春在村前打了第一眼大井，施工中发生塌方，造成女青年社员辛某某不幸罹难，这是在水利建设中因没有经验而付出的沉重代价。此后改进了方法，科学施工，各队地片逐年都打了大井，1958 年又在村后修了三八水库。至 1959 年共有水库一座、塘坝 5 座、水井 181 眼、机井 2 眼、水车井 27 眼，总蓄水量为 5.05 万吨。

1970 年秋，浮山公社投资 120 万元，举全社之力，修建污水工程，历时达10年之久。该工程是将青岛老市区汇集到太平路大学路路口青岛二中附近的污水排泄处的污水加压，沿莱阳路、南海路、正阳关路、太平角、东海路、延安三路、小湛山东山、亢家庄村前、浮山所北山、田家村羊角沟到大王沟贮水水库，再经大尧北山到逍遥东山，全长9.5公里。沿途建有南海路、黄海路、延安三路3处泵房。此项工程设计可灌溉全公社65%以上土地，且又水肥兼得，但后来发现大量使用污水造成环境污染，相关部门作出规定，除非遇严重干旱需经市有关领导批准，严格限制使用，随着公社解体此项污水工程也被废弃。

1949—1977年水利设施统计表

表6-9

年份	水库（个）	塘坝（个）	机井（个）	水浇亩数	总亩数
1949				366	1524
1950				378	1514
1951				394	1507
1952				437	1302
1953				451	1221
1954				460	1109
1955				472	1184
1956				480	1174
1957				560	1131
1958	1	1	1	720	1642.1
1959	1	5	2	780	1421.13
1960	1	5	2		1218
1961	1	5	2		1208
1962	2	5	8	510	1308.09
1963	2	5	8	592	1233.68
1964	2	4	15	594	1227.93
1965	2	4	17	750	1125.83
1966	2	4	20	930	1198.76
1967	2	4	22	950	1204.36

续表 6-9

年份	水库（个）	塘坝（个）	机井（个）	水浇亩数	总亩数
1968	2	5	24	950	1204.36
1969	2	5	25	950	1225.79
1970	2	7	26	950	1214.65
1971	2	7	24	726	1121.46
1972	2	7	23	701	1131.51
1973	2	6	23	760	1062.31
1974	2	6	24	850	1028.39
1975	2	6	24	897.5	981.05
1976	2	6	24	840	890.40
1977	2	6	24		841.67

肥料

在单干和高级社时期所用肥料全为农家肥（有机肥），主要有人粪尿、圈肥、厩肥、炕土、河泥、绿肥、饼肥、草木灰等。20 世纪 50 年代初开始兼用少量硫铵等化肥，当时叫肥田粉。

1958 年成立人民公社后，各生产队都用地排车装上木制盒子做成尿车，有专人到各家各户收集人粪尿和炕土、猪粪等，以质论价。后来市环卫局专用的解放牌大罐肥料车在市区大量收集人粪尿送往各生产队，是肥料主要来源。大队有肥料管理员贾启光总管调度，按计划给各生产队配送，生产队都在各自地片修建大型尿池子，贮存发酵随时备用。

20 世纪 60 年代中后期，化肥用量和品种增加，有氮肥、磷肥、钾肥、复合肥等等，但仍以有机肥为主。

农具

农业生产始终延续着古老简陋、世代相传的农具。可分为畜力农具和手工农具。

畜力农具主要有犁、耙、耧、车等。

手工农具又分为田间、场间、加工、运输等几类。

田间农具主要有锄、镰、锨、镢、洋镐、竹耙、耙头子、三齿钩子、扛犁、辘轳、水车、担杖、水桶、尿桶、尿勺子、喷壶、喷雾器等。

场间工具主要有木杈、木锨、木耙、连枷、扫帚、铡刀、碌碡、苫、地瓜切片铡等。

加工农具主要有石磨、石碾等。

运输农具主要有扁担、抬筐、笆篓、偏篓、驮篓、大筐和木、胶轮小推车、地排车等。地排车曾经是各生产队蔬菜生产的主要运输工具。

1951 年根据全国农具会议提出的“要有重点地示范推广新式农具”的精神，青岛市大力推广新式农具，湛山也增加了双轮双铧犁、手摇地瓜切片机、手摇农药喷粉器、高压喷雾器、解放式畜力水车、刨地机等。人民公社成立以后发展了农业机械，但常用农具一直到 1995 年农业生产最后终止也没有发生大的变化。

1956 年湛山五一社成立时，各农户的主要农具大部分作价入社。

五一社农具总结表（1956年）

表6-10

名称	数量	价格（元）
胶轮小车	38辆	787
胶轮地排车	12辆	403
铁地排车	23辆	333.5
木轮拥车	3辆	31
胶割胎小车	3辆	38
水车	1部	45
辘轳全套	81套	319.5
水斗子	36个	77.2
柳斗子	1个	1
绳子	19根	21.2
铁丝绳	2根	7.7
辘轳头	35个	54.7
喷壶	9把	30.3
喷雾器	12套	183
喷粉筒	2套	6.4
大尿桶	15.5对	61.5
水尿桶	19.5担	64.7
菜筐	16个	17.2
洋镐	26把	38.2
老居民委员会洋镐	1把	不搭钱
气磅	1个	5
铡	6把	20
驴	8头	117
骡子（20岁口后腿有毛病）	1头	50

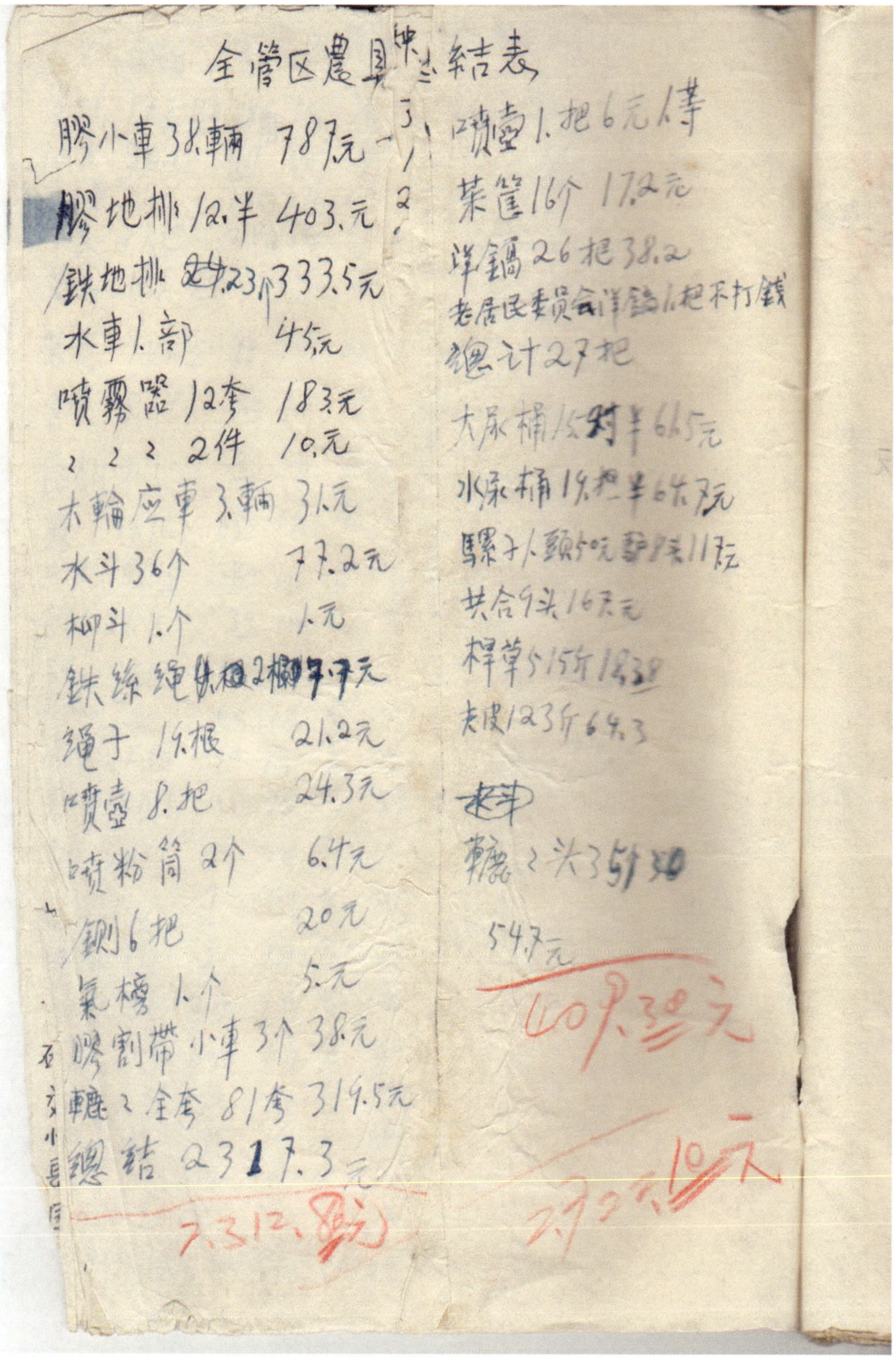

全管区農具总結表

膠小車38辆 787元
膠地排12半 403元
鐵地排23 333.5元
水車1部 45元
噴霧器12套 183元
〃 〃 〃 2件 10元
木輪座車3辆 31元
水斗36个 77.2元
柳斗1个 1元
鐵絲繩[illegible] 77元
繩子15根 21.2元
噴壺8把 24.3元
噴粉筒2个 6.4元
鍘6把 20元
氣樓1个 5元
膠割带小車3个 38元
轆轤全套81套 319.5元
總結 2317.3元
2312.8元

噴壺1把6元
菜筐16个 17.2元
洋鎬26把 38.2
老居民委员会洋鎬1把不打錢
總计27把
大尿桶15对半 66.5元
水尿桶15担半 64.5元
騾子1頭[illegible] 11元
共合9头 1675元
稈草515斤 18.38
[illegible]123斤 64.3
水車
轆轤2头 35[illegible]
547元
609.38元
2922.10元

五一社农具总结表原件影印

湛山大队人力和畜力运输车辆统计表

表 6-11　　　　单位：辆

年份	地排车	小推车	马车
1961	65	37	
1962	76	20	5
1963	93	20	3
1964	84	17	2
1965	88	28	3
1966	82	26	3
1967	69	23	3
1968	107	34	3
1969	118	32	6
1970	129	39	6
1971	120	40	4
1972	136	47	4
1973	157	60	4
1974	173	64	3
1975	175	67	3
1976	179	75	3

农机

1958 年后逐渐增加了农业机械，主要是用于农田灌溉的水力机械和脱谷机以及农业运输机械等。各生产队陆续增加了青岛内燃机厂 1958 年试制出的 Q581 型小型汽油抽水机，体积小、重量轻、移动使用方便，适于从小型水库塘坝和一般水井抽水灌溉。在水源充足的水库和较大型机井都建了电机房，安装了固定的电动抽水机，三八水库则安装了较大的电动机和扬程较高的水泵，基本实现了水利机械化。

1964 年从威海购进固定式脱谷机，实现了小麦脱粒机械化。

1979 年统计共有农业机械 1106.69 马力，其中：

电动机 53 台 356.59 马力（262 千瓦），

汽油机（Q581 型 3.5 马力）16 台　56 马力，

泰山 -25 型拖拉机 1 台 24 马力，

泰山 -12 型拖拉机 16 台 192 马力。

历年农机情况统计表

表 6-12

年份	3.5 马力汽油抽水机	电动机		潜水泵	脱谷机	粉碎机	刨地机	铡草机
	台数	台数	千瓦	台	台	台		台
1958	6							
1959	9	8	56					
1961	12	8	56					
1962	14	13	100					
1963	14	9	97.8					
1964	14	9	97.8		1			
1965	15	16	108.1		1			
1966	15	16	108.1		1			
1967	16	19	116		1	1		
1968	16	21	107		1	1		
1969	16	23	130.7		1	1		
1970	16	24	130.7		1	1		
1971	17	40	184.8		2	1		
1972	16	54	272.7		2	1		
1973	16	66	295.7		3	1		
1974	17	90	391.8		3	1		
1975	17	90	359.7		2	1		
1976	17	91	416.4		1	1		
1979	16					2		3
1989				11			1	
1991		119	439.3	11				

机动车

1972 年农用机动车有 12 马力泰山 –12 小型拖拉机 1 台，1973 年购进 GMC 大货车 1 辆，1974 年又增加了解放牌大货车和拖拉机，共有汽车 3 辆、拖拉机 5 台，1975 年共有汽车 2 辆、拖拉机 8 台，1976 年共有汽车 2 辆、拖拉机 13 台，1979 年共有汽车 3 辆、泰山 –25 型拖拉机 1 台、泰山 –12 型拖拉机 16 台。

1979 年湛山车队机动车（孙正实提供）

车队

随着机动车和驾驶员的不断增加，1976 年开始建立车队，其编制属机修厂，1978 年脱离机修厂编制正式成立独立核算的车队，1984 年车队解体驾驶员分配到各单位。

队长：张正礼

会计：孙忠杭

1984 年机动车驾驶员：

准驾车类	人数
大客	4
大货	6
大拖	4
小拖	8

1980 年湛山车队全体驾驶员合影（孙中杭提供）

劳动力（农业）

从事农业生产的劳动力，随着五一社、湛山大队、湛山农工商公司各个时期的动态变化，体现了农业生产由增到减的变化过程。

各时期农业生产劳力统计表

表 6-13

年份	共有劳动力数	男劳力	女劳力	备注
1956	741	389	352	五一社
1970	1023	486	537	人民公社
1985	193	61	132	农工商公司
1990	43	17	26	农业劳力锐减
1994	7	3	4	
1995	0	0	0	农业结束

第三节 作物种植

粮油作物

合作化以前农户自给自足，根据各自的土地条件和生活需要安排农作物种植，主要有地瓜、小麦、玉米、大麦、谷子、高粱、豌豆、花生、芝麻等。农业合作化初期仍延续了单干时期的种植习惯，以地瓜、小麦为主，兼种少量其他品种。成立人民公社以后，本地区成为青岛市蔬菜生产基地，遂以种植蔬菜为主，粮食和其他农作物逐年减少，社员口粮不足的部分由国家供应。

地瓜

地瓜的适应性强，稳产高产，曾经是本地农民的主要口粮，大多数农家都是靠地瓜“当家”，产量最高的 1956 年总产达 68.84 万余公斤。地瓜种植分为春地瓜和秋地瓜，春地瓜立夏前栽芽子，也叫芽瓜，生长期 170 天左右；秋地瓜麦收后在麦茬地栽蔓，也叫蔓（wàn）瓜，生长期 120 天左右。新中国成立前种植品种多为本地瓜，也叫大长蔓，蔓长可达 7 条地瓜垄，皮的颜色黄白、筋多，产量较低。日本侵华后于 1943 年带来“冲绳 100 号”地瓜品种，在胶济铁路沿线各农事试验场进行试种，让中国老百姓以地瓜充饥，腾出粮食补充日军给养。抗日战争胜利后“冲绳 100 号”改名为“胜利百号”，俗称“一窝猴”，该品种由于高产优质，出干率高而成为地瓜种植主要品种。农业合作化以后又引进产量较高的“华北 5245”“北京 553”等品种。

1956 年合作化前后地瓜的垄距和株距大，植株栽培稀，一般亩栽 1500 株左右，除了基施土肥外，一般不追肥，中耕除草 2 ~ 3 次，雨后翻蔓薅草。育苗形式多为室内火炕育苗，20 世纪 60 年代后地瓜栽培逐步采取的主要技术措施有：改大垄稀植为小垄密植，每亩平均 3500 株左右，适时追肥，浸种防治地瓜线虫病和黑斑病，并采用回龙火炕育苗，温床育苗和塑料薄膜育苗等。20 世纪 60 年代中期曾实验推广“窝瓜下蛋”栽培技术，在气温 10℃

生产队收获地瓜的情景（本公司档案提供）

以上开始栽培，通过直栽、浅栽、清墩等措施抑制瓜母膨大，促进子瓜生长，后来因春地瓜面积减少和病虫害蔓延而被淘汰。

地瓜收获后，一般采取传统的棚藏。

小麦

小麦是主要粮食作物之一，栽培历史悠久，但大多数农家因生活贫困小麦只留作逢年过节，红白喜事，招待来客，一般平日都不舍得吃白面，多以地瓜、地瓜干和其他粗粮为主食，因而小麦在农作物种植中占比例有限。

小麦秋分时节播种，翌年夏至前后收割，本地有“麦割夏至”的农谚，生长期270天左右。播种方式曾长期点肥墩播，每亩育苗10万株左右。新中国成立后，提倡科学种田，兴修水利，小麦种植改为条播和畦田化，合理密植，每亩育苗12万～15万株，并开始推广使用化肥和防治小麦病虫害。生长过程中栽培管理主要有足墒足肥下种、追越冬肥、浇封冻水、返青前镇压划锄、浇返青水、拔节水、灌浆水。在旱薄地采取施底肥，春季相机追肥，以划锄镇压为主要措施，并选用抗旱品种等以提高产量。1958—1960年开始深翻改土，畦种条播，但有些麦田播种过密造成减产，1962年后，提倡适当密植，最高年产量为1959年总产6.78万余公斤。

大麦 豌豆

大麦和豌豆是早熟粮，在青黄不接时可补充粮食不足问题，但产量较低，种植不多。最高年产量大麦为1963年总产1.54万余公斤；豌豆为1959年总产5500余公斤。

玉米

玉米分春、夏、秋三种，春玉米4月20日左右播种，生长期约120天；夏玉米于5月20日左右在麦畦间套种，生长期约110天；秋玉米在麦收后6月20日前后播种，生长期约90天，根据地力、光照、通风等条件，平均每亩1500～2000株。

最高年产量为1958年总产2.67万余公斤。

高粱

主要沿袭传统栽培法，宽行稀植，不追肥不浇水。主要品种有笤帚苗、达子缨、长挺秆、席高粱、牛心红、骡子尾等。高粱可以酿白酒、作饲料，过去也曾是贫苦农民的主要口粮之一，随着生活水平的提高，已很少作食用，其秸秆用作建筑材料经济价值超过粮食。农业合作化以后极少种植，最高年产量为1956年总产3250公斤。

谷子

以种植春谷为主，主要品种有毛谷、八大杈、黄谷、相公辫子、老来变等。栽培管理主要有春季抢墒早播、播后镇压、壮苗壮根、及时间苗、定苗等。农业合作化以后只有少量种植，最高年产量为1970年总产1.26万余公斤。

稻子

1957年至1960年曾试种旱稻最多年产量为1957年853.4公斤，后因本地条件不适宜，遂停止种植。

小杂粮

一般利用田边地头零星间种混作，主要品种有绿豆、豇豆、小豆、黍子、荞麦、穇子等。合作化以后小杂粮基本停止了种植。

花生

花生基本沿用平种，少施或不施肥，不浇水。合作化以后推广半蔓和立蔓晚熟大花生品种，1960年以后又推广了花生“浸种催芽”播种，清棵蹲苗和增施磷肥等技术措施。

种植量不多，最高年产量为1967年总产1.74万余公斤。

大豆芝麻

种植量极少，最高年产量大豆为1970年总产3985.75公斤；芝麻为1959年总产428.25公斤。

湛山村历年各类农作物产量产值平均单价统计表

表 6-14　　　　单位：斤、元

序号	1		2		3		4		5		6		7		8	
品名	小麦		大麦		地瓜		大豆		花生		玉米		豌豆		高　粱	
年度＼项目	产量/产值	均价	产量/产值	均价	产量/产值	均价	产量/产值	均价	产量/产值	均价	产量/产值	均价	产量/产值	均价	产量/产值	均价
1956	57096.43	0.107	1703.2	0.07	1376830.8	0.025					50484.3	0.035	856.5	0.12		
	6081.97		121.17		34240.7						1767.21		104.4			
1957	106843	0.11			664543	0.024			5802	0.11	22255.9	0.077	352.8	0.10	6500	0.074
	11752.74				15994.04				638.22		1714.9		35.7		483	
1958	89812.42	0.11	194.8	0.10	1267780.14	0.021			11570	0.12	53392.1	0.079	663	0.11	661.14	0.073
	9907.78		19.45		26834.91				1388.4		4193.53		72.92		48.14	
1959	135640.5	0.11	5058.5	0.06	515177.45	0.023			20853	0.125	5819	0.08	11122	0.09		
	14412.7		305.56		11606.62				2606.73		465.52		1001.03			
1960			7051.5	0.07	38184	0.026			6365.5	0.14	2339	0.078	8840.5	0.09	3124.75	0.08
			485.14		990.79				897.17		182.44		795.6		248.48	
1961	19742.3	0.11	9123.5	0.07	469365	0.021	320	0.06	32088	0.13	3516.1	0.08	9436.7	0.10	367.5	0.05
	2171.65		620.41		9762.79		19.2		1471.44		281.29		943.67		18.38	
1962	31965	0.11	20551.9	0.07	510507.5	0.022	320	0.12	20192	0.13	48	0.08	1055.2	0.10		
	3516.16		1397.54		11242.6		38.4		2624.96		3.84		105.52			
1963	96617.2	0.11	30874.3	0.064	480983	0.021	1326.5	0.12	16947.5	0.13	1630	0.08				
	10627.88		1963.45		10003.51		159.22		2203.2		130.37					

续表 6-14

单位：斤、元

序号	1		2		3		4		5		6		7		8	
品名	小麦		大麦		地瓜		大豆		花生		玉米		豌豆		高粱	
年度 \ 项目	产量 产值	均价	产量 产值	均价	产量 产值	均价	产量 产值	均价	产量 产值	均价	产量 产值	均价	产量 产值	均价	产量 产值	均价
1964	105539.2	0.125	6421.4	0.068	651255	0.021	1756.4	0.12	22387.5	0.196	2879.7	0.08			373.3	0.08
	13192.42		436.65		13546.15		189.13		4387.95		230.26				29.86	
1965	108840.5	0.125	1055	0.068	616577.5	0.021	1391.5	0.12	12608.5	0.2	993.5	0.08			125	0.05
	13605.09		71.74		12824.79		167.4		2521.7		79.48				6.25	
1966	131453	0.125	860	0.068	569660	0.024	821.7	0.12	26566	0.2	3148.7	0.08			147	0.05
	16431.63		58.48		13671.84		98.6		5313.2		251.9				7.35	
1967	138220	0.125	1306	0.068	655660	0.024	280.5	0.12	34829	.02						
	16215.02		88.81		15734.4		33.66		6965.8							
1968	108356.9	0.125			550587.5	0.024	2917.1	0.12	15750.5	0.2	604	0.08				
	13564.59				13214.1		350.03		3150.1		48.32					
1969	99110.6	0.125			433987.5	0.024	3466	0.12	1981	0.22	110.5	0.08				
	12388.73				10415.7		415.93		431.91		8.84					
1970	93801.8	0.125			299405	0.024	7971.5	0.12								
	11725.23				7185.75		956.65									
1971	83640.8	0.125			563637.5	0.024	3740.5	0.12			1743	0.08			2567.5	0.07
	10455.1				13502.46		448.86				139.44				179.86	
1972	85456	0.125			454785	0.024	1791.7	0.12	1352	0.25					2451	0.07
	10682.09				10914.84		214.98		338						171.79	

续表 6-14

单位：斤、元

序号		1		2		3		4		5		6		7		8	
品名		小麦		大麦		地瓜		大豆		花生		玉米		豌豆		高粱	
年度	项目	产量/产值	均价	产量/产值	均价	产量/产值	均价	产量/产值	均价	产量/产值	均价	产量/产值	均价	产量/产值	均价	产量/产值	均价
1973	产量	74023	0.12			579599	0.024	1466	0.12	1227	0.22	12393.5	0.08			51995	0.06
	产值	8882.76				13911.24		175.92		269.94		992.97				321.98	
1974	产量	90693.1	0.12			3069.5	0.024	434.5	0.12	700	0.22	2581.3	0.08				
	产值	10882.28				73.62		52.14		154		206.5					
1975	产量									450	0.22						
	产值									99							
1976	产量									268	0.22						
	产值									58.96							

湛山村历年各类农作物产量产值平均单价一览表

表 6-15

单位：斤、元

序号		9		10		11		12		13		14		15		16	
品名		旱稻		谷子		胡麻		䅟子		芝麻		豇豆		什粮			
年度	项目	产量/产值	均价	产量/产值	均价	产量/产值	均价	产量/产值	均价	产量/产值	均价	产量/产值	均价	产量/产值	均价	产量/产值	均价
1956	产量																
	产值																
1957	产量	1706.8	0.10	4836.2	0.073												
	产值	170.65		352.69													

续表 6-15

单位：斤、元

序号 品名 项目 年度	9 早稻 产量/产值	9 早稻 均价	10 谷子 产量/产值	10 谷子 均价	11 胡麻 产量/产值	11 胡麻 均价	12 糁子 产量/产值	12 糁子 均价	13 芝麻 产量/产值	13 芝麻 均价	14 豇豆 产量/产值	14 豇豆 均价	15 什粮 产量/产值	15 什粮 均价	16 产量/产值	16 均价
1958	1225	0.10	550	0.11			50	0.05								
	122.5		61.21				2.5									
1959	548.5	0.10	13439	0.065					856.5	0.28	839.5	0.10				
	54.85		873.53						240.03		83.99					
1960	309.5	0.10	3624	0.07	969.25	0.18			751.25	0.28	26	0.10				
	30.95		253.68		176.32				210.35		2.6					
1961					287	0.26			28.2	0.26						
					74.62				7.33							
1962																
1963																
1964																
1965	539	0.14														
	76.04															
1966	30	0.10									499.6	0.12	3777	0.10		
	3										60.06		382.19			

续表 6-15

单位：斤、元

序号	9		10		11		12		13		14		15		16	
品名	早稻		谷子		胡麻		䅟子		芝麻		豇豆		什粮			
项目 年度	产量 产值	均价	产量 产值	均价	产量 产值	均价	产量 产值	均价	产量 产值	均价	产量 产值	均价	产量 产值	均价	产量 产值	均价
1967											302 36.24	0.12				
1968			2727 295.63	0.11							207 24.84	0.12				
1969			23302 2602.16	0.11												
1970			25247.5 3155.97	0.125							191.5 22.97	0.12				
1971			12914.5 1615.38	0.125												
1972			3514.5 419.73	0.12												
1973											204.5 23.05	0.11				
1974																
1975																
1976																

蔬菜作物

青岛市建制之初，由于城市的需求，湛山村许多农户便开始从事商业性蔬菜生产，把土质条件较好的农田打上井专种蔬菜，那时叫开菜园。随着城市的发展，蔬菜需求量不断增加，种菜户也越来越多，至1956年成立高级社时，就直接成立了“青岛市市南区五一蔬菜生产合作社”，以种植蔬菜为主。1958年青岛市决定建立蔬菜基地，1959年湛山大队和市区浮山、吴家村、西流庄3个公社的14个大队定为蔬菜专业队。湛山蔬菜上市量1957年260.3332万公斤，1958年363.9725万公斤。

湛山蔬菜栽培共有40多个品种，其中上市量较大的有小白菜、油菜、菠菜、大头菜、茼蒿、冬瓜、方瓜、黄瓜、茭瓜、北瓜、脆瓜、水萝卜、韭菜、芹菜、茄子、云豆等。

栽培方式主要为露地栽培和保护栽培，瓜类、茄果类等许多品种在早春一般多利用保护地育苗，供大田栽培，实现早熟高产，是蔬菜育苗的一种主要方式。其设施多采用风障畦，覆盖材料用玻璃加草苫，夏秋季多采用遮阳棚下做高畦的方法进行育苗。20世纪50年代末大搞了农田水利基本建设，打井治水，平整土地，引进新的蔬菜品种、新农药、新化肥和塑料薄膜覆盖材料等措施，从而不断提高菜田的生产能力，促进了大田栽培技术的改进。保护地栽培始于越冬菜架风障和风障阳畦育苗，后来逐渐发展了玻璃温室、塑料小拱棚、塑料大棚、地膜覆盖等。1958—1959年为了发展温室蔬菜生产，青岛市举办了温室蔬菜培训班，并在湛山大队大园（今太平角公园）建温室两栋，湛山大队参加学习的有王元玉、孙中圣、张振吉、张正礼4人，王元玉任培训班的大班长。聘请北京玉渊潭公社温室种菜能手周子忠讲课，结合实际操作进行授课，为青岛市培训了一批技术骨干。

五一社成立以前菜农个体经营，蔬菜上市主要靠菜农各自运往桑梓路菜市场自销或菜贩子直接到菜园收购，这种生产和流通方式到高级社时结束。1956年后青岛市蔬菜公司成立，各级政府相继设立了蔬菜办公室、蔬菜局、蔬菜站等生产管理部门。青岛市蔬菜公司内设生产科，产地设收购点，配生产联络员，经过1957—1959年的过渡，1960年在近郊商品菜基地实施蔬菜产销计划管理。每年的蔬菜生产计划，包括种植面积和交售数量由市政府主管部门编制，逐级下达到蔬菜基地各公社，各公社再将蔬菜生产计划分解下达到各生产大队（村）。青岛市蔬菜公司在集中产地设立固定收购点，其中在湛山大队设立一个收购点，委派生产联络员数人长驻湛山，配合各生产大队将生产计划分面积、品种、播种时间、上市时间、上市数量分解下达到各生产队并落实到地块。各生产队种植计划的执行情况，由蔬菜公司驻生产大队的生产联络员按旬、月、季、年汇总逐级上报。在执行中遇到因种子不足、苗子受损、各种自然灾害等原因造成绝产，需要改种其他品种时，都要层层上报，经研究批准后才能改种。收购方式为蔬菜公司驻生产大队联络员负责组织全大队日、旬、月上市计划汇总上报。每天的蔬菜出园计划由各生产队提前一天报收购点，收购点汇总报蔬菜公司，并根据收购数量均衡分配到全市各零售点。交售方式一般由生产队运到广州路和桑梓路蔬菜公司批发部评价，然后再送往市南、市北、台西、台东各蔬菜零售商店。运输工具在20世纪60年代以前主要靠人力地排车和几辆马车；70年代以拖拉机为主；80年代在拖拉机的基础上又增加了汽车运输。这种统购统销的计划管理体制一直到1985年蔬菜体制改革时止，历时20年。随着改革开放的深入发展，根据“开放搞活”的方针，按照市政府“管好菜园子，丰富菜篮子”的指示精神，实行了经济承包责任制和生产责任制，与经营部门签订蔬菜订购合同，合同之外部分可议购，逐步过渡到生产队自主经营，根据市场需求生产队自主安排蔬菜种植品种和数量。蔬菜销售或由生产队自由联系零售菜店，或直送自由市场，或直接由菜贩子承包等多种渠道，直至 1995 年蔬菜生产全部结束。

湛山蔬菜历年上市量统计表

表 6-16　　单位：万公斤

年度	上市量	年度	上市量	年度	上市量	年度	上市量
1957	260.35	1961	589.8	1965	537.45	1969	795.05
1958	363.45	1962	303.55	1966	698.05	1970	644.15
1959	566.05	1963	395.95	1967	953.15	1975	524.55
1960	469.95	1964	336.1	1968	1001.9	1980	470.2

湛山村历年各类上市蔬菜产量、产值、平均单价统计表

表 6-17　　　　单位：斤、元

序号	1		2		3		4		5		6		7		8	
品名	红丁		蒜苗		黄瓜		方瓜		小白菜		冬瓜		菠菜		韭菜	
年度 \ 项目	产量/产值	均价	产量/产值	均价	产量/产值	均价	产量/产值	均价	产量/产值	均价	产量/产值	均价	产量/产值	均价	产量/产值	均价
1956																
	14.04		1047.39		2680.84		2803.1		12693.07		9382.78		2495.78		1623.73	
1957	2529.8	0.062	14061.1	0.19	176318.3	0.036	207216.8	0.031	859206.7	0.024	361327	0.015	838145	0.047	117679.7	0.04
	157.1		2671.61		6435.62		6382.28		20352.23		5275.38		39516.34		4695.43	
1958	2287	0.062	15740	0.19	107365	0.037	381147	0.031	1778651	0.024	264500	0.042	801632	0.047	84990	0.046
	142.12		2990.01		3921.45		11765.36		42131.32		11014.28		37794.84		3933	
1959	63934.5	0.108	76595.6	0.171	126445.92	0.06	259519	0.039	2219101.8	0.032	418758.5	0.049	1797331	0.054	138951.46	0.129
	6887.34		13086.1		7574.94		10114.09		70085.64		20396.9		96181.02		17926.38	
1960	235.8	0.208							45	0.083	1570	0.027	340695.75	0.06	7624.52	0.508
	49.09								3.75		42.48		20305.35		3875.58	
1961	12972	0.156	4785.2	0.414	42241.1	0.126	293972.5	0.036	2644906.5	0.036	1278196.5	0.064	848508	0.089	374054.5	0.127
	2017.68		1978.7		5317.01		95520.31		95220.31		81607.11		75297.76		47553.31	
1962	22497	0.123	1568.5	1.042	5267.5	0.116	279546	0.025	859206.7	0.024	575709	0.057	838145	0.047	267993	0.102
	2757.85		1634.85		613.31		7000.18		20352.23		32645.78		39516.34		27211.9	
1963	195917	0.042	5879.5	0.382	23804	0.052	130448	0.035	834967	0.025	229936	0.036	615958	0.071	132217.5	0.087
	8213.76		2247.63		1244.88		4545.34		20915.87		8173.27		43996.51		11436	

续表 6-17

单位：斤、元

序号	1		2		3		4		5		6		7		8	
品名	红丁		蒜苗		黄瓜		方瓜		小白菜		冬瓜		菠菜		韭菜	
年度＼项目	产量/产值	均价	产量/产值	均价	产量/产值	均价	产量/产值	均价	产量/产值	均价	产量/产值	均价	产量/产值	均价	产量/产值	均价
1964	135565	0.038	43475	0.148	74299	0.041	266172	0.031	454726	0.021	36576	0.039	793482	0.033	181088.5	0.053
	5141.38		6448.32		3016.69		8157.16		9332.21		1430.67		25987.4		9529.6	
1965	120957.5	0.037	96168	0.126	26271	0.036	170160	0.035	483126	0.022	26741	0.034	1058466	0.029	299800.2	0.066
	4577.45		12080.57		947.59		5953.17		10615.96		906.26		30511.55		19818.62	
1966	101012	0.049	88201.5	0.118	21306.5	0.054	184157	0.032	155521	0.019	152488	0.033	645606	0.034	502443.5	0.062
	4987.39		10397.5		1150.55		5821.12		2989.28		4994.82		22202.94		30970.82	
1967	272369	0.048	55190.5	0.117	46773.5	0.048	180697	0.03	112401	0.022	157817	0.031	807196	0.038	871858.5	0.05
	13045.73		6483.06		2245.01		5428.8		2469.39		4843.09		30271.59		43377.04	
1968	287803	0.046	38097	0.091	543585	0.047	147449	0.03	137532	0.026	221501	0.025	396496	0.05	960623.5	0.05
	13658.73		3467.28		2536.56		4367.43		3593.68		5495.98		19967.59		48284.45	
1969	117246	004	15778	0.131	211314	0.05	103952	0.031	3391714	0.016	178232	0.031	1323790	0.038	747163	0.051
	4742.72		2070.67		10647.53		3193.42		55471.44		5455.29		50305.36		37982.95	
1970	93791	0.049	46114	0.107	199023	0.034	97720	0.026	349979	0.021	144350	0.03	1979652	0.037	591469	0.05
	4624.52		4927.5		6688.58		2547.52		7343.95		4314.07		72694.39		29305.5	
1975	169277	0.049	53310	0.139	174753	0.054	99189	0.026	83367	0.019	116824	0.031	1337821	0.049	372658	0.061
	8246.38		7403.35		9389.41		2547.63		1582.23		3624.01		65622.12		22731.91	
1980	59881	0.074	39885	0.207	317299	0.07	77570	0.027			305716	0.049	1331412	0.061	625181	0.085
	4402.5		8249.39		22188.69		2121.47				15050.47		81121.41		53135.42	

续表 6-17

单位：斤、元

序号		9		10		11		12		13		14		15		16	
品名		大头菜		香菜		茄子		青椒		北瓜		西红柿		大葱		油菜	
年度	项目	产量/产值	均价	产量/产值	均价	产量/产值	均价	产量/产值	均价	产量/产值	均价	产量/产值	均价	产量/产值	均价	产量/产值	均价
1956	产量																
	产值	6455.45		1396.38		939.23		823.63		739.98		4.39		565.65		7463.68	
1957	产量	303251.6	0.053	12110	0.116	20780	0.061	11896.6	0.061	37338	0.028			484135	0.038	523867.4	0.017
	产值	10162.66		1404.76		1273.8		730.45		1040.44				18343.53		8818.2	
1958	产量	375372	0.053	12917.8	0.116	74131	0.061	12431.8	0.061	97448	0.032			301168	0.038	1620280.8	0.017
	产值	19945.82		2219.72		4547.23		762.99		2952.65				11411		27274	
1959	产量	284605.8	0.03	14031	0.11	112210.63	0.068	16493	0.075	77680	0.039	121.27	0.507	422655.8	0.051	781495.5	0.024
	产值	8601.24		1544.16		7651.98		1231.91		3023.35		61.44		21377.25		18564.56	
1960	产量	242510	0.045					1.1	0.818					201673.8	0.068	5404.5	0.065
	产值	10843.46						0.9						13712.39		352.37	
1961	产量	685926	0.081	3236	0.448	42352.4	0.169	604.5	0.2	36431.4	0.074	7089.4	0.456	329033.5	0.118	810947	0.029
	产值	55533.68		1450.88		7145.98		120.66		2683.64		3233.78		38779.3		23412.8	
1962	产量	245474	0.065	3808	0.186	86389	0.062	1526	0.175	117410	0.046	9501.5	0.325	337320	0.084	571026	0.026
	产值	15976.93		706.59		5333.57		266.52		5416.05		3091.68		28357.19		14600.06	
1963	产量	389707	0.028	32884	0.076	262876.5	0.068	8158.5	0.164	103970	0.035	772.5	0.155	463834	0.112	1321899	0.022
	产值	10926.61		2491.09		17811.37		1339.13		3649.99		119.72		51921.22		29368.64	
1964	产量	173705	0.026	7430.5	0.088	466161.5	0.055	20828	0.087	140187	0.027	3576.6	0.059	532518.5	0.03	1148480.5	0.026
	产值	4518.12		653.02		25537.03		1818.2		3752.71		209.38		16192.78		29439.02	

续表 6-17

单位：斤、元

序号	9		10		11		12		13		14		15		16	
品名	大头菜		香菜		茄子		青椒		北瓜		西红柿		大葱		油菜	
年度 \ 项目	产量 产值	均价	产量 产值	均价	产量 产值	均价	产量 产值	均价	产量 产值	均价	产量 产值	均价	产量 产值	均价	产量 产值	均价
1965	69322	0.034	8561.5	0.135	837153.5	0.043	37104.2	0.07	239505	0.031	3165.5	0.049	262465.5	0.064	2137276	0.019
	2365.72		1154.96		35630.28		2612.74		7380.46		156.57		16750.62		40352.82	
1966	96414	0.03	9028.5	0.103	1174856	0.033	68815.4	0.062	283249.5	0.029	13454	0.049	561578	0.042	2137838	0.016
	2915.39		933.22		38273.51		4259.17		8104.67		652.72		23615.48		34313.08	
1967	53110	0.03	5135	0.079	913741.5	0.032	81842	0.064	360457	0.026	6860	0.039	1370879	0.045	2236838	0.017
	1596.43		404.98		29228.68		5204.09		9482.1		264.45		62065.22		38809.47	
1968	54009	0.03	3468	0.064	988411.5	0.034	148280.5	0.071	401031	0.024			1679323	0.037	2341218	0.02
	1607.24		222.29		33467.57		10590.18		9802.83				62704.61		46614.23	
1969	840	0.026	1114	0.071	465377	0.034	233103	0.065	347791	0.028	11663	0.061	1916251	0.031	3391714	0.016
	21.84		78.66		15749.23		15043.14		9797.95		715.83		59502.44		55471.44	
1970	29030	0.029	6900.5	0.054	800951	0.037	150433	0.063	235489	0.022	33742	0.036	1364312	0.038	2731552	0.018
	839.15		375.58		29204		9532.63		5157.72		1222.27		51275.82		48680.23	
1975	149070	0.029	944	0.057	548274	0.041	89449	0.073	176108	0.024	16545	0.034	1359762	0.033	2818194	0.020
	4292.55		53.92		22380.2		6570.43		4185.22		560.95		45304.59		53445.32	
1980	271447	0.33	9102	0.088	630785	0.037	200178	0.08	101043	0.027	9203	0.071	612611	0.051	1823702	0.018
	9009.42		803.24		23638.34		16089.79		2701.2		650.48		31344.86		33393.12	

续表 6-17

单位：斤、元

序号	17		18		19		20		21		22		23		24	
品名	薹菜		茼蒿		芸豆		芹菜		脆瓜		菱瓜		豆角		雪里红	
年度 \ 项目	产量/产值	均价	产量/产值	均价	产量/产值	均价	产量/产值	均价	产量/产值	均价	产量/产值	均价	产量/产值	均价	产量/产值	均价
1956																
	235.26		2671.01		3070.19		1202.55		583.31		7093.16		1329.98		585.74	
1957	29397.7	0.043	201156.6	0.023	95026	0.083	51882.5	0.026	11725	0.037	149439.5	0.026	9328.7	0.112	17272.5	0.023
	1264.1		4727.18		7858.66		1338.57		428.45		3855.54		1044.82		402.45	
1958	33448	0.043	470853	0.023	75153	0.083	61287	0.025	29181	0.038	282785	0.026	2935	0.112	13701	0.023
	1440.29		11051.81		6216.15		1548.49		1109.53		7316.43		328.34		319.43	
1959	179320.5	0.06	367890.5	0.031	60234.22	0.103	72944.5	0.035	32048	0.049	262947.5	0.037	39165.5	0.088	28442	0.034
	10682.69		11410.64		6200.81		2546.8		1572.95		9759.31		3452.32		979.54	
1960	95865.1	0.079			9.2	1.109										
	7544.28				10.2											
1961	2145818	0.026	482495	0.025	4785.5	0.242	8422	0.056	34825.5	0.088	153651	0.071	1916	0.165		
	55321.82		12215.77		1159.13		471.82		3052.35		10948.44		316.56			
1962	658422	0.034	374992	0.021	3166	0.119	26883.5	0.044	17310	0.115	165675	0.042				
	22588.13		7945.48		377.27		1184.54		1994.28		6977.28					
1963	279897	0.06	337866	0.022	5973.5	0.107	55682	0.022	16620	0.062	293091	0.022	938.5	0.107	6912	0.033
	16872.6		7542.44		638.04		1206.69		1033.16		6306.8		100.25		226.74	
1964	502194	0.029	167572	0.018	43811	0.088	93309	0.026	56615	0.059	200898	0.022	3136.5	0.12	40635	0.031
	14711.48		2970.64		3838.81		2426.09		3342.67		4367.01		377.8		1249.35	

续表 6-17

单位：斤、元

序号	17			18			19			20			21			22			23			24		
品名	薹菜			茼蒿			芸豆			芹菜			脆瓜			茭瓜			豆角			雪里红		
项目 年度	产量	产值	均价	产量	产值	均价	产量	产值	均价	产量	产值	均价	产量	产值	均价	产量	产值	均价	产量	产值	均价	产量	产值	均价
1965	464858	16120.95	0.033	142473	2642.8	0.019	69666.8	5756.31	0.083	121457	3534.88	0.029	58601	2137.5	0.036	153655	4187.36	0.027	8470.7	856.8	0.101	152692	4694.61	0.031
1966	490931	14621.73	0.03	158095	2293.14	0.015	138254.3	10112.06	0.073	200606	11263.37	0.056	59522	2148.21	0.036	360480.8	8866.28	0.015	25851.8	2505.52	0.097	99093	1912. 79	0.019
1967	481880	12630.15	0.026	12250	237.32	0.019	111293	8464.81	0.076	215800	14334.34	0.066	107056	4209.97	0.039	488322	9270.96	0.019	28103.5	2516.55	0.09	48451	825.36	0.017
1968	271553	7053.32	0.026				84263.5	6496.36	0.077	188728	9064.67	0.048	117978	4291.19	0.036	363999	6976.71	0.019	11522	962.7	0.084	1828	29.25	0.016
1969	249992	6740.23	0.027				63333	5010.96	0.079	533292	18302.49	0.034	53091	1891.37	0.036	591049	10883.72	0.018	6156	563.89	0.092			
1970	368962	10851.52	0.029				53628	3753.33	0.07	671923	23766.55	0.035	12453	444.13	0.036	518519	9843.67	0.019	6640	662.84	0.1			
1975	580075	21152	0.036	44327	924.06	0.021	34054	3270.2	0.096	545208	215649	0.04				319834	8902.47	0.028	28898	3254.57	0.113			
1980	409541	12453.37	0.03	25318	287.58	0.011	196877	20923.1	0.106	245327	14210.25	0.058	18415	328.37	0.018	156664	3519.53	0.022	99405	10416.33	0.105	18145	328.37	0.018

续表 6-17

单位：斤、元

序号	25		26		27		28		29		30		31		32	
品名	地豆		丝瓜		青萝卜		水萝卜		空心菜		白萝卜		茴香		扁豆	
年度＼项目	产量/产值	均价	产量/产值	均价	产量/产值	均价	产量/产值	均价	产量/产值	均价	产量/产值	均价	产量/产值	均价	产量/产值	均价
1956																
	3801.38						12010.63		104.74				77.2		12.02	
1957	10089	0.174	209.9	0.144			154515.4	0.131	2974	0.027	10345.5	0.032	1001.4	0.08	1075.3	0.078
	1755.55		30.23		1100.49		21241.5		79.12		330.02		80.11		83.66	
1958	18021	0.174					223790	0.131	16980	0.027	8573	0.032	1866	0.081		
	3133.06						29380.99		450.91		273.82		150.4			
1959	123360	0.045	151	0.11	1107614.5	0.047	1185119	0.045	34445	0.045	57589	0.026			103.5	0.088
	5601.97		16.62		51661.61		53744.84		153.49		1496.66				9.14	
1960					14950	0.04										
					598											
1961	38190.35	0.163			37844	0.04	577910.5	0.047			104134	0.036	24	0.12		
	6207.79				150.73		27238.58				3794.5		2.88			
1962					8715	0.053	442920	0.065								
					431.05		20534.44									
1963					27876	0.026	903855	0.035					100	0.08		
					728.1		31894.24						8			
1964	36894	0.056	184.5	0.18	70977	0.03	913905	0.026	4210	0.036			5699.5	0.039	257	0.11
	2061.82		33.29		2131.89		23951.46		152.82				221.71		28.29	

续表 6-17

单位：斤、元

序号	25		26		27		28		29		30		31		32	
品名	地豆		丝瓜		青萝卜		水萝卜		空心菜		白萝卜		茴香		扁豆	
项目	产量	均价	产量	均价	产量	均价	产量	均价	产量	均价	产量	均价	产量	均价	产量	均价
年度	产值		产值		产值		产值		产值		产值		产值		产值	
1965	35112.5	0.069	288	0.198	2265	0.033	858486	0.032	11563.5	0.026	20729	0.026	500.5	0.085		
	2464.67		57.13		74.56		27894.85		296.26		531.77		42.32			
1966	33793	0.065	1072	0.077			1493509.5	0.03	35489	0.017	38496	0.023	9364	0.045	878	0.066
	2181.77		82.12				44744.31		611.68		869.36		421.55		58	
1967	57768.5	0.055	93.5	0.099			1964502	0.027	12512	0.028	45050	0.02			346	0.061
	3180.33		9.3				52221.53		352.22		918.96				20.99	
1968	11430	0.058	1207.5	0.085			1819011	0.024	19821	0.029	30296	0.022	1628	0.05		
	666.75		103.14				44176.59		582.78		665.7		81.1			
1969					10047	0.028	1786160	0.021	18111	0.028	55151	0.022	6453	0.042		
					284.82		37117.01		426.7		1227.43		273.6			
1970	5845	0.052	959	0.079			2181505	0.02	13626	0.024	6513	0.021	8813	0.042		
	304.11		75.62				41366.16		333.33		138.83		372.83			
1975	75544	0.045	5892	0.086			1031444	0.024	12422	0.038	50472	0.019	4520	0.051	398	0.071
	3369.57		507.87				24823.73		476.15		975.67		232.36		28.11	
1980	38967	0.07	531	0.088			1636180	0.02	19254	0.029			2090	0.038	1686	0.075
	2736.37		46.9				33449.85		555.18				79.73		126.13	

续表 6-17

单位：斤、元

序号	33		34		35		36		37		38		39		40	
品名	仁青菜		胡萝卜		莴苣		刀把萝卜		洋菠菜		生菜		花心菜		春冬菜	
项目 / 年度	产量 / 产值	均价	产量 / 产值	均价	产量 / 产值	均价	产量 / 产值	均价	产量 / 产值	均价	产量 / 产值	均价	产量 / 产值	均价	产量 / 产值	均价
1956														0.014		
	72.32		705.86								49.54		3.03			
1957	856.2	0.156	6191.4	0.034	20282	0.012			10031.5	0.026	2692.3	0.056	49951.5	0.013		
	133.57		209.27		251.5				260.82		149.69		693.38			
1958	3564	0.156	73448	0.034	823	0.012			15838	0.026	5726	0.056	31851	0.033		
	556.63		2481.28		10.17				411.96		318.39		408.61			
1959	43500.5	0.049	26363	0.026	7816	0.058	939	0.034	123937	0.03	3980.5	0.087	74296			
	2136.97		691.05		450.76		31.93		3666.59		344.42		2450.86			
1960			5400	0.043							1.14	0.167				
			232.3								0.19					
1961	150549	0.051	63955	0.039	3792	0.065			298270	0.03	6383	0.121				
	7644.38		2473.16		247.21				9000.96		770.46					
1962	86537	0.029			2412	0.036	8609	0.035			1403	0.02				
	2510.87				85.78		297.26				20.41					
1963	6892	0.013					14157	0.023			4456	0.022	18231	0.028		
	88.94						327.54				98.86		504.03			
1964	1070	0.012	8116	0.037			72284	0.022								
	12.37		297.13				1569.5									

续表 6-17

单位：斤、元

序号 / 品名 / 项目 / 年度	33 仁青菜 产量	33 仁青菜 产值	33 仁青菜 均价	34 胡萝卜 产量	34 胡萝卜 产值	34 胡萝卜 均价	35 莴苣 产量	35 莴苣 产值	35 莴苣 均价	36 刀把萝卜 产量	36 刀把萝卜 产值	36 刀把萝卜 均价	37 洋菠菜 产量	37 洋菠菜 产值	37 洋菠菜 均价	38 生菜 产量	38 生菜 产值	38 生菜 均价	39 花心菜 产量	39 花心菜 产值	39 花心菜 均价	40 春冬菜 产量	40 春冬菜 产值	40 春冬菜 均价
1965				1053	36.86	0.035							9425	266.78	0.028				20330	527.07	0.026			
1966	10592.5	166.39	0.016				3758	93.18	0.029				25851.8	2505.52	0.097				44119	1109.83	0.025			
1967																						21733	556.67	0.026
1968										3128	70.21	0.022										26122	631.91	0.024
1969										700	14	0.02										46169	1051.77	0.023
1970							40131	2126.51	0.053													60246	1037.97	0.017
1975				988	26.88	0.027	10954	701.32	0.064	170	4.76	0.028										6613	143	0.022
1980																						31809	559.41	0.018

续表 6-17

单位：斤、元

序号	41		42		43		44		45		46		47		48	
品名	白口		豌豆角		苦瓜		塌棵菜		小油菜		蒜瓣		五里瓜		盖菜	
项目 年度	产量 产值	均价	产量 产值	均价	产量 产值	均价	产量 产值	均价	产量 产值	均价	产量 产值	均价	产量 产值	均价	产量 产值	均价
1956																
					12.47		1250.64				17.63		6.34		35.5	
1957							11540.3	0.146								
							1684.89									
1958							12026	0.147								
							1767.59									
1959			2534.5	0.184	90.44				354750.5	0.034	505.7	0.208				
			467.32		19.88				12167		105.02					
1960			1094	0.09		0.22					235.8	0.208				
			98.46								49.09					
1961					35475	0.021	1165	0.022			326.25	0.431				
					744.79		25.63				140.56					
1962													51541	0.042		
													2156			
1963																
1964																

续表 6-17

单位：斤、元

序号		41		42		43		44		45		46		47		48	
品名		白口		豌豆角		苦瓜		塌棵菜		小油菜		蒜瓣		五里瓜		盖菜	
年度	项目	产量/产值	均价	产量/产值	均价	产量/产值	均价	产量/产值	均价	产量/产值	均价	产量/产值	均价	产量/产值	均价	产量/产值	均价
1965	产量	20330	0.026														
	产值	527.07															
1966	产量							6091	0.02								
	产值							121.83									
1967	产量	86480	0.023											676	0.04		
	产值	1951.99												27.04			
1968	产量	77885	0.024											342	0.037		
	产值	1844.21												12.65			
1969	产量	23768	0.027														
	产值	636.94															
1970	产量	35607	0.027														
	产值	954.21															
1975	产量	123167	0.02	290	0.15											4691	0.024
	产值	2430.6		43.5												113.66	
1980	产量			642	0.154												
	产值			98.87													

续表 6-17

单位：斤、元

序号	49		50		51		52		53		54		55		56	
品名	菜花		红菜头		甜瓜		花菜		韭黄		沙葛		豌豆苗		蒜黄	
项目 / 年度	产量 / 产值	均价	产量 / 产值	均价	产量 / 产值	均价	产量 / 产值	均价	产量 / 产值	均价	产量 / 产值	均价	产量 / 产值	均价	产量 / 产值	均价
1956																
	142.85		131.49		22.16		306.09									
1957																
1958															381	0.449
															171.05	
1959	123	0.173	1732	0.06							4219	0.075	4000	0.008	5664.6	0.42
	21.32		103.47								314.52		32		2379.7	
1960							97	0.2	125	0.438					5871.3	0.434
							19.4		81						2547.82	
1961																
1962																
1963					82	0.7									3420.5	0.39
					57.4										1332.73	
1964															22422.5	0.166
															3716.35	

续表 6-17

单位：斤、元

序号	49		50		51		52		53		54		55		56	
品名	菜花		红菜头		甜瓜		花菜		韭黄		沙葛		豌豆苗		蒜黄	
年度＼项目	产量 产值	均价	产量 产值	均价	产量 产值	均价	产量 产值	均价	产量 产值	均价	产量 产值	均价	产量 产值	均价	产量 产值	均价
1965																
1966	1642.5 160.17	0.098														
1967																
1968																
1969																
1970																
1975																
1980	22305 3553.55	0.159														

续表 6-17

单位：斤、元

序号	57		58		59		60		61		62		63		64	
品名	小菜		椿头		小椒		瓠（胡）瓜		榨菜		梗子白		刀豆		干菜	
年度＼项目	产量/产值	均价	产量/产值	均价	产量/产值	均价	产量/产值	均价	产量/产值	均价	产量/产值	均价	产量/产值	均价	产量/产值	均价
1956																
1957																
1958																
1959	204067	0.011	83.1	2.877	2890.5	0.08	842	0.053	1328	0.025	94860	0.027	3.5	0.1		
	2154.99		239.11		231.12		44.78		33.2		2150.16		0.35			
1960	7340	0.01	189.54	2.837	18	0.15									6937	0.25
	73.4		537.8		2.7										1734.25	
1961	229371	0.013														
	3006.18															
1962																
1963																
1964																

续表 6-17

单位：斤、元

序号	57		58		59		60		61		62		63		64	
品名	小菜		椿头		小椒		瓠（胡）瓜		榨菜		梗子白		刀豆		干菜	
项目／年度	产量／产值	均价	产量／产值	均价	产量／产值	均价	产量／产值	均价	产量／产值	均价	产量／产值	均价	产量／产值	均价	产量／产值	均价
1965	20729	0.007														
	531.77															
1966																
1967	283	0.014														
	408															
1968																
1969																
1970							578	0.052								
							29.87									
1975																
1980																

续表 6-17

单位：斤、元

序号		65		66		67		68		69		70		71		72	
品名		牛皮菜		韭花		天津菜		元葱		蛇瓜		蒜苔		韭苔		蒜青	
年度	项目	产量/产值	均价	产量/产值	均价	产量/产值	均价	产量/产值	均价	产量/产值	均价	产量/产值	均价	产量/产值	均价	产量/产值	均价
1956	产量																
	产值																
1957	产量											386	0.25				
	产值											96.51					
1958	产量																
	产值																
1959	产量																
	产值																
1960	产量	600	0.02														
	产值	12															
1961	产量	1380	0.037									178.5	0.32				
	产值	51.06										57.12					
1962	产量																
	产值																
1963	产量																
	产值																
1964	产量																
	产值																

续表 6-17

单位：斤、元

序号	65		66		67		68		69		70		71		72	
品名	牛皮菜		韭花		天津菜		元葱		蛇瓜		蒜苔		韭苔		蒜青	
项目/年度	产量/产值	均价	产量/产值	均价	产量/产值	均价	产量/产值	均价	产量/产值	均价	产量/产值	均价	产量/产值	均价	产量/产值	均价
1965															1558.5 562.04	0.361
1966																
1967																
1968			2016 242.94	0.121									1181.5 96.23	0.081		
1969			527 68.08	0.129									19 1.52	0.08		
1970			451 45.12	0.1	42369 850.99	0.02										
1975			17 2.38	0.14	4855 77.68	0.016	20 0.8	0.04	38189 2352.17	0.062						
1980			653 95.45	0.146			26110 1023.42	0.039	38173 2324.3	0.061					400 200	0.5

续表 6-17

单位：斤、元

序号		73		74		75		76		77		78		79		80	
品名		毛豆		芋头		长白瓜		洋葱苗		南瓜		生姜		芥菜		批拉	
年度	项目	产量/产值	均价	产量/产值	均价	产量/产值	均价	产量/产值	均价	产量/产值	均价	产量/产值	均价	产量/产值	均价	产量/产值	均价
1956	产量																
	产值													0.9		17.93	
1957	产量																
	产值																
1958	产量																
	产值																
1959	产量											137.5	0.17				
	产值											23.41					
1960	产量			150	0.2												
	产值			30													
1961	产量																
	产值																
1962	产量																
	产值																
1963	产量																
	产值																
1964	产量																
	产值																

续表 6-17

单位：斤、元

序号	73			74			75			76			77			78			79			80		
品名	毛豆			芋头			长白瓜			洋葱苗			南瓜			生姜			芥菜			批拉		
年度 \ 项目	产量	产值	均价	产量	产值	均价	产量	产值	均价	产量	产值	均价	产量	产值	均价	产量	产值	均价	产量	产值	均价	产量	产值	均价
1965																								
1966										5435	272.72	0.05												
1967							583	23.32	0.04															
1968													9991	241.31	0.024	112	17.19	0.153						
1969																								
1970																								
1975	2622	243.83	0.09																					
1980																								

注：1971—1974 年、1976—1979 年略去，1980 年后数据缺失

果园

湛山果园始建于 1960 年，撤销于 1978 年。共有两处，村北和湛山疗养院之间为村后果园，因建园初期桃树种植较多，故习称桃园。北山沿芝泉路以下环山坡地（西南自今仰口路路口起东北至延安三路）为北山果园。

栽培数量（据 1964 年统计）

村后果园：桃树 803 株，苹果 878 株。

北山果园：苹果 1109 株。

栽培品种

苹果品种：金帅、红星、小国光、大国光、祝光、印度、红玉、花里虎、倭锦等。

桃树品种：五月红、桔早生、六合、六月鲜、上海水蜜、黄金、蟠桃、甘玉露、甜离核（晚离核）、寒露蜜、晚玉露等。其中以从青岛中山公园引进的上海水蜜、黄金和甜离核较多。

其他品种：草莓、葡萄等有少量栽培。

科研项目

1969—1972 年由南京林学院冯晋臣、湛山果园贾世珍等人，对苹果树通过木质部的导管和管胞利用其中的蒸腾流进行了吊瓶输液试验。通过输水时溶入适量化肥和激素的实验，对于瘠薄山地的果树因干旱水肥不足、营养不良和移植果树因根系损伤吸收能力降低，树势难以恢复等情况进行了抗旱和急救实验，取得了恢复树势，提高产量的明显效果。

通过大量试验，冯晋臣、贾世珍、张松寿 3 人合作写出了研究论文《利用吊瓶输液法对苹果抗旱急救的应用研究》，1970 年该课题被青岛市科委定为青岛市十三个重点科研项目之一。该试验的主要参与人员还有浮山公社张松寿、田家村果园田公铎、大尧果园张宗义、刘家小水果园刘宗托等。

产量

苹果最高年产量为 1975 年 20401 公斤。

桃最高年产量为 1973 年 15068.5 公斤。

湛山村历年果园果树产量产值平均单价统计

表 6-18　　　　单位：斤、元

品种 年度	1 苹果		2 桃		3 草莓		4 葡萄	
	产量 产值	均价	产量 产值	均价	产量 产值	均价	产量 产值	均价
1961			190	0.20	114.88	0.40		
			38.01		45.88			
1962			2438	0.30				
			724.18		666.68			
1963			2182.8	0.10	438.45	0.35		
			219.06		152.75			
1964			2854	0.15	80	0.39		
			417.56		31.29			

续表 6-18　　　　　　　　　　　　　　　　　　　　　　　　　　单位：斤、元

品种	1		2		3		4	
	苹果		桃		草莓		葡萄	
年度	产量 产值	均价	产量 产值	均价	产量 产值	均价	产量 产值	均价
1965			11043	0.13	53	0.33		
			1471.46		17.31			
1966	12320.5	0.15	15718.5	0.12				
	1098.54		1945.66		12.85			
1967	18755.5	0.07	14770.5	0.10				
	1324.03		1432.48					
1968	35891	0.12	24331.5	0.14				
	4179.73		3316.29					
1969	25277.5	0.11	25528.5	0.11			32.32	0.10
	2677		2872.61				3.2	
1970	29014.8	0.09	20132.7	0.12				
	2627.68		2338.57					
1971	27180	0.10	17548	0.12			10.5	0.13
	2728.73		2063.45				1.39	
1972	15437	0.11	11906.5	0.13				
	1619.8		1532.41					
1973	12724	0.10	30107	0.16			10	0.12
	1221.57		4869.29				1.2	
1974	7953	0.15	24649.3	0.16				
	1177.87		3970.1					
1975	40802	0.11	26746	0.18				
	4653.28		4917					
1976	3779	0.12	16065.5	0.19				
	446.94		3042.38					
1977	10424	0.08	22467.5	0.15				
	872.43		3404.39					

1970年浮山公社领导及兄弟果园技术人员在湛山果园召开现场会
前从左至右：贾世珍（湛山果园）、冯晋臣（南京林学院）、王光瑶（公社社长）、田公铎（田家村果园）、朱和亭（公社党委书记）、贾启福（湛山果园）、张松寿（公社技术员），后从右至左：孙丕凤（公社党委副书记）、舒学福（公社党委委员）、张宗义（大尧果园）
（贾世珍提供）

第四节　野生蔬菜

青岛地处亚热带之终，北温带之始，濒临黄海之滨，气候温和湿润，适于南北各方多种植物在此生长，故野菜品种繁多且多为早春萌芽生长，具有抗寒、耐旱、耐瘠薄、耐盐碱、抗逆性强、生长快、繁殖力强等特性。据1960年青岛市农科所调查，青岛市主要野生蔬菜有：

马齿苋、细花瞿麦、野苋菜、大叶灰菜、地丁、长树棒、水蓼、白蓼、拳头菜、凤花菜、地肤、苣荬菜、车前、辣蒿、垂虎、苦菜、翻白草、小豆芽、山玄参、葛子、小蓟、黄须菜、苦芥溜、地榆、芥菜、蒲公英、扁竹、大蓟、山扁豆、海蔓、滩菠菜、油蒿、脏沟、玉竹、雅葱、山虎子、猫耳朵、野豌豆、金针菜、兔子头、驴耳朵、费菜、秀才帽子、铃兰、板凳腿、山百合、羊角、野芫荽、野绿豆、野西瓜、飞廉、鸡眼菜、石莲花、旋花、毛连菜、青箱、野地黄、枸杞、酸模、酸把柳、大叶草藤、爬古荚、米口袋、线儿蔓、穷汉腿、卡疤头、扎叶子、羊皮叶、紫花叶、假羊角、莲蓬菜、鸭跖草、生里菜、老母猪呱、灯笼花、三叶翻白草、水芹菜、山芹菜、猪耳朵、碱灰菜、雀抖擞、碱蓬、酢浆草、野苘麻、寒菜、萝摩等共86种。

其中品质好、分布较广、可以大量采集的有:山玄参、白蓼、水蓼、苦菜、地丁、翻白草、长树棒、酸把柳、兔子头、野莧菜、扁竹、车前、苣荬菜、小蓟、海蔓、马齿苋、地肤、荠菜、拳头菜等。

本地较常见的野菜有：

苦菜、荠菜、蒲公英、灰菜、辣蒿、麦蒿、大车轱辘、枸杞、羊皮叶、假仁青、扁竹芽、荠荠菜、山菜（蚂蚱菜）、火蓼子、附子苗、扫帚菜、马齿苋（油蚂蚱菜）等。

第二章　渔业及海产

明洪武七年（1374）因防倭寇侵扰，朝廷有“寸板不许下海”的禁令，直至万历年间（1573—1620），即墨县令许铤刚因百年不遇大旱为民请命，奏请朝廷废除禁海，使“百姓万一遇灾荒有些生路，亦不至坐毙”，朝廷准奏。即墨境内开放了金家、女姑、青岛3个海口从此渔业逐渐兴起。

靠山吃山，靠海吃海，湛山沿海礁石成群，藻类繁多，适于鱼虾蟹贝等栖息繁衍。丰富的海产是大海对湛山人的恩赐，养育了祖祖辈辈的湛山人。1959年7月，八一电影制片厂（导演王平）的纪录片《海底富源》记录了湛山渔民孙立夏、孙作滨和安福琴摇着渔船在大公岛附近钓鱼喜获丰收的精彩情景，后来还专门在湛山村放映了这部电影，因而《海底富源》也在湛山人心里永存。

第一节　个体渔业

20世纪30年代至50年代初共有个体渔业业主5户：

孙唐修（子：作浦、作泽继承），

孙作高（子：立增、立田继承），

孙泰修和贾维福合伙，

孙立君（孙：正道继承），

孙中林。

共有渔船5条。

第二节　湛山渔业合作社

1956年成立湛山渔业合作社

社　长　孙立敦

副社长　孙中林　侯玉田

社　员　孙泰修　孙立田　孙作惠
孙作浦　孙作滨　孙正道
孙作匡　贾维福　孙立夏
宫本义　马洪进　王克成
周纯先　马勤业　刘玉焕
孙立渤　仉世宽　房喜文
韩福清　安克祥等

会　计　孙中兴　辛兆欣

拉网队　队长孙作惠

钓钩队　队长孙立田　孙立夏

第三节　浮山人民公社水产部

1958年9月浮山人民公社成立时，在原湛山渔业生产合作社的基础上成立了浮山公社水产部。

水产部下设青岛市市南友谊海带养殖场，在菉豆岛西开发了养殖基地，养殖海带百余亩。

养殖场成员：

邵成亮	王玉莲	孙玉芳	辛美贞
孙立竹	辛兆欣	林方传	孙立金
徐成全	辛承文	邵尚忠	邵尚春
孙美云	郑美英	王秀云	王秀竹
辛中芳	孙秀珍	传淑德	张培同
崔桂梓	安百福	密钊玉	陈步海
黄立法	安可祥	孙中彻	辛承秋
辛承三	王守东	丁凤平	孙作深
孙立孔	孙秀花	孙秀芳	辛承琇

辛兆从　辛兆悦　辛兆俊　辛克伦
辛兆根　辛承孔　辛克宝

木工：

辛兆旭　辛悦才　袁善本　辛兆珂

捕捞队：

从红岛购进50马力旧机帆船两条，成立了捕捞队。北至渤海湾，南至舟山群岛，开始了远海捕捞。1961年水产部撤消，人员有的调生产队务农，有的调台西渔业社和青岛造船厂。

第四节　海产

湛山近海海域海产渔期及作业形式一览表

表6-19

海产名称	渔期	海域	作业形式
面条鱼	春季	燕儿岛、汇泉湾、菉豆岛前	网捕
鲅鱼	春秋	近海	流网
黄花鱼	春秋	大公岛附近	钓钩、网捕
黄鲴鱼	秋季	近海流边沙质处	钓钩、网捕
白鲴鱼	夏秋	近海	钓钩、网捕
鲈鱼	夏秋冬	近海礁区	钓钩、网捕
带鱼	春秋	近海	钓钩、网捕
鲷鱼（加吉鱼）	春秋	近海、燕儿岛、菉豆岛前	钓钩
鳗鲡（白鳝鱼）	常年	近海	钓钩
海鳗（狼牙鳝、鲚沟鱼）	常年	近海	钓钩
高眼鱼	春秋	近海	钓钩
牙鲆鱼	春秋	近海	钓钩
石夹鱼	春秋	近海	钓钩
黑头鱼	常年	近海礁石区	钓钩、网捕
黄鱼	常年	近海礁石区	钓钩、网捕
鲐巴鱼	夏季	近海	钓钩、网捕
青板鱼	秋季	菉豆岛前、高澜周围	网捕
鲴眼鱼	夏秋	近海	网捕
鱵鱼（鱵梁鱼）	夏秋	近海	浮钩
脂鱼	春夏	近海	钓钩、网捕
鳘鱼	夏秋	近海	钓钩、网捕
鲶鱼（和尚鱼）	春秋	近海	网捕

续表 6-19

海产名称	渔期	海域	作业形式
鳘鱼（白鳞鱼）	秋季	近海	网捕
红头鱼	秋季	近海	钓钩、网捕
鲭鱼	春秋	近海	网捕
乌贼（墨鱼）	夏秋	近海	帱子网、钓钩
鲳鱼	夏秋	近海	网捕
鲨鱼	秋季	近海	网捕、钓钩
魟鱼（黄鲼鱼）	夏秋	近海	网捕、钓钩
摆甲鱼	秋季	近海	钓钩、网捕
八带蛸	春季	近海	大海螺皮诱捕

海菜

湛山附近沿海海产丰富，其中可供食用的海菜很多。在生活困难的年代和遇灾荒之年，穷苦村民大都靠海菜充饥度日。如今生活富裕了，科学知识普及了，人们又重新认识了海菜对人类养生保健的营养价值，视捡海菜为文明，吃海菜为养生之举。可惜由于生态环境的变化，各种自然生长的海菜今已物以稀为贵了，每逢落大潮时经常是赶海的人比海菜还多。

可供食用的常见海菜

石莼（俗称“叶固”）、海带、裙带、钥匙菜、石花菜（俗称“冻菜”）、紫菜、牛毛、麻线、菱荇菜、青挣菜（鸡爪菜）、老鼠尾巴、海蒿、海火纸等。

第三章 畜牧业

第一节 家庭饲养

由于长期沿袭小农经济的生产经营方式，一家一户零星分散饲养禽畜，自给自足，自产自销，品种主要有马、骡、驴、猪、兔、鸡、鸭等。

马　饲养量很少，德、日、民国时期有少数养马者，用于参加汇泉跑马场赛马。如纪梅松曾养跑马 4 匹，其中有名字叫青朗、青鸣、永光等。

骡子　饲养量很少，个别土地较多的农户有养的，也有几家合养的，主要用于使役、耕作等。

驴　是农户常用交通运输和农业生产的役畜，饲养历史悠久。1956 年全村入社共 7 头，以后很快淘汰。

猪　自古以来猪是农家的主要家畜，饲养方式大多是圈养。青岛解放后大搞爱国卫生运动，农户大圈改为小厕，养猪户大大减少。农业合作化以后和人民公社时期，有部分社员户养猪，大队有专人拉豆腐渣、酒糟、糖糟等供应猪饲料，1984 年人民公社解体后个人养猪基本停止。

湛山大队社员历年养猪统计表

表 6-20

年份	1967	1973	1974	1979	1980
户数	25	25	38	25	41
头数	150	160	266	175	291

鸡　养鸡的历史悠久，长期以来，在生活艰难的岁月里，养鸡曾是村民家庭经济收入的来源之一，有“养鸡换油盐之说”。村民各家各户都有养鸡的习惯，每年都有卖小雏鸡的串街走户叫卖，品种主要是本地土种鸡，也叫“本鸡”。1958 年后浮山公社畜牧场建立养鸡场，引进优良品种“莱航”鸡、“白罗克”肉食鸡、欧洲黑、英国红等，逐渐推广普及到各家各户。1992 年随着村庄拆迁改造各户养鸡遂停止。

鸭　只有少数家庭零星喂养。1958 年修了三八水库后，大队曾计划利用水库大量养鸭，还在水库东侧建了养鸭用的房子就叫鸭子屋，但未成功。

兔　20 世纪 60 年代推广了“青紫蓝”肉食兔和“安哥拉”长毛兔，青岛外贸部门收购兔毛、兔肉出口。养兔迅速在村里兴起，成为一项家庭副业，可添补家用，曾一度在村民户中普遍饲养，后因受国际市场影响，外贸停止收购，家庭养兔遂止。

第二节　专业户饲养

自 20 世纪二三十年代，青岛市的外国侨民渐多，据胶澳志记载，侨居本区之外侨逐年日增，日、德、英、俄、法、丹麦、荷兰、希腊、朝鲜、波兰等国（不包括军人）1913 年有 2411 人，至 1927 年已达 13928 人。牛奶的需求量也随之不断增长。青岛地区饲养奶牛始于德国传入和后来不断引进。1906 年德国教会从德国运入一头荷兰黑白花乳用种公牛，与当地挤奶黄牛配种，此为青岛市养乳牛之始。1907—1910 年德国教会又从德国运入黑白花乳用母牛 50 头；1914—1922 年从日本引进一头黑白花乳用种公牛和数头母牛；1922 年从美国运入黄白花乳用母牛 20 头；1923 年胶澳商埠农林事物所试验场饲养引进的荷兰、法国纯种乳牛 9 头；1936—1944 年又从日本引进 8 头黑白花乳用公牛和 100 头母牛。

距市区最近的湛山村奶牛饲养量也逐年增加，出现了许多饲养奶牛的专业户，并发展成为登记注册的牧场业主，所养奶牛也以品种优良的黑白花荷兰牛居多，存养量多者每户有 20 ~ 40 余头。

1949 年前后湛山饲养奶牛的牧场业主有：

姓　名	牧场名称
徐龙生	森林牧场
李春华	中华牧场
纪梅松	鸿记牧场
孙立喜	复合茂牧场
汪季鸣	甘泉牧场
孙朋修	孙朋修牧场
张建五	复生牧场
老高丽	汉城牧场（朝鲜人）
孙立森	立森牧场
于焕堃	新华牧场
刘崇谋	崇谋牧场
孙德光	康乐牧场
张锡鳌	新昌牧场

牧场名称不详的饲养奶牛业户有：

于树声　薛世荣　袁瑞亭　孙云修
孙立涛　纪家秧　孙作珍　邵德玉
李玉祥　吴俊才　张锡良　张锡奎
王希忠　单连升　张祖荣　张祖教
王玉伦　林同军　吴太和
王寡妇（名字不详）等

新中国成立初期，人民政府对养牛专业户加强了管理，将每4～5家养牛户组成一个小组，选举小组长，组织开会学习，并对各户产的牛奶统一消毒后再由各户自行销售。

第三节　集体饲养

奶牛合作社

1953年由湛山的中华、森林、鸿记、复生、甘泉、复合茂、汉城、孙朋修和佛涛路的欧西、南海路的南海等共10家牧场组织起来成立了青岛南海奶品联营合作社。

公私合营

1956年实行公私合营，湛山养牛户资产在2000元以上的大都加入了青岛畜牧总场，主要有

徐龙生　纪梅松　汪纪鸣　张建五
孙立喜　李少华　孙朋修　孙立森
孙德光　邵德玉　薛世荣　纪家秧
刘崇谋　张锡良等

湛山牧场

未入青岛畜牧总场的养牛业主、业户及部分养羊户在1956年加入了湛山五一蔬菜生产合作社。主要成员有：

袁瑞亭　袁承义　于焕堃　于希然
于树声　王希忠　张祖荣　张锡奎
张锡鳌　张祖教　张始起　张元寿
王玉伦　单连升　吴太和　吴越千
林同军　曹世忠　孙殿祥　刘忠义等

亢家庄和仲家洼的有：

栾景成　吴显荣　何成清　董道德
纪玉岗　纪景华　陈万清　苏德金
崔世卿等

五一社下设畜牧股由副社长石茂官分管领导

股　长　袁瑞亭
指导员　林毓川（青岛市青年团市委下放干部）
技术员　于焕堃
会　计　孙中兴
统　计　贾　彬

由孙作铭设计施工在小湛山东北山（今江西路扬州路之间）建了湛山牧场饲养奶牛，在湛山村前街大院设了小牛棚饲养小牛。共有大牛15头、小牛15头。

1958年9月浮山公社成立后，在湛山牧场的基础上成立了浮山公社畜牧部（后改为浮山畜牧场）石茂官任副主任，后来奶牛饲养量达200余头。

湛山饲养院

农业合作化以后，由于发展集体生产的需要，逐年增加了骡马和运输马车，并在村前路边大院设饲养院。1958年共有马3匹，骡子

湛山大队饲养院的骡子马

13头，驴1头，马车6辆。由张相干、孙中金任饲养员，喂养管理牲口，供马车运输，主要运输蔬菜、农用物资、对外承接运输活，运送建筑材料砖、瓦、石头、水泥、石子、沙子等。20世纪70年代发展了拖拉机、汽车后，至80年代骡马逐步淘汰。

湛山养猪场

农业合作化以后，为了积肥增产增收，各生产队都养猪。1967年在破“四旧”中利用坟石在20队（科学种田试验队）建猪圈54间，从各生产队买母猪15头、种猪1头、仔猪35头、肥猪44头，共95头，成立了湛山养猪场。

湛山大队历年养猪收入统计表

表6-21　　单位：元

年份	每斤单价	收入	年份	每斤单价	收入
1967	0.50	1132.26	1975	0.80 ～ 1.00	6636.94
1968	0.40	11172.04	1976	0.80	12836.28
1969	0.80 ～ 1.00	9458.49	1977	0.80	17283.96
1970	0.90	11016.19	1978	0.80	59111.11
1971	0.60	3840.05	1979	0.80	43527.17
1972	0.80	6598.93	1980	0.80	25954.22
1973	0.80	7880.83	1981	0.60	13445.96
1974	0.80	10593.59	1982	0.662	1300.47

第四章　副　业

第一节　家庭副业

主业以外的生产经营活动即为副业。湛山在漫长的历史长河中，是以粮食蔬菜等农业生产为主业，大多数农户仅有养猪、养鸡等零星家庭饲养为家庭副业。也曾有部分家庭利用业余和农闲给火柴厂糊火柴盒、给油脂公司拣花生米、给鸡毛掸子制造商串鸡毛、给制钉厂清理鞋钉毛刺等等小手工活，收入微薄，在当时的贫困年代也就是挣点油盐钱而已，少有形成规模的和固定的农村个体家庭副业。

第二节　集体副业

农业合作化以后，由于地少人多，资金十分困难和发展生产的需要，按照以副养农的方针，在五一社、湛山大队、湛山农工商公司各时期都相继发展了各种副业项目：

湛山五一社、大队、农工商公司各时期的副业单位统计表

表 6-22

名 称	年 份	名 称	年 份
澡 堂	1956—1960	铁匠组	1957—1971
洗衣局	1956—1963	马车组	1958—1981
油工组	1956—1964	修配组	1959—1967
木工组	1956—1968	自行车铺	1959—1986
瓦工组	1956—1968	磨 房	1959—1979
砖坯组	1956—1960	机修组	1960—1971
拉沙组	1956—1968	缝纫组	1966—1986
黄土组	1957—1965	绣花组	1967—1973
采石组	1957—1970	镜框组	1969—1974
		车 队	1975—1986

湛山五一社、大队、农工商公司各副业单位历年收入统计表

表 6-23　　单位：元

单位 收入 年度	澡 堂	洗衣局	托儿所	油工组	木工组	瓦工组	砖坯组	挖沙组	黄土组	采石组
1956	404.70	566.46	104.35	850.25	122.72	1299.14	619.99	16140.89		
1957	2709.98	3644.09	236.55	3228.65	457.66	933.40	582.88	50575.47	3344.21	2380.00
1958	1626.15	1558.48	393.75	237.68	32.14	80.94		2591.56	1511.55	
1959		1814.45	833.44	35.40	1381.64	188.65		927.65	16667.00	
1960	180.00	3535.16			7848.90	17496.04			907.20	
1961										
1962		2767.50		365.16		5301.27			3561.43	
1963		881.11		8.72	5984.81	666.38			4124.40	
1964				4453.87	1550.38				4505.28	
1965					1556.26				259.54	
1966					715.80				0.80	
1967					1099.40					
1968					1026.55					
1969										6.00
1970										1608.48
1971										
1972										38.80
1973										

续表 6-23　　　　　　　　　　　　　　　　　　　　　　　　单位：元

单位 收入 年度	铁匠组	马车组	车铺	磨坊	机修组	缝级组	镜框组	绣花	修配组	其他
1956										
1957	687.13					18.98				
1958	64.36	1498.12								
1959	2044.46	15414.11	7466.93	3545.78					1596.81	
1960	2535.26		6891.21	3334.62	834.60				3162.27	
1961										
1962	1921.90	16924.36	7594.53		4225.94				4049.86	6569.74
1963	2216.86	6151.13	4473.61	3479.72	3759.86				2762.88	2429.41
1964	1760.66		5081.94	414.04	1410.28				1412.70	1982.35
1965	1809.58	2226.05	7209.51		3844.31				930.61	5771.46
1966	805.82	1106.58	1423.96	1825.47	661.26	510.11			62.08	8371.83
1967	896.55	3939.69	1796.03	2206.78	177.54	2020.91		2406.74	140.31	1782.23
1968	1260.51	9217.92	7472.03	2580.44	634.17	1736.21				10072.83
1969	3925.98	21387.94	9258.45	3892.63	1279.69	2181.31	4366.60			10863.42
1970	2915.15	21114.08	8361.24	4632.73	1180.30	1944.78	4455.56			21291.88
1971	71.60	11096.36	3302.39	3592.80	0.90	2354.95	6424.40	2721.81		7122.13
1972		9315.50	3014.18	2387.19		2412.57	6027.60	6027.56		8759.00
1973		13682.50	3121.30	1660.03		2078.66	5172.70	6803.46		14101.27
1974		15277.97	2460.45	3489.10		2608.17	1059.20			46563.29
1975		13264.20	1979.37	1736.21		4142.50		688.74		2785.36
1976		7596.20	1927.01	1539.74		4604.00		1886.80		42.43
1977		8494.40	1738.68	1277.19		4587.93		1241.40		237.92
1978		2079.30	2925.79	963.87		5121.41		37285.47		44.31
1979		819.00	8134.17	439.55		5543.15		27584.98		281.15
1980		542.00	4018.81			5795.15		63343.00		248.70
1981		128.00	8025.09			5545.70		70504.60		7.60
1982			11558.79			7421.30		85891.82		
1983			4309.26			7355.33		13393.07		195827.00
1984			12086.85			7215.55		2679.51		220021.00
1985			11328.73			8443.23		1278.35		110769.80
1986			3523.90			1815.10		775.47		180500.00
1987										444.60

各生产队也都根据自己的具体情况和条件，利用农闲和剩余劳力外出搞副业，干油工、瓦工、木工、壮工以及到周围疗养院、医院、部队等单位烧锅炉。1981 年 14 队与街道合办了浮山医药包装回收加工厂，1982 年 16 队与南仲合作成立了南仲修缮队，1983 年 1 队经营花卉和小商店，7 队成立了湛山后街商店，8 队开始经营加工石灰灰膏和花卉，12 队和 16 队各自成立了商店等，都列入各生产队的副业收入。

各生产队历年副业收入统计表

表 6-24　　　　单位：元

年份 队别	1963	1964	1965	1966	1967	1968	1969	1970	1971	1972	1973	1974	1975
1	16.80	1733.97	1071.29	1258.41	1438.50	2412.46	3138.33	4817.91	4111.72	5934.32	7866.15	5563.37	2764.26
2			2775.07	201.045	2016.91	3998.48	3200.12	4436.33	3099.51	6711.18	8530.55	9362.00	3592.80
3	75.00	3552.37	1527.28	1161.91	1896.44	2319.76	4727.80	6273.68	4659.81	13500.00			
4	60.00	2415.01	1114.92	1684.55	2006.82	3192.82	5459.13	4271.05	3613.52	4778.07	6000.73	4425.43	5834.78
5	422.32	2352.04	4312.64	4067.47	4931.98	5078.57	5737.59	5801.23	3545.56	5198.71	4214.42	4167.92	633.92
6	62.40	1129.42	1035.56	564.36	819.16	2164.03	1346.64	2270.13	575.47	2973.00	4462.57	1046.46	
7	34.80	2250.40	2511.90	2907.31	3480.87	5677.98	4305.69	6419.80	4131.05	5396.29	4402.45	4947.21	4381.49
8	86.40		4011.40	3793.77	3274.74	3868.83	5423.28	5337.32	3603.55	3787.19	5132.86	5308.30	4155.76
9	84.00		3231.94	2249.45	2239.89	4818.38	3554.44	8047.51	4762.39	13334.73	13123.69	11425.63	10392.37
10	15.74		2300.30	2731.87	3290.88	4709.98	4753.81	4153.82	2847.27	4682.01	3228.14	4452.56	5047.54
11	47.52		2649.38	1930.81	2240.12	2562.96	2640.83	3692.03	1972.64	5062.40	9058.24	5866.70	6701.00
12			2295.21	1920.14	3391.96	4792.18	6580.16	5773.48	4709.02	11193.97	12376.19	11103.37	9536.10
13			1620.15	1291.89	2252.82	3692.39	3971.53	4141.28	6529.30	17905.61	11378.25	14414.25	7439.24
14			2205.26	1148.22	1892.39	3313.97	5313.05	4756.05	3841.75	7543.59	14251.95	16161.41	9245.56
15	207.38		4152.47	3770.27	6354.86	7480.87	6992.98	4598.63	8145.83	9005.48	11433.05	12179.02	11164.54
16	122.66		856.73	2458.49	4212.38	7700.80	8600.88	12263.55	9279.86	8841.77	27959.82	35566.60	17135.12
17	444.62		2275.09	2096.08	2533.83	6151.09	7511.75	8518.45	8509.48	10675.10	17057.47	21348.56	8531.91
18	129.43		1285.10	1520.04	2040.01	1803.67	2411.02	3098.03	1921.12	39.71	1808.65	1772.69	31.84
19			2803.57	2758.55	3018.28	2156.39	993.58	1033.39	1789.85	1475.33	2023.04	3380.88	1729.94
20			161.05	156.01	503.00								

续表 6-24　　单位：元

队别＼年份	1976	1977	1978	1979	1980	1981	1982	1983	1984	1985	1986	1987	1988
1	2327.55	1580.06	428228	861.57	154.66	850.00	4700.00	21117.39	2690.00	140.00			
2	3764.50	1627.40	281780	1038.63	742.68	260.64	2705.00	5748.00	1218.00	460.00			
3													
4	2143.16	869.64	3968				670.00	4511.50	3300.00	2165.00			
5	1298.28						525.00	5333.00	11945.00	4242.50	1085.00	390.00	
6													
7	1623.78	1521.96	732868	1153.98	1121.05	913.38	1222.65	24078.25	5156.00	1282.00			
8	3326.64	1709.36	172730	1638.70	1669.78	1159.38		10787.50	16238.00	9630.00			
9	6610.14	6064.28	590813	3659.83	2590.59	2638.86	2219.16	2853.89	4746.14	4806.00	2476.50	1970.00	1800.00
10	5044.24	4097.70	863020	3426.84	2884.23	1502.61	654.56	4164.93	2213.50	3880.00	1810.00	577.50	
11	3748.13	966.71	314250					5513.90	14342.42	3259.98	10000.00	10557.72	14254.73
12	5491.46	1804.60	640416	67.85			170.00	9735.89	5565.00	6880.00	1455.00		
13	2310.35	1491.88	446146	744.00	756.40	887.84	954.49	631.30	3956.52	7970.00	600.00		
14	1487.69	400.55	296572	1547.85	1630.94	13740.44	17935.51	213.00	2400.00				
15	4819.38	2373.65											
16	946.91		18540			16000.00	31119.00	48870.19	55682.00	969.00	3223.02	10000.00	
17	5247.36	2244.40	488371	1523.46	831.50								
18			157561										

湛山五一社、大队、农工商公司和生产队副业历年总收入统计表

表 6-25　　　　单位：元

年度	大队	生产队	合计	年度	大队	生产队	合计
1956	20442.81		20442.81	1973	44619.92	164272.22	210892.14
1957	71662.34		71662.34	1974	71458.18	172492.36	198950.27
1958	9596.23		9596.23	1975	24596.38	108318.17	132914.55
1959	51916.32		51916.32	1976	17596.18	50189.57	67785.57
1960	46725.26	6176.39	52901.65	1977	17577.52	441757.01	459334.53
1961				1978	48420.15	54558.63	102978.78
1962	58771.84	4571.77	63343.61	1979	42802.00	15662.71	58464.71
1963	36935.85	1809.07	38744.92	1980	55947.66	12382.19	68329.85
1964	225598.50	13433.21	239031.71	1981	84210.99	38540.65	122751.64
1965	23607.32	44196.31	67803.63	1982	104871.91	62877.37	167749.28
1966	15483.71	41480.05	56963.76	1983	220884.66	143558.74	364443.40
1967	16466.18	53835.84	70302.02	1984	242002.91	129445.58	371485.49
1968	34000.66	77895.61	111896.27	1985	503278.60	45684.48	548963.08
1969	66084.36	86662.61	152746.97	1986	186614.47	33711.43	220325.90
1970	70039.77	99700.67	169740.44	1987	444.60	23459.22	23939.82
1971	37239.80	154414.66	191654.46	1988		16054.73	16054.73
1972	37982.40	138038.46	176020.86				

第五章　工业商业服务业

第一节　私营工商业服务业

自明迄清以来，村民的许多商贸活动如粜粮、籴粮、购物等，大都以赶集为主，农历每逢四、九浮山所集，每逢二、七李村集等，至今虽然都已发展为市区，生活和环境均已沧桑巨变，但赶集的习俗仍在延续。从民国时期到解放初期，村里手工业、商业、服务业的大小店铺门类已经较为齐全。

木匠铺

张玉璇为人谦和诚信，宽厚仁义，技艺精湛，技术精益求精，培养的徒弟都为木匠高手，后来在各单位多为七级、八级工匠。1942

年在湛山前街成立双合兴木铺，制作家具、棺材等。1950年迁威海路，改称“义兴号木铺”。1956年公私合营后，义兴号木铺与同行业联合加入青岛第一木器厂。

铁匠铺

铁匠大多是流动的外乡人，以泰安、肥城等地居多。中街孙氏家庙街门旁边小屋是长期开铁匠铺的地方。

裁缝铺

柳元昇　1926年在天津路学徒，1930—1935年在金乡路、陵县路缝纫店作店员。1935年在湛山开裁缝铺，以中式服装为主。1958年加入湛山大队缝纫组。

辛承泰　早年在上海学徒，民国时期在湛山开裁缝铺，擅制西服，青岛解放后加入太平角湛山大路缝纫组。

另外开裁缝铺的还有杨大鹏等人。

鞋铺

薛宝信　1948年定居湛山，在前街村西开鞋铺绱鞋兼修鞋。

理发店

费云新　早年在海参威理发，1930年到湛山定居，在前街开理发店。1949年后请本村孙正夏画了门头，店名字号为振东理发社。

费守训　1930年定居湛山，1937年开始在中街营业。

孙浩洲、王星如等1951年后在前街村西营业。

1956年公私合营后，各理发店合并为湛山理发店，隶属青岛市饮食服务公司。

洗衣局

矫扶忠　1910年在湛山后街与孙中光合伙开洗衣店，5年后去台西德盛洗衣店。1922年又回湛山开了福盛元洗衣店，1925年迁太平角在湛山大路31号仍为福盛元洗衣店，服务对象多为外国人，收入颇丰，在湛山买地建房20间。1946年矫铸法继承父业，注册资本法币300元，服务对象多为驻青美国海军。1949年停业，1956年加入湛山五一社洗衣局。

扎纸铺

王乃士　民国时期至20世纪50年代在中街东头。专扎纸人、纸马、纸牛、纸制金山、银山、摇钱树等殡仪冥品，技术精湛，远近闻名。此项目一向是民间对逝者寄托哀思的一种不可或缺的习俗。

自行车铺

杨方勇　在前街开车铺，修理自行车，技术精湛。

锅饼火烧铺

杨宝林　1924年到湛山定居，在前街开锅饼铺，后杨玉臣继承父业。

另在中街和桥子里等处有几家火烧铺。

油条馒头铺

孙洪尧在前街西炸油条，作馒头、饼子。诚信经营，享誉乡里。老村民多有不知其名者，但无人不知“香油果子家”。

饭馆酒馆

崔玉昆　在前街开饭馆，炒一手好菜而闻名。

蔡令会　在中街开黄酒馆。

豆腐房

庄福仁　人称老庄，1938年定居湛山开豆腐房。

另有老朱和黄相普豆腐房兼轧面条、卖馒头。

酱园

徐宝山　1930年定居湛山在中街开酱园，专卖各种酱菜、咸菜等兼轧面条。

花屋

辛玉木　1938—1947年在东沟崖，湛山小学西建温室一座，经营花屋，养花卖花，当时人们把养花的温室叫“花屋”。

辛立福　同时期在村西北大沟建温室开花屋，其位置在今岳阳路南东海一路西。

小铺茶炉

全村有许多小铺，一般经营烟、酒、糖果、小食品、日用杂货兼开茶炉，有的也兼卖菜，经营时间较长的有邱子玉、贾瑞云、王麻子、王瑞玲、刘化合和房玉梅夫妻店、李有泉、侯玉田、辛承德、孙中产等。

1956 年社会主义改造时邱子玉、李有泉、房玉梅等加入青岛市烟糖批发站（公私合营），在中街和前街设小卖部。

1978 年党的十一届三中全会以后，结束了我国经济长期停滞和封闭的局面，进入改革开放的新历史时期。对于个体经济的基本方针是“鼓励发展，长期存在”，在党和国家允许和支持个体经济发展的政策法规指导下，湛山的个体经济也如雨后春笋般地迅速发展起来，经历了从无到有、从小到大的过程。

1992 年大湛山村拆迁时统计，湛山村内经营的商业、旅馆、酒店、餐厅、理发美发、古玩、字画装裱、书报杂志、电子游戏等个体工商营业户共 44 家门牌号码及姓名如下：

1992 年大湛山村个体工商营业户统计表

表 6-26

门牌	姓名	门牌	姓名	门牌	姓名	门牌	姓名
11	王洪诺	148	魏绪英	442	孙秀梅	719	宋文梅
15	孙正勤	16	薛彩云	402	于瑞令	384	滕美珍
19	孙秀花	154	丁作柱	403	于瑞平	882	孙正喜
29	孙立松	257	苏美玲	382	贾世舜	466	张正来
30	李德忠	296	孙正光	934	宓钊堪	467	张正起
31	钟才先	486	金秀珍	809	辛兆学	457	李新成
55	王秀英	504	毛炳君	841	张振香	423	贾启存
59	纪梅松	587	辛克平	904	辛玉晓		
71	孙美英	775	林秀美	1032	孙玉琴		
77	殷秀梅	742	孙桂芬	300	王玉先		
98	丁爱贞	305	李秀荣	615	孙正峰		
133	孙公平	404	王芝兰	641	孙立清		
东海一路 5 号	徐光武	东海一路 2 号	于鑫功				

大湛山村拆迁改造后，湛山居民小区规划中，仅有新湛路辟为美食街，有餐饮酒店十余家，而小区内缺少统一规划配套的商业网点。许多一楼临街的住户纷纷自发地开门挖窗，开店经商，或店铺出租，或自己经营。至 2009 年约 15 年间，旅馆、饭店、小超市、蔬菜水果、小卖部、五金土产、美容美发、诊所、药店、房屋中介、复印打字等各行各业已遍布小区。

第二节　集体商业服务业

湛山消费合作社

青岛解放后成立了青岛市消费合作总社，湛山村于1951年成立湛山消费合作社。主要经营粮油、日用百货、布匹、土产品等。

社　　长　侯玉田

主管会计　顾茂臣

出纳会计　辛玉峰

业务主任　王世纲

采购员　　邵汉三

售货员　　孙中孝　张建荣　宋乐成　马德生等

村民入股，每股6元，最低3元，凭股金证购物可享受9.8折优惠。1954年青岛市消费合作总社改为青岛市贸易公司，湛山消费合作社隶属市南贸易公司。1956年湛山消费合作社解体，社员退股，按粮油、蔬菜、百货、土产分别归于粮食局、蔬菜公司、百货公司、土产公司等，并分别在湛山村设立了国营湛山粮店、湛山菜店、湛山百货店。此后20余年没有大的变化。

改革开放后

1978年后我国进入经济体制改革的历史时期，湛山的集体经济也进入快速变革和发展期。

1979年湛山街道办事处成立湛山大包饭店，聘请本村退休厨师匡宝书，由于技术高超，很快湛山大包、水饺远近闻名，顾客盈门，供不应求，常需排队等候。

1981年湛山大队在湛山大路64号成立湛山饭店（1985年改为湛山餐厅）。

1982年湛山大队在镇江路居民区成立江西路蔬菜副食品商店和烟酒食品店。同年生产队成立商店的有：7队青岛市市南区湛山后街商店，经理孙正谟，会计王桂琴；12队青岛市市南区大湛山村食品店，经理贾代有，会计王金峰；16队青岛市市南区小湛山综合商店，经理邵先纯，会计王恭亭。

1983年始建湛山宾馆。

1986年湛山大队成立青岛市市南区湛山综合商店（1990年改为湛山海天百货店）；湛山铆焊厂成立湛山客车配件商店。

1988年5月湛山农工商公司投资31.6万元，在江西路26号成立青岛市市南区百货商场，批发兼零售。

1992年5月成立青岛湛山振业劳动服务公司。

各主要单位概况

青岛市市南区湛山后街食品商店

成立时间：1982年

地　　址：湛山后街门市部；湛山前街门市部；湛山大路售货亭

历属沿革：1982年—1987年5月7队
　　　　　1987年5月—1993年青岛市市南区百货商场

历任经理：孙正谟1982年—1987年5月
　　　　　宓钊堪1987年5月—1993年

历任会计：王桂琴1982年—1987年5月
　　　　　贾桂华1987年5月—1993年

注册资金：4.8万元

湛山后街商店历年经济效益和职工人数统计表

表 6-27　　单位：元

年度	营业额	利润	税金	所得税	职工人数
1984	250387.85				
1985	276988.61				
1986	328344.41				
1987	365048.01				
1988	377460.74				
1989	280907.05	5044.70	8958.24	891.26	10
1990	305554.49	6256.83	9889.70	1128.68	10
1991	151248.58	6728.56	5044.72	1261.16	7
1992	105166.12	-3528.33	3512.35	0	3
1993	3136.83	44.41	100.70	4.44	4

江西路蔬菜副食品商店、烟酒食品店

地址：镇江路居民区（当时无路名，后为泰州路 20 号）

成立时间：1982 年

经理：宓钊堪

会计：孙公来

1983—1988 年历年营业收入统计表

表 6-28　　单位：元

年份	1983	1984	1985	1986	1987	1988
收入	32827.03	391176.03	405359.01	492028.82	764681.44	1071693.94

1984—1988 年其他各商店历年营业收入统计表

表 6-29　　单位：元

单位＼年份	1984	1985	1986	1987	1988
12 队大湛山村食品店	169343.42	111069.89	107791.52	48814.67	
16 队小湛山综合商店	236255.14			180229.39	
大队综合商店			68604.65	273762.26	587656.78
铆焊厂湛山客车配件商店			112390.19	197708.31	364797.23

青岛市市南区百货商场
成立时间：1988年5月
注销时间：2000年4月10日
地　　址：江西路26号
经　　理：宓钊堪　1988—2000年
主管会计：孙公来　1988—2000年
出纳会计：宓爱华　1988—2000年
经营范围：日用百货　文化用品
　　　　　五金交电　日用杂品
经营方式：批发　零售　代销
注册资金：31.3万元

1989—1999年历年经济效益及职工人数统计表

表6-30　　单位：元

年度	营业额	利润	销售税金	所得税	职工人数
1989	628702.06	12829.15	21215.87	2843.58	7
1990	1044315.82	16538.95	33956.61	3967.64	
1991	1066375.82	21112.37	33421.06	5412.20	19
1992	1114629.09	24345.67	36650.36	5929.72	22
1993	983090.16	11574.64	48365.00		
1994	818768.39	58500.26	7326.65	14215.56	22
1995	458618.65	29030.02	10531.81	4582.21	22
1996	159545.86	15935.90	10342.74	2581.61	15
1997	47765.26	1826.37	12384.03	295.88	13
1998	0	-80815.68	3850.00		9
1999	0	-57107.78	825.00		7

青岛湛山餐厅
地　　址：湛山大路64号
始建时间：1981年
开业时间：1982年5月1日
停业时间：1993年1月
名称沿革：湛山饭店　1982年5月1日—1984年
　　　　　湛山餐厅　1985年至1993年1月
经营范围：面食　炒菜　冷拼　馅制品　肉食加工　水产品　烟　酒　茶　小食品　糖果　冷饮批发
注册资金：78.3万元
历任经理：任增德　1982年5月1日至1983年
　　　　　邵先瑞　1983年至1985年2月6日
　　　　　孙作福　1985年2月7日—1991年12月31日

辛兆伟　1992年1月1日—1993年1月

主管会计：丁成航　1982年5月1日—1985年2月6日

李孝增　1985年2月7日—1993年1月

青岛湛山餐厅历年经济效益及职工人数统计表

表 6-31　　单位：元

年度	营业额	利润	税金	所得税	人数
1982	113074.73				
1983	65130.50				
1984	259566.00				
1985	698391.26				69
1986	1170221.00	91456.60	37564.10	20207.55	67
1987	1785620.27	106847.91	58028.99	22728.56	79
1988	2719294.26	117924.08	88172.27	17813.96	106
1989	2796329.80	152285.03	89491.42	35306.13	90
1990	3808267.07	165250.39	122752.25	30493.72	90
1991	3276825.01	220510.79	166740.38	42812.55	90
1992	1708899.53	-218849.56	53161.19		71

湛山宾馆

地　　址：延安三路234号

始建时间：1983年11月

开业时间：1985年6月29日

停业时间：2004年12月31日

主要经营项目：住宿　餐饮　娱乐等

历任总经理：孙中圣　1983年11月—1998年11月3日

孙中润　1998年11月18日—2000年4月

王培来　2000年4月17日—2000年4月26日

鲁安麟　2000年6月8日—2002年7月31日

邵先瑞　2002年8月—2013年10月

历任财务人员：

主管会计：孙中杭　1983年11月—1985年7月

孙功勤　1985年7月—1999年10月

陈桂丽　1999年10月—2000年7月

孙秋珍　2000年8月—2004年12月
出纳会计：孙功勤　1983年11月—1985年7月
陈桂丽　1985年7月—1998年10月
孙秋珍　1998年10月—2000年10月
辛　鹏　2000年8月—2004年12月
统　　计：孙功勤　1985年7月—1999年10月
陈桂丽　1999年10月—2000年7月
孙秋珍　2000年8月—2004年12月

概况：

营业收入最高年份1990年1525.95万元，实现利润最高年份1995年231.48万元，1994年名列青岛市市南区第三产业经济效益十佳企业第一名。

1997年投资6000多万元改造后，共有经济间、豪华间客房200间，并设有餐厅、酒吧、会议室、歌舞厅、台球室、多功能厅、咖啡厅、网球场等。

2004年12月31日停业，2005年12月5日拆除。湛山农工商公司与香港万邦（青岛）置业发展有限公司合作在湛山宾馆原址建设万邦中心。

历年职工人数统计表

表6-32

年度	人数	年度	人数	年度	人数	年度	人数
1985	121	1990	343	1995	375	2000	242
1986	104	1991	356	1996	349	2001	220
1987	125	1992	346	1997	333	2002	214
1988	155	1993	385	1998	282	2003	203
1989	274	1994	371	1999	270	2004	203

历年经济效益统计表

表6-33　　单位：元

年度	收入	税金	利润
1985	1273488.80	63674.44	347565.44
1986	2247996.29	124203.15	453998.93
1987	4247920.29	239666.35	894512.32
1988	7231465.60	346926.32	1349929.73
1989	14032674.98	178956.36	1995913.67
1990	15259506.78	434137.40	2141971.20

续表 6-33　　　　单位：元

年度	收入	税金	利润
1991	14276566.37	558915.05	1913044.18
1992	13218045.91	539107.17	2192878.31
1993	13568790.59	695227.68	1589121.76
1994	13606827.59	799521.83	2118873.72
1995	14131391.89	838556.23	2314763.07
1996	12184257.14	700040.77	1044587.79
1997	679530.69	36354.89	-73646.22
1998	3391892.41	185667.27	-980807.99
1999	11408054.96	857177.95	600134.77
2000	11454914.62	1049564.82	717637.43
2001	11673790.09	922373.99	49148.60
2002	10672388.00	813126.20	82732.19
2003	9690992.72	630793.38	71184.72
2004	9899877.73	544126	-1259499.22
合计	194150373.50	10558117.25	17564044.40

青岛湛山振业劳动服务公司

地　　址：华严路 11 号

成立时间：1992 年 5 月 16 日

历任经理：孙中孝　1992 年 5 月 16 日—1994 年 3 月 30 日

张永和　1994 年 4 月 1 日— 2001 年 8 月 8 日

张永兴　2001 年至今

历任财务人员：

主管会计：王玉莲　1992 年 5 月 16 日—1994 年 3 月 30 日

张　建　1994 年 4 月 1 日—2004 年 3 月 3 日

刘爱珍　2004 年 3 月 4 日至今

出纳会计：张英美　1994 年 4 月 1 日至今

职工人数：1992—1994 年　2 人

1994—2004 年　46 人

2004 至今　　33 人

下属单位：青岛市市南区湛山房屋修建队

成立时间 1989 年 8 月 12 日至今

碧水餐厅

成立时间1994年6月18日—1997年6月

湛山渔航园

成立时间1997年7月1日至今

青岛市市南区湛山振业劳动服务公司废品收购站

成立时间1994年4月12日至今

经济效益：

振业劳动服务公司历年经济效益统计表

表6-34　　单位：元

年度	收入	税金	利润
1994	745.04		
1995	89771.17		
1996	99401.20		-136309.94
1997	127200.00	7280.78	1817.00
1998	174190.02	45000.00	-6571.57
1999	166805.70	14945.70	3617.41
2000	198317.18	27684.42	1030.34
2001	155793.40	29948.01	1547.72
2002	149000.00	28246.39	799.98
2003	158000.00	23137.11	1023.89
2004	167000.00	28971.04	1029.74

青岛市市南区湛山房屋修建队历年经济效益统计表

表6-35　　单位：元

年度	收入	税金	利润
1995	214915.45	7328.59	-15151.14
1996	121880.72	4846.16	5842.75
1997	273401.25	9518.87	-43134.57
1998	85505.71	7921.13	-37969.56
1999	346085.44	18792.42	161.34
2000	247107.12	14047.30	336.83
2001	161638.49	10156.70	473.71
2002	265114.27	12773.73	214.95
2003	126270.97	8325.97	54.77
2004	148443.98	10207.35	80.69

湛新旅馆、湛山渔航园历年经济效益统计表

表 6-36　　单位：元

年度	收入	税金	利润
1994	20252.23	10834.95	-25082.24
1995	964331.40	51851.46	25082.24
1996	873131.80	42632.74	5654.35
1997	447165.30	39610.50	14172.92
1998	589871.00	70877.85	64182.03
1999	54116.25	60873.77	14240.44
2000	66191.20	51371.99	8231.52
2001	313674.00	22491.91	2768.02
2002	333124.50	26866.94	8231.52
2003	348337.00	38519.72	15862.74
2004	334000.00	42669.54	4495.13

注：1994—1997 年为碧水餐厅，1997—2004 年为湛山渔航园

湛山振业劳动服务公司废品收购站历年经济效益统计表

表 6-37　　单位：元

年度	收入	税金	利润
1995	163302.52	8339.49	839.57
1996	384716.66	26548.82	855.96
1997	251429.15	16233.54	-8558.68
1998	246483.67	12644.90	1400.97
1999	197553.16	9721.56	11103.77
2000	188491.63	8978.72	862.18
2001	170225.01	8010.39	47.96
2002	201719.31	10285.99	81.07
2003	158677.47	7124.06	29.75
2004	155906.07	14955.41	100.34

第三节　集体工业

1969年春湛山大队决定创办翻砂厂，在本村社员中组织了首批村办工业人员。

湛山村办工业第一位技术员：

贾启雪，从1932年到1955年，分别在海军工厂、铃木、东海、荣太、丰田、建筑公司等老铁工厂任技术工人。

湛山首批村办工业人员：

王洪明　辛承凯　辛承秋　孙瑞珍

任百福　王立山　孙立礼　贾启云

孙立林等

从中选派了部分人员到四方机厂和浮山公社修配厂等单位实习培训。当年6月利用大队文化室大房子改为翻砂车间，在室外建起了第一座猪嘴炉，从房产局购进第一台旧皮带车床，翻砂厂开始投产。当年收入8922.34元，这是湛山村办工业的发端。1970年翻砂厂迁至村东延安三路（当时无门牌后为224号）新建厂房，1972年发展了车工车间并正式更名为湛山机修厂，1989年改为湛山空压机配件厂。

1969年年底因征用土地，青岛中药厂协助湛山大队成立了湛山药厂，实为青岛中药厂编外的一个加工车间。1970年3月开始加工包装青岛中药厂生产的腹痛水，后来长期生产莱阳梨止咳糖浆，同时也加工包装青岛中药厂生产的藿香水、小儿回春丹、莱阳梨膏等，1992年停产。

1970年12月因征用土地，青岛市交电批发站协助湛山大队成立了湛山自行车安装组，组装金鹿、永久、凤凰、飞鸽、红旗等各种品牌系列商品自行车，1984年又增加了安装日本铃木、捷克等品牌摩托车。1988年改为湛山自行车摩托车装修厂，1991年9月1日撤消并入湛山安全器材厂。

1974年在村西成立了湛山保险柜厂（当时无门牌，后为东海一路7号）；1976年又在该厂成立了图钉厂；1978年图钉厂与保险柜厂合并，改称青岛湛山安全器材厂，主要生产保险柜、文件橱、五节柜等。

1974年在村东延安三路机修厂南成立玻璃钢厂；1978年成立铆焊厂；1980年两厂合并为青岛湛山铆焊厂，1991年改为青岛湛山汇线桥架厂，2004年10月归属湛山空压机配件厂。

1975年7月14日在北山前（今晓望路最低处）建了砖窑，成立青岛湛山砖厂，1977年作价转让给浮山公社砖厂，1981年撤销。

1980年在村西北始建青岛湛山服装厂（后为东海一路11号），1981年9月投产，主要生产夹克衫和毛巾布浴衣等。

1983年在村东延安三路（后为延安三路135号）成立青岛市南浮山电子检测仪器厂，主要产品卫士牌金属探测仪。

1985年在东海一路10号成立青岛湛山塑料改性材料厂。

1988年将铆焊厂所属客车修配厂分出来，在延安三路133号成立青岛湛山客车修配厂。

1998年10月12日在仰口路9号成立青岛凡特胶有限公司，从美国引进设备，生产木业用胶。

各企业概况：

青岛市市南区湛山空压机配件厂

成立时间：1969年6月

地　　址：延安三路224号

占地面积：5444平方米（1989年）

建筑面积：2041平方米（1989年）

名称地址沿革：

时间	名称	地址
1969.6—1970.5	湛山翻砂厂	湛山大队文化室
1970.6—1971	湛山翻砂厂	延安三路
1972—1989.8	青岛市市南区湛山机修厂	延安三路
1989.9—1996.12	青岛市市南区湛山空压机配件厂	延安三路 224 号
1996.12—2004.12	青岛市市南区湛山空压机配件厂	大麦岛后山
2004.12—2010	青岛市市南区空压机配件厂	杨家群（租赁）

历任厂长：

姓名	任职时间
韩金祥	1971—1973
孙立江（代理）	1974—1975
孙正实	1975—1990.11
丁重阳	1990.12—1991.3
贾世杰	1991.4 至今

历任财务人员：

主管会计	任职时间	出纳会计	任职时间
孙立江	1970—1977	张素云	1975—1977
张素云	1978—1984.5	孙正凰	1980—1991
丁重阳	1984.6 至今	邱美云	1992 至今

主要产品及经营项目：

1. 铸铁、铸铜、铸铝等机械设备零件，用于通信、电业、有线电视、污水等项目的检查井，在本市市场的占有量约 80%。

2. 电器铆焊及板金加工。

3. 空压机系列配件制造，主要以汽缸、气阀为主。面向全国部分省市的空压机制造业，市场占有量较少。

辖属单位：汇线桥架厂

成立时间：湛山玻璃钢厂 1974 年
湛山铆焊厂 1978 年
汇线桥架厂 1991 年

占地面积：4462 平方米 （1989 年）

建筑面积：1152 平方米 （1989 年）

名称地址沿革

时间	名称	地址
1974—1979	青岛市市南区湛山玻璃钢厂	延安三路
1978—1979	青岛市市南区湛山铆焊厂	延安三路
1980—1990	青岛市市南区浮山铆焊厂（两厂合并）	延安三路 224 号

1991—1996	青岛湛山汇线桥架厂	延安三路 224 号
1996—2004.10	青岛湛山汇线桥架厂	逍遥（租赁） 杨家群（租赁）
2004.10 至今	归属青岛市市南区湛山空压机配件厂	杨家群（租赁）

历任厂长：

姓名	任职时间	
韩金祥	1974—1979	（玻璃钢厂）
孙正平	1978—1979	（铆焊厂）
张正来	1979.8—1980.2	（铆焊厂）
孙立江	1980.2—1982	（铆焊厂）
吴明德	1983—1990	（铆焊厂）
吴明德	1991—2001.9.10	（汇线桥架厂）
吴增忠	2001.9.10—2004.9.20	（汇线桥架厂）
贾世杰	2004.9.20 至今	（汇线桥架厂）

历任财务人员：

单位	主管会计	任期	出纳会计	任期
玻璃钢厂	王玉莲	1974—1979		
铆焊厂	孙立江	1978—1979		
铆焊厂	王玉莲	1980—1982	于林清	1982.2—1985
铆焊厂	陈秀珍	1983—1990	韩金祥	1986—1990
汇线桥架厂	陈秀珍	1991—2001.1	韩金祥	1991—1995
汇线桥架厂	仲秋菊	2001.2—2001.12	丁彩英	1995—2002.1
汇线桥架厂	潘荣萍	2002—	吴素娟	2002.2 至今

20 世纪 80 年代的湛山机修厂车工车间
左自前至后：尚慧玲　辛兆柏　王仁浩　孙正才
右自前至后：辛玉珍　孙淑华
（孙正实提供）

1975 年代的湛山机修厂翻砂（铸造）车间
自左至右：丁正跃　孙正辉　高绪福　孙立新　贾世杰　薛志义
（孙正实提供）

湛山空压机配件厂历年经济效益与职工人数统计表

表 6-38

序号	年度	利润（元）	税金（元）	产值（元）	企业所得税	职工人数
1	1969			8922.34		15
2	1970			2886.87		
3	1971					51
4	1972			122975.83		81
5	1973			153859.39		90
6	1974			200652.81		108
7	1975			367617.36		144
8	1976			523296		139
9	1977	61500		406000		240
10	1978	73800	10846.41	387200		92
11	1979	74400	12424.03	410800		95
12	1980	18000	7700	301400		87
13	1981	128593	10550.63	262000		88
14	1982	75000	17400	360000		88
15	1983	111052.09	29000	419000	42759.78	88
16	1984	145600	19979.25	412000	49368.36	76
17	1985	100800	26900	456600	41555.46	75
18	1986	142545.34	26507.04	495400	53915.82	61
19	1987	145940.25	35285.30	621000	54218.10	65
20	1988	140171.81	30961.91	576600	54709.12	67
21	1989	86004.20	35293.08	609000	30721.07	66
22	1990	717.27	29945.49	545000	64.55	55
23	1991	93308.35	42634.91	716000	30103.33	58
24	1992	412376.66	202603.80	1829000	180244.03	55
25	1993	885001.08	436385.18	4137100	381665.53	58
26	1994	392919.22	405010.69	3451000	116697.01	74
27	1995	425511.10	215546.12	2561800	126376.79	55
28	1996	264159.76	396911.10	2326000	86253.19	52
29	1997	138800.65	123627.47	2365300	46092.37	47

续表 6-38

序号	年度	利　润（元）	税　金（元）	产　值（元）	企业所得税	职工人数
30	1998	83182.77	113333.83	2699000	24170.07	41
31	1999	126337.96	159497.88	2758000	44046.41	40
32	2000	72365.29	115450.52	2691000	21038.21	40
33	2001	112896.56	101484.46	2501000	42536.30	39
34	2002	146850.71	63683.83	1612000	50875.67	38
35	2003	52379.87	162982.91	1293000	15388.61	37
36	2004	114201	188523.29	1387000	38283.30	34
37	2005	91551	84517	547061	26163	
38	2006	132020	62759	372806	43915	31
39	2007	116676	70328	373852	39481	30
40	2008	149909	61855	1156147	30722	29
41	2009	223441	233626	2736964	45763	28

青岛安全器材厂

成立时间：1974 年

地　　址：东海一路 7 号

占地面积：10251 平方米（1989 年）

建筑面积：4116 平方米（1989 年）

名称沿革：1974—1975　　青岛湛山保险柜厂

　　　　　　　　　　　青岛湛山图钉厂

　　　　　1976—1980　　青岛湛山安全器材厂

　　　　　1981—1988　　青岛浮山安全器材厂

　　　　　1989—2001.10　　青岛安全器材厂

　　　　　2001.10—2004　　青岛安全器材有限公司（公司办公在东海一路 24 号生产厂在大埠东）

历任厂长（经理）：姓名　　任职时间

宓钊堪　　1974—1975

王克忠　　1976—1985

张玉海　　1986—2001.1

孙立进　　2000.1—2001.10

孙公卿　　2001.10—2004

历任财务人员

表 6-39

主管会计	任期	出纳会计	任期	统计	任期
隋安庆	1974—1980	蓝淑芳	1976—1998	孙爱华	1976—1984
丁正俊	1981—1993	孙永丽	1998—2000.7	张立芬	1985—1990
王顺刚	1993—2004	孙　娟	2000.8—2002.6	苏文萍	1991—2001
		隋蓬蕾	2002.7—2004.4	王顺刚	2002—2004
		孔祥华	2004.5—2004		

主要产品：

是国内生产全钢家具较早的生产厂家之一，最高年产各种文件橱、双节柜、五节柜等 6 万余套，安全牌防盗保险柜、金库门、异型柜、枪柜等系列产品共有 8 个品种，采标于国家强制性标准 GB10409-89。获省公安厅颁发的生产许可证，注册商标“安全牌”。

20 世纪 80 年代开始，从国内外引进先进生产设备、检测仪器和塑料喷涂生产线，而使产品更加款式新潮、坚固耐用、操作捷便、安全保密性能可靠。

历年经济效益及职工人数统计表

表 6-40

年度	销售额（元）	利税（元）	职工人数
1987	3393013.92	1210069.21	168
1988	3433593.33	1238797.70	178
1989	5094221.97	1310600.02	189
1990	5663511.57	1592443.43	201
1991	6690017.07	1691384.18	242
1992	5120386.28	1191075.16	247
1993	5568794.86	226347.30	295
1994	4434183.53	573967.77	291
1995	5124870.73	469543.70	274
1996	3196327.10	131604.88	193
1997	2724280.43	-1417298.92	190
1998	2003980.33	-1247911.82	158

续表 6-40

年度	销售额（元）	利税（元）	职工人数
1999	1933376.69	-506396.72	147
2000	2312095.93	-484850.82	127
2001	1631116.93	-748324.69	125
2002	1135331.45	183328.51	108
2003	982973.25	-139024.07	102
2004	1415608.69	-42930.00	97

青岛湛山服装厂

成立时间：1980 年始建 1981 年 9 月投产

占地面积：3754.2 平方米

建筑面积：935 平方米

注册商标：湛荷牌　琴兰牌

注册资金：50 万 ~ 155.98 万元

名称地址沿革：

时间	名称	地址
1980—1985	青岛湛山服装厂	东海一路 11 号
1986.1—1991.11.24	青岛湛山联合服装厂	同上
1991.11.25—1992	青岛工贸联营服装厂	同上
1993—1994	同上	宁夏路服装研究所
1994—1999	同上	宁夏路银河电子厂
1999—2005	同上	台东八路 50 号

辖属单位：1997.8.29—2005　青岛福乐苑休闲中心　东海一路 11 号

历任厂长：

姓名	任职时间
隋安庆	1981—1986
隋安庆	1986—1988（丙方：青岛湛山服装厂）
杨永清	1986—1988（甲方：山东省纺织品进出口公司）
翟绪峰	1986—1988（乙方：青岛衬衫厂）
孙忠聪	1988—2003.6.12

历任财务人员：

主管会计	任职时间	出纳会计	任职时间
武邦林	1981—1983	孙功勤	1981—1983
秦继利	1983—1998	秦继利	1983—1988
郗学惠	1998—2005	葛美云	1988—2005

联合联营单位：

1981 年 9 月成立青岛湛山服装厂，1986 与山东纺织品进出口公司、青岛衬衫厂三方联合成立青岛湛山联合服装厂，1988 年 1 月青岛衬衫厂退出，1991 年 9 月 26 日与山东服装进出口公司联营成立青岛工贸联营服装厂。

主要产品及经营项目：

童装、防雨绸运动装、浴衣、睡衣及毛巾被、被套、褥套等床上用品。

1997 年 8 月 29 日 投资 80 万元在东海一路 9 号成立青岛福乐苑休闲中心，主要经营项目有宾馆住宿、桑拿浴池、美容美发、干洗服务、商场、餐饮、咖啡厅等。

经济效益：

青岛湛山服装厂经济效益及职工人数统计表

表 6-41　　单位：元

年度	销售额	利润	营业税	所得税	职工人数
1983	1095116.00	241201.19	54757.31		
1984	936011.45	82334.61	45973.79	21898.65	131
1986	518058.73	80443.86	27716.16	6533.18	
1987	-2689.57	-4418.91	143.89		
1993	167386.74			6913.48	
1994	4022040.98	167386.74	86071.66		112
1996	4522040.98	64371.16	106071.66	21242.48	35
1997	2616427.82	76992.22	8041.21	25407.43	36

青岛湛山联合服装厂历年经济效益及职工人数统计表

表 6-42　　单位：元

年度	销售额	利润	营业税	所得税	职工人数
1986	518058.73	80443.86	27716.16	6533.18	83
1987	1916511.42	218541.28	102533.35	142842.86	102
1988	155261.20	-5721.75	8314.28	0	47
1989	966955.51	86257.84	52397.47	5073.57	79
1990	1432303.04	90563.81	76628.21	28684.64	

青岛湛山工贸联营服装厂历年经济效益及职工人数统计表

表 6-43　　单位：元

年度	销售额	利润	营业税	所得税	职工人数
1991	1097789.96	48031.00	58712.95	9718.97	79
1992	9534555.47	374769.54	213570.74	170680.92	79
1993	14168974.10	1014659.38	304078.03	122713.29	
1994	23546330.89	716936.57	58285.87	72254.01	155
1995	17117830.84	293763.45	35455.14		123
1996	12005905.38	114489.50	39387.74		136
1997	17099712.58	18921.88	30718.34	3405.94	123
1998	5728130.40	11406.97	36958.20	2233.52	40
1999	139497.62	-234750.80	4675.00	0	38
2000	288107.83	76.40	286.55		30
2001	217372.52	1285.84	1650.00	231.45	22
2002	582272.30	2558.00	7975.00	623.38	
2003	0	-144874.28	0	0	7
2005	0	-9135.12	0	0	4

青岛福乐苑休闲中心历年经济效益及职工人数统计表

表 6-44　　单位：元

年度	营业收入	利润	营业税	所得税	职工人数
1997	17752.89	38.62	256.56	6.59	
1998	1319640.64	12713.14	9155.43	3466.05	
1999	1819842.92	4755.35	50454.93	855.96	46
2000	1099644.58	5611.13	45986.11	1345.02	35
2001	388801.91	2378.24	38984.12	175.67	
2002	305300.00	5017.05	25481.50	903.07	
2003	230036.00	-1590.14	7701.97	0	7
2004					
2005	0	-12688.36	0	0	

青岛电子检测仪器厂

成立时间：1983 年 1 月 1 日

占地面积：3900 平方米（1989 年）

建筑面积：1640 平方米（1989 年）

注册商标：卫士牌

名称地址沿革：

时间	名称	地址
1883.1.1	青岛市南浮山电子检测仪器厂	延安三路 135 号
1988.3.19	青岛电子检测仪器厂	同上
1994.5.26	同上	化工部劳保研究所
1995.5.26	同上	闽江路
1999.5.26	同上	四方区河西西山
2005 年至今	同上	李沧区青岛市市南区科技工业园

合资合作单位：

时间	名称	合资合作单位
1993.5.1—	青岛银河电子有限公司	永盛农工商公司电瓶车厂
2000.3.12	青岛东金电子有限公司	中美合资

辖属单位：青岛船舶配套设备厂

青岛大众环保技术有限公司

历任厂长：

姓名	任职时间
孙正平	1983.1.1—1986.12.31
石振东	1987.1.1—1998.7.24
于志强	1998.7.24 至今

青岛电子检测仪器厂财务人员一览表

表 6-45

主管会计	任期	出纳会计	任期	统计	任期
孙中伟	1983.1.1—1986.12.31	王玉莲	1983.1.1—1988.3.8	由和平	1990.6.1—2006
丁成航	1987.1.1 至今	于秀香	1988.3.9—1994.4.2		
		崔魁英	1994.4.22—1997.11.7		
		翟春红	1997.11.8—1999.1.29		
		由和平	1999.1.30—2006		

主要产品及经营项目：

1. 卫士牌金属探测器用于对非金属原料和物品中混入金属杂质的探测剔除。适用于食品类加工行业、酿造行业、纺织、针织、服装、皮毛、玩具加工行业，以及塑料制品、明胶、橡胶制品等绝缘材料加工行业。

卫士牌金属探测器系列产品：平带输送式、垂直降落式、粒料滑落式、风送管道式四大类。向用户提供多种规格的定型产品，并对特殊用户提供现场的非标准设计服务。2008 年 7 月成功研制并顺利推出新一代探测器设备 JTJ-7 系列智能金属探测器。

卫士牌金属探测器曾获山东省科技进步奖、国家质量银奖、中国国家级新产品及中国名牌产品等称号。系青岛市高新技术企业，通过 ISO9001-2000 质量体系认证。

2. 船用控制箱。

3. 卫士牌智能道路交通指挥系统。

市场变化

1. 主要产品市场占有量

卫士牌金属探测器的品种规格由少到多，市场由小到大，至 2004 年国内市场占有量约 60%；船用控制箱和道路交通信号灯、信号控制设备的市场占有量均为少量。

2. 销售区域

金属探测器销往全国各地，因地区差异分布密度不同，并出口东南亚地区；船用控制箱和道路交通信号灯、信号控制设备销往山东地区。

卫士牌金属探测器销售数量统计表

表 6-46

年份	销售数量（台）	年份	销售数量（台）
1983	15	1995	108
1984	22	1996	166
1985	33	1997	114
1986	24	1998	129
1987	32	1999	159
1988	44	2000	261
1989	84	2001	237
1990	122	2002	274
1991	234	2003	285
1992	220	2004	310
1993	161		
1994	137		

1983—2004 年历年经济效益统计表

表 6-47　　单位：元

年度	利润	税金	产值	企业所得税
1983	63219.00	29655.60	220000	13562.21
1984	121467.37	66289.37	320000	36075.81
1985	195890.30	92400.00	483967	58179.42
1986	139435.88	69056.94	349500	41412.46
1987	167481.18	84699.40	471000	56864.74
1988	258997.94	114015.59	653000	67236.91
1989	330481.82	214945.56	1247000	127604.42
1990	413459.18	274397.20	1470000	122797.37
1991	404965.16	304310.78	2316655	120274.65
1992	601743.72	371400.00	2896089	169900.88
1993	482491.13	468595.11	3290275	159198.31
1994	686992.46	769620.23	3308863	226707.51
1995	1208768.53	769950.19	3478500	339493.61
1996	750742.69	631418.72	3701100	247745.09
1997	885559.36	836227.21	3757900	292234.59
1998	908814.56	750399.38	4155000	299908.77
1999	719005.12	979615.40	4415000	237271.69
2000	829742.25	1343388.64	8806000	273814.94
2001	950814.32	1368620.36	9423000	313777.63
2002	951513.70	1260276.75	9687000	313999.53
2003	961777.92	1109368.62	9896000	317386.70
2004	962648.40	1368329.66	9718000	317673.98

青岛湛山塑料改性材料厂

成立时间：1985 年 5 月

占地面积：3800 平方米（1989 年）

建筑面积：1080 平方米（1989 年）

地址沿革：时间　　地址

1985.5—1993.9　东海一路 10 号

1993.9—1996.1　天台路

1996.1—1998.4　闽江路隆昌实业有限公司地域

1998.4—2003.1　奉化路
2003.1 至今　东海一路 20 号

历任厂长：姓名　时间
张正义　1985.5—2000.6
张正来　2000.6—2009.11.19
秦继利（兼）　2009.11.20 至今

历任财务人员：主管会计　任期　出纳会计
丁成航　1985.5—1987.1　孙丽香　1985.5—1991.7.2
孙中伟　1987.2—1996.2　孙　锋　1991.7.2—1991.7.31
孙玉玲　1996.2 至今　徐芳树　1991.7.31—2003.1
刘本辉　2003.1—2005.7.20

辖属单位：时间　名称　地址
1990.5.8　湛塑机动车保修厂　东海一路 10 号
1993.9—　同上　地址沿革与湛山塑料改性厂相同
1991.7—　湛塑机动车配件经营部　同上

主要产品及经营项目：

1985 年开始筹办，以塑料改性的研发、生产为主要目标。1986—1987 年购进塑料挤出机、打包带生产线，1988 年生产打包带 60 吨，产品在本市和省内销售。1988 年研制了塑料切粒机，经本厂在生产线上连续使用 4 年之久，性能良好，到本厂拆迁时停用。1989 年研制了扇式防盗门，申报获国家专利，并批量生产。1990 年开办了湛塑机动车保修厂，1991 年开办了湛塑机动车配件经营部。

经济效益

塑料改性材料厂历年经济效益及职工人数统计表

表 6-48

年度	利税（元）	职工人数	年度	利税（元）	职工人数
1987	26041.00	38	1996	36603.00	13
1988	103682.00	42	1997	62261.00	20
1989	109997.00	50	1998	26602.00	27
1990	72910.00	34	1999	24301.00	26
1991	66849.00	41	2000	21955.00	28
1992	55796.00	33	2001	5114.00	20
1993	85438.00	20	2002	5224.00	19
1994	45572.00	14	2003	4171.00	17
1995	51356.00	11	2004	5887.00	17

辖属单位：

机动车保修厂历年经济效益及职工人数统计表

表 6-49

年度	利税（元）	职工人数	年度	利税（元）	职工人数
1990	56810.00	34	1996	180003.00	51
1991	120103.00	51	1997	143319.00	30
1992	146143.00	58	1998	6044.00	23
1993	175590.00	64	1999	525.00	15
1994	222153.00	77	2000	123.00	
1995	206399.00	68			

机动车配件经营部历年经济效益及职工人数统计表

表 6-50

年度	利税（元）	职工人数	年度	利税（元）	职工人数
1991	4451.00	6	1995	13143.00	
1992	25797.00	8	1996	15868.00	
1993	39117.00	8	1997	14832.00	
1994	15322.00				

青岛湛山客车修配厂

成立时间：1988 年 1 月

地址沿革：时间　　地址

1988.1　延安二路 133 号

1988　　延安三路 234 号

1991　　湛流干路 6 号

1993.7　东海路 19 号

历任厂长：姓名　　任期

马立臣　1988.1—1991.3.31

王元玉　1991.4.1—1999.12

历任财务人员：

主管会计：姓名　　任期

王金锋　1988.1—1999.12.31

出纳会计：于国顺　1988.1—1993

主要经营项目：机动车总成大修　三级保养

历年经济效益及职工人数统计表

表 6-51 单位：元

年度	营业收入	利润	税金	企业所得税	职工人数
1988	532757.42	31926.96	17101.65	8310.53	47
1989	735248.98	68910.09	23601.51	16274.41	54
1990	892940.72	84662.56	28663.44	29483.92	53
1991	949965.29	101543.01	30493.89	33466.00	71
1992	1802443.35	119736.46	57858.14	46284.29	72
1993	2396205.68	159866.88	90545.50	65426.50	69
1994	1638559.02	260374.77	12330.44	77331.30	70
1995	1122307.29	134671.41	18233.20	39997.41	72
1996	1045704.43	18516.89	28210.74	2999.59	50
1997	111145.26	6073.17	723.13	1093.17	36
1998	50399.22	-517541.28			28

青岛凡特制胶有限公司

成立时间：1998 年 10 月 12 日

地　　址：仰口路 9 号

法人代表：姓名　　任期

孙中杭　　1998.10.12—2012.11.9

历任财务人员一览表

表 6-52

主管会计	任期	出纳会计	任期
董英醇	1998.10.12—2001.6.30	李　智	1999.4.1—2000.3.31
宁汝川	2002.7.1—2002.1.31	邵明霞	2000.4.1—2001.6.30
辛承亿	2002.2.1—2003.6.30	曲连美	2001.7.1 至今
徐淑静	2003.7.1—2004.9.31		
赵文鹏	2004.10.1 至今		

统计：赵文鹏

主要产品及经营项目：

1998年10月建厂，从美国引进设备和配方，2000年6月试生产木业用胶，并根据市场供求情况研发了高科技系列产品。主导产品为机车用喷涂胶，可替代日本DN341和3820产品。主要产品有游艇、汽艇用胶粘剂；箱包、皮革专用胶粘剂；鞋用胶粘剂、鞋用处理剂；木业用胶粘剂等。从单一品种发展到系列产品，产品性能达到国际先进水平。产品销往全国各地，在上海、北京、杭州、东北三省设有办事处，并出口世界其他国家和地区。

凡特系列胶粘剂历年销售数量

表6-53　　单位：公斤

年度	销售数量	年度	销售数量
2000	562500	2005	230800
2001	1225110	2006	238986
2002	198325	2007	229450
2003	228974	2008	224890
2004	222120		

历年经济效益及职工人数统计表

表6-54

年度	产值（元）	利润（元）	税金（元）	职工人数
1999				7
2000	178000.00	-35073.06	138.90	20
2001	2300600.00	-288280.43	39212.06	36
2002	2211400.00	116279.01	73206.60	21
2003	2995000.00	-102084.46	32459.64	18
2004	2190800.00	149220.15	51306.93	16
2005	1924000.00	105068.13	48048.00	16
2006	1840000.00	120879.00	52024.37	16
2007	2011700.00	54800.09	54407.50	15
2008	2321800.00	53159.78	77022.40	15

第六章 经营变革

第一节 所有制变革

封建土地所有制

新中国成立以前，长期沿袭封建土地所有制，一家一户从事个体生产，土地可以自由买卖、出租、典贷。地主、富农占有大量土地，以出租土地、雇工、高利贷等形式残酷剥削贫苦农民。

土地买卖：出卖土地者，多为生活所迫的贫苦农民。收买者，多为地主、富农。其买卖手续，由卖地人立契约，注明地名、坐落、四至、亩数、价格，与中间人、买地人、共同签字画押，一式两份，买卖双方各执一份为凭，卖予买方“永远为业”。

土地典当：其手续大致与土地买卖相似，所不同的是，土地所有权归出当者，土地使用权归承当者。多为农民借贷，一时无力偿还，被迫将土地作价当给放贷者，到期按议定价格赎回；如若不赎，或延长土地使用期，或土地所有权归承当者。

土地租佃：出租土地者多为地主、富农。佃种土地者，全为贫苦农民。农民佃种土地，必须向地主交纳地租。一般有劳役地租、实物地租、货币地租三种形式。劳役地租是由地主出地，农民佃种，庄稼收获后按事先约定的“四六”或“五五”分成；实物地租是农民向地主交纳已定的租谷；货币地租是佃农按亩产每年交纳租金。

其他剥削方式，还有粮高利贷、钱高利贷、“大斗进，小斗出”、“驴打滚、利滚利”等。

新民主主义土地所有制

封建土地制度是造成农民贫穷和农业生产落后的根源，为了废除地主阶级封建剥削的土地所有制，实行农民土地所有制，借以解放农村生产力，发展农业生产，1950 年 6 月 30 日，毛泽东主席签署命令，正式颁布《中华人民共和国土地改革法》，作为实行土地改革的法律依据。从 1950 年冬季开始有领导、有步骤、分阶段地展开了土地改革运动。

1950 年土改工作队在队长高绪森带领下进驻湛山村，组织发动群众建立读报组，广泛宣传学习党的政策，摧跨了旧保甲制度。1950 年 12 月中共青岛市委制定了《关于今冬明春三个月完成郊区土地改革计划》，根据政策规定对全村共 480 余户农户划分了阶级成分，其中地主 3 户、二地主 1 户、富农 11 户，余者皆为中农、下中农、贫农。建立了以贫下中农为主体吸收中农参加的农民协会（简称农会）：

农会主席：贾维星

副主席：孙立福

大组长：贾世茂　辛玉忠　赵明海

刘正儒　崔久经　韩永山

张松鹤　杨大军等

土地改革的总路线是依靠贫农、雇农，团结中农，中立富农，有步骤、有分别地消灭封建剥削制度发展农业生产。1951 年开展了轰轰烈烈的土地改革运动，“打土豪、斗地主、打恶霸”，没收地主部分土地，征收富农多余土地，分给无地和少地的贫下中农、雇农，废除了封建、半封建性剥削的土地制度。湛山村隶属青岛市市南区，1953 年由青岛市人民政府房地产管理局为大湛山村和小湛山村的农户颁发了“市区公有农地临时证明”（即土地证）。

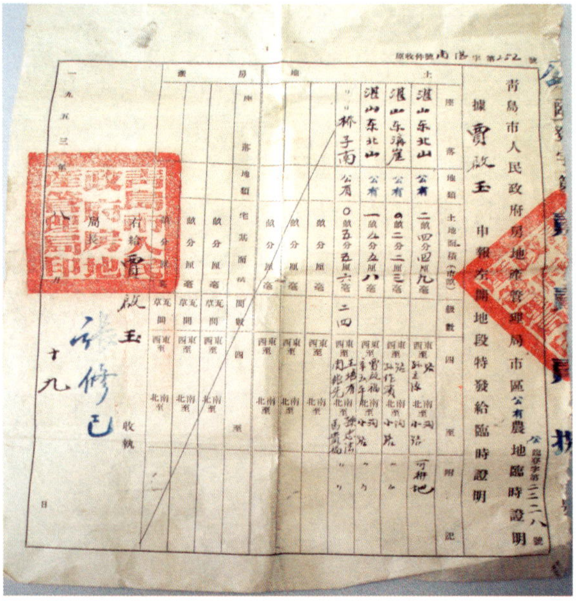
青島市人民政府房地產管理局市區公有農地臨時證明
據賈啟玉申報左開地段特發給臨時證明
湛山东北山　公有　二畝四分四厘九毫
湛山东滴崖　公有　〇畝二分二厘三毫
湛山东北山　公有　一畝八分五厘八毫
桥子南　公有　〇畝五分五厘六毫
可耕地
一九五三年　月　日

社会主义土地所有制

土地改革结束后，党和政府为根治农村贫困，引导农民走共同富裕的道路，土地逐步由私有制过度为集体所有制。

互助组

1951年12月中共中央发出了《关于农业生产互助合作的决议（草案）》，农会响应党的号召，发动农民在自愿互利等价交换的原则下，组织起来走互助道路成立互助组。互助组分为临时性和常年性两种，临时性互助组，是农忙季节农户互相帮工换工的一种劳动组织；常年性互助组，是农户常年互相帮工换工的一种劳动组织。两种互助组的土地仍为个体农民所有，收入归已。

农业合作社

1953年中共中央发布《关于发展农业合作社的决议》，1955年春湛山开始筹备成立初级农业合作社（简称“初级社”），初级社是半社会主义性质的农业生产组织，土地入股，由集体经营，土地、农具、牲畜所有权仍为私有，牲畜农具计报酬，土地劳力按“五五”、“四六”或“三七”分红。在筹建初级社的过程中，1955年10月中共中央七届六中全会通过《关于农业合作化问题的决议》后，开始试办高级农业合作社（简称“高级社”），湛山也于当年冬开始筹建高级社，1956年5月1日正式成立了五一蔬菜生产合作社。高级社是社会主义性质的农业生产组织，集体组织生产，土地、农具、种子、牲畜作价归集体农民所有。实行“三包（包工、包产、包成本）、一奖、四固定”的经营管理制度，超产提成奖励，减产扣分罚款，社员各尽所能，按劳计酬。

人民公社

1958年9月14日成立人民公社。公社土地为集体所有，集体组织生产，实行公社、大队、生产队“三级所有，队为基础”的管理体制。社员评工记分按劳付酬。一般整劳力为10成工，不足10成工则根据劳力强弱，于年初评定为几成工（即底分），由记工员按照每人的“成”数和出工天数计算出工分，年终决算按各人所得的总工分计价付酬。口粮由大队付给（不足部分国家供应），口粮款从工分款中扣除。1960年4月浮山公社改为公社一级核算制度（山东省只有两个一级所有制试点公社），公社规定，年终结算按生产大队总收入的50%进行分配。

经济承包和生产责任制

1978年党的十一届三中全会后，逐步推行小段包工、定额计酬、专业承包、联产计酬、大包干等各种形式的责任制和生产责任制，企业和农业同时进行。各生产队、各企业单位层层承包，使核算单位之间和社员之间都拉开了收入档次，体现了按劳分配原则，克服了“大锅饭”的平均主义弊端，有效地发挥了集体经济的优越性和个人的积极性，各项经济指标都有大幅度提高。

农工商公司

1984年9月浮山人民公社撤销后，湛山大队改为湛山农工商公司，为集体所有制企业，社员也转为企业职工。

2010年3月8日湛山农工商公司再次决定转换企业经营机制，重新启动了改为股份制的筹备工作。

第二节 经济结构变革

个体经济

湛山村自有史以来至1956年的几百年间，长期为个体农民经济，是建立在生产资料私有制和个体劳动的基础上，以户为单位从事农业生产的小农经济。在小块土地上使用落后的手工工具进行分散经营，生产水平低下，抵抗天灾人祸的力量薄弱，经济地位不稳定，大多数人难求温饱。

合作经济

1956年通过农业合作化的道路，成立了高级社，旧的小农经济成为新的社会主义合作经济，经济结构由以农业收入为主和少量副业收入组成。农业收入为1956年13.49万元，1957年21.69万元；副业收入为1956年2.01万元，1957年6.88万元。

集体经济

1958年成立人民公社后成为社会主义集体经济，其经济结构也随着历史的进程发生着巨大的变革。具体反映在从农业收入向非农业收入的演变过程之中，农业收入为粮食、蔬菜、果树、畜牧等，非农业收入为工业、商业、服务业、副业和其他收入。

1958—1971年主要是农业收入，非农业收入只有少量副业；

1972年随着工业的兴起和发展，非农业收入已和农业收入持平；

1978年改革开放以后，百业兴旺，湛山的工业、商业、服务业进入快速发展期；

1982年农转非时，非农业收入已为农业收入的8.5倍；

1985年湛山农工商公司成立时非农业收入已猛增至农业收入的28.5倍；

1986年非农业收入突破千万元大关，达1175.53万元，当年农业收入仅为25.62万元；此后，随着土地陆续被征用，农业收入逐年递减；

1993年非农业收入达到6216.71万元，农业收入已缩减至11.35万元；

1995年是湛山农业生产最后一年，全年的农业收入5.99万元。

1996年开始全部经济收入演变为非农业收入，而经济结构的变革也鲜明地体现了大湛山村和小湛山村由青岛市区的村庄向完全城市化演变的进程。

湛山村集体经济结构变革历年各项收入一览表

表6-55 单位：万元

项目/金额/年份	农业收入					非农业收入				
	粮食	蔬菜	果树	畜牧	合计	工业	商业服务业	副业	其他	合计
1956	4.80	8.69			13.49			2.01		2.01
1957	3.42	18.19		0.08	21.69			6.88		6.88
1958	0.70	23.80		0.96	25.46			0.96		0.96

续表 6-55 单位：万元

年份 \ 金额 \ 项目	农业收入					非农业收入				
	粮食	蔬菜	果树	畜牧	合计	工业	商业服务业	副业	其他	合计
1959	3.76	48.10			51.86			5.19	0.46	5.65
1960	0.77	42.65			43.42			5.29	2.21	7.50
1961	2.34	65.19			67.53			2.25	5.08	7.33
1962	2.36	34.34	0.14		36.84			6.29	5.80	12.09
1963	2.86	29.68	0.04		32.58			3.86	3.44	7.30
1964	3.67	22.72	0.04		26.43			3.60	6.93	10.53
1965	3.11	26.82	0.15		30.08			6.78	1.72	8.50
1966	3.89	30.76	0.39		35.04			5.70	0.08	5.78
1967	4.36	37.20	0.30	0.11	41.97			7.03		7.03
1968	3.27	39.34	0.75	0.11	43.47			11.12	0.23	11.35
1969	3.00	37.93	0.57	0.95	42.45	0.90		14.38	0.05	15.33
1970	2.87	37.60	0.54	1.10	42.11	0.76		16.72	0.01	17.49
1971	3.14	35.41	0.50	0.38	39.43	10.94		11.89		22.83
1972	2.54	34.93	0.33	0.23	38.03	19.19		17.60		36.79
1973	2.35	37.97	0.62	0.28	41.22	21.54		21.09	1.38	44.01
1974	1.22	36.14	0.52	0.40	38.28	38.32		24.40	1	63.72
1975	0.01	37.25	0.96	0.67	38.89	137.32		13.29	1.78	152.39
1976		37.56	0.37	0.33	38.26	97.05		6.78	2.74	106.57
1977		47.00	0.43	1.73	49.16	151.81		4.43	3.68	159.92
1978		47.65		3.11	50.76	99.47		10.30	13.69	123.46
1979		50.64		4.35	54.99	173.80		5.85	28.89	208.54
1980		41.69		2.60	44.29	176.49		8.63	52.84	237.96
1981		41.05		1.35	42.40	211.83		12.22	25.74	249.79
1982		42.75		0.13	42.88	295.84	11.31	16.78	40.42	364.35
1983		38.25			38.25	245.97	9.80	36.44	50.31	342.52
1984		36.89			36.89	510.55	135.73	37.15	33.92	717.32
1985		32.15			32.15	543.36	311.98	17.75	45.71	918.8
1986		25.62			25.62	559.42	510.69	20.73	84.69	1175.53
1987		20.72			20.72	771.30	802.89	2.39	120.09	1696.67

续表 6-55 单位：万元

项目 金额 年份	农业收入					非农业收入				
	粮食	蔬菜	果树	畜牧	合计	工业	商业 服务业	副业	其他	合计
1988		22.86			22.86	704.19	1259.77	1.61	41.55	2007.12
1989		21.79			21.79	1042.06	1804.52		33.87	2800.45
1990		22.45			22.45	1209.38	2255.61		8.57	3473.56
1991		16.45			16.45	1440.41	2164.70		9.32	3614.73
1992		11.98			11.98	2451.00	2164.28		6.35	4621.63
1993		11.35			11.35	3868.24	2516.04		32.43	6216.71
1994		9.52			9.52	4083.50	1806.67		31.33	5921.50
1995		5.99			5.99	3510.88	1619.90		29.63	5160.41
1996						2249.70	1382.00		52.12	3683.82
1997						2626.00	181.50		301.76	3109.26
1998						1651.60	898.61		202.43	2752.64
1999						1218.43	1429.22		163.69	2811.34
2000						1542.13	1348.11		215.21	3105.45
2001						1612.46	1283.03		354.76	3250.25
2002						1551.17	1182.55		814.42	3548.14
2003						1501.95	1058.82		557.74	3118.51
2004						1874.05	1069.83		450.75	3394.63
2005						2016.77	83.32			2100.09
2006						2294.61	85.43			2380.04
2007						2171.05	77.65			2248.70
2008						2002.31	68.98			2071.29
2009						2285.05	56.16			2341.21

第三节 社员职工收入分配变革

劳动工分决算分配

1956 年五一社成立开始，按社员劳动工分参加年终决算进行分配。以整劳力为 10 成工，每个劳动日 10 分，作为评工标准，对每个人按劳力强弱通过民主评议确定为几成工，考勤记工折合工分。平日的预支、借支款、粮食分配折价等记入社员往来账，每到年终，各生产队和企业单位根据各自的经济效益和总工分产生工分分值，进行决算分配。这种分配形式经历了高级社、人民公社、湛山农工商公司至 1996 年共 40 余年，社员中曾广为流传“工分工分，社员命根”的说法。

历年劳力人均分配收入的变革具体反映

了集体经济的发展和村民从贫穷走向富裕的变革，劳力人均年收入分配经历了以下几个阶段：

1956—1976 年　142 ~ 522 元

1977—1980 年　533 ~ 1049 元

1981—1984 年　1049 ~ 1986 元

1985—1994 年　3044 ~ 10298 元

1995 年　14136 元

湛山五一社、大队、农工商公司历年收入分配明细表

表 6-56

年度	分配总额（元）	总工分	平均分值	男劳动力	女劳动力	劳力总人数	劳力人均分配（元）
1956	107607.38	615093.7	0.175	395	360	755	142.53
1957	178113.07	1013826.3	0.176	347	296	643	277.00
1958	233654.95	1346756.3	0.173	373	179	522	423.29
1959	262469.41	1481370.2	0.177	450	399	849	309.15
1960	331138.49	1329082.3	0.249	352	448	800	413.92
1961	434248.14	1542683.5	0.281	367	463	830	523.19
1962	251439.07	1494291.2	0.168	422	469	891	282.20
1963	212048.54	1733191.6	0.122	419	420	839	252.74
1964	191803.67	1690705.7	0.113	453	452	905	211.94
1965	20595.37	1735392.9	0.166	436	475	911	220.19
1966	240246.48	1643400.5	0.146	428	510	938	265.13
1967	294577.04	1884820.6	0.156	428	479	907	324.78
1968	313755.48	2020365.7	0.155	418	573	991	316.60
1969	357253.03	2319859.0	0.154	501	579	1080	330.97
1970	402333.36	2564309.2	0.157	543	626	1169	344.17
1971	438891.64	2670248.3	0.164	480	656	1136	386.35
1972	521680.44	2799525.8	0.186	490	643	1133	460.44
1973	574063.99	2254202.0	0.255	505	708	1213	473.26
1974	641807.74	3369067.1	0.191	650	698	1258	510.18
1975	636496.08	3502058.9	0.182	576	744	1320	482.19
1976	674090.06	3584940.5	0.188	538	753	1291	522.15
1977	678516.65	3568646.0	0.180	536	737	1273	533.01
1978	770503.74	3669074.3	0.210	525	655	1180	652.97

续表 6-56

年度	分配总额（元）	总工分	平均分值	男劳动力	女劳动力	劳力总人数	劳力人均分配（元）
1979	985315.90	3798428.7	0.259	535	657	1192	826.61
1980	1198229.35	4191677.4	0.286	492	650	1142	1049.24
1981	1296302.50	3944508.4	0.329	520	715	1235	1049.64
1982	1667390.12	4261111.3	0.391	556	746	1302	1380.64
1983	1856653.01	4386881.7	0.423	484	640	1124	1651.83
1984	2072351.18	4277666.0	0.484	456	587	1043	1986.91
1985	2572855.12	3986962.8	0.645	360	485	845	3044.80
1986	2943484.31			336	423	759	3878.11
1987	3048352.98			313	368	681	4476.29
1988	2584859.97			313	358	671	3852.25
1989	2581945.88			314	370	684	3774.77
1990	2399026.00			319	365	684	3507.35
1991	2875169.00			326	354	680	4228.19
1992	3196845.00			310	353	663	4821.79
1993	4152939.00			303	339	642	6468.75
1994	6260622.00			283	325	608	10298.08
1995	8114221.00			280	294	574	14136.27

技能工资制

1996 年根据市南区政府“关于七个农工商公司及其所属企业全面推行技能工资制度”的规定，开始全面推行技能工资制度改革。

分配形式的改革是为适应社会主义市场经济体制的建立和发展，打破公司及其所属企业“二次分配”的弊端，全面反映职工在不同岗位上的劳动差别，贯彻按劳分配的社会主义分配原则，促进和保证企业健康稳定的发展。同时也为企业的产权制度改革、促进企业转机建制、加强管理、提高经济效益打下了坚实基础，而且为下一步的社会保险制度的改革创造了有利条件。改革分配形式，实行技能工资制就是按照劳动部门规定的技能工资标准，结合职工的职务和工种、工作年限、劳动贡献，按照“农工商企业职工实行技能工资制对应表”确定工资等级和工资额。通过调查核实、登记造册、拟定每个职工的工资等级和工资额、张榜公布、征求意见、填写“农工商企业职工实行技能工资制花名册”和呈批表，经过逐级审批，于 1997 年 1 月正式实行技能工资制。

农工商企业职工实行技能工资制对应表

表 6-57　　单位：元

等级	三类产业工资标准	二类产业工资标准	公司领导干部正职	公司领导干部副职、公司财务科长、厂长经理正职、正科长	公司正科级副科级工会主席、企业厂长经理副职	公司科员、企业管理人员	技术工种车、钳铣、刨磨、电焊、气焊、电工、维修、厨师、汽车维修艰苦工种搬运工等	一般工种、熟练工后勤、传达、服务、勤杂等
40	675	713						
39	653	689						
38	631	666						
37	610	643						
36	589	621						
35	568	599						
34	548	578						
33	528	557						
32	508	536						
31	489	516						
30 29	470 452	496 477	工龄 30 年以上					
28 27	434 417	458 440	满 25 年不满 30 年	工龄 30 年以上				
26 25	400 383	422 404	满 20 年不满 25 年	满 25 年不满 30 年	工龄 30 年以上			
24 23	366 350	386 369	满 15 年不满 20 年	满 20 年不满 25 年	满 25 年不满 30 年	工龄 30 年以上		
22 21	334 318	352 336	工龄 15 年以下	满 15 年不满 20 年	满 20 年不满 25 年	满 25 年不满 30 年	工龄 30 年以上	
20 19	303 288	320 305		工龄 15 年以下	满 15 年不满 20 年	满 20 年不满 25 年	满 25 年不满 30 年	工龄 30 年以上
18 17	274 260	290 275			工龄 15 年以下	满 15 年不满 20 年	满 20 年不满 25 年	满 25 年不满 30 年
16 15	247 234	261 247				工龄 15 年以下	满 15 年不满 20 年	满 20 年不满 25 年
14 13	221 209	234 221					工龄 15 年以下	满 15 年不满 20 年
12	197	208						工龄 15 年以下

工商企业职工实行技能工资制对应表（1997.3）

表 6-58　　单位：元

农企业单位	单位报表总数			其中					
				单位总数			公司总数		
	人数	金额	人均数	人数	金额	人均数	人数	金额	人均数
电子检测仪器厂	47	17836	379.49	42	15330	365	5	2506	501.20
空压机配件厂	42	15734	374.62	38	13952	367.16	4	1782	445.50
汇线桥架厂	23	8893	386.65	22	8435	383.41	1	458	458
客车修配厂	15	5851	390.07	14	5294	378.14	1	557	557
塑料改性材料厂	19	7158	376.74	19	7158	376.74			
商业网点	14	4989	356.36	13	4567	351.31	1	422	422
工贸联营服装厂	23	8723	379.26	23	8723	379.26			
劳动服务公司	32	11287	352.72	29	9871	340.38	3	1416	472
安全器材厂	153	54846	358.47	144	50965	353.92	9	3881	431.22
湛山宾馆	192	67307	350.56	184	64005	347.85	8	3302	412.75
合　计	560	202624	361.83	528	188300	356.63	32	14324	447.63

第四节　劳动力投向变革

劳动力投向是因经济结构的变化和发展而随之变革的，这种变革具体体现在从劳动力全部投向农业，逐步演变到全部投向非农业的过程之中。1956 年社会主义农业合作化之初，湛山五一社共有劳动力 755 人（男性 395 人、女性 360 人），全部投向农业生产。1969 年湛山大队创办翻砂厂，开始有 15 人从事工业生产，这是劳动力从农业投向工业的转折点，随着村办工厂企业不断发展和扩大，投向工业的劳动力也在逐年增加。湛山大队 1981 年成立湛山饭店，1982 年成立江西路蔬菜副食品商店、1985 年湛山宾馆开业，劳动力的投向又逐渐向商业、服务业分流。

1982 年农转非，农业户口全部转为城市户口，虽然社员已转为公司职工，但还有 13 个生产队从事农业生产，此时劳动力投向已发生了较大变革。1986 年 4 月 10 日劳动力普查统计湛山农工商公司农转非后共有 904 人（男性 404 人、女性 500 人），其中农业劳力仅 337 人（男性 127 人、女性 210 人），而工业、商业、服务业等劳力 567 人（男性 277 人、女性 290 人）。

浮山公社从 1958 成立到 1984 年撤销 26 年间，湛山大队共调往公社企事业的农业劳动力 590 人。

1980 年至 1988 年因土地被征用，先后就业到本市各行业各单位的劳动力 617 人。

1995 年最后一个生产队土地被征用，农业生产终止，此时湛山农工商公司共有 706 人（男性 339 人、女性 367 人）全部为非农业劳动力。

湛山农工商公司所属企业 1999 年和 2009 年职工具体情况如下：

湛山农工商公司所属企业1999年和2009年职工人数统计表

表6-59

年度	1999年	2009年
共有社员职工	938人	740人
其中在职职工	413人	213人
退休职工	525人	527人
固定工	199人	
合同工	185人	262人

湛山五一社、大队、农工商公司历年劳力投向明细表

表6-60

年度	农业劳力			工业劳力			商业服务业劳力			副业及其他			总计		
	男	女	合计	男	女	合计	男	女	合计	男	女	合计	男	女	合计
1956	389	352	741							6	8	14	395	360	755
1957	339	296	635							8	0	8	347	296	643
1958	362	179	541							11	0	11	373	179	552
1959	433	399	832							17	0	17	450	399	849
1960	320	446	766							32	2	34	352	448	800
1961	301	455	756							66	8	74	367	463	830
1962	358	458	814							64	11	75	422	469	891
1963	367	410	777							52	10	62	419	420	839
1964	419	443	862							34	9	43	453	452	905
1965	403	462	865							33	13	46	436	475	911
1966	393	492	885							35	18	53	428	510	938
1967	391	448	839							37	31	68	428	479	907
1968	427	506	933							41	17	58	468	523	991
1969	448	537	985	13	2	15				40	40	80	501	579	1080
1970	486	588	1074	13	2	15				44	36	80	543	626	1169
1971	380	536	916	42	72	114				58	48	106	480	656	1136
1972	395	525	920	59	81	140				36	37	73	490	643	1133
1973	388	574	962	79	100	179				38	34	72	505	708	1213
1974	404	548	952	106	100	206				50	50	100	560	698	1258
1975	360	561	921	173	135	308				50	41	91	583	737	1320
1976	319	538	857	158	171	329				61	44	105	538	753	1291
1977	291	512	803	172	174	346				73	51	124	536	737	1273

续表 6-60

年度	农业劳力			工业劳力			商业服务业劳力			副业及其他			总计		
	男	女	合计	男	女	合计	男	女	合计	男	女	合计	男	女	合计
1978	261	426	687	167	173	340				97	56	153	525	655	1180
1979	226	409	635	219	197	416				90	51	141	535	657	1192
1980	152	339	491	251	269	520				89	42	131	492	650	1142
1981	167	319	486	264	346	610				89	50	139	520	715	1235
1982	167	330	497	295	355	650	9	37	46	85	24	109	556	746	1302
1983	180	252	432	248	304	552	21	44	65	35	40	75	484	640	1124
1984	148	218	366	232	293	525	45	41	86	31	35	66	456	587	1043
1985	61	132	193	203	271	474	72	49	121	23	34	57	360	485	845
1986	50	89	139	184	172	356	89	116	205	13	46	59	336	423	759
1987	29	49	78	171	167	338	88	123	211	25	29	54	313	368	681
1988	23	31	54	173	180	353	88	120	208	29	27	56	313	358	671
1989	19	33	52	175	190	365	90	121	211	30	26	56	314	370	684
1990	17	26	43	179	185	364	91	120	211	32	34	66	319	365	684
1991	16	27	43	180	181	361	96	114	210	34	32	66	326	354	680
1992	9	17	26	178	184	362	90	122	212	33	30	63	310	353	663
1993	10	16	26	184	173	357	83	135	218	26	15	41	303	339	642
1994	3	4	7	168	159	327	89	148	237	23	14	37	283	325	608
1995	0	0	0	170	140	310	89	145	234	21	9	30	280	294	574

1999 年和 2009 年湛山农工商公司所属企业职工人数一览表

表 6-61

单位名称	年份	社员工			固定工			合同工	共计		
		在职	退休	合计	在职	退休	合计		在职	退休	合计
安全器材厂	1999	103	145	248	32	4	36	14	149	149	298
	2009	44	158	202				10	54	158	212
湛山宾馆	1999	135	111	246	31	1	32	93	259	112	371
	2009	69	155	224				80	149	155	304
汇线桥架厂	1999	13	50	63	5		5	1	19	50	69
	2009	5	40	45				6	11	40	51
空压机配件厂	1999	29	63	92	7		7	4	40	63	103
	2009	17	51	68				10	27	51	78
电测仪器厂	1999	35	39	74	63	1	64	40	138	40	178
	2009	20	41	61				130	150	41	191

续表 6-61

单位名称	年份	社员工			固定工			合同工	共计		
		在职	退休	合计	在职	退休	合计		在职	退休	合计
工贸服装厂	1999	13	39	52	11		11	13	37	39	76
	2009	0	0	0	0	0	0	0	0	0	0
客车修配厂	1999	7	22	29	7	2	9	3	17	24	41
	2009	0	0	0	0	0	0	0	0	0	0
江西路网点	1999	9	6	15	2		2	3	14	6	20
	2009	0	0	0	0	0	0	0	0	0	0
塑料改性厂	1999	11	29	40	8		8	6	25	29	54
	2009	7	29	36				2	9	29	38
振业公司	1999	22	21	43	9		9	3	34	21	55
	2009	19	21	40				8	27	21	48
公司机关	1999	36		36	16		16	5	57		57
	2009	32	62	94				16	48	62	110
总计	1999	413	525	938	191	8	199	185	789	533	1322
	2009	213	557	770				262	475	557	1032

注：2009 年固定工人数统计在合同工中

第五节　土地使用变革

早期至农业合作化以前

1897 年德国侵占青岛后，在湛山周围修工事、筑炮台、建靶场，湛山的土地就开始被大量征用。由于特殊优越的地理位置和秀丽宜人的自然环境，早在青岛建市初期，湛山一带规划为“颐养区”，许多国家驻青领事馆和国内外人士纷纷到此建造官邸、别墅和私人住宅。至 20 世纪三四十年代湛山在太平角一带的土地大部分已被征用，发展成为颐养区之中心——太平角避暑胜地。

1929 年民国政府行政院院长孙科在村东买地 50 余亩建湛山桃园，1933 年经市长沈鸿烈批准，在湛山东北山征地 510 亩建高尔夫球场，1934 年民国政府青岛市教育局在村东征地建公立湛山小学，同年又在北山征地 150 亩建造湛山寺。

新中国成立后湛山周围又被规划为全国疗养区。1953 年开始陆续在湛山征用大量土地先后建了华东军区疗养院（后为济南军区第二疗养院）、全国纺织工人疗养院、全国总工会疗养院（后为湛山疗养院）、中国人民解放军空军青岛疗养院、中国人民解放军海军青岛疗养院等。

农业合作化以后

1958 年核定五一社共有耕地 1642.1 亩。随着城市发展国家建设征地和本村工业、商业、服务业的发展建厂、建宾馆以及社员建房等，从 1956 年至 1995 年农用土地经历了 40 年的使用变革全部被征用殆尽。土地使用变革的过程即是湛山由村庄田园演变为青岛市市区的历程。

大湛山村历年土地被征用情况一览表

表 6-62

序号	时间	用地单位	批文	用地亩数	位置	用途	备注
1	1960	121 军委疗养院		4.02	浮山公社一管区		
2	1962	浮山公社畜牧部		9.44	原湛山牧场	牛场	
3	1962	0494 部队		1.76			
4	1962	浮山公社水产部		2.74			
5	1962	台西蔬菜公司		13.98			
6	1965	崂山汽水厂	协议书	2.85			
7	1965	台西渔业社	协议书	4.86			
8	1966	青岛市第二海水养殖厂	协议书	3.1	12 队开荒地		
9	1967	青岛市第二海水养殖厂	协议书	5	12 队开荒地		
10	1969—1972	青岛中药厂	市府办公厅〔1992〕第 39 号	28.44	北山苹果园	建厂	
11	1970	6087 部队“五七”海胶厂	建生管字〔1970〕第 018 号	2.75	11 队		
12	1970	浮山百货店	协议书	1.80	湛山大路北村边	商店	
13	1971	青岛市第二海水养殖厂	协议书	2.7	12 队开荒地		
14	1971	青岛渔业公司网场	协议书	3.77	12 队开荒地		
15	1971	青岛渔业公司网厂	协议书	6	6 队		
16	1971	浮山公社	内部统计	1.5	1 队	污水工程	不计亩数
17	1971	浮山公社	内部统计	2	4 队	污水工程	不计亩数
18	1971	湛山大队	内部统计	0.8	14 队	自用建厂	不计亩数
19	1971	青岛蔬菜公司湛山菜店	建生管字〔1971〕第 67 号	1.92	湛山大路北村南	建菜店	
20	1971	青岛市政工程处污水泵站	建生管字〔1971〕第 132 号	0.75 4.88	4 队太平角一路 13 队延安三路南端	建污水泵站	

续表 6-62

序号	时间	用地单位	批文	用地亩数	位置	用途	备注
21	1971	青岛市粮食局市南分局	市南粮食局信函	1.35	湛山大路北村西南	建粮店	
22	1971	9644 部队化工厂	青岛市城建局核定用地	5.97	11 队	军工	
23	1972	青岛汽水厂	协议书	59.12	3 队 4 队	扩建厂	
24	1972	浮山公社	内部统计	4	1 队	污水工程	不计亩数
25	1972	青岛海洋渔业公司网厂		3.14	东海路南 6 队农田	建厂	
26	1972	湛山大队	内部统计	9.6	15 队	自用建厂	不计亩数
27	1972	青岛半导体零件厂		5	16 队	建厂	
28	1972	青岛石油公司		12.35	3 队		
29	1972	青岛石油公司		8	4 队		
30	1972	湛山大队		4.5	村内	社员建房	
31	1973	浮山公社	内部统计	2.5	1 队	污水工程	不计亩数
32	1973	浮山公社	内部统计	0.6	7 队	污水工程	不计亩数
33	1973	浮山公社	内部统计	1.5	8 队	污水工程	不计亩数
34	1973	航务二处	协议书	1.5	机修厂南 14 队	建宿舍	
35	1973—1974	三机部疗养院	协议书	12	岳阳路北郧阳路南	疗养楼	
36	1973—1974	三机部疗养院	协议书	20.08	岳阳路	疗养楼	
37	1973—1974	三机部疗养院	建生管字〔1973〕244	4	咸阳路 33 号 34 号		
38	1974	青岛公交公司		0.7	江西路 16 队		
39	1974.11.4	青岛造船厂	协议书	9.3	土山	建宿舍	
40	1975.9.20	青岛红卫橡胶厂	协议书	3.31	湛山牧场后	建宿舍	
41	1975.12.8	航务二处		4.57			
42	1976	航务二处		2.5			

续表 6-62

序号	时间	用地单位	批文	用地亩数	位置	用途	备注
43	1976	青岛红卫橡胶厂	协议书	1.67	镇江南路 12 号东	建宿舍	
44	1976	青岛市化工局	协议书	12	延安三路小湛山东		
45	1976.10.28	空军青岛疗养院		16.43	岳阳路	扩建	
46	1976.5.15	青岛海运局筑港工程队	协议书	3.78	延安三路东		
47	1967	青岛海运局		33.8			
48	1976	三机部疗养院		18	岳阳路	建疗养院	
49	1976	37031 部队	协议书	6			
50	1976	青岛石油批发站		9.34			
51	1976	青岛石油站		18			
52	1976	湛山大队	内部统计	8		自建厂房	不计亩数
53	1976	湛山大队	内部统计	9	小湛山北山	自建砖厂	不计亩数
54	1976	湛山大队		8	村后果园	社员建房	
55	1977.12.16	青岛市政工程处		4.5			
56	1977.12.16	青岛制针厂	协议书	7.48	17 队镇江路西	厂建宿舍	
57	1977.12.16	青岛化工局		14.86			
58	1978.3.31	青岛纱管电镀厂		4.3			
59	1978.3.31	台东自行车零件厂		2.4	18 队		
60	1978	自行车车铃厂		4.8			
61	1978	青岛石油站		0.39			
62	1978	浮山管区工办钟壳厂		2.5	延安三路小湛山村东	办厂	
63	1978	青岛市城建局		4.5	11 队		
64	1978	航务二处		1.5	9 队		

续表 6-62

序号	时间	用地单位	批文	用地亩数	位置	用途	备注
65	1978	青岛中药厂	协议书	0.3	18 队云溪路		
66	1978	北海舰队干休所		15.6	17 队		
67	1978	湛山图钉厂	内部统计	5			不计亩数
68	1978	湛山机修厂	内部统计	5			不计亩数
69	1978	浮山公社农科站		24	11 队现市政府		
70	1978	青岛自行车零件厂		1.75			
71	1978	青岛市纺织纤维检验所		4.58	湛山村东延安三路西	办公楼	
72	1978.9.29	青岛无线电二厂	城管字 134 号	25	芝泉路北	建厂	
73	1978	青岛市人交公司		20.35	16 队		
74	1978.10.10	青岛贝雕厂	城管字 146 号	20	延安三路小湛山东	建厂	
75	1978.11.25	青岛照相机厂	城管字 184 号	25	延安三路东	建厂	
76	1978.11.30	人交公司		19.9			
77	1978.12.30	青岛第三针织厂		5.67			
78	1978.12.30	37016 部队	合同书	4.65		宿舍	
79	1978.12.30	化工部劳保研究所		2.71	延安三路东		
80	1978.12.30	国家计委物资储备局	协议书	37.7	村西	建疗养院	
81	1979	青岛汽水厂		5.53			
82	1979	湛山大队	内部统计	8	东海一路西	车队车库	不计亩数
83	1979	湛山大队	内部统计	7	东海一路西	托儿所幼儿园	不计亩数
84	1979	湛山大队		3.5		宾馆用地	
85	1979	湛山大队		9.27		社员建房	
86	1979	青岛市南车辆监理所	协议书	0.8	莲岛路北（西大湾）	建所	

续表 6-62

序号	时间	用地单位	批文	用地亩数	位置	用途	备注
87	1979	青岛造船厂	协议书	9.25	盐城路	建宿舍楼	
88	1979	青岛圆珠笔厂	协议书	1.75	镇江路南端	建宿舍楼	
89	1979	自行车零件厂		3.96	村东	建宿舍楼	
90	1980	青岛汽水厂	协议书	12.73			
91	1980	山东机械设备进出口公司	协议书	8	延安三路华严路口		
92	1980	青岛市邮电局	协议书	12.9	湛山大路延安三路	建邮电宾馆	
93	1980	青岛市邮电局	协议书	4.8	秀湛三路北	建宿舍	
94	1980	青岛市交电采购供用站		3.84	东海一路南端东	营业楼、宿舍	
95	1980	山东机械设备进出口公司	协议书	9.12	三八水库东		其中可耕地 8.23 亩
96	1980.10.28	青岛服装一厂	规发〔1980〕151 号	22.53	小湛山村北延安三路西	建厂	
97	1980.12.28	浮山街道办事处	协议书	3.92	村东	建办公楼	
98	1980.12.30	青岛市政工程处		6.69			
99	1981	海军青岛疗养院		3	疗养院东部	扩充	
100	1982.6.9	青岛市城市建设局	财 00501	112.18	17 队	建宿舍	共 26 个单位
101	1981.8.31	青岛化工轻工公司		5.3			
102	1981.9.23	青岛海洋渔业公司水产品加工厂		3.2			
103	1981.10.26	青岛市城市重点工程指挥部管理处	青政〔1982〕259	5.29		建宿舍	
104	1981	海军干休所	协议书	15.66	17 队		
105	1981	山东机械设备进出口公司	协议书	5.73	秀湛路西华严路南	建宿舍	
106	1982.6.9	湛山菜店	青政〔1982〕8	0.146	菜店东	扩建	

续表 6-62

序号	时间	用地单位	批文	用地亩数	位置	用途	备注
107	1982	湛山大队	批示同意	16.53		社员建房	
108	1982.9.10	机械设备进出口公司	青建管字〔1982〕172 号	1.74	湛山村东水库边	建宿舍	
109	1982.12.27	市城建委重点工程指挥部	青建管字〔1982〕71 号	24.35		建宿舍	
110	1982	青岛市商检局外贸中心	协议书	2.8	村后水库南	建宿舍	
111	1982	青岛市市政重点工程指挥部	协议书	30	山东路南端	修建山东路	
112	1982.12.29	青岛市城乡建委	青政函〔1984〕221	3.74	江西路	街心花园	
113	1983.1.28	市南区政府	青政函〔1983〕25	5.6	秀湛路西秀湛四路南	区政府宿舍	
114	1983.3.16	中国机械设备进出口公司	青政〔1983〕47	3.3	三八水库东	办公楼	
115	1983.6.16	市重点工程指挥部	青政〔1983〕79	18.88 14.9	芝泉山给水工程修郧阳路	自来水供水修路	
116	1983.8.20	工艺美术研究所		7.43	湛山村东延安三路西	建研究所	
117	1983.10.21	湛山宾馆	青财委〔1983〕529	25	湛山村东南 13 队 9 队	建宾馆	
118	1983	湛山大队	内部统计	7	7 队	厂房	不计亩数
119	1983.11.30	青岛市重点工程指挥部	青政〔1984〕135	11.5		修江西路	
120	1983.12.30	湛山餐厅	青财委〔1983〕414	0.4	湛山餐厅东	建仓库	
121	1984.4.25	化工部劳保研究所	青政函〔1986〕195	4.46	延安三路东 14 队	研究所	
122	1984.5.10	市重点工程指挥部	青政函〔1984〕44	23.43	18 队	建宿舍	
123	1984.5.25	湛山宾馆	青财委〔1984〕20	10.03	宾馆东	扩建	
124	1984.7.20	湛山托幼办公室	青财委〔1984〕525	0.4	村中街东	托幼办公室	
125	1984.10.29	青岛画院	青政〔1984〕162	11.07	芝泉路 8 队	建画院	
126	1984.11.4	城乡委老干部局等五单位	青政函〔1985〕166 号	32.9	湛山村东	建宿舍	
127	1984.12.5	湛山疗养院	青政函〔1984〕195 号	14.6	莲岛路	扩建疗养楼老干部楼	

续表 6-62

序号	时间	用地单位	批文	用地亩数	位置	用途	备注
128	1985.1.10	浮德靴鞋厂	青政函〔1985〕328 号	9.3	延安三路东 14 队	建厂房	其中耕地 7.43 亩
129	1985.5.28	青岛市城乡建委	青政函〔1984〕221 号	3.74	福彩大厦北	办公楼	
130	1985.2.5	山东海洋学院	青政函〔1985〕46 号	42.24	太平角六路东 1 队	国际学术中心	
131	1985.5.28	湛山宾馆	青政函〔1985〕122 号	40	延安三路东香港中路南 13 队	建宾馆	
132	1985.5.28	青岛化纤二厂	协议书	3	延安三路西	建研究所	
133	1985.6.9	老干部局	青政〔1985〕163 号	3.47	16 队	建综合楼	
134	1985.6.13	湛山宾馆	青财委〔1985〕102	2.5		宾馆	
135	1985.6.20	湛山疗养院	青政函〔1985〕164 号	3.55	湛山疗养院北		
136	1985.6.20	青岛照相机总厂	青政函〔1985〕170 号	16.13	延安三路东 16 队	扩建厂房	
137	1985.8	湛山客车修理厂	内部统计	5	延安三路南端东	扩建	不计亩数
138	1985.8.16	台东汽车修理厂		9.68			
139	1985.12.20	海天大酒店	征地报告书	63.71	湛山大路南 1 队、5 队	建大酒店	
140	1986.8	青岛医学院		11.08	湛山寺东 8 队	建心血管医院	
141	1986.10.6	青岛房屋开发公司	协议书	11.1	湛山寺东 8 队	民主党派工商联建宿舍	
142	1986.8.7	民政局老干部局	青政函〔1986〕132	5	村东北 14 队		
143	1986.12.10	青岛汽车旅游公司	青政函〔1986〕239 号	9.89	江西路 16 队		
144	1986.12.28	政法联建（共 8 个单位）	协议书	82.39	湛山南 12 队、13 队	建法院检察院等	
		其中：市中级人民法院		17.09			
		市人民检察院		10.15			
		青岛海事法院		6.3			
		市水利局		4.97			
		市计量局		6.52			

续表 6-62

序号	时间	用地单位	批文	用地亩数	位置	用途	备注
		共用车库		7.08			
		市审计局		19.08			
		市污水处理处		11.2			
145	1987.1.6	冶金部青岛学术中心	青政〔1987〕3 号	3.77 1.95	东海一路东华严路南	宿舍	
146	1987.4.3	青岛房屋开发公司	青政地字〔1988〕9 号	23.2	村北华侨新村	商品房	
147	1987.6.23	青岛市城乡建设委员会	青政地字〔1987〕95 号	11.25	福彩大厦北	速成教育培训班	
148	1987.2.17	冶金部青岛学术中心	青政地字〔1987〕10	39.74	村南东海二路西	建学术中心	
149	1987.7.24	青岛电视机厂	青政〔1987〕74	6.38	16 队	扩建厂房	
150	1987.10.27	中国人民银行青岛分行	青政地字〔1987〕102 号	8.17	延安三路东	办公楼	
151	1988.1.27	青岛医学院	青政〔1988〕8 号	20.46	青岛烈士纪念馆东	心血管医院	其中耕地 10.98 亩
152	1988.2.5	中国房屋建设开发公司青岛分公司	青政地字〔1988〕9 号	42.72	村北	华侨新村	其中作耕地 23.20 亩
153	1988.2.22	青岛电视机厂	青政地字〔1988〕14 号	16.23	江西路南 16 队	扩建厂房	
154	1988.5.20	华和租赁公司	青政地字〔1988〕46 号	1.69	延安三路西青岛市贸促会	办公楼	其中有宅基地 0.5 亩
155	1988.8.20	新华社青岛分社	青政地字〔1988〕84 号	11.28	村东南东海西路北	办公楼	
156	1980	中国人民银行青岛分行	青政地字〔1988〕104 号	2.92	延安三路东	建调剂市场	
157	1988.11.23	北海宾馆	青政地字〔1988〕112 号	22.54	纺疗北九队	建宾馆	
158	1988.12.31	青岛产品质量检验所青岛市热能测试站	青政地字〔1988〕145 号	19.35	盐城路北端 16 队	办公楼	
159	1989.2.3	青岛蓄电池厂	青政地字〔1989〕15 号	4.07	纺疗东北	职业病疗养所	
160	1989	青岛市政法科研单位联建办公室	协议书	15.9	仰口路北	建宿舍	
161	1989.11.27	青岛电视机厂	青政地字〔1989〕65 号	28.12	电视机厂东南	扩建	

续表 6-62

序号	时间	用地单位	批文	用地亩数	位置	用途	备注
162	1989.12.14	市南区城市建设开发公司	青政地字〔1989〕77 号	21.34	小湛山村	建商品房	
163	1991.11.18	青岛市委老干部局	鲁征地字〔1991〕350 号	26	三八水库北	老干部活动心	
164	1991.11.18	中国房地产开发公司青岛分公司	鲁征地字〔1991〕350 号	30.34	华严二路西	华侨新村二期	
165	1991.12.21	青岛衬衫厂	青政地字〔1991〕78 号	0.45	衬衫厂西	扩建厂房	
166	1992.6.17	青岛东部开发指挥部	青政地字〔1992〕14 号	4.01	南通路东香港中路北	市政府办公楼	
167	1992.9.29	湛山宾馆	青政地字〔1992〕29 号	28.22	国税局天泰房产	宾馆续建	不计亩数
168	1993.1.21	青岛东部开发指挥部	青政地字〔1993〕2 号	52.76	11 队	新建市政府	
169	1993	青医学院心血管病研究所	青土管字〔1993〕第 74 号	0.46	湛山寺东		
170	1993.4.21	市对外经济贸易委员会	青政地字〔1993〕16 号	43.83	湛山宾馆东 9 队	建世界贸易中心	
171	1994	市政工程征地		0.47	湛山寺东 8 队		
172	1993.4.7	台东天和实业公司	青土管字〔1993〕48 号	17.30			
173	1993.8.5	青岛刺绣厂	青政地字〔1993〕39 号	7.20	延安三路西	工艺美术研究所	
174	1994	香港嘉里（青岛）有限公司	青政地字〔1994〕9 号	56.341	山东路西香港中路北 10 队	香格里拉大酒店	
175	1995	青岛市排水管理处	青政地字〔1995〕80 号	5.06	4 队		
176	1995.12	天泰房地产		25.153	延安三路南端东		
177	1997	国安房地产		7.398	延安三路 224 ～ 226 号		
178	1997.1	麦迪绅房地产		22.84	东海路 19 号		
179	1998	正仪房地产		18.43	芝泉路 3 号		
180	2003	青岛市土地储备中心	青土储收字〔2003〕09 号	3.9	疗供西 4 队		
181	2004	青岛市土地储备中心	青土资房函发〔2004〕77 号	4.9	南通路南端西山东路东		

第七章　湛山农工商公司

第一节　浮山公社湛山大队撤销

浮山公社湛山大队从1958年成立历时26年后，根据省政府(〔1984〕鲁政函267号)文件规定，撤销浮山公社成立办事处。浮山公社及其所属的湛山等7个大队于1984年撤销。原大队向公社社办企事业投资的包括土地、资金等，原则上不再退还，转为区牧工商联合公司集体所有。原公社的公积金、公益金及其他向大队筹集的资金，本着宜粗不宜细的原则，由原公社及大队负责人一起共同协商，提出处理意见，作出纪要共同遵守。

第二节　湛山农工商公司成立

根据1984年9月30日中共青岛市市南区区委、区政府南发〔1984〕73号文件《关于浮山公社撤销后原大队归属问题的处理意见》，本着政企分开，有利于行政管理，有利于发展生产，有利于社会综合治理，方便群众的原则，以原大队为基础，成立7个农工商公司。原湛山大队成立湛山农工商公司，全称为青岛市市南区湛山农工商公司，归湛山办事处领导。

农工商公司为独立核算、自负盈亏的单一经济组织，大队改为公司以后，原大队的社员转为公司职工。集体所有制不变，分配形式不变，原大队办的教育、卫生等社会福利事业，由公司继续经办。

农工商公司由职工代表大会选举管理委员会作为民主管理机构，由管理委员会选举经理，由经理指定副经理1～2人，然后报办事处批准任命。在没选举前，现任正副大队长即为公司正副经理。

1985年2月13日原湛山大队正式更名为湛山农工商公司。

第三节　湛山农工商公司及所属企业发展概况

1985年湛山农工商公司初成立时的概况：

在职职工：904人(其中男404人，女500人)

农业职工　337人

非农业职工567人

经营项目：

农业

共有13个生产队，土地仅余菜地119.92亩(其中自留地12亩)蔬菜收入36.89万元(1984年)仅占公司全年总收入的4.9%。

工业

下属9个企业：机修厂、安全器材厂、服装厂、电子检测仪器厂、铆焊厂、玻璃钢厂、自行车装修厂、药厂及正在筹建即将投产的塑料改性材料厂。

商业服务业

江西路蔬菜副食品商店和烟酒食品店等商业网点、湛山饭店。还有规模设施、服务标准在当时均属上乘即将开业的湛山宾馆等。

非农业年收入：717.32万元(1984年)

另有民办小学一所、幼儿园两所、诊所一个

湛山农工商公司及所属企业1985年以后各方面的发展变化情况在第五篇（经济）的第五章（工业商业服务业）和第六章（经营变革）中有较详细的记载，此处不再重复。

第四节　湛山农工商公司行政管理机构

历任经理（总经理）

王元玉　1984年9月—1987年3月

王克忠　1987年3月—1988年12月

孙中圣　1989年1月—1997年6月

石振东　1997年7月—2002年6月

孙中杭　2002年7月至2013年

孙中润　2013年

历任副经理（副总经理）

张秀兰　1986—1987年

王元玉　1987年3月—1994年12月

孙中圣　1987年3月—1988年12月

石振东　1988年5月—1997年6月

孙中杭　1997年7月—2002年6月

孙立林　1991年至1993年5月

孙中润　1993年5月—2013年

秦继利　2006年12月30日至今

于志强　2009年1月5日至今

王得成　2009年4月1日—

贾世杰　2013年—

张永兴　2013年—

历任财务人员：

主管会计：

辛承平　1984年至1988年6月1日

孙中润　1988年6月1日至今

出纳会计：

贾　顺　1984年至1997年3月

张桂芹　1997年3月—2006年6月1日

辛　鹏　2006年6月1日至今

保管会计：周公海　1984—1996年

公司地址沿革：

1984年至1994年10月7日原大湛山村20号（后改为115号）原湛山大队办公室

1994年10月8日—2001年11月秀湛路10号

2001年11月至今香港西路85号裕源大厦C座

公司职能部门及科室

1991年根据经营管理工作的需要公司决定正式设立职能部门和科室，进一步明确了工作分工和工作职责。1992年市政府东迁浮山所，迅速带动了东部开发，东部成为新的市中心。在大湛山村拆迁改造的同时，湛山农工商公司所属的工商企业，也因青岛市的统一规划而四处动迁。至1995年生产队土地已被征用殆尽，湛山的农业生产全部终止。随着迅速发展变化的新形势，公司的管理机构和职能部门也不断地进行调整和完善。

公司办公室

成立之初称经理办公室，后称公司办公室，现为党政办公室。党政办公室是公司党委和行政日常工作的办事机构，主要职责是协助党委抓好党建工作，负责公司的精神文明建设、宣传教育工作和党员的日常管理工作。承办党委、行政会议的组织筹备召开。负责会议文件材料的起草、会议记录，整理印发会议材料和会议决定事项的催办和督办。负责党委和行政工作的各类文件、报告、总结等文字的起草，各类文件的收发、传阅、清退、立卷、归档、保管。党委、公司印章的使用，受理公司各部门、各单位上报的各类请示、报告、信件，并提出处理意见。负责对外联系、接待，来信来访的处理和接待、办公用品的统一采购、车队的管理，完成党委和行政交办的各项工作。

历任办公室主任：

隋安庆　1991—1994 年

亢秀志　1994 年至 1999 年 7 月 11 日

秦继利　1999 年 7 月 11 日—2008 年 12 月

王　健　2009 年 1 月至今

财务科

全面负责公司财务工作，按照财经纪律和财务制度的规定，对企业实行财务监督，加强经济核算，改善经营管理；根据实际发生的经济业务事项进行会计核算、填制会计凭证、登记会计账簿、编制财务会计报告；按照现金、支票的管理规定掌握现金支票的支付范围，严格费用支出，加强审校制度；定期做出财务分析，总结经验，为公司经济运行、发展态势提出改进措施和合理建议；协调公司所属企业与上级财税部门的关系，完成报表、纳税等工作。

科长：

孙中润　1991 年至今

审计

审计工作在公司党委领导下，审计人员按照国家有关财经纪律及财务制度客观公正的对企业经营活动实行审计监督，检查和评价企业内部控制。主要审查内容是公司下属单位的财务收支及有关经济活动是否真实合法；各单位资产是否安全完整，确保公司资产保值、增值；各单位的收入、利润情况；各单位的资金运用情况等。完成公司党委交办的其他审查工作。

审计负责人：

龙凤

资本运营部

成立之初称经营管理科，后改称资产经营办公室，现为资本运营部。负责公司房屋资产的运作，房屋租赁合同签订的准备工作，做好合同文本的草拟和修订，避免漏洞和失误，保证公司利益最大化，房屋招租，收缴房屋租赁费；对房屋的正常使用进行监督、维修，对业户进行社会治安及消防安全的宣传教育工作；参与基建项目的后期有关事项，办理资产交接手续；建立房产项目档案，对各类合同进行分类整理存档；收集市场信息，为公司领导进行资本运营决策提供参考；负责对外宣传工作，编辑经营宣传资料，组织制作和布置招租广告；完成公司领导交办的其他工作。

历任主任：

肖永敏　1999 年 4 月 5 日—2005 年 12 月 5 日

孙中勇　2005 年 12 月 5 日—2012 年 3 月

工程部

参加工程项目的联系、论证、策划、选定等工作，负责论证工程技术有关问题，起草合同，办理征地、规划、设计、工程项目的拆迁、开工前的地形测量、地质勘探、三通一平、工程方案报批、委托项目图纸设计；负责工程项目招标工作：编制招标书及各种招标文件，测算标底，择优选定中标单位；编制已确定的工程项目年度、季度、月度计划和进度报表，审查施工单位编制的预、决算，确定工程预决算的工作量；负责现场各施工单位的工作协调，组织召开工程调度会、工程质量督查、隐蔽工程质量检查及签证；组织工程技术交底会、施工图纸的自审、会审，及时纠正设计偏差；督察施工单位的安全消防工作，负责工程技术资料的管理。

历任工程部主任：

崔来鸽　1999 年—2001 年 8 月

单允福　2001 年 8 月—2006 年 8 月

秦继利（兼）　2006 年 9 月至今

劳工科

初称劳动人事科，1998年改为劳工科。负责公司及所属企业的劳动人事管理、规章制度的制定和实施；岗位编制、完善劳动人事体系；办理员工招聘、解聘、内部调配、外部迁调手续；员工档案管理、养老保险费收缴、办理退休手续、养老金、福利待遇发放；劳工统计、处理劳工方面的劳动争议及调解各种劳资纠纷等。

历任科长：

孙正平　1991年至1997年4月

贾世华　1997年5月—2002年12月

辛克文　2005年11月4日至今

妇联、计生办

宣传贯彻中央、省、市有关计划生育工作方针政策，开展优生、优育、生殖健康知识教育；维护妇女儿童的合法权益，运用各项妇女政策，做好公司妇女工作；负责本公司女性初婚率、晚婚率、计划生育率达100%，做好流入本公司范围内流动人口计划生育工作管理；加强重点人员的计划生育管理工作，及时掌握重点人员的生育情况，做到有的放矢；做好避孕节育知情选择指导，落实节育措施，药具发放及时，随访到人，为育龄妇女做好优质服务，使育龄群众享有基本的生殖保健服务，开展经常性的协会活动，做好“三生”服务。

历任妇联、计生办主任：

张秀兰　1985—1988年

孙秀玲　1989年至1999年7月11日

亢秀志　1999年7月11日—2010年2月25日

王　健（兼）2010年2月25日

安全保卫科、武装部

安全保卫科成立于1989年，主要职责是研究制定、监督实施、检查落实安全保卫措施；对公司及所属企业工作人员进行法制教育，落实防火、防盗、防破坏、防泄密、防治安灾害事故等防范措施；调解处理公司范围内的治安纠纷，预防和制止违法犯罪活动；参与所在地区组织的社会治安综合治理工作；明确公司范围内相关企业、部门人员的责任，抓好门卫、值班巡逻、守护、消防安全、易燃易爆、剧毒、放射性等危险物品管理制度，加强对涉密产品、文件、图纸、资料、印鉴等保密管理；负责公司及所属企业的安全生产监督检查，处置安全责任事故，及时、准确、妥善处置各类突发性事件；做好安全保卫工作档案材料的积累和科学管理。

武装部成立于1995年，主要工作职责是协助领导抓好民兵征组工作，参加武装部门组织的各项军事活动，完成上级下达的各项任务；负责组织适龄青年每年度的兵役登记工作；组织本单位基干民兵参加各项应急任务；配合军事部门保护管理好各种军事装备设施；做好保密工作，遵守军事法规，执行命令，严守纪律。

科长　张永远　1989—2011年

武装部长　张永远（兼）1995—2011年

老龄办公室

2005年11月成立，主要工作职责是贯彻执行党和政府有关退休人员的管理方针政策，做好退休人员的思想政治工作，经常了解退休人员的思想情况和要求，及时向公司领导反馈信息；负责退休人员的信息库建立、整理、保管，办理优待证等证件，安排慰问、祝寿、丧事工作，与有关部门密切协作，做好退休人员的服务工作和公司领导安排的其他事宜。

历任办公室主任

辛承杰　2006年9月30日—2007年5月25日

孙中润（兼）2007年5月26日至今

车队

统一管理公司车辆和驾驶人员，对各部门因公用车依重要性顺序进行统一调度派车，督促驾驶员做好出车记录、保持车辆的完好状态、加强出车前出车后的安全检查，严格车辆使用和停放的规章制度。加强车辆管理、节约油耗、降低费用和驾驶员的工作积效考核，做好优质服务、安全行车。

车队队长

邵成金　2006年9月30日至2010年

第五节　全员劳动合同制

1996年根据《中华人民共和国劳动法》和农业部劳动部的《关于乡镇企业实行劳动合同制度的通知》及青岛市乡镇企业管理局、劳动局关于《青岛市乡镇企业实行劳动合同制度的实施意见》（青乡企字〔1996〕128号）等文件规定，湛山农工商公司于1996年开始实行全员劳动合同制。公司在职职工（原社员固定工）706人全部签定劳动合同，签订劳动合同的期限不一，有签1～5年的，有签至本人退休年龄的，还有签无固定期限的。同时对劳动合同的实施、变更、终止、续签和解除等都做了详细规定。

合同文本：

甲方（用人单位）名　　称

经济类型

地　　址

乙方（职工）姓名　　性别

年龄　　文化程度

身份证号码

家庭住址

甲乙双方根据《中华人民共和国劳动法》和现行劳动法律、法规及有关规定，经平等协商，自愿签定本劳动合同，共同遵守执行。

〔合同期限〕

一、本合同期限自　　年　月　日起至　年　月　日止，其中试用期自　　年　月　日起至　　年　月　日止。

〔工作内容〕

二、甲方聘用乙方从事　　　　工种（工作）。乙方在生产工作中要保证按照本工种岗位规定的数量和质量指标完成生产工作任务。

〔劳动保护和劳动条件〕

三、甲方严格执行国家劳动安全卫生各项有关规定和标准，并及时对乙方进行劳动安全卫生教育，为乙方提供符合国家规定的劳动安全卫生条件和符合规定标准的劳动防护用品。

〔劳动时间和劳动报酬〕

四、甲方严格执行国家规定的工时制度。因生产经营需要，延长工作时间时，按有关规定执行。

五、甲方根据乙方从事的生产工作岗位，在不低于青岛市最低工资标准规定的基础上按劳动分配的原则和有关规定，按月以货币形式支付给乙方工资报酬。

〔保险福利待遇〕

六、甲方按规定为乙方交纳社会保险基金。乙方应交纳的社会保险基金由甲方代扣交。

七、乙方在本合同期内发生工伤、患职业病或患病、非因工负伤，其工资和保险福利待遇按现行有关规定执行。

〔劳动纪律〕

八、乙方要严格遵守甲方制定的符合法律、法规规定的劳动纪律和规章制度。乙方在劳动过程中必须严格遵守安全操作规程。

九、乙方要保守本合同中与甲方约定的保密事项。

〔合同的变更、解除、终止〕

十、经甲乙双方协商一致，本合同可以变更或解除。

（一）在试用期间被证明不符合录用条件的；

（二）严重违反劳动纪律或者甲方规章制度的；

（三）严重失职，营私舞弊，对甲方利益造成重大损害的；

（四）被依法追究刑事责任的。

十二、有下列情形之一的，甲方可以解除本合同，但是应当提前 30 日以书面形式通知乙方本人；

（一）乙方患病或者非因工负伤，医疗期满后，不能从事原工作也不能从事甲方另行安排的工作的；

（二）乙方不能胜任工作，经过培训或者调整工作岗位，仍不能胜任工作的；

（三）本合同订立时所依据的客观情况发生重大变化，致使合同无法履行，经甲乙双方协商不能就变更合同达成协议的。

十三、乙方有下列情形之一的，甲方不得依据本合同第十二条解除合同：

（一）患职业病或者因工负伤并被确认丧失或者部分丧失劳动能力的；

（二）患病或者非因工负伤，在规定的医疗期内的；

（三）在孕期、产期、哺乳期内的；

（四）法律、法规规定的其他情形。

十四、乙方解除本合同，应当提前 30 日以书面形式通知甲方。但有下列情形之一的，乙方可以随时通知甲方解除本合同：

（一）在试用期内的；

（二）甲方以暴力、威胁或者非法限制人身自由的手段强迫劳动的；

（三）甲方未按照本合同约定和有关规定支付劳动报酬或者提供劳动条件的。

十五、劳动合同期满或者甲乙双方约定的劳动合同终止条件出现，且不符合本合同第十三条情形的，本合同即行终止。

〔违反和解除合同的责任〕

十六、甲方在合同期内违反和解除合同，应按中华人民共和国劳动部《违反和解除劳动合同的经济补偿办法》和有关规定支付乙方经济补偿金和赔偿金。

十七、乙方在合同期内违反合同中约定的内容，给甲方造成经济损失的，应当依法承担赔偿责任。

〔劳动争议处理〕

十八、因履行本合同发生争议，任何一方可以向本单位劳动争议调解委员会申请调解，调解不成的，应当自争议发生之日起 60 日内向甲方所在地劳动争议仲裁委员会申请仲裁，对仲裁裁决不服的可以自收到仲裁裁决书之日起 15 日内向甲方所在地人民法院起诉。

〔其他事项〕

十九、本合同未尽事宜，按现行劳动法律、法规和有关规定执行。

二十、本合同一式两份，经劳动行政部门鉴证后，甲乙双方各持一份。

二十一、本合同自甲乙双方签定之日起生效。

二十二、下列条款为甲乙双方依法约定的其他内容：

劳动合同补充条款

甲方：盖章　　　　乙方：签章

法定代表人（委托代理人）：签章

合同签定日期：　　　年　月　日

合同鉴证机关：盖章

合同鉴证日期　　　年　月　日

第七篇　社会

ZHAN SHAN CUN ZHI

湛山村志

ZHAN SHAN CUN ZHI

第一章　居民

第一节　人口发展

民国 15 年（1926）据《胶澳志》记载：

大湛山庄，252 户，1214 人，其中，男 617 人，女 597 人。

小湛山庄，31 户，145 人，其中，男 78 人，女 67 人。

1956 年农业合作化成立“五一社”时统计大湛山和小湛山村共有农业人口 485 户，1997 人。

1986 年农转非后人口 1172 户 3601 人。

1989 年湛山街道各居委会总人口 2509 户 7290 人，具体列表如下：

1989 年湛山街道各居民委员会人口统计表

表 7-1

居委会名称	户数	人口数	门牌号
湛山大路居委会	273	812	1- 145
湛山中街南段居委会	288	887	292- 474
湛山中街北段居委会	215	598	475- 596
湛山东段居委会	242	728	806- 964
湛山西段居委会	238	697	711-1052
湛山新村居委会	210	703	1081 号左右
山东省外贸机械进出口公司家属委员会	45	131	1060-1061
湛山邮电局家属委员会	51	202	1074
青岛日报社家属委员会	48	130	1073
外贸中心、商检家属委员会	45	146	1073
东海一路南段居委会	271	817	
东海一路北段居委会	222	658	
延安三路第一居委会（湛山办事处北）	214	545	
延安三路第二居委会（三八水库南）	147	236	
合计	2509	7290	

1999 年湛山派出所各路段户籍人口 3183 户 8053 人，其中男性 3882 人、女性 4171 人。列表如下：

1999 年湛山派出所各路段户籍人口统计表

表 7-2

路段	民警	户数	人数	男	女	备注
秀湛路	郭	692	1796	889	907	秀湛路门牌双号 2-20 号单号 9-25 号，华严支路 1-9 号延安三路 125 号
湛中	贾	964	2294	1064	1230	居民楼 B 区 11 栋 E 区 15 栋
新湛路	张	841	2066	1006	1060	居民楼 C 区 D 区共 23 栋
芝泉路	王	686	1897	923	974	居民楼新湛一路东海一路共 14 栋（不包括国家计委 1 栋空疗 14 栋 200 户）
合计		3183	8053	3882	4171	

湛山村历年人口统计表

表 7-3

年度	总户数	总人口	其中		年度	总户数	总人口	其中	
			农业户数	农业人口				农业户数	农业人口
1926	283	1359			1962			575	2233
1949			474	1902	1963			578	2365
1950			479	1930	1964			577	2410
1951			491	1964	1965			592	2475
1952			498	1993	1966			595	2482
1953			502	2008	1967			605	2502
1954			510	2042	1968			616	2551
1955			514	2156	1969			630	2614
1956			454	1912	1970			657	2687
1957			478	1987	1971			685	2705
1958			501	2109	1972			709	2750
1959			531	2161	1973			740	2850
1960			528	2187	1974			769	2950
1961			563	2201	1975			822	3030

续表 7-3

年度	总户数	总人口	其中		年度	总户数	总人口	其中	
			农业户数	农业人口				农业户数	农业人口
1976			855	3063	1982			1074	3369
1977			878	3109	1983			1085	3434
1978			905	3142	1986			1172	3601
1979			946	3213	1989	2509	7290		
1980			985	3268	1995	2745			
1981			1064	3342	1999	3183	8053		2790

注：自 1982 年 11 月 1 日农转非后即为湛山农工商公司所属人口

第二节 家庭

历史上村民多沿袭三世、四世同堂甚至追求五世同堂的大家庭生活习惯，将人口多，不分家视为家庭兴旺，团结和谐的象征。据胶澳志记载民国 14 年（1925）大湛山 248 户 1325 人，户均 5.34 人。以后直至 1970 年基本保持在户均 4.05 ~ 4.82 人。1972—1986 年户均 3.07 ~ 3.88 人，父子之间、兄弟之间多分居过日子，大家庭已很少，加之随着计划生育政策的落实，独生子女家庭渐多，户均人口呈逐渐下降趋势。1989 户均 2.91 人，1999 年降至户均 2.53 人，两代人 2 ~ 3 人的家庭渐多。

历年户均人口表

表 7-4

年度	户均人口	年度	户均人口	年度	户均人口
1925	5.34	1965	4.18	1976	3.58
1926	4.82	1966	4.17	1977	3.54
1956	4.21	1967	4.14	1978	3.47
1957	4.16	1968	4.14	1979	3.40
1958	4.21	1969	4.15	1980	3.32
1959	4.07	1970	4.09	1981	3.14
1960	4.14	1971	3.95	1982	3.14
1961	3.91	1972	3.88	1983	3.16
1962	3.88	1973	3.85	1986	3.07
1963	4.09	1974	3.84	1989	2.91
1964	4.18	1975	3.69	1999	2.53

第三节 人口变动

1963 年农业人口自然增长率达 41.44‰，1965 年开始实行计划生育，人口自然增长率下降为 24.65‰得到有效控制。

人口机械变动包括迁出和迁入，迁出原因有服兵役、农转工、上学、随军家属、婚姻、服刑人员、支援边疆建设、参加国防工程施工、被遣返回乡人员等。迁入原因包括转业复员军人、工转农、学业期满、随军返回、婚姻、刑满释放、支边和国防施工返回、被错误遣返落实政策返回人员等。

1963—1970 年湛山农业人口自然变动情况表

表 7-5

年度	出生			死亡			增加人数	总人数	自然增长率‰
	男	女	合计	男	女	合计			
1963	68	49	117	11	8	19	98	2365	41.44
1964	40	61	101	9	10	19	82	2410	34.02
1965	45	46	91	17	13	30	61	2475	24.65
1966	42	31	73	10	5	15	58	2482	23.37
1967	30	24	54	7	16	23	31	2502	12.39
1968	32	32	64	10	5	15	49	2551	19.21
1969	34	37	71	5	13	18	53	2614	20.28
1970	42	38	80	4	5	9	71	2690	26.39

湛山农业人口机械变动情况表

表 7-6

年度	迁出			迁入		
	男	女	合计	男	女	合计
1963	12	6	18	12	23	35
1964	35	19	54	14	3	17
1965	5	13	18	10	12	22
1966	41	31	72	8	13	21
1967	14	20	34	7	16	23
1968	16	13	29	14	15	29
1969	12	3	15	6	18	24
1970	6	5	11	3	13	16

第四节　人口构成

性别构成统计表

表 7-7

年份	总人口		农业人口		其中男性		其中女性	
	户数	人数	户数	人数	人数	增长率(%)	人数	增长率（%）
1926	283	1359			695	51.1	664	48.9
1959			531	2161	1047	48.4	1114	51.6
1980			985	3268	1461	44.7	1807	55.3
1982			1074	3369	1526	45.3	1843	54.7
1999	3183	8053			3882	48.2	4171	51.8

湛山历年农业劳力性别构成统计表

表 7-8

年度	总人数	其中男性		其中女性	
		人数	增长率（%）	人数	增长率（%）
1956	755	395	52.3	360	47.7
1957	643	347	54	296	46
1958	552	373	67.6	179	32.4
1959	849	450	53	399	47
1960	800	352	44	448	56
1961	830	367	44.2	463	55.8
1962	891	422	47.4	469	52.6
1963	839	419	50	420	50
1964	905	453	50	452	50
1965	911	436	47.9	475	52.1
1966	938	428	45.6	510	54.4
1967	907	428	47.2	479	52.8
1968	991	468	47.2	523	52.8
1969	1080	501	46.4	579	53.6
1970	1169	543	46.4	626	53.6
1971	1136	480	42.3	656	57.7

续表 7-8

年度	总人数	其中男性		其中女性	
		人数	增长率（%）	人数	增长率（%）
1972	1133	490	43.2	643	56.8
1973	1213	505	41.6	708	58.4
1974	1258	560	44.5	698	55.5
1975	1320	583	44.2	737	55.8
1976	1291	538	41.7	753	58.3
1977	1273	536	42.1	737	57.9
1978	1180	525	44.5	655	55.5
1979	1192	535	44.9	657	55.1
1980	1142	492	43.1	650	56.9
1981	1235	520	42.1	715	57.9
1982	1302	556	42.7	746	57.3
1983	1124	484	43.1	640	56.9
1984	1043	456	43.7	587	56.3
1985	845	360	42.6	485	57.4
1986	904	404	44.6	500	55.3
1987	681	313	46	368	54
1988	671	313	46.6	358	53.4
1989	684	314	45.9	370	54.1
1990	684	319	46.6	365	53.4
1991	680	326	47.9	354	52.1
1992	663	310	46.8	353	53.2
1993	642	303	47.2	339	52.8
1994	608	283	46.5	325	53.5
1995	574	280	48.8	294	51.2

年龄构成

1986 年农转非后人口普查共 1172 户 3601 人，其中劳力 904 人，男性 404 人，女性 500 人，不满 16 周岁(含 16 周岁以上)在校学生 681 人，男 61 周岁以上 436 人，女 51 周岁以上 681 人。

1986 年农转非劳力年龄构成情况统计表

表 7-9

年龄段	男	女	合计
16 ～ 25 岁	121	87	208
26 ～ 35 岁	111	117	228
36 ～ 40 岁	48	84	132
41 ～ 45 岁	33	75	108
46 ～ 50 岁	40	86	126
51 ～ 60 岁	51	51	102
合计	404	500	904

农业人口年龄构成情况统计表

表 7-10

<table>
<tr><th rowspan="2">年龄段</th><th colspan="3">1980 年</th><th colspan="3">1982 年</th></tr>
<tr><th>男</th><th>女</th><th>合计</th><th>男</th><th>女</th><th>合计</th></tr>
<tr><td>1 ～ 15 岁</td><td>563</td><td>528</td><td>1091</td><td>583</td><td>478</td><td>1061</td></tr>
<tr><td>16 ～ 25 岁</td><td>337</td><td>349</td><td>686</td><td>359</td><td>360</td><td>719</td></tr>
<tr><td>26 ～ 35 岁</td><td>211</td><td>234</td><td>445</td><td>112</td><td>126</td><td>238</td></tr>
<tr><td>36 ～ 40 岁</td><td rowspan="4">240</td><td rowspan="4">543</td><td rowspan="4">783</td><td>120</td><td>190</td><td>310</td></tr>
<tr><td>41 ～ 45 岁</td><td>124</td><td>219</td><td>343</td></tr>
<tr><td>46 ～ 50 岁</td><td>74</td><td>166</td><td>240</td></tr>
<tr><td>51 ～ 60 岁</td><td>36</td><td>84</td><td>120</td></tr>
<tr><td>61 岁以上</td><td>110</td><td>153</td><td>263</td><td>118</td><td>220</td><td>338</td></tr>
<tr><td>合计</td><td>1461</td><td>1807</td><td>3268</td><td>1526</td><td>1843</td><td>3369</td></tr>
</table>

姓氏构成

姓氏由土著和客籍两大部分构成。

大湛山村土著共五姓，孙姓为湛山第一大姓氏，自明嘉靖年间五世徙居湛山至今传至二十三世共 19 代。其余四姓于清康熙年间（1662—1722）到此定居，辛姓自九世至今传至二十世，共 12 代；贾姓自五世至今传至十七世，共 13 代；毛姓和王姓分别从始迁一世至今传至十二世各传 12 代。

德占青岛后，清光绪二十四年（1898）迁来大鲍岛王姓；光绪二十六年（1900）迁来大鲍岛于姓；光绪二十七年（1901）迁来会前村王、于、刘三姓。

客籍的外乡移民据不完全统计，截至 1958 年共有 82 个姓氏。

土著姓氏列表

表 7-11

姓氏	定居时间	至今（2010）传承世次
孙	明嘉靖年间（1522—1566）	五世至二十三世共 19 代
辛	清康熙年间（1662—1722）	九世至二十世共 12 代
贾	康熙二十五年（1686）	五世至十七世共 13 代
毛	康熙年间（1662—1722）	一世至十二世共 12 代
王	康熙年间（1662—1722）	一世至十二世共 12 代

大鲍岛和会前村移民姓氏列表

表 7-12

姓氏	定居时间	至今（2010）传承世次
王（大鲍岛）	清光绪二十四年（1898）	十五世至二十世共 6 代
于（大鲍岛）	清光绪二十六年（1900）	十五世至二十世共 6 代
王（会前村）	清光绪二十七年（1901）	十二世至十五世共 4 代
于（会前村）	清光绪二十七年（1901）	十三世至十七世共 5 代
刘（会前村）	清光绪二十七年（1901）	十七世至二十一世共 5 代

客籍姓氏列表（以姓氏笔画为序）

表 7-13

序号	姓氏	户数	定居时间		序号	姓氏	户数	定居时间	
			最早	最晚				最早	最晚
1	丁	2	1923	1936	11	孙	11	1923	1957
2	于	7	1910	1951	12	纪	3	1920	1942
3	马	7	1932	1958	13	庄	1	1938	
4	王	34	1903	1956	14	安	5	1937	1956
5	仉	2	1954	1954	15	任	3	1932	1939
6	尹	1	1943		16	乔	1	1940	
7	方	1	1956		17	曲	2	1938	1944
8	仇	1	1951		18	刘	10	1934	1952
9	石	3	1943	1956	19	牟	2	1943	1947
10	卢	1	1948		20	齐	1	1958	

续表 7-13

序号	姓氏	户数	定居时间		序号	姓氏	户数	定居时间	
			最早	最晚				最早	最晚
21	吕	1	1955		50	费	2	1930	1935
22	许	1	1952		51	封	1	1934	
23	朱	1	1949		52	钟	1	1936	
24	仲	1	1938		53	柳	1	1937	
25	邱	2	1941	1941	54	赵	2	1940	1945
26	冷	1	1943		55	类	1	1949	
27	谷	2	1939	1947	56	姜	2	1951	1956
28	匡	1	1939		57	殷	1	1934	
29	李	21	1924	1956	58	祝	1	1948	
30	陈	6	1929	1945	59	贾	1	1949	
31	宋	2	1930	1956	60	袁	3	1916	1932
32	杜	2	1953	1956	61	高	4	1938	1947
33	余	1	1958		62	郭	3	1936	1957
34	邵	3	1892	1933	63	秦	1	1947	
35	张	24	1908	1956	64	徐	5	1930	1958
36	吴	2	1910	1945	65	矫	1	1910	
37	肖	2	1922	1943	66	崔	4	1925	1943
38	杨	3	1924	1957	67	阎	1	1935	
39	尚	1	1942		68	宓	1	1927	
40	林	4	1918	1946	69	曹	2	1930	1940
41	范	1	1947		70	黄	1	1949	
42	郑	2	1944	1945	71	隋	3	1910	1958
43	周	2	1943	1950	72	董	4	1933	1944
44	郇	1	1946		73	傅	2	1934	1939
45	房	2	1943	1948	74	韩	5	1919	1954
46	单	1	1931		75	赖	1	1952	
47	侯	2	1930	1933	76	谢	1	1953	
48	姚	1	1931		77	臧	1	1921	
49	胡	2	1933	1943	78	管	1	1943	

续表 7-13

序号	姓氏	户数	定居时间		序号	姓氏	户数	定居时间	
			最早	最晚				最早	最晚
79	谭	1	1957		81	薛	4	1937	1950
80	潘	2	1942	1950	82	魏	3	1930	1949

小湛山村土著 2 姓，丁姓十世于明末清初由浮山所来此定居立村至今传至二十一世，共传 12 代；邵氏十三世于清乾隆初来此定居至今传至二十二世，共传 10 代。

客籍外乡移民截至 1958 年统计共有姓氏 6 个：王、吴、武、袁、秦、李各一户。

第五节　长寿老人

据不完全统计：

从现有资料能收集到的已故长寿老人，截至 2011 年，90 岁以上 81 人，其中男性 30 人、女性 51 人。其中 5 人据族谱只记载年龄，90 岁 1 人，92 岁 3 人，93 岁 1 人，生卒年不详。

已故长寿老人统计表

表 7-14

序号	姓　名	性别	出生时间	去世时间	年龄	备　注
1	孙刘氏	女		据族谱	92	孙承敬母
2	孙启资	男		据族谱	92	孙修贵祖父
3	孙徐氏	女		据族谱	92	孙麟妻
4	孙作桂	男		据族谱	93	孙立煦父
5	孙熗修	男	1851	1944	93	孙立坤祖父
6	辛　氏	女	1863	1956	93	辛兆忠祖母
7	孙吉修	男		1969.6	96	孙立达祖父
8	孙苏氏	女	1876	1969.9	93	孙中继祖母
9	孙田氏	女	1884	1983	99	孙立林祖母
10	孙杨氏	女	1887	1981.12.19	94	孙正道祖母
11	孙张氏	女	1890	1991.9.17	102	孙中御祖母
12	乔刘氏	女	1891	1984.3.31	93	乔瑞云母
13	傅张氏	女	1893	1994.4.28	101	傅根法母
14	王秀兰	女	1893	1993.9.28	100	辛承恕祖母
15	魏克江	男	1894.10.27	1987.12.27	94	魏　建祖父
16	孟广贞	女	1897.2.24	1992	95	孙作深妻

续表 7-14

序号	姓　名	性别	出生时间	去世时间	年龄	备　注
17	孙中林	男	1899	1989.6.7	90	孙正谟父
18	萧　洁	女	1900.11.15	2003.5.17	103	孙立江母
19	辛玉兰	女	1900	1990.1	90	孙桂芳母
20	辛玉香	女		1990.9.26	90	孙立河母
21	曲苏氏	女		1991.3.2	91	贾世有母
22	陆秀兰	女	1900	1994.2.19	94	王舜山母
23	王寿山	男	1901.8.30	1995.8.15	94	王志宽父
24	刘秀贞	女	1902	1994.1.19	92	辛玉木妻
25	贾徐氏	女	1902	1994.11.22	92	贾启福妻
26	鲁玉峰	女	1902.6.18	1997.11.7	96	王洪诺母
27	吴冯氏	女	1903.2.2	1998.8.9	96	吴明德母
28	傅树槐	男	1903	1994	91	傅忠善父
29	王仁芳	女	1904	1999	95	孙立群母
30	秦桂兰	女		据族谱	90	孙立孟妻
31	马成义	男	1906.4.5	1998	92	五保户
32	孙贾氏	女	1906.8.2	2000.3.23	94	孙美花母
33	任贤良	女	1906.12.4	1998.7.25	92	陈文成母
34	丁立德	男	1907.11.21	1996.12.10	90	丁正亮父
35	李维纶	男	1907	1997	91	李宝兴父
36	袁兰氏	女	1908.10.23	2006.11.29	99	袁有吉母
37	矫益法	男	1908.11.21	2001.4.2	93	矫恒令父
38	王芝兰	女	1909.1.18	2008.11.21	100	辛兆隆母
39	刘美英	女	1909.8.5	2005.2.11	95	辛兆聚母
40	周纯先	男	1909.11.1	2004.11.1	96	周公海父
41	柳元昇	男	1909.11.3	2004.9.14	95	柳绪忠父
42	辛承义	男	1909.11.18	2006.6.22	97	辛兆隆父
43	王桂玉	女	1909	1998	90	傅忠善母
44	孙中涛	男	1910	2008.2.8	98	孙皓东父
45	毕志芳	女	1910.2.28	2002.8.29	93	黄政之母
46	徐秀云	女	1910.10.30	2002.4.1	92	丁正水母

续表 7-14

序号	姓 名	性别	出生时间	去世时间	年龄	备 注
47	薛青芝	女	1911.1.3	2001.3.31	91	孙立坚母
48	张美英	女	1911.3.24	2009.3.15	97	肖维启母
49	黄景亭	男	1911.8.16	2005.12.28	95	黄政之父
50	李秀英	女	1911.11.25	2002.1.20	91	孙中早母
51	李清芳	男	1912.3.29	2002.5.2	91	李新成父
52	吴家芹	女	1912.6.7	2007.12.13	96	胡振英母
53	辛承辉	男	1912.8.1	2005.6.10	93	辛兆启父
54	辛立丰	男	1912	2002.12	90	辛玉生父
55	薛均林	男	1912.12.15	2002.3.2	90	薛志立父
56	邵尚道	男	1913.4.27	2010	97	邵秀君父
57	贾淑美	女	1913.6.17	2009.8.8	97	辛承玉母
58	牟志谦	男	1913	2004.10	91	牟顺五父
59	毛桂兰	女	1913.11.9	2011.1.26	98	刘可木母
60	孙秀兰	女	1913.12.3	2008.7.14	95	王守明母
61	李淑卿	女	1914.2.28	2008.3.23	95	矫恒令母
62	苏立玉	女	1914.3.17	2006.12.21	93	贾启云母
63	王德蔚	男	1914.3.19	2004.4.20	91	王作惠父
64	王淑芳	女	1914.5.18	2005.2.16	91	孙立山母
65	房立贵	男	1915.7.25	2006.12.2	92	房学春父
66	张玉美	女	1917.3.17	2007.1.12	90	王贵亮母
67	尚武源	男	1917.11.25	2010.1.20	93	尚德进父
68	钟财先	男	1917.12.16	2011.12	94	钟兆春父
69	肖玉兰	女	1918.5.30	2008.9.29	91	辛兆岩母
70	杜秀兰	女	1918.8.5	2009.4.1	91	张玉江母
71	滕美珍	女	1918.10.26	2010.11	93	贾世宏母
72	王顺美	女	1918.10.30	2011.9.16	93	刘可寿母
73	孙淑贞	女	1918.12.9	2011.1.24	93	丁正臣母
74	吕秀珍	女	1919.2.24	2010.8.6	92	辛兆喜母
75	李秀兰	女	1919.3.17	2008.10.22	90	孙中恒母
76	韩福清	男	1919.10.27	2010.1.3	91	韩玉芬父

续表 7-14

序号	姓　名	性别	出生时间	去世时间	年龄	备　注
77	韩德发	男	1920.2.29	2009.3.27	90	韩桂兰父
78	王玉珍	女	1920.3.19	2011.10.21	92	范作福母
79	孙蕴玉	女	1920.4.12	2010.10.22	91	刘淑敏母
80	李桂兰	女	1921.1.2	2010.10.6	90	高绪林母
81	李述平	男	1922.1.1	2011.6.8	90	李占兴父

注：统计至 2011 年 12 月

健在长寿老人统计表

表 7-15

序号	姓　名	性别	出生时间	年龄	备　注
1	苏秀琴	女	1912.1.16	99	孙作信母
2	江福芹	女	1913.11.9	98	李智从母
3	孙洪兰	女	1915.6.10	97	薛志立母
4	高恩义	男	1916.2.3	96	高思进父
5	赵玉美	女	1916.3.11	96	曹春兰母
6	王增兰	女	1916.3.25	96	孙中奎母
7	刘桂兰	女	1917.3.3	95	马树亮祖母
8	李秀荣	女	1917.5.7	95	郑佩章母
9	孙奉修	男	1918.8.8	94	孙作生父
10	潘玉琴	女	1918.10.23	94	徐连刚母
11	杨佳明	女	1919.3.7	93	安百亮母
12	于天真	女	1919.4.27	93	王德生母
13	薛义三	男	1919.7.13	93	薛瑞明父
14	邵桂兰	女	1919.10.26	93	李德明母
15	徐兰香	女	1919.10.29	93	辛兆敏母
16	匡宝书	男	1919.12.18	93	匡少文父
17	王洪云	女	1920.2.9	92	阎立恩母
18	田勤芳	女	1920.8.2	92	孙淑美母
19	张存信	男	1921.5.7	91	张德业父
20	孙正钧	男	1921.5.7	91	孙功勤父
21	王相芹	女	1921.7.19	91	胡涛祖母

续表 7-15

序号	姓　名	性别	出生时间	年龄	备　注
22	贾秀英	女	1921.10.19	91	张国仁母
23	袁淑莲	女	1921.10.28	91	秦正刚母
24	于美英	女	1922.1.20	90	孙中胜母
25	辛美云	女	1922.2.11	90	张宝书母
26	王素美	女	1922.3.14	90	辛秀云母
27	林芝英	女	1922.4.6	90	李暂生母
28	王秀英	女	1922.5.4	90	贾世乐母
29	高文修	男	1922.5.27	90	高义秋父
30	曾宪美	女	1922.9.21	90	王盛存母
31	刘凤英	女	1922.11.8	90	宋平昌母

注：统计至 2011 年 12 月

第六节　湛山农工商公司历年去世人员统计

湛山公司历年去世人员统计表

表 7-16

年度	姓名	性别	生卒年月	年龄	亲属关系
1962	孙明修	男	—1962.12		
1963	邵中和	男	—1963.1		
	贾书训	男	—1963.1		
	孙正启	男	—1963.1		孙公续父
	孙玉枝	女	—1963.1		
	贾庄氏	女	—1963.2		
	贾世生	男	—1963.2		贾启禄子
	邵毛氏	女	—1963.2		
	邵先雨	男	—1963.2		邵成茂
	陈庆黄	男	—1963.3		
	王秀珍	女	—1963.3		邵蔡光
	丁风平	男	—1963.3		丁作柱父
	辛桂花	女	—1963.4		曲桂珍
	辛立友	男	—1963.4		辛玉珊父

续表 7-16

年度	姓名	性别	生卒年月	年龄	亲属关系
1963	辛玉美	女	—1963.5		
	辛米氏	女	—1963.8		臧秀英
	孙立森	男	—1963.12		孙作梯
	孙 XX	男	—1963.12		阎彩美
1964	辛春香	女	—1964.1		辛成三
	马德美	女	—1964.1		张振谓
	张国玲	女	—1964.1		张培群
	李月华	女	—1964.2		纪世凯
	丁美英	女	—1964.3.27		辛兆亮
	孙正德	男	—1964.4.2		辛美仙
	李松仁	男	—1964.4.10		
	马莲香	女	—1964.4.15		陈金萍
	孙志绪	男	—1964.4.20		孙恩父
	孙王氏	女	—1964.6.13		
	王培有	男	—1964.6.27		王兆纯父
	王瑞全	男	—1964.7.22		
	刘冯氏	女	—1964.8.14		刘振元
	丁月兰	女	—1964.10.9		丁立锡
	毛慰水	男	—1964.10.10		贾秀美
	王　英	女	—1964.11.20		孙秀花女
	于春君	男	—1964.11.21		于瑞令父
	刘本方	男	—1964.12.20		徐建香
1965	徐广华	女	—1965.1.25		徐茂贵
	贾世宽	男	—1965.4.5		贾敞宝
	郑秦氏	女	—1965.2.16		毛秀兰婆母
	孙袁氏	女	—1965.2.19		孙中金
	肖汉喜	男	—1965.2.16		肖维华父
	贾代香	女	—1965.2.16		贾世茂
	王英芝	女	—1965.2.26		
	孙立训	男	—1965.3.2		孙作深子

续表 7-16

年度	姓名	性别	生卒年月	年龄	亲属关系
1965	王秀美	女	—1965.4.22		孙立臣
	丁淑华	女	—1965.5		丁成金
	袁秀云	女	—1965.5		葛本达
	辛瑞琴	女	—1965.5		辛玉晓
	石同堂	男	—1965.7.24		
	贾　义	男	—1965.7.27		孙美玲
	邵秀云	女	—1965.7.29		孙中德妻
	丁淑霞	女	—1965.8.14		丁立旺
	安丰年	男	—1965.10.7		张美芳夫
	李玉祥	男	—1965.11.26		王桂兰夫
1966	辛成山	男	—1966.1.2		辛承泰
	孙徐氏	女	—1966.1.5		孙中科母
	王秀兰	女	—1966.2.22		邵尚春
	王志成	男	—1966.2.27		王明甫
	邵忠春	男	—1966.4		邵尚华
	毛蔚刚	男	—1966.4		贾秀美
	李公远	男	—1966.4.28		苏秀荣
	亢秀兰	女	—1966.5.2		辛承辉
	孙作升	男	—1966.5.10		徐爱菊
	孙张氏	女	—1966.6.23		孙秀英
	马贵吉	男	—1966.7.10		马贵祥
	孙作学	男	—1966.7.16		孙立辉
	郑瑞玉	女	—1966.8.7		毛秀兰
	孙正钢	男	—1966.9.23		孙中圣
	孙　伟	男	—1966.12.6		孙立才
1967	傅增汉	男	—1967.1.18		傅学修祖父
	安凤清	女	—1967.1.14		徐珍香
	董文亭	男	—1967.2.4		
	胡王氏	女	—1967.2.21		胡文惠
	贾维秋	男	—1967.2.24		张桂兰夫

续表 7-16

年度	姓名	性别	生卒年月	年龄	亲属关系
1967	孙君修	男	1896.8.6—1967.3.9		张义珍
	王明甫	男	—1967.5.4		刘凤珠
	贾李氏	女	—1967.5.10		贾啟堂
	刘学敏	男	—1967.6.1		刘可花
	张庆云	女	—1967.6		刘庆昌
	贾刘氏	女	—1967.7		贾世忠
	殷有美	女	—1967.7		殷有河
	张秀美	女	—1967.8.2		王书田
	秦振华	男	—1967.8.3		秦思和
	隋　荣	女	—1967.9		隋安庆
	胡占荣	男	—1967.9.28		五保户
	田丰喜	男	—1967.9.13		五保户
	李桂芳	女	—1967.9.13		五保户
	刘桂兰	女	—1967.10.20		张相干
	曹振明	男	—1967.10.24		曹世忠父
	孙立宝	男	—1967.11.10		孙中全父
	任增奎	男	—1967.11.18		
	丁成礼	男	—1967.11.24		
1968	孙中兴	男	—1968.2.10		孙中贵兄
	孙立魁	男	—1968.1.14		孙中敖父
	冷相君	男	—1968.1.14		林中发继父
	辛承财	男	—1968.2		辛兆顺父
	孙作平	男	—1968.3.5		孙立汉父
	宋美菊	女	—1968.4		刘凤英
	刘从惠	女	—1968.5.21		刘学平
	孙正锦	男	—1968.5.31		孙公节父
	丁锡芳	男	—1968.6.27		王兆基母
	丁孙氏	女	—1968.7.28		丁玉美
	王书玉	男	—1968.9		王书喜
	贾世田	男	—1968.10.12		贾代民父
	侯玉田	男	—1968.11.15		于瑞霞外祖父
	袁永考	男	—1968.11		五保户
	胡秀美	女	—1968.12.5		孙中武妻

续表 7-16

年度	姓名	性别	生卒年月	年龄	亲属关系
1969	王洪令	男	—1969.1.17		王立山父
	辛玉泰	男	—1969.2.8		辛承节父
	邱衍九	男	1913.5.17—1969.3	56	邱玉林父
	袁子久	男	—1969.4.14		袁玉利祖父
	刘玉兰	女	—1969.4		贾启岩母
	孙吉修	男	—1969.6	96	孙立达祖父
	王桂芳	女	—1969.7		
	李玉亭	女	—1969.7		孙丽香继母
	尚武宝	男	—1969.8		尚武源兄
	孙中美	女	—1969.8		
	孙苏氏	女	—1969.9		孙立培母
	丁刘氏	女	1969.9.26		
	贾于氏	女	—1969.9		贾世耘母
	孙美香	女	—1969.10		辛成山
	丁启霞	女	—1969.10		丁正水
	肖万氏	女	—1969.11		王淑贞
	孙秀英	女	—1969.12.24		
	付玉兰	女	—1969.12.25		徐宝友
1970	孙金兰	女	—1970.1.2		辛玉珊母
	于德亮	男	1896.10.21—1970.1	74	于林清父
	董子良	男	—1970.2.3	87	孙云瑞公爹
	孙作湖	男	1903.6.6—1970.2	67	孙立连父
	王常玲	女	—1970.3.31		王正纲
	李莲美	女	—1970.4.21		孙立圈
	梁桂珍	女	—1970.7.7	67	魏克江妻
	贾启堂	男	—1970.8.4	53	贾彬父
	于寿贞	女	—1970.8.25		胡文钦母
	任玉良	男	—1970.9.5		任守和父

续表 7-16

年度	姓名	性别	生卒年月	年龄	亲属关系
1981	孙作铭	男	—1981.1.11	75	孙玉华父
	胡文忠	男	—1981.3.10	78	胡正芳父
	王淑贞	女	—1981.3.17	73	辛兆松母
	何宝玉	女	1904.5.9—1981.3.18	77	彭世珍母
	王桂兰	女	—1981.4.12	72	孙忠禄母
	魏垂功	男	1935.11.13—1981.4.19	46	魏建父
	纪世凯	男	1903.3.19—1981.7.10	79	纪忠生父
	辛素秀	女	—1981.8.3	79	于林清母
	郭秀云	女	1896.1.20—1981.8.23	86	侯淑英母
	郝玉兰	女	—1981.9.6	77	朱同吉妻
	贾丁氏	女	—1981.9.16	76	贾世琋母
	辛秀英	女	—1981.10.9	65	孙中庭母
	王桂珍	女	—1981.10.20	75	辛承平母
	丁玉华	女	—1981.11.20	41	胡延滨
	孙杨氏	女	—1981.12.19	94	孙正道祖母
1982	孙秀珍	女	—1982.1.24		孙立涛女
	孙立孔	男	—1982.3.8	84	孙正传祖父
	辛承文	男	—1982.3.31	67	辛兆欣父
	朱同吉	男	1900.9.9—1982.4.18	82	朱思好
	王秀兰	女	—1982.5.27	70	孙正高母
	孙中有	男	1896.10.1—1982.6.8	86	孙天民父
	王肇绲	男	1939.5.17—1982.8.5	44	王顺刚父
	宋培珍	女	—1982.8.26	73	李农林妻
	崔徐氏	女	—1982.10.3	66	崔久彦母
	葛秀珍	女	1927.11.14—1982.10.7	55	孙顺德母
	葛本达	男	—1982.11.22	84	葛可俊父
	孙立柱	男	—1982.11.27	78	孙忠春父
	孙梅花	女	—1982.11.30	20	孙公绪妹

续表 7-16

年度	姓名	性别	生卒年月	年龄	亲属关系
1983	孙立大	男	—1983.1.17	74	孙中义父
	王月英	女	1917.11.29—1983.1.20	66	吕宝仁母
	于桂兰	女	1918.2.25—1983.1.28	65	赵福业母
	辛华亭	女	—1983.4.2	37	邵先森母
	毛延亮	男	—1983.7.18	80	毛炳顺父
	辛兆亮	男	1917.2.2—1983.10.7	67	辛克强父
	马勤业	男	—1983.10.25	69	马克发父
	王玉兰	女	—1983.11.30	67	邵成金母
	孙田氏	女	1884—1983	99	孙立林祖母
1984	郭秀英	女	1920.1.12—1984.1.15	65	贾启伦母
	阎彩美	女	1932.10—1984.1.17	52	孙立胜母
	孙辛氏	女	—1984.1.29	81	孙正太母
	袁秀兰	女	—1984.1.30	63	丁正亮母
	辛兆祥	男	1916.4.14—1984.2.1	68	辛克虎父
	贾敞禄	男	—1984.3.13	76	贾秋芬父
	乔刘氏	女	—1984.3.31	93	乔祥洪祖母
	李农林	男	—1984.4.12	78	李玉玲父
	王立元	男	—1984.7.7	88	王守明父
	王书喜	男	1928.6.11—1984.8.6	57	王元德父
	朱秀英	女	—1984.8.13	69	孙正实母
	孟传修	女	—1984.10.2	88	辛艳凤祖母
	贾启福	男	—1984.10.26	80	贾代俊祖父
	杨吉聚	男	—1984.12.13	73	杨玉兰父
	马福德	男	1921.1.30—1984	63	马寿旗父
1985	田祥兰	女	—1985.2.3	74	孙中义母
	徐连芳	女	—1985.2.12	64	袁华传母
	仲秀珍	女	—1985.2.24	79	孙桂华母
	尹善美	女	—1985.3.5	68	孙立坤母
	孙中俊	男	1914.7.29—1985.4.14	71	孙正高父
	胡明德	男	1910.4.21—1985.4.25	76	胡桂珠父

续表 7-16

年度	姓名	性别	生卒年月	年龄	亲属关系
1985	王在起	男	1902.8.16—1985.7.8	83	王子贵父
	王集香	女	1916.9.3—1985.7.28	69	辛承梁母
	张素云	女	1946.3.12—1985.7.31	40	孙中伟母
	丁玉梅	女	—1985.9.15	50	吴军母
	张秀英	女	—1985.9.15	67	孙浩东母
	孙立涛	男	1907.3.31—1985.10.28	79	孙秀兰父
	辛承花	女	1917.10.31—1985.11.15	69	王宏泰母
1986	孙中礼	男	—1986.1.12	86	孙正太父
	李兰英	女	1914.6.2—1986.1.25	73	陈步村母
	孙中大	男	—1986.2.1	82	孙正明父
	孙中宝	男	1914.11.5—1986.3.7	72	孙正实父
	王桂珍	女	—1986.3.14	72	孙立国母
	贾维喜	男	1909.6.8—1986.3.29	77	贾启峰父
	王佳玉	女	1934.9.26—1986.4.11	52	宓学军母
	滕桂英	女	1905.12.30—1986.8.12	81	邵成茂母
	辛承德	男	1908.8.8—1986.10.9	79	辛兆岩父
	丁立本	男	—1986.11.3	85	丁启华祖父
	孙作泽	男	1915.1.1—1986.12.29	72	孙立坚父
1987	孙中发	男	1907.3.23—1987.1.4	80	孙正烈父
	辛秀珍	女	—1987.1.8	74	孙中圣母
	贾启光	男	—1987.2.12	78	贾世智父
	崔桂桓	男	1946.1.13—1987.3.9	42	崔显刚父
	王素兰	女	—1987.6.7	65	房学春母
	何宝仁	男	1903.2.26—1987.7.24	85	何子增父
	朱桂兰	女	—1987.8.15	82	郭敬臣母
	张玉英	女	—1987.10.6	71	孙长胜母
	孙中武	男	1900.3.9—1987.11.21	88	孙正刚二爹
	魏克江	男	1984.10.27—1987.12.27	94	魏建祖父

续表 7-16

年度	姓名	性别	生卒年月	年龄	亲属关系
1988	王志高	男	—1988.1.17	55	王国胜父
	贾启友	男	—1988.3.3	61	贾世利父
	李凤美	女	1939.12.22—1988.3.6	49	姚利母
	辛玉阳	男	—1988.8.19	87	辛秀兰父
	丁贾氏	女	—1988.10.3	86	丁立水母
	李瑞云	女	—1988.10.11	75	崔桂杰母
	丁成智	男	1901.10.18—1988.10.15	87	丁立水父
	雷桂兰	女	—1988.12.24	76	孙树法母
	姚玉成	男	1904.6.26—1988.12.22	85	姚福来父
1989	辛秀云	女	—1989.1.10	60	孙中信母
	徐爱菊	女	—1989.1.17	71	孙作三母
	薛和君	男	1921.1.9—1989.4.19	67	薛瑞彩父
	张宗智	男	1916.4.6—1989.5.10	74	张玉江父
	孙中林	男	—1989.6.7	90	孙正谟父
	曲鸿贵	男	—1989.7.6	86	贾世友继父
	余秀美	女	—1989.10.26	71	孙中丰母
	孙云瑞	女	1915.1.15—1989.11.16	75	董长胜母
	贾世先	男	1928.3.3—1989.11.20	62	贾代俊父
	孙中增	男	1917.2.8—1989.12.15	73	孙正大父
1990	王秀美	女	—1990.1.13	73	孙公海母
	孙立臻	男	—1990.3.1	78	孙中恒父
	贾启宝	男	—1990.4.14	72	贾世国父
	贾启盛	男	1920.11.20—1990.5.14	70	贾世乐父
	孙作桢	男	—1990.6.19	86	孙丽香父
	范英美	女	1913.12.2—1990.6.27	77	孙中滨继母
	孙正凤	男	—1990.8.2	69	孙公平父
	辛玉香	女	—1990.9.26	90	孙立河母
	孙代氏	女	—1990.10.21	84	孙玉华母
	赵明海	男	—1990.11.28	76	赵玉光父
	苏敏夏	女	—1990.12.24	83	孙秀兰母

续表 7-16

年度	姓名	性别	生卒年月	年龄	亲属关系
1991	邵尚志	男	1924.8.8—1991.2.10	67	邵成晓父
	曲苏氏	女	—1991.3.2	91	贾世有母
	张秀芳	女	1921.7.12—1991.3.16	70	任增国母
	张宝山	男	1945.11.14—1991.4.12	46	张旭父
	张振谓	男	—1991.5.19	72	张春生父
	辛玉锡	男	1914.3.8—1991.8.27	78	辛承平叔父
	孙张氏	女	1890—1991.9.17	102	孙中彻祖母
	吴正芳	女	—1991.9.24	79	贾启峰母
	钟月兰	女	1911.11.17—1991.12.23	81	辛兆兴大娘
1992	辛兆有	男	1925.1—1992.1.23	71	辛克情父
	任爱凤	女	—1992.2.5	72	王洪亮母
	徐秀英	女	1908.8.26—1992.3.31	84	张永宝外祖母
	曲秀贞	女	1922.11.9—1992.4.21	70	胡崇家母
	陈秀兰	女	1932.10.23—1992.7.7	60	张存良母
	梁锡贞	女	—1992.7.31	82	王淑君母
	孙正道	男	1920.11.22—1992.10.3	72	孙公河父
	矫铸法	男	1922.10.7—1992.11.5	71	矫恒馨父
	王秀珍	女	—1992.11.7	78	王明尧母
	辛承泰	男	1916.8.12—1992.11.16	77	辛兆起父
	王素珍	女	—1992.12.21	82	张学芳母
	孟广贞	女	1897.2.24—1992	95	孙作深妻
1993	房喜文	男	1919.2.4—1993.1.10	74	房延瑞伯父
	张振香	女	1913.4.20—1993.2.26	80	王仁义母
	孙中正	男	1908.3.5—1993.3.13	86	孙桂华父
	仲秀贞	女	—1993.3.17	73	丁正树母
	毛秀兰	女	—1993.4.24	66	郑全侯母
	陈秀美	女	—1993.4.27	71	崔恩平母
	郑秀美	女	1926.12.17—1993.5.12	67	孙公节母
	刘学平	男	1916.7.23—1993.6.16	77	刘可寿父
	战秀英	女	1919.11.23—1993.6.16	74	孙立坚母

续表 7-16

年度	姓名	性别	生卒年月	年龄	亲属关系
1993	辛王氏	女	—1993.9.28	100	辛承恕祖母
	单崔氏	女	—1993.10.24	85	单连加母
	李月珍	女	—1993.11.26	76	杨大庚
	闫秀英	女	1927.8.30—1993.12.28	67	乔祥洪母
	谷熙俊	男	1914.4.24—1993.12.31	80	谷新岐父
	辛兆海	男	—1993		辛克峰父
1994	刘秀贞	女	—1994.1.19	92	辛玉木妻
	孙立序	男	—1994.2.12	79	孙中孝父
	陆秀兰	女	—1994.2.19	94	王舜山母
	孙秀兰	女	—1994.3.14	58	薛军母
	孙忠礼	男	1937.6.17—1994.3.15	57	孙正伟父
	张洪昌	男	1913.12.19—1994.4.23	81	张永和父
	付张氏	女	—1994.4.28	101	付学胜祖母
	许秀英	女	1912.11.13—1994.5.20	82	王子贵母
	张桂兰	女	1917.8.2—1994.6.27	77	贾启林母
	胡文惠	男	1906.3.23—1994.6.27	89	胡正昆父
	辛玉英	女	1919.2.16—1994.11.4	76	孙立松母
	贾徐氏	女	—1994.11.22	92	贾代俊祖母
	张尚氏	女	—1994.12.14	88	张正堂母
1995	辛赵氏	女	—1995.2.6	88	辛承昇母
	宓钊玉	男	—1995.3.13	53	宓钊堪弟
	丁郭氏	女	—1995.3.21	81	丁成利母
	王玉兰	女	—1995.4.1	75	封树义
	陈崇祥	男	—1995.4.22	48	韩金花
	邵尚先	男	—1995.5.31	79	邵成柱父
	由瑞香	女	—1995.6.24	77	孙中贵母
	王寿山	男	1901.8.30—1995.8.15	94	王志宽父
	赵桂兰	女	—1995.8.30	76	张永和母
	辛兆禄	男	1919.10.25—1995.9.18	76	辛秀云父
	孙立兰	女	—1995.12.1	65	马立顺母

续表 7-16

年度	姓名	性别	生卒年月	年龄	亲属关系
1995	丁立香	女	—1995.12.19	88	孙中新母
	毛炳顺	男	1928.1.23—1995.12.22	68	毛蔚国父
	张宝云	女	1943.2.27—1995	52	王晓燕母
	任玉兰	女	—1995		
1996	孙中业	男	—1996.2.18	56	孙利父
	苏义兰	女	1912.10.26—1996.4.9	84	王梅君母
	潘瑞清	女	—1996.7.4	86	张云洪母
	孙又侃	男	—1996.7.24	77	孙大勇
	张义珍	女	1910.7.18—1996.8.1	86	孙美玲母
	孙立竹	男	—1996.9.20	70	孙中利父
	辛承平	男	—1996.9.29	65	辛兆江父
	刘可文	女	—1996.10.14	86	孙中伟母
	辛克君	女	1937.3.28—1996.11.3	60	邵先场母
	孙作梃	男	1908.10.1—1996.12.5	89	孙立安父
	丁立德	男	1907.11.21—1996.12.10	90	丁正亮父
	马贵庆	男	—1996.12.23	86	马勤学父
	张美芳	女	—1996	80	安福琴母
	马秀兰	女	1911.7.19—1996	85	孙正传祖母
1997	贾启忠	男	—1997.6.7	65	贾世良父
	衣兰花	女	—1997.8.7	83	王仁豪母
	王桂英	女	—1997.9.23	62	贾代盛母
	鲁玉峰	女	1902.6.18—1997.11.8	96	王洪诺母
	孙作浦	男	1911.12.1—1997	86	孙立山父
	丁德华	女	—1997		张发亮母
	孙彩霞	女	—1997		辛克平母
	牟桂珍	女	1909.6.26—1997	88	于守忠母
	丁立哲	男	1923.8.27—1997	74	
	高玉珍	女	1916—1997	81	辛克伶母

续表 7-16

年度	姓名	性别	生卒年月	年龄	亲属关系
1998	兰文美	女	1924.12.1—1998.1.15	74	辛兆瑞母
	辛玉兰	女	1917.2.28—1998.1.19	81	孙作生母
	蒋秀文	女	1922.12.12—1998.2.16	76	陈泽发母
	丁秀珍	女	1936.1.11—1998.3.13	63	张维中妻
	辛凤喜	女	1943.9.27—1998.3.16	55	丁启健母
	王桂兰	女	1911.6.15—1998.3.20	87	李福臣母
	孙立斌	男	1918.10.6—1998.3.25	80	孙中栋父
	辛爱美	女	1929.5.16—1998.4.1	69	孙正川母
	田桂英	女	1921.12.25—1998.5.12	77	孙中栋母
	周玉美	女	1929.11.28—1998.6.22	69	秦继昌母
	吴华珍	女	1916.5.5—1998.6.26	83	孙立存母
	任贤良	女	1906.12.4—1998.7.25	92	陈文成母
	吴冯氏	女	1903.2.2—1998.8.9	96	吴明德母
	袁有庆	男	1933.7.7—1998.8.17	66	袁成祥父
	高文登	男	1909.12.6—1998.8.26	89	高绪林父
	王桂珍	女	1918.6.4—1998.10.9	81	丁正宏母
	邵成茂	男	1934.1.15—1998.10.21	65	邵先平父
1999	王宪玉	男	1917.6.30—1999.1.24	82	王家平父
	李秀梅	女	—1999.3.11	55	李智母
	邵先杰	男	1955.10.23—1999.5	44	邵作贤父
	王正纲	男	1941.10.16—1999.7	58	王常坤父
	孙立才	男	1941.7.15—1999.7.7	58	孙中禄父
	董梦森	男	1913.11.16—1999.7.26	86	董婵娥父
	章美玉	女	1924.5.3—1999.8.17	76	辛承祥妻
	李保彦	男	1914.8.3—1999.9.12	86	李洪财父
	吴秀兰	女	1915.4.11—1999.11.18	85	孙正烈母
2000	苏秀芝	女	1947.12.3—2000.1.12	53	丁正发
	刘桂花	女	1940.4.17—2000.2.16	60	贾世杰母
	孙贾氏	女	1906.8.2—2000.3.23	95	孙美花母
	宓钊堪	男	1937.3.8—2000.5.14	63	宓红波父

续表 7-16

年度	姓名	性别	生卒年月	年龄	亲属关系
2000	栾桂芬	女	1913.11.9—2000.7.22	87	周公海母
	仲秀英	女	1929.7.15—2000.8.11	72	孙中云母
	丁立锡	男	1917.9.8—2000.8.23	85	丁正宏父
	孙中丰	男	1946.7.8—2000.10.20	55	孙正军父
	于连喜	女	1928.1.25—2000.10.30	73	贾世国母
	王玉莲	女	1936.3.27—2000.11.22	65	郭春鹏母
	孙正海	男	1936.12.28—2000.12.16	64	孙勇父
	庄典美	女	1925.5.6—2000.12.27	76	任百祥母
2001	任增利	男	1917.10.21—2001.2.28	84	任百福父
	丁立海	男	1929.3—2001.3.4	72	丁爱华父
	石振岩	男	1920.9.2—2001.3.23	81	石月荣父
	薛青芝	女	1911.1.3—2001.3.31	91	孙立坚母
	矫益法	男	1908.11.21—2001.4.2	93	矫恒令父
	邵秀君	女	1937.12.28—2001.5.31	64	黄锡志母
	孙立尧	男	1922.5.9—2001.6.1	80	孙中敏父
	类维国	男	1954.1.1—2001.6.20	48	类维庆弟
	辛兆松	男	1935.7.12—2001.6.24	66	辛克勇父
	辛秀兰	女	1938.10.17—2001.6.25	63	孙中华母
	王秀英	女	1918.10.13—2001.10.3	83	孙中禹母
	辛惠香	女	1939.3.4—2001.11.14	63	朱德松母
	张秀英	女	1926.7.7—2001.12.6	76	辛克情母
	乔瑞云	男	1918.3.14—2001.12.6	84	乔祥洪父
	李奎文	男	1923.1.30—2001.12.8	79	李德政父
	王立生	男	1931.11.12—2001.12.8	71	王磊父
	孙顺德	男	1949.2.15—2001.12.20	53	孙建军
	辛奇云	女	1927.2.23—2001.12.22	75	孙公存母
2002	李秀英	女	1911.11.25—2002.1.20	91	孙中早母
	孙正凰	男	1925.4.1—2002.2.14	77	孙公和父
	薛均林	男	1912.12.25—2002.3.2	90	薛志立父
	张正礼	男	1943.8.20—2002.3.26	59	张永伟父

续表 7-16

年度	姓名	性别	生卒年月	年龄	亲属关系
2002	徐秀云	女	1910.10.30—2002.4.1	92	丁正水母
	辛承栋	男	1947.1.2—2002.4.17	56	辛华伟
	李清芳	男	1912.3.29—2002.5.2	91	李新成父
	孙秀梅	女	1947.7.17—2002.6.23	55	张沛母
	陈文登	男	1917.7.16—2002.6.27	85	陈泽发父
	魏秀芹	女	1942.10.11—2002.7.15	60	张春晓
	毕秀清	女	1915.11.6—2002.8.9	87	谷新岭母
	毕志芳	女	1910.2.28—2002.8.29	93	黄政之母
	孙正铸	男	1935.8.20—2002.9.6	68	孙黎黎
	兰秀英	女	1929.2.16—2002.10.12	74	邵先纯母
	杨金花	女	1930.12.12—2002.11.4	72	薛德英母
	于林清	男	1925.11.25—2002.12.4	78	于志明父
2003	孙美玲	女	1935.8.14—2003.1.9	68	贾刚母
	卢云昌	男	1943.9.14—2003.2.3	60	于守芳夫
	孙秀美	女	1935.10.11—2003.2.19	68	谷庆海母
	孙肖氏	女	1900.11.15—2003.5.17	103	孙立江母
	辛玉华	男	1917.1.19—2003.5.24	87	辛承岱父
	丁正德	男	1955.10.9—2003.7	48	胡娟夫
	孙永杰	男	1960.3.12—2003.7	44	孙青父
	贾岱有	男	1937.11.17—2003.8.12	66	贾刚父
	徐茂贵	男	1919.10.5—2003.8.21	84	徐光来父
	辛桂琴	女	1942.3.27—2003.9.22	62	李勇
	张培寿	男	1929.8.17—2003.9.22	75	张升君父
	李秀珍	女	1921.12.23—2003.10.14	82	邵延坤母
	孙立考	男	1927.1.5—2003.11.10	77	孙炳勤父
	王元伦	男	1936.7.30—2003.11.14	68	王修堂父
	李淑惠	女	1920.2.29—2003.12.4	84	孙中秋母
2004	苏秀美	女	1919.12.5—2004.2.2	85	辛兆俊母
	王学香	女	1921.12.4—2004.2.16	83	邱玉林母
	辛爱莲	女	1940.2.13—2004.2.25	65	薛忠母

续表 7-16

年度	姓名	性别	生卒年月	年龄	亲属关系
2004	王德蔚	男	1914.3.19—2004.4.20	91	王作惠父
	高振兰	女	1926.9.8—2004.6.9	78	孙公礼母
	赵有珍	女	1922.1.3—2004.6.25	83	类维庆母
	金玉秀	女	1930.7.12—2004.7.8	74	薛瑞彩母
	辛秀美	女	1934.2.14—2004.7.20	71	辛承刚母
	柳元升	男	1909.11.3—2004.9.14	95	柳绪忠父
2005	蓝美媛	女	1934.10.28—2005.1.5	71	袁玉利母
	毛延光	男	1929.12.24—2005.1.15	76	毛炳华父
	刘美英	女	1909.8.5—2005.2.11	96	辛兆聚母
	亢淑君	女	1927.9.15—2005.2.14	78	孙中国母
	王淑芳	女	1914.5.18—2005.2.16	91	孙立山母
	辛承辉	男	1912.8.1—2005.6.10	93	辛兆启父
	丁红娟	女	1952.12.24—2005	53	孙鹏母
	石汝让	男	1933.1.29—2005.6.21	73	石伟父
	仲淑贞	女	1924.12.4—2005.7.18	81	丁正松妻
	赵秀珍	女	1924.11.6—2005.7.28	81	孙公平母
	孙立江	男	1929.10.9—2005.8.2	76	孙中玉父
	张玉海	男	1951.2.20—2005.8	55	张勇父
	王秀兰	女	1926.12.11—2005.9.24	79	辛兆山母
	仲秀珍	女	1919.10.29—2005.9.29	86	辛兆经母
	贾世智	男	1941.2.10—2005.10.6	65	贾波父
	丁桂英	女	1944.5.1—2005.10.8	61	丁彩英姐
	牟仁海	男	1917.1.12—2005.10.14	89	牟绍义父
	袁桂贞	女	1920.11.14—2005.10.20	85	丁正广母
	董兆翠	女	1922.3.20—2005.10.23	84	孙中敏母
	刘淑美	女	1927.8.3—2005.10.25	79	孙爱国母
	徐秀兰	女	1918.8.17—2005.11.4	88	董婵娥母
	孙作福	男	1936.8.23—2005.11.15	70	孙立举父
	黄景亭	男	1911.8.16—2005.12.28	95	黄政之父

续表 7-16

年度	姓名	性别	生卒年月	年龄	亲属关系
2006	矫彩金	女	1919.3.27—2006.1.18	87	孙炳勤母
	王加林	男	1936.6.26—2006.2.6	70	纪桂英夫
	孙淑清	女	1934.1.18—2006.2.13	73	孙中平母
	苏桂兰	女	1932.3.4—2006.2.15	74	孙公伟母
	丁正亮	男	1933.11.8—2006.2.28	73	丁启安父
	王守东	男	1938.2.15—2006.3.11	69	王伟父
	乔太平	男	1955.8.10—2006.4	51	乔祥洪兄
	孙立修	男	1935.12.27—2006.5.1	71	孙永明父
	李秀美	女	1930.6.28—2006.5.22	76	丁正山妻
	孙正禄	男	1929.3.28—2006.6.9	78	孙公伟父
	辛承义	男	1909.11.18—2006.6.22	97	辛兆隆父
	徐桂香	女	1929.2.21—2006.8.29	78	傅秀格母
	王贤英	女	1918.10.22—2006.10.11	88	徐成全母
	辛兆柏	男	1939.9.29—2006.10.15	68	辛克起父
	辛芝仙	女	1954.12.28—2006.11.4	52	孙中波母
	纪秀美	女	1924.7.3—2006.11.21	83	辛兆文母
	袁兰氏	女	1908.10.23—2006.11.29	99	袁松山祖母
	房立贵	男	1915.7.25—2006.12.2	92	房学春父
	高玉清	女	1927.9.19—2006.12.13	80	石振民母
	苏立玉	女	1914.3.17—2006.12.21	93	贾启云母
2007	张玉美	女	1917.3.17—2007.1.12	90	王贵福母
	丁正俊	男	1939.5.3—2007.1.15	68	丁晓冬父
	王美珍	女	1919.11.17—2007.1.31	88	辛兆胜母
	王秀花	女	1927.9.28—2007.3.11	80	孙增光母
	辛玉晓	男	1923.11.18—2007.4.18	84	辛榕父
	仲瑞美	女	1931.4.19—2007.6.28	77	丁立仁妻
	王玉芬	女	1920.10.27—2007.8.5	87	贾启生母
	于奎英	女	1938.8.12—2007.8.20	70	辛悦卿母
	王克忠	男	1940.3.7—2007.11.18	68	王健父
	吴家芹	女	1912.6.7—2007.12.13	96	胡振英母

续表 7-16

年度	姓名	性别	生卒年月	年龄	亲属关系
2008	王立治	男	1956.3.24—2008.1.22	52	王晓惠父
	毛国强	男	1960.8.19—2008.2.21	48	毛振青父
	孙立岳	男	1927.1.10—2008.3.1	82	孙中业父
	王德胜	男	1945.9.18—2008.3.15	63	王青父
	李淑卿	女	1914.2.28—2008.3.24	95	矫恒令母
	丁爱美	女	1937.5.6—2008.4.12	71	
	辛承接	男	1929.5.9—2008.4.16	79	辛兆梅父
	兰秀英	女	1929.2.16—2008.5.15	80	孙正茂母
	于忠刚	男	1963.4.14—2008.5.29	46	于荣父
	任增德	男	1924.2.16—2008.6.14	85	任百祥父
	崔久彦	男	1933.3.23—2008.6.24	76	崔久彬兄
	孙中科	男	1930.9.24—2008.6.25	78	孙正国父
	孙秀兰	女	1913.12.3—2008.7.14	95	王守明母
	孙立美	女	1923.5.24—2008.7.27	86	贾世奎母
	辛玉耀	男	1929.4.5—2008.8.9	80	辛承村父
	徐秀美	女	1925.11.29—2008.8.14	83	牟绍义母
	崔久经	男	1921.9.16—2008.9.25	88	崔恩祥父
	肖玉兰	女	1918.5.30—2008.9.29	91	辛兆严母
	沈德芳	女	1940.5.11—2008.10.13	69	孙正汉妻
	于秀英	女	1920.8.27—2008.10.17	89	孙中栖母
	李秀兰	女	1919.3.17—2008.10.22	90	孙正源祖母
	魏秀珍	女	1930.7.28—2008.11.9	79	于国顺母
	王芝兰	女	1909.1.18—2008.11.21	100	辛兆隆母
	贾顺	男	1937.8.15—2008.12.12	72	贾桂花父
2009	梁俊青	女	1950.2.21—2009.2.2	59	王仁生妻
	隋锡好	男	1928.12.16—2009.3.5	81	隋洪国父
	刘宅美	女	1952.8.2—2009.3.11	57	王守亮妻
	薛殿美	女	1921.10.22—2009.3.14	88	张正义母
	张美英	女	1911.3.24—2009.3.15	97	肖维其母
	纪桂英	女	1938.10.4—2009.3.31	71	王加林妻

续表 7-16

年度	姓名	性别	生卒年月	年龄	亲属关系
2009	杜秀兰	女	1918.8.5—2009.4.1	91	张玉江母
	王玉玲	女	1947.11.19—2009.4.12	62	辛兆祥妻
	张秀琴	女	1950.11.24—2009.6.27	59	张永国姐
	辛美玉	女	1933.1.22—2009.7.6	77	贾代俊母
	贾淑美	女	1913.6.17—2009.8.16	97	辛承玉母
	曲桂珍	女	1920.9.15—2009.8.27	89	辛玉生母
	滕淑英	女	1922.9.2—2009.9.5	88	孙正起母
	王淑亭	女	1922.4.21—2009.9.30	88	丁立平母
	程再秀	女	1926.11.8—2009.10.24	83	齐义山母
	孙秀玲	女	1945.3.31—2009.11.6	65	辛鹏母
	孙立水	男	1939.5.3—2009.11.12	71	孙中刚父
	丁桂珍	女	1934.5.9—2009.11.12	76	辛巧玲母
	丁立旺	男	1925.4.28—2009.11.29	85	丁正民父
	孙振法	男	1922.2.22—2009.12.9	88	孙顺德父
	邵秀美	女	1930.10.25—2009.12.10	80	辛承生母
2010	韩福清	男	1919.10.27—2010.1.3	91	韩玉芬父
	尚武源	男	1917.11.25—2010.1.20	93	尚德平父
	孙中孝	男	1942.7.7—2010.1.4	68	孙兵父
	张书亭	男	1935.6.19—2010.2.21	75	张敏父
	孙秀美	女	1932.5.29—2010.3.4	78	毛胜利母
	王忠杰	女	1931.10.26 2010.5.4	79	胡兰母
	宓钊迟	男	1929.8.25—2010.5.19	81	宓跃进父
	辛成柳	男	1927.9.26—2010.6.16	83	辛兆青父
	余秀珍	女	1921.8.15—2010.6.29	89	辛承岱母
	吕秀珍	女	1919.2.24—2010.8.6	92	辛兆柏母
	宫桂芳	女	1921.12.15—2010.9.2	89	孙忠聪母
	孙正清	男	1923.1.20—2010.9.9	88	孙增光父
	李桂兰	女	1921.1.2—2010.10.6	90	高绪林母
	王义娥	女	1922.8.27—2010.10.8	89	孙中松母
	孙蕴玉	女	1920.4.12—2010.10.22	91	刘淑敏母
	丁界英	女	1941.2.6—2010.11.30	70	丁成刚姐

续表 7-16

年度	姓名	性别	生卒年月	年龄	亲属关系
2011	孙淑贞	女	1918.12.9—2011.1.24	93	丁正臣母
	毛桂兰	女	1913.12.9—2011.1.26	98	刘可木母
	王玉珍	女	1937.9.14—2011.3.22	74	贾代强母
	袁有吉	男	1930.12.27—2011.3.29	81	袁松山父
	高秀美	女	1927.1.3—2011.6.12	85	王立山母
	张梅兰	女	1934.4.27—2011.6.14	78	邵成久母
	王顺美	女	1918.10.30—2011.9.16	93	刘可寿母
	王玉珍	女	1920.3.19—2011.10.21	92	范作福母
	蓝贞淑	女	1931.8.14—2011.10.26	81	贾世良母
	亢爱玲	女	1940.3.7—2011.11.5	72	邵先追母
	苑光梅	女	1931.8.20—2011.11.11	81	苑广江
	于秀美	女	1925.12.10—2011.11.16	86	付学胜母
	王秀英	女	1941.9.8—2011.12.3	71	孙贤忠母
	辛美云	女	1922.2.11—2011.12.19	90	张宝书母
2012	栾秀菊	女	1926.4.10—2012.1.4	86	李新成母
	孙秀琴	女	1941.6.21—2012.1.16	71	隋洪跃母
	王述真	女	1930.7.5—2012.2.8	82	崔久彦妻
	徐兰香	女	1919.10.29—2012.2.17	93	辛兆敏母
	孙洪兰	女	1915.6.10—2012.3.13	97	薛志立母
	孙秀花	女	1942.2.1—2012.3.30	71	孙公河姐
	周淑洁	女	1934.6.4—2012.4.14	78	孙正喜母
	谭永进	男	1939.8.29—2012.4.16	73	谭青克父
	孙美英	女	1926.4.26—2012.7.16	87	辛承村母
	张传忠	男	1934.4.1—2010.8.23	79	张立臣父
	陈金萍	女	1928.5.28—2012.9.14	85	马同海母
	苏秀英	女	1929.6.1—2012.9.30	84	辛兆洪母
	孙中松	男	1942.2.18—2012.10.23	71	孙正文父

第七节　计划生育

根据《中华人民共和国宪法》，除在人口稀少的少数民族地区和其他地区以外，提倡晚婚和节制生育，采用科学方法，有计划地安排生育。实行计划生育，有利于社会主义建设，有利于保护母亲和对儿童的教养，有利于增进人民健康，促进民族繁荣。人口问题是社会主义初级阶段长期面临的重大问题，是制约我国经济和社会发展的关键因素。控制人口数量，提高人口素质，是实现我国社会主义现代化建设宏伟目标和持续发展的重大战略决策，计划生育是我国的基本国策。

概况

湛山的计划生育自 1965 年开始，成立了计划生育管理机构。1971 年中央发出了“一个不少，两个正好，三个多了”的指示；1978 年进一步落实中共中央十一届三中全会提出的“1980 年人口自然增长率要下降 10‰以下”的指标；1979 年浮山公社革委会根据山东省〔1978〕69 号文件关于计划生育的规定，大力提倡一胎，坚决杜绝第三胎，做到“计划有落实，指标不突破，两胎间隔五年以上”，对二胎的育龄妇女实行结扎手术，同时对不实行计划生育的育龄妇女及其丈夫制定了相关的处理措施。1982 年浮山公社根据中央和省、市、区有关规定，把实行计划生育、控制人口增长，作为一项长期的重大战略任务，制定了 10 项规定，要求必须切实加强对计划生育工作的领导，成立计划生育领导小组，配备计划生育宣传员，有针对性地进行长期的、深入的、坚持不懈的宣传教育，使计划生育变为大家的自觉行动。大力提倡晚婚、晚育、少生、优生，积极响应“一对夫妇只生一孩”的号召。对有生育条件的夫妇，只生一个孩子，不再生育者，经核实报计划生育局备案，由区发给“独生子女优待证”。凭证可对入托、上学、就医、招生、招工等给予照顾，并每月发给独生子女费 5 元，发至 14 周岁。凡领取了独生子女证的夫妇，除进行表扬并给予一次性奖励 50 元。自 1985 年湛山农工商公司与下属单位签订了计划生育承包合同，合同规定各单位晚婚率为 100%，独生子女报名率达 100%，以放环为主避孕措施人数达 100%，除带环失败外，流产人数不超过一胎育龄妇女的 2%。按计划怀孕，不得提前怀孕，不得抱养孩子，加强对流动人口的管理等 7 项指标，此后年年签订承包合同和计划生育责任书，从而使人口增长得到有效的控制。

管理机构

1965 年至 1984 年由湛山大队党支部副书记、妇女主任张秀兰负责计划生育工作。

历任妇联、计划生育办公室（简称计生办）主任：

张秀兰　1958—1965 年
于瑞芳　1965—1968 年
张秀兰　1968—1988 年
孙秀玲　1989 年至 1999 年 7 月
亢秀志　1999 年 7 月至 2010 年
王　健（兼）　2010 年至今

1996 年湛山农工商公司计划生育理事会：
理 事 长：王克忠
副理事长：孙中圣　孙秀玲
理　　事：王元玉　石振东　孙中润
张永和　贾代锦　亢秀志
肖永敏　辛丽萍　姜玉芝
孙桂美　蓝淑芳　贾美玲
辛桂丽　陈秀珍　贾美芬
于秀香　孙淑美　辛玉华
张桂芹　贾桂花　张　建

丁月红

1999 年 3 月为进一步落实计划生育政策，全面化、规范化地做好计划生育工作，加强计划生育领导力量，成立湛山农工商公司计划生育领导小组：

组　长：高绪文（湛山农工商公司党委书记）
副组长：石振东（湛山农工商公司党委副书记兼总经理）
　　　　孙秀玲（湛山农工商公司党委委员、分管计划生育工作）
成　员：张永和（湛山农工商公司党委委员兼工会主席）
　　　　贾代锦（湛山农工商公司计划生育专职干部）
　　　　肖永敏(湛山宾馆党支部副书记、计划生育干部）
　　　　于秀香（青岛电子探测仪器厂计划生育干部）
　　　　贾美玲（青岛安全器材厂计划生育干部）
　　　　亢秀志（湛山农工商公司办公室主任）

2001 年湛山农工商公司党委决定对计划生育领导小组进行调整：

组　长：刘　祥
副组长：石振东
成　员：亢秀志　张永和　秦继利
　　　　贾代锦　辛丽萍　由和平
　　　　贾美玲

2001 年 11 月 19 日湛山农工商公司党委和公司为全面推进计划生育优质服务工作，加快实现“两个转变”的步伐，全面推行“三为主”工作方针，全面化、规范化做好计划生育工作，加强计划生育协会在群众中开展工作的力度，调整成立计划生育协会：

会　　长：刘　祥
副 会 长：金　伟
秘 书 长：亢秀志
常务理事：孙中杭　孙中润　张永和
　　　　　秦继利　肖永敏　贾世华
　　　　　张永远　孙忠孝　孙正实
　　　　　鲁安麟　于志强　孙公卿
　　　　　贾世杰　吴增忠　张永兴
　　　　　孙忠聪　张正来
理　　事：丁月红　王　健　贾代锦
　　　　　宓荣慧　辛月卿　辛丽萍
　　　　　李爱莲　贾美玲　贾美芬
　　　　　葛美云　张　建　张丽芬
　　　　　孙玉玲　由和平　杨建丽
　　　　　苏文萍　孙爱华　周振华
宣 传 员：孙　洁　邵　波　丁启芝
　　　　　贾桂花　李秀芝　邱美云
　　　　　邵翠萍　张桂芹　希学慧
　　　　　张英美　于秀香　孙爱华
　　　　　王　敏
信 息 员：王　艳　金晓红　毛桂红
　　　　　孙秋珍　李胜亮　辛艳凤
　　　　　付爱美

工作保障：计划生育的管理体制为单位负责，属地管理，职工自治，基层服务。历年来，根据育龄妇女和流动人口情况，公司与下属各企业有关科室签订计划生育责任书，划片分工，负责计划生育的宣传和管理工作。计划生育协会会长、副会长分别由公司党委书记、副书记担任，分工成员由党、政、工、青、妇、办公室、各科室、下属各企业兼职计划生育干部参与，明确职责，齐抓共管。建立计划生育网络及基本情况一览表，定期通过电话家访与育龄妇女进行联系了解情况，并进行优生、优育、避孕、节育宣传及咨询，及时发现问题，解决问题，计划生育档簿按要求管理，药具发放有登记，专柜存放，专人管理，跟踪随访，常抓不懈，始终坚持优质服务。

2004年11月经湛山农工商公司党委研究决定按照青计生字〔2004〕34号通知内容，遵照《山东省人口与计划生育条例》第三十一条第二项规定，持“独生子女光荣证”的“企事业单位职工退休后加发百分之五的退休金”。对于公司机关和企业各单位1994年10月1日至2002年9月28日期间退休职工中独生子女父母未享受退休金待遇遗留问题由各单位分别按照青岛市上一年度职工平均工资的百分之三十发给一次性养老补助。共计169人，其中男性23人、女性146人，共补发835977元。

补发独生子女父母退休补助金统计表

表7-17

年份	人数	其中		金额（元/人）	合计金额（元）
		男	女		
1995	2	1	1	1638	3276
1997	2		2	1990.8	3981.6
1998	2		2	2109.6	4219.2
1999	6		6	2257.2	13543.2
2000	12	2	10	2520	30240
2001	11		11	3024	33264
2002	8	1	7	3427.2	27417.6
2003	21		21	3851.2	80875.2
2004	16	1	15	4248	67968
2005	6		6	4784.4	28706.4
2006	15	1	14	5381.4	80721
2007	14	2	12	6073.2	85024.8
2008	19	5	14	6426	122094
2009	19	3	16	6987.6	132764.4
2010	16	7	9	7617.6	121881.6
累计	169	23	146		835977

成绩：

计划生育率 100% 符合生育率 100%

女性晚婚晚育率 100%

避孕节育措施率 100%

独生子女父母光荣领证率 100%

流动人口计划生育管理四率达到 100%

为流动人口育龄妇女每年组织 2 次生育保健查体，对流入育龄妇女的"流动人口婚育证明"检查率达到 95% 以上，对于无"流动人口婚育证明"的育龄妇女及时补办手续，并及时通报区计生部门，配合有关部门做好租住房屋人员和"三无"人员的计划生育管理工作，坚持流动人口计划生育管理工作的月会办制度，定期派人参加区街流动人口计划生育巡检工作。

荣誉：

2004 年 3 月中共青岛市南区委区人民政府《关于表彰人口与计划生育工作先进集体先进个人的通报》给予 2001—2003 年湛山农工商公司人口与计划生育先进集体通报表彰。

1971 年湛山大队计划生育小组申典礼等，在辛克令和于奎英夫妇家宣传计划生育（本公司档案提供）

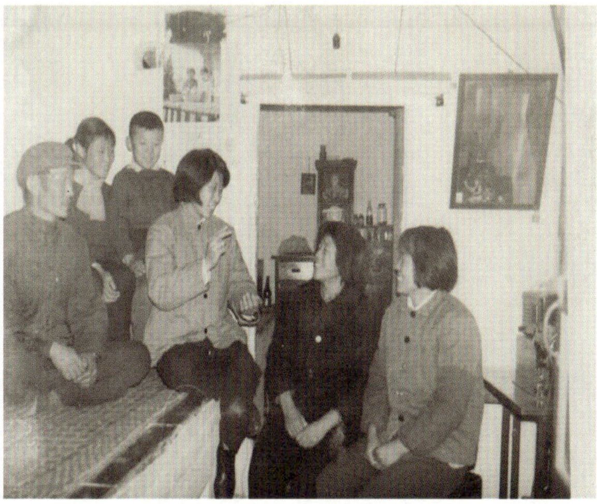

1971 年湛山大队计划生育小组仲维花王秀英在孙立达和薛学芳夫妇家宣传计划生育

（本公司档案提供）

1996 年计划生育理事

左起：孙秀玲 肖永敏 蓝淑芳 张秀兰 贾世华

（本公司档案提供）

第二章　退休

第一节　养老退休　社会保障

1978年9月30日浮山人民公社作出《关于实行年老丧失劳动能力实行退休制度的暂行规定》，决定在全公社范围内实行社员年老退休制度。“暂行规定”主要5条：一、享受退休待遇的年龄、等级规定；二、社龄（及劳动经历）的计算办法；三、退休金的计算办法；四、退休金的开支；五、办理退休手续和批准权限。

1980年3月28日，浮山人民公社对1978年做出的社员退休制度的暂行规定做了4条补充规定：一、凡社员已满退休年龄的都要退休；二、对社办企事业和公社机关的社员职工退休金的计算办法；三、各大队社员退休金的计算比以前稍有增长；四、社员退休手续每年分上半年、下半年办理。

1983年9月3日，浮山人民公社作出了“关于生产大队和社属企、事业干部退休照顾的暂行规定”。对于年老的农村基层干部退休后照顾的范围和条件作了具体的规定。

1989年，市南区农工商经济工作委员会（简称农经委）下发了《关于在农经委系统实行乡镇企业固定工养老保险的通知》（南农字〔1989〕47号、52号）。根据青岛市人民政府（青政发〔1986〕225号）文件精神，市南区农经委与中国人民保险公司市南区办事处签订了协议书，在下属7个农工商公司实行了在职职工投保、退休返还的形式解决养老金为题。该协议因市南区农经委1996年撤销而终止。

1994年10月湛山农工商公司在职职工男性年满60岁、女性年满50岁退休，开始纳入社会养老保险统筹。

1997年9月4日根据青岛市政府《青政发〔1997〕153号文件》规定，湛山农工商公司年满60岁的男职工和年满50岁的女职工正式开始实行社会养老保险统筹。

第二节　历年社员职工退休统计

自1959年至2011年历年社员职工退休共计765人（1997年前已去世的社员职工不在本统计范围内）。具体情况列表如下：

历年社员职工退休统计表

表7-18

姓名	性别	出生日期	姓名	性别	出生日期	姓名	性别	出生日期
1959年退休共1人								
辛美云	女	1922.2						
1962年退休共12人								
徐兰香	女	1919.10	孙贾氏	女	1906.8	张秀英	女	1926.7

续表 7-18

姓名	性别	出生日期	姓名	性别	出生日期	姓名	性别	出生日期
孙秀兰	女	1913.12	李淑卿	女	1914.2	王淑芬	女	1914.5
江福芹	女	1913.11	尚德兰	女	1926.7	毛桂兰	女	1913.12
栾秀菊	女	1926.4	王芝兰	女	1909.1	辛爱美	女	1929.5
1963 年退休共 16 人								
仲秀珍	女	1919.10	吴冯氏	女	1903.2	徐秀云	女	1910.10
吴华珍	女	1916.5	辛玉兰	女	1917.2	王增兰	女	1916.3
栾桂芬	女	1913.11	李秀兰	女	1919.3	肖玉兰	女	1918.5
高志敏	女	1925.11	吴秀兰	女	1915.4	毕秀清	女	1915.11
苏秀美	女	1919.12	刘桂兰	女	1917.3	孙肖氏	女	1900.11
王桂珍	女	1918.6						
1964 年退休共 7 人								
孙洪兰	女	1915.6	刘淑美	女	1927.8	兰文美	女	1924.12
孙天美	女	1933.4	薛殿美	女	1921.10	章美玉	女	1924.5
代芳珍	女	1938.10						
1965 年退休共 3 人								
张美英	女	1911.3	吕秀珍	女	1919.2	孙淑贞	女	1918.12
1966 年退休共 3 人								
孙秀云	女	1924.2	魏希华	女	1930.8	刘兰英	女	1909.8
1967 年退休共 5 人								
魏秀珍	女	1930.7	辛秀美	女	1934.2	赵秀英	女	1940.8
金玉秀	女	1930.7	苏立玉	女	1914.3			
1968 年退休共 4 人								
丁桂英	女	1944.5	张桂琴	女	1931.12	辛成辉	男	1912.8
陈文登	男	1917.7						
1969 年退休共 3 人								
蓝美媛	女	1934.10	袁兰氏	女	1908.10	王玉芬	女	1920.10
1970 年退休共 4 人								
鞠兆荣	女	1934.5	王秀珍	女	1930.12	贾淑美	女	1913.6
高秀美	女	1929.8						
1971 年退休共 3 人								
李秀荣	女	1917.5	李秀英	女	1911.11	王玉珍	女	1920.3

续表 7-18

姓名	性别	出生日期	姓名	性别	出生日期	姓名	性别	出生日期
1972 年退休共 12 人								
辛玉美	女	1923.1	李秀珍	女	1921.12	吴家芹	女	1912.6
任增利	男	1917.10	邵桂兰	女	1919.10	纪秀美	女	1924.7
田桂英	女	1921.12	高文登	男	1909.12	贾秀英	女	1921.10
王顺美	女	1918.10	孙蕴玉	女	1920.4	柳元升	男	1909.11
1973 年退休共 4 人								
于天真	女	1919.4	辛秀兰	女	1932.2	纪桂英	女	1938.10
李秀彩	女	1925.5						
1974 年退休共 1 人								
高秀美	女	1927.1						
1975 年退休共 4 人								
袁秀美	女	1927.10	仲秀英	女	1929.7	董秀云	女	1935.6
王桂花	女	1924.5						
1976 年退休共 5 人								
徐桂香	女	1929.2	董兆翠	女	1922.3	王秀兰	女	1926.12
王桂兰	女	1911.6	袁秀珍	女	1928.7			
1977 年退休共 5 人								
辛秀云	女	1927.6	王振华	女	1926.11	杜秀兰	女	1918.8
刘淑云	女	1933.1	于秀云	女	1920.8			
1978 年退休共 14 人								
徐秀兰	女	1918.8	张玉美	女	1917.3	贾启雪	男	1924.4
王素美	女	1920.3	孙美华	女	1931.3	王淑婷	女	1922.4
王美珍	女	1919.4	李淑惠	女	1920.2	鲁玉峰	女	1902.6
纪美香	女	1931.10	蒋秀文	女	1922.12	李秀美	女	1926.6
招秀芳	女	1935.6	丁秀珍	女	1936.1			
1979 年退休共 11 人								
苏秀英	女	1928.1	辛玉华	男	1917.11	于秀兰	女	1926.3
邵秀美	女	1930.10	丁立锡	男	1917.9	辛美玉	女	1933.1
李桂兰	女	1921.1	苏秀英	女	1929.6	邢兰英	女	1936.7
程再秀	女	1926.11	王秀英	女	1918.10			

续表 7-18

姓名	性别	出生日期	姓名	性别	出生日期	姓名	性别	出生日期
1980 年退休共 30 人								
孙立美	女	1923.5	滕淑英	女	1922.9	薛青芝	女	1911.1
孙美英	女	1926.4	毕志芳	女	1910.2	余秀珍	女	1921.8
王洪云	女	1920.2	李志芳	女	1936.3	徐茂贵	男	1919.10
黄景亭	男	1911.8	乔瑞云	男	1918.3	刘淑兰	女	1927.2
王嘉林	男	1935.6	李秀美	女	1936.6	亢淑君	女	1927.9
王德尉	男	1914.3	任贤良	女	1906.12	徐秀美	女	1925.11
王义娥	女	1922.8	王秀兰	女	1925.7	王贤英	女	1918.10
于秀美	女	1925.12	王典喜	女	1928.3	逄秀美	女	1929.3
矫彩金	女	1929.3	宫桂芳	女	1921.12	辛丽君	女	1938.10
蓝贞淑	女	1931.8	贾玉珍	女	1927.2	房立贵	男	1915.7
1981 年退休共 18 人								
盖素英	女	1925.4	董梦森	男	1913.11	高玉清	女	1927.9
曲秀珍	女	1920.9	赵秀珍	女	1924.11	辛桂芳	女	1927.1
袁桂贞	女	1920.11	王志惠	女	1934.7	薛均林	男	1912.12
孙瑞云	女	1933.9	赵淑萍	女	1929.7	孙奉修	男	1918.8
孙秀美	女	1932.5	辛启云	女	1927.2	辛承义	男	1909.11
秦秀英	女	1929.7	牟仁海	男	1917.1	宋秀花	女	1934.4
1982 年退休共 21 人								
王秀香	女	1925.4	高振兰	女	1926.9	孙秀美	女	1936.10
王德英	女	1940.7	崔久彦	男	1933.2	尚武元	男	1917.11
孙倚云	女	1929.11	仲淑贞	女	1924.12	庄典美	女	1925.5
王学香	女	1921.12	亢文秀	女	1930.4	仲淑芬	女	1932.12
矫镒法	男	1908.11	孙立斌	男	1918.10	于连喜	女	1928.1
孙桂华	女	1928.1	刘凤英	女	1922.11	李清芳	男	1912.3
李宝彦	男	1914.8	王秀英	女	1922.5	韩福清	男	1919.10
1983 年退休共 8 人								
兰秀英	女	1929.2	赵有珍	女	1920.10	薛桂兰	女	1929.11
陈金萍	女	1928.5	王秀芳	女	1926.4	崔久经	男	1921.9
薛桂芳	女	1930.12	孙桂菊	女	1954.9（病退）			

续表 7-18

姓名	性别	出生日期	姓名	性别	出生日期	姓名	性别	出生日期
1984 年退休共 20 人								
潘秀梅	女	1929.3	张培寿	男	1929.8	王美英	女	1933.4
丁秀华	女	1933.10	贾秋芬	女	1934.7	张秀珍	女	1933.3
薛学芳	女	1941.7	王美玉	女	1937.11	王仲杰	女	1931.10
孙立辉	男	1929.1	孙振法	男	1922.2	王肇纯	男	1933.2
杨金花	女	1930.12	孙立尧	男	1922.5	张宗鸾	女	1932.7
孙秀花	女	1942.2	王宪玉	男	1917.6	邵秀美	女	1928.2
薛彩云	女	1934.10	郑美青	女	1947.2（病退）			
1985 年退休共 17 人								
由桂英	女	1930.2	辛玉晓	男	1923.11	田秀美	女	1928.8
兰秀英	女	1933.10	王德芳	女	1945.9	王秀云	女	1931.10
任增德	男	1924.2	毛兰英	女	1935.5	闫秀美	女	1928.1
孙桂香	女	1929.9	王秀花	女	1927.4	孙正清	男	1923.1
孙美玲	女	1935.8	张秀珍	女	1930.10	刘凤珠	女	1931.9
李奎文	男	1923.1	石振岩	男	1920.9			
1986 年退休共 27 人								
王淑珍	女	1930.7	辛承柳	男	1927.9	余存清	男	1929.11
袁有吉	男	1930.12	丁桂珍	女	1934.5	张淑凤	女	1936.11
仲瑞美	女	1931.4	苑光美	女	1931.8	孙立考	男	1917.1
王秀丽	女	1928.8	赵秀美	女	1932.11	于秀美	女	1938.1
田秀英	女	1932.3	孙秀珍	女	1933.2	李凤兰	女	1935.8
宓钊迟	男	1929.8	张月英	女	1934.6	石振花	女	1934.6
辛玉耀	男	1929.4	辛承接	男	1929.5	于绍春	女	1943.8
徐珍香	女	1938.3	王元伦	男	1936.7	赵振华	女	1933.3
袁秀英	女	1929.7	周玉美	女	1929.11	隋桂英	女	1933.9
1987 年退休共 9 人								
丁秀玉	女	1931.11	薛永芳	女	1930.7	李青山	男	1925.1
石汝让	男	1933.1	李秀香	女	1937.12	管廷香	女	1937.9
牟秀花	女	1937.3	孙立河	男	1930.3	丁立旺	男	1925.4

续表 7-18

姓名	性别	出生日期	姓名	性别	出生日期	姓名	性别	出生日期
1988 年退休共 21 人								
辛秀兰	女	1938.12	王洪美	女	1940.3	陈淑芳	女	1933.4
张玉兰	女	1936.12	孙正凰	男	1925.4	孙正谟	男	1924.7
孙忠科	男	1930.9	吕翠莲	女	1936.10	隋西学	男	1930.12
苏桂兰	女	1932.3	林秀美	女	1938.4	孙淑清	女	1934.1
田美香	女	1931.11	孙正禄	男	1929.3	郭淑美	女	1930.9
辛美仙	女	1931.10	袁淑清	女	1932.6	于瑞香	女	1940.11
魏垂志	男	1931.10	丁立海	男	1929.3	孙立岳	男	1927.1
1989 年退休共 2 人								
赵丽华	女	1944.8	袁有庆	男	1933.7			
1990 年退休共 5 人								
辛淑芳	女	1942.7	邵尚义	男	1927.10	肖淑青	女	1932.12
于瑞芳	女	1932.2	孙正英	女	1932.9			
1991 年退休共 9 人								
于奎英	女	1938.8	丁正梅	男	1928.12	孙正花	女	1933.10
曲秀英	女	1933.4	王桂芳	女	1930.10	隋西好	男	1923.12
贾秀美	女	1933.1	辛秀芹	女	1933.1	孙中洲	男	1928.12
1992 年退休共 4 人								
张美玉	女	1934.4	毛延光	男	1929.12	孙立江	男	1929.12
周淑洁	女	1934.6						
1993 年退休共 18 人								
田玉芳	女	1938.2	王秀珍	女	1937.11	兰秀云	女	1940.9
丁正亮	男	1933.11	胡玉萍	女	1938.1	孙桂芬	男	1938.11
张秀英	女	1935.5	蓝秀美	女	1938.8	于林清	男	1929.11
孙秀美	女	1935.10	孙进美	女	1938.6	王淑贞	女	1938.7
贾秀云	女	1938.7	徐明臻	女	1938.12	周建华	女	1935.9
袁秀云	女	1940.2	马瑞珍	女	1937.12	王立生	男	1931.11
1994 年退休共 25 人								
张秀兰	女	1937.9	王秀珍	女	1939.10	张聿美	女	1939.12
孙淑珍	女	1937.10	王淑香	女	1939.6	张振吉	男	1934.5

续表 7-18

姓名	性别	出生日期	姓名	性别	出生日期	姓名	性别	出生日期
辛承平	男	1932.12	辛玉珊	男	1934.2	华玉兰	女	1939.12
贾秀兰	女	1936.4	隋安庆	男	1934.8	辛仲芬	女	1939.12
孙秀英	女	1937.12	胡桂珍	女	1939.3	李德芬	女	1936.9
蓝秀芳	女	1936.8	杨爱兰	女	1937.1	余信花	女	1939.7
袁秀贞	女	1937.10	王玉美	女	1937.12	邵秀君	女	1937.12
王淑兰	女	1937.8	赵秀美	女	1935.12	王玉珍	女	1937.9
丁爱美	女	1937.5						
1995 年退休共 43 人								
苏桂花	女	1940.10	窦福英	女	1940.7	丁桂美	女	1940.8
梁秀珍	女	1940.5	孙正铸	男	1935.8	韩金祥	男	1935.12
孙立伦	男	1935.12	孙中伟	男	1935.5	辛爱莲	女	1940.2
曲桂芳	女	1940.7	王肇基	男	1935.6	辛兆聚	男	1935.1
辛兆松	男	1935.7	薛彩香	女	1940.11	孙立修	男	1935.12
张书亭	男	1935.6	刘爱美	女	1940.12	沈德芳	女	1940.5
刘淑琴	女	1940.8	亢爱玲	女	1940.8	刘桂花	女	1940.4
任爱生	女	1940.4	马贵民	男	1932.4	蓝淑贞	女	1939.2
刘英兰	女	1939.10	薛志英	女	1939.11	孙玉芳	女	1939.10
邵秀花	女	1939.10	辛惠香	女	1939.3	张秀兰	女	1936.8
贾美香	女	1937.11	徐金美	女	1937.11	邵成茂	男	1934.1
王炳恩	男	1934.9	辛秀梅	女	1937.12	王玉莲	女	1936.3
张传忠	男	1934.4	孙美香	女	1938.7	王惠敏	女	1938.7
刘淑英	女	1938.3	孙中娥	女	1938.5	孙作福	男	1936.8
刘可木	男	1933.10						
1996 年退休共 18 人								
袁美玉	女	1941.10	林中发	男	1936.2	孙正汉	男	1936.12
袁桂香	女	1941.5	李孝增	男	1936.6	杨秀兰	女	1941.11
苏春美	女	1941.1	孙正海	男	1936.12	孙秀琴	女	1941.6
丁介英	女	1941.2	孙秀花	女	1941.4	贾启岩	男	1936.1
孙正英	女	1941.7	孙忠春	男	1936.6	杜惠贞	女	1941.9
吴邦林	男	1936.6	王秀英	女	1941.9	徐建香	女	1939.7

续表 7-18

姓名	性别	出生日期	姓名	性别	出生日期	姓名	性别	出生日期
1997 年退休共 97 人								
辛桂芹	女	1942.3	辛美香	女	1942.12	辛克美	女	1944.3
王均芬	女	1946.7	魏秀芹	女	1942.10	袁秀花	女	1945.1
辛秀芳	女	1943.11	袁玉珍	女	1946.12	孙忠培	女	1944.2
孙秀芳	女	1943.7	李桂莲	女	1942.9	杨清吉	女	1946.8
宓钊堪	男	1937.3	辛美霞	女	1947.12	王芝贞	女	1946.8
辛淑美	女	1944.3	贾秀花	女	1944.10	苏淑华	女	1946.11
王秀珍	女	1942.4	于仲珍	女	1946.10	姜永敏	女	1943.6
孙琴华	女	1946.2	刘宅云	女	1945.9	姚桂兰	女	1943.12
刘从信	男	1937.1	袁爱珍	女	1947.10	徐成全	男	1937.1
于秀菊	女	1942.7	张培群	男	1937.1	仲维其	女	1945.12
孙忠义	男	1937.2	郇玉琴	女	1946.11	丁淑敏	女	1944.4
薛志云	女	1944.3	付秀兰	女	1947.12	于秀芝	女	1944.5
丁玉芳	女	1944.1	辛秀芹	女	1944.6	贾玉莲	女	1943.4
孙丕芳	女	1944.8	刘玉君	女	1943.5	苏玉琴	女	1944.10
孙淑青	女	1947.12	辛秀兰	女	1944.11	丁正水	男	1937.6
孙红花	女	1944.1	贾安义	男	1937.12	辛承娥	女	1945.1
贾代友	男	1937.11	兰淑芳	女	1945.1	马金凤	女	1942.6
辛秀英	女	1945.11	田月娥	女	1942.9	孙秀兰	女	1946.2
辛仲芳	女	1942.11	辛桂丽	女	1946.11	张立芬	女	1943.1
王子莲	女	1946.12	庄秀美	女	1943.4	王凤英	女	1947.3
辛兆兰	女	1943.5	王桂香	女	1947.6	薛彩美	女	1943.9
李秀英	女	1947.7	栾淑花	女	1943.1	辛凤喜	女	1943.9
孙淑珍	女	1946.10	于秋英	女	1942.9	辛美英	女	1946.5
徐秀花	女	1942.3	赵淑美	女	1942.12	孙桂珍	女	1942.4
王云峰	女	1945.9	丁彩英	女	1947.3	刘可花	女	1946.8
孙淑美	女	1944.4	贾　顺	男	1937.8	管美霞	女	1946.3
王　伟	女	1947.2	吕翠英	女	1942.11	王敬兰	女	1947.12
安玉美	女	1945.6	苏秀芝	女	1947.12	曲爱兰	女	1947.9
孙秀玲	女	1945.3	苏淑玉	女	1946.7	张秀云	女	1942.9

续表 7-18

姓名	性别	出生日期	姓名	性别	出生日期	姓名	性别	出生日期
矫恒芬	女	1943.11	张桂荣	女	1944.12	于翠珍	女	1947.5
田桂英	女	1945.2	孙秀梅	女	1947.9	王玉玲	女	1947.11
仲维花	女	1942.4	辛玉华	女	1943.7	孙淑贞	女	1944.6
马爱香	女	1944.12						
1998年退休共15人								
刘双花	女	1948.3	马金花	女	1948.6	陈桂丽	女	1948.11
孙培芬	女	1948.11	李秋华	女	1948.5	孙淑珍	女	1948.9
江志英	女	1948.8	辛爱美	女	1948.5	王淑英	女	1948.2
王元玉	男	1938.7	孙秀琴	女	1948.11	周公海	男	1938.6
王守东	男	1938.2	孙正平	男	1938.10	王美玉	女	1948.8
1999年退休共26人								
孙立水	男	1939.5	孙中圣	男	1936.2	孙公琴	女	1949.1
孙兰英	女	1949.1	孙公海	男	1939.2	王良芝	女	1949.8
孙秋梅	女	1949.8	费立菊	女	1949.2	郭秀香	女	1949.12
李　丽	女	1949.12	邵贞梅	女	1949.7	黄玉华	女	1949.4
邱美珍	女	1949.8	孙凤鸣	女	1949.10	邵成晓	男	1939.6
韩桂兰	女	1949.6	丁正俊	男	1939.5	贾世山	男	1939.3
胡振英	女	1949.8	曲爱芳	女	1949.7	孙美玉	女	1949.10
谭永进	男	1939.4	孙正明	男	1939.7	孙丽香	女	1949.11
辛兆柏	男	1939.9	陈美花	女	1949.10			
2000年退休共24人								
丁成航	男	1940.6	辛兆隆	男	1940.3	赵淑华	女	1950.1
毕贤芳	女	1950.12	王素君	女	1950.12	贾代玉	女	1950.9
张秀芹	女	1950.11	孙桂美	女	1950.6	梁俊春	女	1950.2
安玉琴	女	1950.2	贾桂美	女	1950.7	孙瑞玉	女	1950.4
吕宝钦	男	1940.5	曲淑兰	女	1950.12	陈秀春	女	1950.5
王克忠	男	1940.3	逄洪凤	女	1950.1	仉淑萍	女	1950.2
吴明德	男	1940.12	陈秀珍	女	1950.1	张正义	男	1940.5
肖维华	男	1940.3	刘淑华	女	1950.1	邵成流	男	1940.10

续表 7-18

姓名	性别	出生日期	姓名	性别	出生日期	姓名	性别	出生日期
2001 年退休共 19 人								
乔美玲	女	1951.7	胡　兰	女	1951.7	张永和	男	1941.8
辛淑芬	女	1951.1	于芝萍	女	1951.2	丁爱华	女	1951.8
孙美菊	女	1951.10	王桂云	女	1951.7	马爱娟	女	1951.11
王云英	女	1951.8	栾瑞华	女	1951.9	王桂爱	女	1951.12
贾世智	男	1941.2	孙　艳	女	1951.7	辛秋珍	女	1951.11
贾世耘	男	1941.12	贾秀珍	女	1951.7	王仁豪	男	1941.3
孙顺德	男	1949.2（病退）						
2002 年退休共 21 人								
徐宝友	男	1942.8	宋美花	女	1952.4	孙忠孝	男	1942.7
孙忠栖	男	1942.11	孙忠松	男	1942.2	贾世华	女	1952.12
丁红娟	女	1952.12	贾爱军	女	1952.10	刘宅美	女	1952.8
兰海英	女	1952.4	孙凤华	女	1952.5	王爱云	女	1952.1
郑青兰	女	1952.3	丁月红	女	1952.4	于瑞令	男	1942.10
董宝兰	女	1952.12	于芝花	女	1952.5	王桂秀	女	1952.2
孙正实	男	1942.7	王桂芹	女	1952.2	辛咏梅	女	1952.10
2003 年退休共 27 人								
高兴茂	男	1943.8	辛承三	男	1943.12	贾代贤	男	1943.5
李美英	女	1953.3	孙淑娜	女	1953.1	王慧玲	女	1953.11
王秋香	女	1953.12	于瑞芹	女	1953.9	毛桂珍	女	1953.5
姜玉芝	女	1953.3	马月青	女	1953.12	王莲萍	女	1953.2
王守芳	女	1953.4	余淑华	女	1953.7	邵　娟	女	1953.8
孙秀珍	女	1953.9	辛仲珍	女	1953.3	王月华	女	1953.3
丁立水	男	1943.5	辛素琴	女	1953.6	宋绍玲	女	1953.1
辛瑞华	女	1953.3	臧友文	男	1943.11	辛承升	男	1943.1
孙玉琴	女	1953.3	辛美玉	女	1953.7	陈美贞	女	1953.2
2004 年退休共 14 人								
邱玉林	男	1944.10	王志华	女	1954.8	李秀花	女	1954.11
辛志仙	女	1954.12	李淑贞	女	1954.4	孙爱风	女	1954.8
王秀云	女	1954.8	孙淑华	女	1954.5	丁正福	男	1944.12

续表 7-18

姓名	性别	出生日期	姓名	性别	出生日期	姓名	性别	出生日期
孙作生	男	1944.12	安玉香	女	1954.2	贾美芬	女	1954.7
邱美云	女	1954.9	刘芳芬	女	1954.5			
2005 年退休共 16 人								
于秀香	女	1955.8	邱凤英	女	1955.1	孙淑兰	女	1955.10
王玉欣	女	1955.1	孙爱华	女	1955.11	范玉凤	女	1955.3
肖永敏	女	1955.12	贾珍萍	女	1955.1	孙中敏	男	1945.11
王德胜	男	1945.9	李秀芝	女	1955.9	孙爱华	女	1955.8
齐义山	男	1945.11	肖维启	男	1945.3	辛素娥	女	1955.12
葛美云	女	1955.2						
2006 年退休共 12 人								
孙忠贵	男	1946.9	辛克森	男	1946.10	赵淑云	女	1956.7
崔文香	女	1956.1	王顺菊	女	1956.9	薛志惠	女	1956.3
崔恩平	男	1946.6	牟少义	男	1946.7	辛美兰	女	1956.2
王金峰	女	1956.12	王秀琪	女	1956.2	由和平	女	1956.9
2007 年退休共 20 人								
孙素芬	女	1957.10	邱凤琴	女	1957.8	付爱美	女	1957.2
孙忠柱	男	1947.3	辛兆祥	男	1947.1	贾美玲	女	1957.9
任佰凤	女	1957.1	孙正洪	男	1947.7	李德爱	女	1957.6
丁淑兰	女	1957.4	辛克强	男	1947.2	管桂英	女	1957.11
薛德英	女	1957.9	黄政之	男	1947.2	丁作福	男	1947.9
贾世明	男	1947.3	孙爱华	女	1957.8	辛承杰	男	1947.5
孙皓东	男	1947.6	王立智	男	1956.3（病退）			
2008 年退休共 18 人								
张宝书	男	1948.10	孙公存	男	1948.8	孙功勤	男	1948.9
王　健	女	1958.9	王春萍	女	1958.3	尚艳青	女	1958.3
孙正清	女	1958.11	姜美芳	女	1958.6	赵秀芳	女	1958.3
辛克平	男	1948.9	辛承恕	男	1948.6	苏美明	女	1958.4
卢云华	男	1948.8	王守亮	男	1948.7	辛克林	男	1948.11

续表 7-18

姓名	性别	出生日期	姓名	性别	出生日期	姓名	性别	出生日期
贾代锦	女	1958.3	辛艳凤	女	1958.8	孙立林	男	1948.8
2009 年退休共 18 人								
赵玉光	男	1949.11	辛玉生	男	1949.8	孙公仁	男	1949.12
于淑娥	女	1959.9	袁小琴	女	1959.9	孙红霞	女	1959.4
王玉娟	女	1959.11	刘克诚	男	1949.1	矫　杰	女	1959.11
臧德英	女	1959.1	丁重阳	男	1949.11	张春生	男	1949.4
陈泽法	男	1949.4	王立山	男	1949.8	仉培森	男	1949.12
张正来	男	1949.11	孙忠新	男	1949.4	孙立礼	男	1949.12
2010 年退休共 11 人								
韩玉萍	女	1960.10	王仁生	男	1950.10	王常芹	女	1960.6
秦继民	男	1950.1	崔恩祥	男	1950.1	孙　燕	女	1960.10
辛春德	女	1960.2	高绪福	男	1950.3	邵成金	男	1950.11
亢秀志	女	1960.2	石振武	男	1950.8			
2011 年退休共 15 人								
王小燕	女	1961.9	孙芝凤	女	1961.5	密荣慧	女	1961.11
历　红	女	1961.3	孙红军	女	1961.1	崔桂杰	男	1951.7
刘可义	男	1951.1	薛志义	男	1951.7	孙忠滨	男	1951.5
辛兆柏	男	1951.3	孙正礼	男	1951.10	纪忠生	男	1951.3
张永远	男	1951.12	孙忠明	男	1951.4	房延瑞	男	1951.6

第三节　退休职工生活福利

自 1999 年 1 月 1 日起退休职工每月发给医疗补助金 80 元，自 2004 年 9 月 1 日起调增为 100 元，同时住院费低于 1000 元的不再报销，超出部分报销 70%，至 2005 年 12 月 1 日享受医疗保险待遇后此规定停止执行。

1999 年 1 月 1 日起，退休职工本人病故或自然死亡，给予一次性丧葬补助金 1000 元。

根据 1997 年 9 月 4 日市政府《青政发〔1997〕153 号文件》规定，湛山农工商公司职工男性年满 60 岁、女性年满 50 岁正式开始实行社会养老保险统筹。现有退休人员由单位按照每人每月 12 元补缴 10 年养老保险费。建立职工养老保险个人账户。企业补缴养老保险费后，社会保险部门从 1994 年 10 月 1 日起为从业人员补建养老保险个人账户。1994 年 10 月 1 日以前补缴的养老保险费只计算连续工龄，不建立个人账户。对于文件规定以前已经退休的社员职工2000年公司补发了退休金，使每人每月达到500多元，2006年筹款40多万元一次性补发了养老金，2007年10月、2008年1月又分别增发了养老金。2005年1月1日起为年满60岁以上退休社员职工发放生日蛋糕和生日贺金：

60～69岁60元

70～79岁100元

80～89岁160元

90岁以上200元

2006年1月1日起调增为

60～69岁100元

70～79岁200元

80～89岁300元

90～99岁400元

100岁以上500元

中秋节补助由500元调增为800元，春节补助由800调增为1000元，又增加重阳节补助300元。每年春节为退休社员职工发放馒头、花生油、香油等过年礼品，重阳节发放大米、花生油、香油等礼品（后经全体退休职工投票表决，根据大多数人的意见，将发放的生日蛋糕和节日礼品全部改为发放现金）。

第三章　宗教

第一节　道教

贾明周　贾氏七世，清康熙年间生。先当兵后出家至崂山大崂观为道。

王茂仁（原名王守恩），原籍山东邹平县皇后庄，1900年生，1926年到青岛崂山太清宫出家为道士，3年以后回乡结婚生子，1931年又到青岛，在太平路天后宫和崂山太清宫修道。1940年在湛山置地建造住宅（芝泉路1号）创建“王母宫”。1958年以道士身份加入人民公社，为湛山大队第三生产队社员。至1960年代后，由海军疗养院将其芝泉路1号住地征用拆迁，住房依照原样在大湛村内湛山大队办公室前大院重建。

第二节　基督教

1978年后湛山部分基督教信徒开始在王德胜家家庭聚会做礼拜，约20人左右。人员逐渐增加后迁至崔桂梓家，后又迁至徐宝友家，聚会人数发展至五六十人。1992年大湛山村拆迁期间聚会点迁至大麦岛村，大湛山村拆迁改造以后回迁，在新湛一路15号二单元101户徐宝友家，信徒聚会礼拜人数发展到100余人。2002年后迁至秀湛路10号，经青岛市市南区基督教协会组织成立了湛山分会，每逢星期日，虔诚的基督教信徒纷纷到此聚会，伴着悠扬的钢琴音乐和唱诗班优美的赞美诗，默默祈祷，聆听牧师宣讲福音，聚会礼拜人数发展到200余人。

第四章　其他

第一节　人力车夫

人力车，俗称“洋车”、“黄包车”，因从日本传入，也叫“东洋车”。1910年青岛第一家洋车场在天津路开办，从上海购进了5辆洋车。

辛亥革命后，大批逊清官吏移居青岛，洋车的生意很好，车场多起来，到1914年有大小车场百余家，多集中在自广西路至曲阜路之间的河南路西侧，有洋车600多辆。因为多数洋车一天由两个车夫从晨至夜两班租用，所以洋车夫达千人。

当时军阀混战，山东旱灾严重，许多灾民流入青岛，没有技术，只有一身力气，许多人只好拉洋车。这些车夫衣着破烂，德国统治当局认为“有碍观瞻”，又怕他们传染疾病，便下令洋车夫集中住宿管理。

德国当局在警察署后面的依列津街（今泗水路）北端建了一个洋车院，洋车夫要领执照，个人车夫或车场的车夫除交税以外，还要统一住在洋车院。初建时洋车院有4间宿舍，是大通铺。车夫住在院里，如夜不归宿就要扣压执照或罚款。车夫穿统一服装，上面有编号。因为德国、欧洲人控告中国车夫脏，德国当局便又在洋车院设浴室，下令不准车夫吃生葱生蒜。

田原天南著的《胶州湾》一书中说：“……车夫必须在人力车场住宿的警察令，违反者将要受到惩罚。据说夏春秋三季，每天有800辆到850辆人力车。”这里的“人力车场”就是中国人叫的洋车院。

日本帝国主义占领青岛以后，取消了洋车夫集体住宿，洋车院做了仓库。由于青岛人口逐渐增多，《胶澳志》载，到1928年人力车已达2500辆，有7000多人力车夫。由于车夫多为外地来青人员，常因运价等问题与市民发生争执，秩序一度十分混乱，为此，1933年2月，时任青岛市长沈鸿烈召开专门会议，决定将人力车管理权由公用局转至公安局，随后，便着手整顿车辆秩序，重新换发车辆牌照，并进行车辆检查，要求车体、车篷、灯铃、号衣及一切应有各件坚固整洁。另外，青岛人力车工会还对青岛市的人力车夫进行了全面登记，共验发车夫证3425本。

当时的市政府曾在湖北路的公安局东侧建造集体宿舍，对人力车夫进行集中管理。车夫们每天要清晨六点从这里取车，一直工作到深夜十二点。不过，即便如此，车夫们只在青岛的旅游季节，每天才可以得到平均约一块银圆的收入，扣除车租，实际所得就只有五角钱。

1949年青岛解放之后，人力车因被认为是一种压迫人的剥削阶级的交通工具，逐渐受到冷遇，车的数量也在逐渐减少。1956年青岛市人民政府正式宣布取消人力车。不久之后，这种曾在大街小巷，街头巷尾穿行了半个多世纪的交通工具彻底消失了。

人力车夫即青岛最早的人力出租车人员，据不完全统计，湛山从事过人力车车夫的人员如下：

1949年前湛山从事过人力车车夫统计表

表7-19

姓名	原籍	时 间	姓名	原籍	拉车时间
宓光润	胶南	1927—1949	张监信	胶南	1934—1949
宓钊迟	胶南	1945—1949	张凤洲	胶南	1921—1949
宓钊勋	胶南	1947—1949	张清义	胶南	1940—1949
安丰年	日照	1936—1949	杨吉聚	胶南	1931—1949
郑全宝	日照	1933—1949	石振岩	日照	1942—1949
李汉臣	日照	1935—1949	马福德	平度	1947—1949
张鸿昌	胶南	1936—1949	崔洪宝	莒南	1927—1949

第二节　去台湾人员

1949年6月2日青岛解放前，国民党军队溃败南逃时，因被强抓壮丁、乱拉民夫以及随军、政、军工撤退南迁、随迁等去台湾的人员，据不完全统计，大湛山村33人，小湛山村6人，南仲家洼3人。附表如下：

1949年前去台湾人员统计表

表7-20

序号	姓名	亲属关系	序号	姓名	亲属关系
1	辛玉先	辛承恕之父	14	辛承广	张宝书之舅
2	辛承法	辛承长之兄	15	王洪谦	王洪诺之长兄
3	辛承兰	辛承泰之妹	16	傅根道	傅学修之父
4	辛承吉	辛承立之兄	17	张鸣珊	张国英之父
5	辛承高	辛承升之兄	18	王书起	王书田之弟
6	辛承志	辛兆经之父	19	王洪德	王立山之二爹
7	辛兆歧	辛克森之父	20	孙爱美	孙正起之二姑
8	孙立兹	孙中周之父	21	于録功	于鑫功之兄
9	孙立瑞	孙中奎之父	22	于美功	于鑫功之弟
10	孙立根	孙中江之父	23	单积德	孙秀英之子
11	辛承杨	辛兆祥之父	24	许相友	许秀英之弟
12	孙桂美	孙中正之女	25	辛玉香	辛立刚之女
13	王俊纲	王伟纲之长兄	26	孙洪臣	孙福吉之子

续表 7-20

序号	姓名	亲属关系	序号	姓名	亲属关系
27	王本健	王德胜之父	35	胡正嵩	胡文忠之子
28	孙正周	孙公申之大爹	36	高茹英	胡正嵩之妻
29	邵成乐	邵成滨之长兄	37	王德英	王德蔚之弟
30	丁立江	丁立海之兄	38	辛承川	辛毓贵之子
31	邵尚聚	邵尚义之四弟	39	辛毓凌	辛立法之子
32	邵成鑫	邵成流之长兄	40	辛毓水	辛立法之子
33	武邦君	吴邦林之兄	41	辛承万	辛毓简之子
34	丁立梅	丁重阳之父	42	王　杰	王明甫子

第三节　支边及三线援建

1965 年云南省交通厅到崂山县招收“工役制工人”，尹周泉、肖维启二人通过审查，被批准于 1965 年 6 月 14 日参加国防公路工程建设，去云南省交通厅公路工程局七处，历时三年，完成任务后返回湛山。

1966 年春，全国掀起支援边疆建设的高潮，湛山大队青年社员共 23 人参加了建设兵团，于当年 4 月 19 日离青出发，去青海格尔木军垦 12 师。名单如下：

周公美　辛兆辉　辛承开　孙维民
孙立科　张中芳　孙正岭　徐宝秀
刘可竹　孙正杰　孙玉琪　王荣恩
贾　云　卢云升　辛兆纬　王仁德
辛承桂　王福纲　任宗仪　王美花
邵淑君　王克进　辛玉亭

1970 年 9 月开始，青岛市分两批去内蒙古建设兵团共计 5400 余人，其中浮山管区两批共 80 余人。湛山街道居民青年参加建设兵团去内蒙古海勃湾市（后与乌达市合并改为乌海市）的有：

张成利　田振发　李福成　辛淑宝
辛承峰　吴登平　孙中波　孙正钦
赵威海　辛兆丰　孙中平　薛瑞县
辛秀琴　辛秀华　孙爱玲　王玉琴
王清泉　刘玫红　杜喜美　辛承实

内蒙古地广人稀，当年建设兵团主要任务是开发农业，引黄河水试种水稻等。

第四节　征地就业　社会安置

根据国民经济的发展和城市建设需要，1980 年山东省人民政府鲁政发〔1980〕166 号文件批复同意全市市区 21 个生产大队 46075 人，分期分批转为非农业户口。同年青岛市政府下达了青政发〔1980〕113 号和 137 号文件，对这 21 个大队的转户、征地、社员生产和生活安置作了若干规定。1982 年这 21 个生产大队的农业户口正式转为非农业户口。青岛市政府《青政发〔1982〕100 号文件》对被征土地生产大队的社员生活妥善安置作了规定，一是尽量由被征地的生产大队兴办农工商项目安置；二是由建设单位或其主管部门提供农工商项目安置；三是由建设单位或其主管部门按照“土劳比”（即生产大队现有耕地和从事农业劳力的比例）的原则，将征用土地的劳力安置就业，用地单位不再缴纳劳力安置费；四是市区劳动部门也要积极进行安置。凡按“土劳比”的原则安置就业的人员，均属单位的正式职工，他们参加人民公社的社龄定为工龄，享受就业单位的劳保福利待遇和工资待遇。

湛山农工商公司自1980年至1988年因征地被安置到全市企事业单位就业人员共计617人，具体情况附表如下：

征地就业人数统计表

表7-21

序号	时 间	就业单位	男	女	合计
1	1980.10	青岛钟表厂	33	71	104
2	1983.6	青岛钟表厂	13	18	31
3	1983.11	市热能站产品质监所	6	11	17
4	1983.11	工艺美术研究所	3	10	13
5	1983.12	青岛湛山疗养院	9	21	30
6	1983.12	外贸设备进出口公司	7	8	15
7	1984.3	青岛钟表厂	28	27	55
8	1984.5	青岛蓄电池厂	3	5	8
9	1984.6	电视机总厂	3	10	13
10	1984.6	自行车公司	10	37	47
11	1984.12	国家计委疗养院	2	3	5
12	1984.12	航空工业部青疗院	2	3	5
13	1984.12	海洋学院	15	29	44
14	1984.12	青岛画院	6	16	22
15	1984.12	青岛市体委	1	2	3
16	1985.1	橡胶九厂	5	9	14
17	1985	冶金学院	3	7	10
18	1985.6	远洋运输公司	2	0	2
19	1985.6	化工部劳保所	2	7	9
20	1985.7	湛山疗养院	4	3	7
21	1985.10	疗养区供应站	2	5	7
22	1985.11	青岛照相机厂	10	22	32
23	1985.11	市南商业（汇泉厅）	10	10	20
24	1985.12	海洋学院	6	11	17
25	1985	市政工程处	14	15	29

续表 7-21

序号	时间	就业单位	男	女	合计
26	1985.10	青岛第二化纤厂	1	5	6
27	1986.6	青岛电视机厂	2	2	4
28	1986.6	孚德鞋厂	4	9	13
29	1986.6	市南商业	4	8	12
30	1986.12	国家计委疗养院	1	3	4
31	1987.1	青岛汽车旅游开发	4	0	4
32	1987.1	青岛海事法院	2	0	2
33	1987.6	市民政局	3	0	3
34	1988	中国人民银行	3	7	10
总计			223	394	617

第五节　五保户

1956 年五一社成立后，根据国家相关规定，对本社社员中失去劳动能力的鳏、寡、孤、独老人及儿童使其生养死葬得到保障，对缺乏劳动能力，生活没有依靠的社员在生产上给予适当安排，使他们能够参加力能胜任的劳动，在生活上给予适当照顾，实行“五保”：保吃、保穿、保烧（燃料）、包教（少年儿童）、保葬。当失去自理能力时安排专人伺候照顾，费用由集体承担。凡符合“五保”条件的男女社员均可向社委会提出申请，经批准后，按批准时间享受“五保户”待遇。参加“五保”的老人身体好的可参加一些力能胜任的劳动并有工分报酬，享受“五保”的人员生活水平高于全社人均收入的 10%，有的年份同军属待遇。“五保户”有病就医费用由集体全额负担。自 1956 年到 1996 年的 40 年间共有“五保”户 19 人。其中刘秀贞享寿 92 岁。

“五保户”统计表

表 7-22

姓名	性别	开始时间	结束		备注
			时间	年龄	
邵忠琨	男	1956.9			
孙邵氏	女	1956.10			
孙秀英	女	1956.11	1973.6.9		
韩永香	女	1957.3	1962		
朱正花	女	1957.3			
贾维学	男	1957.4			

续表 7-22

姓名	性别	开始时间	结束		备注
			时间	年龄	
袁永考	男	1957.4	1968.11.22	58	
丁正敏	男	1959.7	1964.12		孤儿
王美珍	女	1960.12			
李桂芳	女	1966	1967.9.14	74	
田丰喜	男	1966	1967.9.14	66	
胡占荣	男	1966	1967.9.28	64	
张凤洲	男	1966	1970.12.3	71	
赵维伦	男	1966	1971.2.14	78	
于云凤	女	1966	1975.12.18	81	
辛玉木	男	1971.5	1972.2.1	69	
刘秀贞	女	1971.5	1994.1.19	92	
冷桂珍	女	1980.3	1985.1	77	
马成义	男	1996.6	1996.12		转福利院

对残疾人的照顾，1980 年浮山公社指示湛山大队给盲人贾启铎每月 15 元生活补助，自此后其他类似人员也都给予相应生活补助。

残疾人补助统计表

表 7-23

姓名	性别	开始时间	结束时间	残疾情况	备注
贾启铎	男	1980.1.15	1987.5	盲人	转民政局
王洪国	男	1982.6	1987.5	智障	转民政局
孙正录	男	1982.5	1994.12	智障	

第八篇　党派社团

ZHAN SHAN CUN ZHI

湛山村志

ZHAN SHAN CUN ZHI

第一章　中国国民党地方组织

1930年，中国国民党青岛特别市第一届代表大会举行，因形势变化第二届代表大会推迟于1947年5月召开。当时全市区党部共20个，区分部129个，国民党员共计1957人。1949年国民党青岛市执行委员会主席葛覃，书记长熊复光，委员8人。市党部设秘书、组训、宣传、民运、总务科。湛山村所属的浮山区系国民党35区党部，下设3个分部，共有国民党员30人。

第二章　中国共产党地方组织

第一节　中共湛山支部 总支 党委

党支部

青岛解放后，1950年土改工作队进驻湛山村，建立读报组，广泛宣传党的政策，发动群众，摧垮了伪保甲制度，成立了“湛山土地改革委员会”。土改工作队党支部书记兼队长纪广智，从土改积极分子当中发展了两名党员侯玉田、崔久功，两名预备党员于鑫功、侯淑英（后因故未转正）。

1955年1月中共青岛市南区委辖9个街道办事处党支部，湛山村属中共湛山大路支部。1956年11月改为中共湛山大路街道办事处支部委员会，书记史久顺，副书记张云焕。1957年8月市南区委决定，湛山大路街道办事处与湛山“五一”农业合作社合并成立一个党支部。1957年8月经青岛市委组织部批准，成立中共湛山村支部委员会，书记张云焕，1958年6月书记徐明岐，张云焕改任副书记。1958年11月中共湛山村支部撤销，成立中共东风人民公社第一生产大队支部委员会（1959年2月4日改称中共浮山人民公社第一生产大队支部委员会）书记隋春圃。1960年4月至1961年6月改称中共浮山人民公社第一生产管理区支部委员会，书记王世纲。

以上历届书记、副书记任职皆为国家干部。

1961年7月1日改称中共浮山人民公社湛山生产大队支部委员会，书记马福德，副书记贾彬（1962年6月任职至1964年11月离职）。

1966年“四清”运动后期改选中共浮山人民公社湛山生产大队支部委员会，书记任增德，副书记王志高、张秀兰，委员贾世茂、于瑞芳、孙作津、贾世有。

1966年下半年开始了为期10年的“文化大革命”，先是成立红卫兵组织，开展了“破四旧”（破旧思想、旧文化、旧风俗、旧习惯）、“立四新”（立新思想、新文化、新风俗、新习惯），继而“横扫一切牛鬼蛇神”。村里开展了大鸣、大放、大字报、大辩论，造反派纷纷成立了大大小小的“造反军”“战斗队”等造反组织，在“造反有理”的口号鼓动下，大肆进行“炮打”“批斗”“游街示众”“遣返”。支部书记、领导干部被批斗，打成“走资本主义道路的当权派”靠边站，接受劳动改造。造反派抢班夺权，1968年成立了“湛山大队革命委员会”，党组织陷入瘫痪，党的组织生活被迫停止。

1973年中共湛山大队支部委员会改选，书记任增德，副书记王志高、张秀兰，委员王元玉、孙中圣、贾世茂、贾顺。

以后历次改选概况：

1976年书记孙中圣，副书记王元玉、张秀兰、任增德，委员王志高、贾顺、孙正实。

1978年书记孙中圣，副书记王元玉、张秀兰、邵先瑞，委员贾顺、孙正实。

1980年书记孙中圣，副书记王元玉、张秀兰、邵先瑞，委员孙正实、张永和、辛承平。

党总支

浮山人民公社解体后，1985年2月13日湛山生产大队更名为湛山农工商公司。1985年12月6日中共青岛市南区委决定将中共湛山农工商公司支部委员会改为中共湛山农工商公司总支部委员会，总支书记王克忠，副书记孙中圣、王元玉、张秀兰，委员张永和、辛承平、孙皓东。

下设农业、工业、商业3个党支部：

工业支部：书记　王元玉　党员23人

商业支部：书记　孙中圣　党员25人

农业支部：书记　张永和　党员23人

1988年总支书记王克忠，副书记孙中圣、王元玉，委员张永和、孙中润、孙秀玲、孙皓东。

1991年改选，总支书记王克忠，副书记孙中圣、王元玉，委员石振东、张永和、孙中润、孙秀玲。

1993年总支书记、副书记、委员同上。下设农业、工业、商业、湛山宾馆、安全器材厂、电子检测仪器厂6个党支部：

中共湛山农工商公司农业支部委员会由张永和、孙秀玲、邵先纯3人组成。书记张永和，副书记孙秀玲。

中共湛山农工商公司工业支部委员会由王元玉、张正义、吴明德3人组成。书记王元玉，副书记张正义。

中共湛山宾馆支部委员会由孙中圣、贾世华、张正礼3人组成，书记孙中圣。

中共青岛安全器材厂支部委员会由张玉海、孙立进、于瑞令3人组成。书记张玉海，副书记孙立进。

中共青岛电子检测仪器厂支部委员会由石振东、贾世明、丁成航3人组成。书记石振东，副书记贾世明。

中共湛山农工商公司商业支部书记肖永敏。

党委

1995年4月1日，中共青岛市南区委决定撤销中共湛山农工商公司总支部委员会，设立中共湛山农工商公司委员会。党委委员分工情况：

党委书记：王克忠

主持公司全面工作，分管党务工作、思想政治工作、干部工作、综合治理工作、精神文明工作。

党委副书记：孙中圣　王元玉

孙中圣主持公司的经济工作、行政工作、协助书记搞好党务工作。

王元玉分管纪检工作、协助书记搞好党务工作。

党委委员：石振东　孙中润　张永和　孙秀玲

石振东分管组织工作、档案和保密工作。

孙中润分管宣传工作、共青团、文教工作、公司财务工作、统战工作、司法工作。

张永和分管工会工作、民事调解和信访

工作、城建绿化和卫生工作、社会治安和保卫工作。

孙秀玲分管计划生育工作、公司妇联工作。

以后历届公司党委改选概况：

1997年10月至1998年10月书记孙中圣，副书记石振东，委员孙中杭、孙中润、张永和、孙秀玲、王克忠。

1998年10月书记高绪文（区委派干部）至1999年10月离职，余珍（区委派干部）接任，副书记石振东，委员孙中杭、孙中润、张永和、孙秀玲、王克忠。

2001年5月书记刘祥（区委派干部），副书记金伟（区委派干部），委员孙中杭。

2005年1月书记孙中杭，副书记张俊（区委派干部）委员孙中润、秦继利、于志强。

2008年12月书记孙中杭。

副书记张俊（区委派干部）至2009年4月离职，王得成（区委派干部）接任。委员秦继利、于志强、张永兴、贾世杰。

中共湛山党组织负责人及委员更迭一览表

表8-1

组织名称	书记	副书记	委员	时间	
				任职	离职
中共湛山土改工作队支部	纪广智			1949	
中共湛山大路支部				1955.1	
中共湛山大路街道办事处支部	史九顺	张云焕		1956.11	1957.8
中共湛山村支部	张云焕			1957.8	1958.6
	徐明岐	张云焕		1958.6	1958.11
中共东风公社第一大队支部	隋春圃	马福德		1958.11	
中共浮山公社一管区支部	隋春圃	马福德		1959.2	1960.4
	王世纲			1960.4	1961.7
		马福德			1961.7
中共浮山公社湛山大队支部	马福德			1961.7	
			任增德	1961.7	
		贾　彬		1962.6	1964.11
	马福德 任增德	王志高 张秀兰	任增德 贾世茂 于瑞芳 孙作津 贾世有	1966	1966 1968 1973 1973
	任增德	王元玉 张秀兰	王志高 孙中圣 贾世茂 贾　顺	1973	

续表 8-1

组织名称	书记	副书记	委员	时间	
				任职	离职
	孙中圣		孙正实	1976	
		王元玉	贾　顺		
		张秀兰			
		任增德	王志高		1977
	孙中圣	王元玉	贾　顺	1978	
		张秀兰	孙正实		
		邵先瑞			
	孙中圣	王元玉	张永和	1980	
		张秀兰	辛承平		
			贾　顺		1980
		邵先瑞			1981
			孙正实		1983
	王克忠	孙中圣	张永和	1985.12	
中共湛山农工商公司总支部委员会		王元玉	孙皓东		
		张秀兰	辛承平		1988.4
	王克忠	孙中圣	张永和	1988.04	
		王元玉	孙中润		
			孙秀玲		
			孙皓东		1991
	王克忠	孙中圣	石振东	1991	
		王元玉	张永和		
			孙中润		
			孙秀玲		
	王克忠			1995	
		孙中圣	石振东	1995	
中共湛山农工商公司委员会		王元玉	孙中润		
			张永和		
			孙秀玲		
	王克忠	王元玉			1997.10
	孙中圣			1997.10	
		石振东	孙中杭	1997.10	
			孙中润		
			张永和		
			孙秀玲		
			王克忠		
	孙中圣				1998.10
	高绪文			1998.10	1999.10
		石振东	孙中杭	1998.10	
			孙中润		
			张永和		
	余　珍			1999.10	
			孙秀玲		2000.8
			王克忠		2000.8
	余　珍	石振东	张永和		2001.5
	刘　祥	金　伟	孙中杭	2001.5	

续表 8-1

组织名称	书记	副书记	委员	时间	
				任职	离职
	刘　祥 孙中杭	张　俊	孙中润 秦继利 于志强	2005.1	2005.1
	孙中杭	张　俊 王得成 张　俊	秦继利 于志强 张永兴 贾世杰 孙中润	2008.12 2009.4	2008.12 2009.4

第二节　中共湛山农工商公司纪委

根据中共青岛市市南区委《关于设立中共青岛市市南区湛山农工商公司纪律检查委员会的通知》（南委〔2001〕66 号）文件精神，2001 年 4 月 26 日湛山农工商公司党委换届选举的同时选出首届中共湛山农工商公司纪律检查委员会，隶属区纪委和同级党委领导。

纪委书记：金伟（区委派干部）全面负责纪委工作，分管信访工作。

纪委委员：孙中润协助书记工作，分管检查审理工作。

肖永敏（女）协助书记工作，分管教育工作。

以后各届纪委书记和委员更迭情况：

纪委书记：2005 年张俊（区委派干部）。

2008 年张俊。

2009 年 4 月王得成（区委派干部）。

纪委委员：2005 年孙中润、孙永明。

2008 年孙中润、孙永明、密跃贤。

中共青岛市市南区湛山农工商公司纪律检查委员会更迭一览表

表 8-2

纪委书记			纪委委员		
姓　名	任职时间	离职时间	姓　名	任职时间	离职时间
金　伟	2001.5.15	2005.1.14	孙中润 肖永敏	2001.5.15	2005.1.19
张　俊	2005.1.19		孙中润 孙永明	2005.1.19	
张　俊 王得成	2008.12.11 2009.4.22	2009.4.22	孙中润 孙永明 密跃贤	2008.12.11	

第三节　党员

自 1949 年 2 人，经过发展、转入、转出等等至 1965 年实有党员 17 人，1966 年经过四清运动整党建党共发展党员 35 人，党员总人数达到 52 人。

1949 年至 1965 年入党的 17 人：

马福德　任增德　张聿美　李德芬
侯玉田　张秀兰　杜惠贞　孙秀英
孙秀美　于瑞芳　贾世有　贾世茂
孙作津　王秀珍　张玉英　王志高
胡玉萍

1966 年入党的 35 人：
王克忠　马金花　孙立伦　姚桂兰
韩金祥　石振岩　任百福　王元玉
王元伦　王守东　王秀英　张正义
郇玉琴　孙中春　孙中圣　仲维花
孙美香　刘爱美　房喜文　贾启传
董吉胜　贾世珍　贾世明　邱玉林
李孝增　张素云　孙秀玲　张美玉
贾　顺　肖维增　吴邦林　丁成航
丁正亮　隋安庆　宓钊堪

1986 年党员登记共 71 人：
工业支部 23 人：
胡玉萍　胡桂珍　孙中云　王守东
丁正荣　刘可清　辛承杰　张玉海
丁成航　隋安庆　杜惠贞　孙秀英
张正义　孙秀美　李德芬　邵成茂
辛桂丽　韩金祥　贾世明　栾淑花
孙正实　孙美香　王元玉

商业支部 25 人：
王秀珍　王秀英　李孝增　姚桂兰
张秀兰　邱玉林　费立菊　逄洪风
贾世华　孙皓东　宓钊堪　张正礼
郇玉琴　马金花　孙忠春　徐光新
葛美云　费立刚　王秀珍　丁正亮
邵成金　辛承森　吴邦林　孙中圣
邵先瑞

农业支部 23 人：
张玉英　尚武元　贾　顺　于秀香
张聿美　孙秀玲　张永和　任增德
王克忠　杨金花　辛兆臣　王元伦
辛承平　王金峰　于瑞芳　石振岩
孙正谟　孙立伦　邵先纯　张永远
仲维花　刘爱美　孙淑美

2010 年共有党员 58 人其中：

中共湛山农工商公司机关党支部党员一览表（16 人）

表 8-3

姓名	性别	出生日期	文化程度	入党时间	职务
孙中杭	男	1952.11	大专	1993.12	党委书记、经理
王得成	男	1958.5	研究生	1991.10	党委副书记、纪委书记
孙中润	男	1955.5	大专	1985.10	工会主席
秦继利	男	1963.3	大专	1993.12	副经理
石振东	男	1953.11	大专	1987.4	
贾世德	男	1965.3	高中	1986.7	科员
孙中云	男	1955.5	初中	1979.7	司机
邵占石	男	1971.5	初中	1995.7	司机
辛克文	男	1957.4	初中	1993.12	科长、支部委员
宓跃贤	男	1961.11	大本	1993.7	支部委员

续表 8-3

姓名	性别	出生日期	文化程度	入党时间	职务
辛　鹏	男	1975.11	大专	2000.6	科员
王　健	女	1975.11	大本	2003.4	团委书记
王　敏	女	1963.9	大本	2006.4	科员
孙正禄	男	1955	初中	2007.11	司机
孙忠勇	男	1966	大本	2009.2	主任
贾桂花	女				

中共青岛电子检测仪器厂党支部党员一览表（15 人）

表 8-4

姓名	性别	出生日期	文化程度	入党时间	职务
于志强	男	1966.10	高中	1994.10	党委委员、厂长
任增国	男	1955.12	中专	1993.1	副厂长、支部委员
马立臣	男	1954.12	初中	1987.4	办公室主任
柳光金	男	1953.11	初中	1996	供应
贾　睿	男	1976.2	中专	1998	司机
石振海	男	1962.5	高中	1999.9	司机
孙中峰	男	1957.5	中专	1993.12	生产调度
王贵亮	男	1957.8	初中	2000.6	副厂长、支部委员
贾　隽	女	1973.3	大专	2002.8	会计
孙中苗	男	1954	初中	2004.9	车间主任
丁正喜	男	1966	初中	1989.9	员工
程建家	男	1983.8	本科	2004.6	员工
姚　宝	男	1973.12	大专	2009.2	车间主任
张新军	男				
孙　韬	男				

中共青岛振业劳动服务公司党支部党员一览表（3 人）

表 8-5

姓名	性别	出生日期	文化程度	入党时间	职务
张永兴	男	1954.11	初中	1999.9	经理、支部书记
张兰芬	女	1964	大专	2003.4	
辛丽娟	女				

中共青岛湛山安全器材有限公司党支部党员一览表（7人）

表 8-6

姓名	性别	出生日期	文化程度	入党时间	职务
孙立进	男	1958.6	高中	1978.10	待岗
刘可清	男	1955.11	初中	1980.5	待岗
刘　刚	男	1964.7	高中	1986	待岗
王延明	男	1962.11	初中	1999.9	待岗
孙公卿	男	1963.9	中专	2000.6	厂长、支部书记
袁松水	男	1960.1	初中	2006.4	待岗
王顺刚	男	1962	大本	2007.11	会计

中共湛山农工商公司工业党支部党员一览表（6人）

表 8-7

姓名	性别	出生日期	文化程度	入党时间	职务
贾世杰	男	1955.6	初中	1993.1	厂长、支部书记
孙正岩	男	1972.10	大专	1996.10	员工
吴增忠	男	1964.3	大专	2002.8	待岗
刘本辉	男	1960.10	初中	1996.7	副厂长
孙忠聪	男	1953.12	初中	1991.6	待岗
贾世斌	男		初中		

中共湛山宾馆党支部党员一览表（11人）

表 8-8

姓名	性别	出生日期	文化程度	入党时间	职务
丁正荣	男	1954.12	初中	1978.7	内退
孙永明	男	1964.7	初中	1985.9	支部委员
辛成森	男	1963.6	初中	1985.2	内退
徐光新	男	1957.2	初中	1979.4	内退
邵先瑞	男	1953.9	初中	1973.9	支部书记、经理
费立刚	男	1956.12	初中	1980.6	内退
贾代福	男	1964.8	大专	1999.9	内退
辛丽萍	女	1962.5	初中	1999.9	支部委员
孙秋珍	女	1962.9	中专	2000.6	财务经理

续表 8-8

姓名	性别	出生日期	文化程度	入党时间	职务
李爱莲	女	1963.12	大专	2009.2	人事科长
刘可喜	男	1955.8	初中	1987.4	停薪留职

历年党员人数：
1949 年 2 人
1965 年 17 人
1966 年 52 人
1986 年 71 人（男 42 人、女 29 人）
1997 年 113 人（年底转街道办事处 38 人）
1998 年 82 人
2001 年 85 人（年底调出 8 人，本年度增加 3 人）
2002 年 80 人（男 62 人、女 18 人）
2004 年 81 人（男 62 人、女 19 人）
2005 年 79 人
2008 年 60 人
2009 年 58 人（男 49 人、女 9 人）
2010 年 58 人（男 49 人、女 9 人）
2013 年 58 人（男 49 人、女 9 人）

党员年龄构成情况统计表

表 8-9

人数＼年度	年龄						合计	备注
	25 岁以下	26 ～ 35 岁	36 ～ 45 岁	46 ～ 55 岁	56 ～ 50 岁	61 岁以上		
1966	14	30	2	4	1	1	52	
1986	1	13	20	31	1	5	71	
1997							113	年底转街道 38 人
1998	2	10	34	26	8	2	82	
2001	2	7	33	35	7	1	85	年底调出 8 人
2002		7	36	30	7		80	
2004		7	39	30	5		81	

党员党龄构成情况统计表

表 8-10

人数＼年度	入党时间						合计
	1949—1965	1966	1966—1976	1977—1986	1976—1992	1992 年 10 月以后	
1966	17	35					52
1986	11		45	15			71
1998	3		21		32	26	82
2001	1		13		35	36	85
2002			13		30	37	80
2004	1	13	28		39		81

党员学历构成情况统计表

表 8-11

年度＼人数	大本	大专	中专	高中	初中	高小	初小	文盲	合计
1966		1	1	2	9	22	11	6	52
1986		1	2	4	20	41		3	71
1998		15	9	16	39	3			82
2001	4	35	9	9	24	4			85
2002	3	36	10	9	19	3			80

第四节　党组织活动

组织生活

20 世纪 50 年代，党员的教育学习主要形式是参加民主生活会。自 20 世纪 60 年代以后，根据上级党组织的要求逐渐建立了三会一课制度、党员学习日制度等（“三会”：党员大会、支部委员会、党小组生活会，“一课”：党课）。通过“三会一课”经常对党员进行党的基本知识和党纲、党章教育，党的方针政策和优良传统教育，使党员牢记党的宗旨，树立全心全意为人民服务的思想，在各自的岗位上发挥先锋模范作用。

集中教育

1952—1956 年，结合学习关于开展“三反”（反贪污、反浪费、反官僚主义）、“五反”（反行贿、反偷税漏税、反盗骗国家财产、反偷工减料、反盗窃国家情报）、粮食统购统销、农业合作化运动等方面的文件，进行了一次集中整党，联系实际进行批评和自我批评，统一认识。

1963—1964 年，上级派来工作队领导进行了社会主义教育运动，称为“面上的‘四清’运动”。1965—1966 年，以北海舰队高永刚为队长和青岛警备区闫金良为副队长组成的四清工作队进驻湛山大队，与社员同吃、同住、同劳动，开展了清政治、清经济、清组织、清思想的“四清”运动。这次运动，对于解决干部作风和经济方面存在的问题起到了一定的作用，但由于把不同性质的问题都视为阶级斗争或阶级斗争在党内的反映，使一些基层干部受到不应有的打击。结合这次社会主义教育运动进行了整党建党，在原有党员 17 人的基础上新发展了党员 35 人，党员总数达 52 人。解决了党组织发展缓慢和党员老龄化的问题，壮大了党的队伍，运动后期改选了新的党支部和领导班子。

1986 年根据《中共中央关于整党的决定》中共市南区委的统一部署下，中共湛山农工商公司党总支和所属的 3 个支部 71 名党员参加了整党活动。经过学习文件、对照检查整改、组织处理、与党员登记 4 个阶段，在统一思想、整顿作风、加强纪律和纯洁组织方面取得了一定成效，全体党员增强了党性，提高了政治素质，党员干部的作风有了明显的转变，在各自的岗位上继续发挥先锋模范作用。

主要活动

党组织在各个历史时期，根据上级党委的具体部署和要求带领群众积极完成各项任务。在新中国成立初期的土地改革运动；1956年农业合作化，成立高级农业合作社——湛山五一蔬菜生产合作社；1958年成立人民公社；中共十一届三中全会以来，党的工作重点转移到以经济建设为中心，坚持四项基本原则、坚持改革开放搞活的方针，随着土地陆续为国家征用，湛山经济基础也随之转型；公社解体后1985年成立湛山农工商公司等各个历史阶段当中，都发挥了党组织的战斗堡垒核心领导作用和党员的先锋模范作用，使湛山的经济有了长足的发展。

建立党员教育阵地

1998年省、市委宣传部关于《山东省基层党校工作条例（试行）》、《青岛市党员活动室工作条例（试行）》的要求，建立了中共湛山农工商公司党委党校和党员活动室。利用党员教育阵地，使党员教育经常化、系统化、规范化。

近年来公司党委组织全体党员参加党的革命传统教育活动

2003年到海阳地雷战红色旅游景区参观学习。

2004年到微山湖铁道游击队纪念馆和台儿庄战役纪念馆参观学习，体验战役艰辛，瞻仰烈士风采。

2005年到莱芜战役纪念馆参观学习，解放战争时期华东野战军曾在此发动了著名的“莱芜战役”。

2006年到土地革命初期中国工农红军革命遗址最集中的地方江西井冈山革命圣地瞻仰烈士，接受传统的爱国主义教育。

2007年到陕西延安革命圣地缅怀先烈，学习了解延安精神的真谛。

2010年到龙口拥有能源、铝业、纺织、建材、旅游、教育、房地产、商贸八大主导产业的南山集团参观学习。

2011年到毛主席青少年时期生活、学习、劳动和从事革命活动的地方湖南韶山参观学习。为毛主席雕像敬献花圈，表达对毛主席的敬爱之情，接受传统的爱国主义教育。

第三章　群众团体

第一节　农会　贫协

旧中国农会

国民党统治时期，于1946年4月23日成立青岛市农会，负责人李代芳，会员32491人。同年7月14日辖属湛山村的青岛市浮山区农会成立，共有会员1237人。

新中国农会

中华人民共和国成立后，1950年7月中央人民政府政务院公布了《农民协会组织通则》，规定了农民协会的任务是领导农民反对封建剥削制度，实行土地改革，保护农民利益，组织农民生产，举办合作社，发展农业和副业，改善农民生活，保障农民的政治权利，提高农民的政治文化水平，参加政权建设。在中国共产党领导下，土改工作队组织全村农民经民主选举选出农民协会主席贾维星、副主席孙立福，并在全村划片选出大组长，主要有辛玉忠、赵明海、张松鹤、刘正儒、贾世茂、韩永山、崔久功、杨大君等，湛山农民协会正式成立。土改工作队和农会发动群众进行了土地改革，划分阶级成分，没收地主部分土地，征收富农多余土地，分给贫下中农和雇农。土地改革完成以后，农会又组织农民发展农业生产，成立互助组并逐步走向农业合作化。湛山五一蔬菜生产合作社成立以后，农会停止了活动。

贫协

1965年10月崂山县“四清”工作队进驻湛山大队，开展了“四清”运动。在工作队和党支部领导下于当年10月23日成立湛山大队贫农下中农协会（简称贫协）贫协委员会成员如下：

主　席　王志高

副主席　孙作津

委　员　丁正亮　李孝增　房喜文

邱玉林　辛　涛　肖维宗

王守东　韩金祥　孙美香

分期分批发展贫协会员共计431人，其中贫农382人，下中农49人，男231人，女200人，党员33人，团员48人，划分为21个贫协小组，每小组分别设组长和副组长各1人。

在“四清”运动中，四清工作队依靠广大贫下中农重新审核评定了阶级成分，整顿了干部作风和经济管理方面的问题，健全了各项规章制度，党支部从贫下中农积极分子中发展了党员35名，并对各群众组织、治保、民兵等组织进行了整顿。1967年“文化大革命”中造反派夺权以后，贫协组织停止了活动，1975年贫协又重新恢复活动，发展了一批新会员。中共十一届三中全会以后，1981年8月崂山县各级贫下中农协会撤销。

第二节　工会

湛山农工商公司于1994年9月正式成立工会委员会，首任公司工会主席张永和，女工委主任孙秀玲，生活委员兼工会财务辛艳风。

公司辖属各企业同时成立工会组织，选出工会主席兼任公司工会委员会委员，名单如下：

安全器材厂：　于瑞令

湛山宾馆：　张正礼

电子检测仪器厂：丁成航

空压机配件厂：　丁作福

汇线桥架厂：　陈秀珍

塑料改性材料厂：刘本辉

湛山公司历任工会主席：

张永和，1994年9月至2002年1月22日

孙中润，2002年1月23日至今

职工人数达到25人以上方能成立工会，公司工会和辖属各企业工会依照《中华人民共和国工会法》代表职工利益，维护职工合法权益；调节职工与经营者之间发生的矛盾；了解职工疾苦，解决职工困难，每年都对困难职工进行走访帮扶；定时组织职工开展文化体育活动，组织象棋、扑克比赛，组织锣鼓队、秧歌队在社区会演；响应政府号召，发动广大会员向贫困灾区捐献救灾物资向灾区献爱心。

工会历年帮扶困难职工情况统计表

表8-12

年度	人次	金额	花生油（桶）	大米（袋）
2000	12	5300		
2001	18	7600		
2002	3	4000		

续表 8-12

年度	人次	金额	花生油（桶）	大米（袋）
2003	8	1600		
2004	8	1600	16	16
2005	17	3400	34	34
2006	19	3800	38	38
2007	11	4000		
2008	20	9200	32	32
2009	19	5600	36	36
2010	22	5000	44	44
2011	20	4600	40	40
2012	19	7600	38	38
2013	19	9800	34	34
2014	17	11600	32	32
2015	16	9600	32	32

湛山农工商公司工会获得荣誉：

2006 年度市南区总工会先进单位。

2011 年度青岛市总工会全市三级联创信得过基层工会。

湛山农工商公司工会会计参加青岛市总工会干部学校培训学习

市南区农经委各单位工会会计在青岛市总工会干部学校培训学习

第三节　青少年组织

旧中国青少年组织

三民主义青年团：

国民党于1945年成立“三民主义青年团（简称三青团）青岛区团部”，1947年4月3日三青团青岛支团改为中央直属区团。

中国童子军：

1929年9月国民党青岛市执委函请教育局拨款办童子军，1945年后成立中国童子军青岛市支会。湛山小学遂建立了童子军组织，凡参加童子军者统一穿童子军军服，腰间佩戴小绳，持童子军军棍，进行军训，在学校大门前站岗和在校内外巡逻等活动。

新中国青少年组织

中国新民主主义青年团：

抗日战争胜利后中国共产党领导的先进青年群众组织。中共中央在1946年10月提出试建团的组织，随后各解放区陆续建立。1949年正式成立中国新民主主义青年团（简称青年团），1957年5月团的第三次代表大会决定改名为中国共产主义青年团（简称共青团）。

1950年湛山青年团支部成立，第一任支部书记于鑫功。

湛山村团支部成员一览表

表8-13

姓名	职务	任职时间
于鑫功	书记	1950—1952
侯淑英	组织委员	1950—
王世纲	宣传委员	1950—
孙中昆	书记	1953—1955
宓钊堪	宣传委员	1954—1955

1956年湛山五一蔬菜生产合作社成立，1958年东风人民公社（1959年改为浮山人民公社）成立，五一社改称东风（浮山）人民公社第一生产大队，湛山村团支部名称随之变更。

五一社、东风（浮山）公社第一生产大队历任团支部书记一览表

表8-14

姓名	职务	任职时间
宓钊堪	书记	1955—1957
贾　彬	书记	1957.7—1959.3
张秀兰	书记	1959.4—1961.7

1961年浮山公社共青团委员会成立以后，湛山大队成立共青团总支委员会，第一任团总支书记张秀兰。1962年统计湛山大队团总支下设5个支部。

湛山大队团总支及所属团支部成员一览表（一）（任职时间：1961—1966.5）

表 8-15

团总支委员会			下设支部		
书记	副书记	总支委员	支部名称	书记	委员
张秀兰	周公海	张正义 孙秀美 宓钊堪 王秀珍	一支部	周公海	孙美玲、孙立伦
			二支部	孙秀美	孙中圣、张正义、王元玉
			三支部	宓钊堪	孙正明、张永和、孙美贞
			四支部	王秀珍	王志高、辛桂芳
			五支部	王秀珍	孙作津、丁玉梅、孙树法

湛山大队团总支成员一览表（二）

表 8-16

团总支书记	任职时间	副书记	总支委员
贾世明	1966.06—1973	张正义 王克忠	组织委员任百福、宣传委员仲维花、 文体委员丁成利、少儿委员王洪兰
贾启云	1973—1976		
贾世华	1976—1986		

1985 年湛山大队更名为湛山农工商公司，湛山大队团总支遂更名为湛山农工商公司团总支。总支书记更迭如下：

姓　名	任职时间
孙中润	1986—1990
于志强	1990—1991
吴向东	1991—1992
秦继利	1998.4—1999.4

1999 年 4 月 29 日共青团市南区委员会批复成立共青团湛山农工商公司委员会，第一任团委书记秦继利。

湛山农工商公司团委成员一览表

表 8-17

书记	副书记	委员	任职时间
秦继利			1999.4—2006.12
王　健			2006 年 12 月至今
	孙　杰		1999.4—2006.7
		贾　隽	1999 年 4 月至今
		邵　波	1999 年 4 月至今
		苏　宁	1999.2—2006.7

历年团员人数：

1950 年　4 人

1962 年　60 人

1965 年　78 人

1996 年　230 人

中国少年先锋队：

1949 年 10 月建立中国少年儿童队，1953 年 6 月改称中国少年先锋队，简称“少先队”。湛山小学 1950 年成立少年儿童队，1960 年湛山民办小学成立以后，成立了少先队。全校设立一个大队，按级部和班级设立中队和小队。

少先队组织少年儿童按照毛主席“好好学习，天天向上”的教导，刻苦学习文化科学知识，掌握建设社会主义的本领；开展革命传统教育、提倡热爱祖国、热爱党、热爱社会主义；组织少年儿童参加力所能及的社会活动，培养热爱劳动、关心集体、爱护公物的道德品质；开展多种有特点的文体活动，增强儿童的身心健康等。

第九篇　行政

ZHAN SHAN CUN ZHI

湛山村志

ZHAN SHAN CUN ZHI

第一章　旧中国地方行政机构

第一节　清朝时期

清代湛山隶属即墨县仁化乡文峰社。清代即墨县共有7个乡，仁化乡位于东南部，其境域西至胶州湾，东至流清河，北至即墨城，南临黄海。仁化乡辖14个社，文峰社在最南端，该社之境域东至浮山，西至团岛，北至四方，南临黄海。共有2276户10131人。文峰社在明代称浮峰社，因浮峰山（今浮山）而得名，清代浮峰山更名为文峰山，故名“文峰社”。光绪十七年（1891）登州总兵章高元奉命率兵四营驻防胶澳，是年（一说1892年），青岛建置，总兵衙门（习称“老衙门”）设在现人民会堂址。（德占初期为“总督府”，日占时期为“东文书院”，青岛解放后为青岛二中分校），今市人民会堂前院之银杏等老树为老衙门之遗物。

第二节　德国侵占时期

1897年11月，德国强占青岛。1898年3月6日，德国强迫清政府签订《胶澳租借条约》。据该条约划定的“胶澳租借地”之境域为：东至南窑半岛东侧，西越胶州湾至薛家岛和灵山岛，北至白沙河南岸，南至黄海及海中诸岛。租借地面积为551.753平方公里，海域面积为576.5平方公里。大湛山村和小湛山村属于胶澳租借地内。

1898年德国当局在“胶澳租借地”设“总督府”，1898—1905年在老衙门，1906年德胶抚官舍落成（即老市政府）由老衙门移此办公。胶澳巡抚（亦称总督）由海军大佐罗绅达任之。租借地划分为青岛、李村两个区。青岛区的境域，东至太平角，西至团岛，北至海泊河，南至黄海称为内界。其余地域称为外界，名为李村区。李村区设区长1人，由德人充当，并设董事、粮约，各村皆设村长、庄长，由华人担任。

第三节　日本第一次侵占时期

1914年11月11日，日本取代德国占领青岛，11月16日宣布对青岛实行军管。日本当局设立“青岛守备司令部”为统治青岛的最高机关。对其占领区仍按德国旧制划为青岛区和李村区，并分设青岛、李村两个军政署，处理军政、市政建设。1917年1月，日本侵略者设青岛民政署和李村、坊子、张店民政分署，承担军事行政外的行政司法事务。

第四节　北洋政府统治时期

1922年12月10日中国政府收回青岛，改称“胶澳商埠”，设“胶澳商埠督办公署”。北洋政府黎元洪令：特派省长熊炳琦兼胶澳商埠督办，会同王正廷接收胶澳事务。胶澳商埠之境域，仍为德国侵占时期胶澳租借地之范围。胶澳商埠之市区定名为青岛市，划分为青岛市街（内分青岛区、大鲍岛区）、台东镇；胶澳商埠之乡区为李村区和海西区。湛山隶属青岛市区的台东镇。

北洋政府时期，青岛的基层政权主要有胶澳警察厅兼管，警察厅下设第一、第二、台东、李村、海西等警察署。1928年又增设四沧警察署，各警察署下设许多分驻所，既管治安又管民事。湛山归台东警察署第三分驻所管辖。

台东警察署第三分驻所驻地在浮山所村。该分驻所管辖范围为浮山所、大湛山村、小湛山村、大尧村、逍遥村、辛家庄、丁家庄、大麦岛村、徐家麦岛村、王家麦岛村。

第五节　南京国民政府第一次统治时期

1929年4月15日南京国民政府接收青岛后，改“胶澳商埠”为“青岛特别市”，直属国民党中央行政院。1930改称青岛市，为直辖市，市长胡若愚。当时青岛的行政区划分为邻、闾、坊、区四级，五户为邻、五邻为闾、二十闾为坊、十坊为区。拟在青岛市设12个区，各区皆设立区公所。

青岛市之设区计划，于1934年撤销。1935年5月各市区、乡区皆设立建设办事处。办事处兼管民政、建设、教育、公安、农林、等各项工作，相当于区公所的职能。在市区内设有海滨、台东、大港、小港、浮山、四方、沧口等市区建设办事处；在乡区内设有崂东、崂西、夏庄、阴岛、薛家岛、灵山岛等乡区建设办事处；还设有竹岔岛、红石崖、塔埠头等乡区建设办事处。湛山划归浮山建设办事处。

第六节　日本第二次侵占时期

1938年1月10日日本海军在山东头登陆侵占青岛。1月17日成立“青岛治安维持会”。1939年1月10日成立青岛特别市公署，赵琪任市长。1944年实行保甲制，十户为一牌，十牌为一甲，十甲为一保。

第七节　南京国民政府第二次统治时期

1945年8月14日日本宣布无条件投降，南京国民政府第二次接收青岛，李先良任青岛市市长。1946年3月17日本市保甲编组完竣，全市共划归为12区，市区4个：台东、台西、市南、市北；乡区8个：四沧、李村、崂东、崂西、夏庄、浮山、阴岛、薛家岛。浮山区设区长1人，区公所内总干事1人，助理3人，户籍干事1人，事务员1人，书记2人，区丁5人，下设29个保。大湛山村前街约500户划为第八保，选出保长孙立瑞，副保长孙作泽。后街约400户划为第九保，选出保长辛承志，副保长辛玉华。各保按规定成立“民众自卫队”，由保长任保队长，凡年满18岁至45岁以下的壮丁，一律编队受训。

第八节　历任村长保长甲长

据已知资料统计

历任村长：

孙虞修（1932年）

孙立君（1934年）

孙作湖（1934—1937年）

孙作梅（1938—1940年）

孙立君（1940—1942年）

辛立友

邵汉三（1943年）

贾启礼（1945年）

历任副村长：

贾维忠（1933—1935年）

辛承礼（1935年）

历任保长：

八保　孙作湖（1944—1945 年）
　　　孙作梃（1946 年 6 月—1946 年 12 月）
　　　闫士杰（1947 年）
　　　孙立瑞（1947—1949 年）

九保　辛玉晓（1946 年 6 月—1946 年 12 月）
　　　辛立友（1947 年）
　　　辛承志（1947—1949 年）
　　　矫铸法（23 保 1947—1948 年）

历任副保长：

八保　孙作珍（1945 年 7—11 月）
　　　孙立鸾（1947—1948 年）
　　　孙立駕（任期 40 天）
　　　孙作泽（1948 年 11 月—1949 年 5 月）

九保　辛玉晓（1947 年）
　　　辛玉华（1948—1949 年）
　　　邵尚春（一年）

历任甲长：

孙作榛（1947—1948 年）
孙正谟（1948 年至 1949 年 5 月）
孙立温（1948 年至 1949 年 5 月）
孙立宝（两年）
孙立斌（8 个月）
矫铸法（1948—1949 年）
贾维悦（1946 年）
贾世茂（两年）
辛承太（1949 年）
孙立田（1948 年 8—10 月）
薛和君（1947—1949 年）
孙立源（1948 年）
孙立居（2 ~ 3 年）
辛兆忠（1943 年）
邵尚春（一年）
孙正玉（1948—1949 年）
邵尚志（1948 年 10 月—1949 年 5 月）
邵尚道（1948—1949 年）

第二章　新中国地方行政机构

1949 年 6 月 2 日青岛解放，青岛市各界人民代表大会于 1949 年 9 月召开，青岛市人民政府宣告成立，第一任市长马保三。1951 年 7 月，青岛市人民政府将市区划分为市南、市北、台东、台西、四方、沧口 6 个区，郊区划分为流亭、夏庄、惜福镇、乌衣巷、崂东、崂西、浮山、李村、楼山 9 个区。市南为机关、学校、住宅区，湛山划归市南区。

第一节　湛山大路居民委员会

1949 年青岛解放初期建立青岛市市南区人民政府，当年 12 月改为青岛市市南区区公所，为青岛市市政府派出机构，1951 年 7 月区公所又改称区人民政府。

1952 年下半年根据市政府“民主建政工作计划要点”和“建立街道居民委员会执行计划”，市南区全区开始居民委员会组建试点工作。1953 年 4 月，全区在 11 个公安派出所警区的基础上建立了 12 个居民委员会，其中在湛山大路派出所警区建立了湛山大路居民委员会，当年 10 月，根据市政府整顿居民委员会的要求，将居委会整顿划小，改为自治性群众组织。

居委会主任：林同华

副主任：苏桂英

第二节　湛山大路街道办事处

1954 年 12 月，按照市政府建立街道办事处的指示，在试点的基础上，市南区组建了 9 个街道办事处，其中湛山划归新组建的湛山大路街道办事处。

主　任：李景邦（1954 年 12 月至 1956 年 7 月）
徐明岐（1957 年 8 月至 1958 年 11 月）

副主任：孟炳维（1956 年 7 月至 1957 年 8 月）
史九顺（1957 年 8 月至 1958 年 11 月）

第三节　浮山人民公社

1958 年 9 月中央政治局决定在全国农村普遍建立人民公社，11 月经市人民委员会批准撤销湛山大路街道办事处和浮山所街道办事处，由湛山大路街道办事处农村部分湛山五一蔬菜生产合作社与浮山所街道办事处所辖的工农联盟社、崂山县浮西乡海防社联合成立市南区东风人民公社。1959 年 1 月改称市南区浮山人民公社。1960 年 4 月成立浮山人民公社管理委员会，领导人称主任、副主任（未成立管委会之前领导人称社长、副社长）。1963 年 6 月市委决定，浮山人民公社的生产管理和党务工作划归崂山县，1978 年 12 月，浮山人民公社又划归市南区管辖。

主　任：张庆官（1958 年 9 月至 1959 年）
孙丕凤（女，区农林科兼 1959 年 5 月至 1961 年 4 月）
李景邦（1961 年 4 月至 1964 年 7 月）
王光瑶（1964 年 11 月任职）

副主任：孙风文（区农林科副科长兼 1959 年 5 月至 1961 年 3 月）
张云焕（1959 年 5 月至 1966 年 4 月）
侯儒生（1959 年 5 月至 12 月）
阎盛福（1959 年 5 月至 1964 年 11 月）
丁正凤（1960 年 4 月至 1962 年 7 月）
李景邦（1960 年 5 月至 8 月）
王世纲（1962 年 4 月至 1964 年 11 月）
朱和亭（1966 年 4 月任职）
陆正绩（1966 年 4 月任职）

“文化大革命”时期（1966 年 5 月至 1976 年 10 月）各级党政被造反派夺权，职能部门不复存在，由党政合一的革命委员会代行政府职权。1968 年 9 月经市革命委员会审查，并报省革命委员会批准，建立青岛市市南区革命委员会（简称区革委）。区革委建立后，12 个街道办事处和浮山人民公社成立革命委员会。

浮山人民公社革命委员会（1968 年 11 月至 1976 年 10 月）

主　任：陆正绩（1970 年 1 月离职）
朱和亭（1970 年 1 月至

1973 年 5 月）
徐仁厚（1973 年 5 月任职）
副主任：朱和亭（1970 年 1 月离职）
陆正绩（1970 年 1 月至 1971 年 3 月）
王光瑶（1970 年 1 月至 1976 年 6 月）
徐仁厚（1972 年 12 月至 1973 年 5 月）
林志实（1976 年 6 月任职）

1981 年 4 月，根据上级指示精神，并经浮山公社第七届人民代表大会通过，撤销浮山公社革命委员会，选举产生了公社管理委员会。

主　任：徐仁厚（1978 年 5 月任职）
副主任：林志实
胡桂欣（女，1978 年 5 月任职）
张凤枝（1978 年 5 月任职）
张德玉（1978 年 5 月任职）
孙丕凤（女，1978 年 5 月至 1980 年 12 月）
马永泉（1979 年 12 月任职）
孙立璋（1980 年 7 月任职）

浮山人民公社管理委员会（1981 年 4 月至 1984 年 8 月），1984 年 8 月经省、市人民政府批准，撤销浮山人民公社建制。

主　任：林志实
副主任：孙立璋
王世纲
刘玉康

第四节　浮山所街道办事处

经市人民委员会批准，1957 年 10 月将浮山办事处改为浮山所街道办事处，又于 1958 年 11 月撤销，与湛山大路街道办事处农村部分合并成立人民公社。

1964 年在浮山公社政社合一的基础上重建浮山所街道办事处，其办公地址设在大湛山村，浮山公社范围内的农业部分归公社管辖，非农业部分归浮山所街道办事处管辖。

主　任：李景邦
副主任：王云起（1965 年 3 月任职）

“文化大革命”期间，1972 年 2 月至 1978 年 12 月改为浮山所管区革命委员会。

主　任：李景邦
副主任：王云起（1971 年 2 月离职）
张锡民
刘吉太（1975 年 7 月任职）
崔英泉（1975 年 7 月任职）

1978 年 12 月根据上级指示精神，区委决定撤销各管区革命委员会，恢复街道办事处的名称。浮山所管区革命委员会撤销，恢复浮山所街道办事处，至 1984 年 8 月浮山所街道办事处撤销。

主　任：张锡民
副主任：崔英泉（1979 年 12 月离职）
姜元仁
李炳坤（1979 年 12 月任职）
马才元（1983 年 11 月任职）

第五节　湛山街道办事处

1984 年 8 月经省市人民政府批准，撤销浮山人民公社，对原浮山所街道办事处进行行政划分，将浮山所街道办事处改为湛山街道办事处，并成立浮山办事处和辛家庄办事处。

湛山街道办事处：（办公地址：秀湛路 9 号 2009 年迁至延安三路 127 号）。

管辖范围：

东至山东路，西至太平角，北至芝泉路、江西路，南临浮山湾畔。总面积3.7平方公里。2003年统计共有453个居民楼院，驻管区个体、私营、民营企事业和机关单位1280余个。2009年现管区注册各类企业2673户。

管区道路及门牌号码列表：

华严路：[1–13][2–4]

华严支路：[1–9][2–8]

华严一路：[1–11][2–12]

华严二路：[1–17][2–20]

晓望路：[1–15][2–28]

晓望支路：[1–19]

仰口路：[1–5][2–24]

仰口支路：[2–16]

东海路：[1–23][2–8]

东海一路：[1–25][2–24]

芝泉路：[1–17][2–6]

咸阳路：[1–5]

延安三路：[101–141][202–234]

太平角六路 [1–19]

岳阳路：[18]

秀湛路：[1–25][2–20]

秀湛二路：[1–9][2–10]

秀湛四路：[1]

新湛路：[2–62]

新湛一路：[7–19][2–18]

新湛二路：[1–11][2–10]

新湛三路：[1–9][2–8]

咸阳支路：[1–3][2]

香港西路：[41–87][52–58]

江西路：[1–33]

镇江南路：[3–21甲][2]

盐城路：[1–31][2–30]

海门路：[1–7]

香港中路：[1–9][2–8]

秀湛一路

秀湛三路

莲岛路

机构沿革：

一、党组织

1984年9月撤销原浮山所街道办事处党总支，建立中共湛山街道办事处党委。

1987年11月根据上级指示建立中共青岛市市南区湛山街道办事处纪律检查委员会。

2000年7月根据市委、市南区委要求，中共青岛市市南区湛山街道办事处委员会、纪律检查委员会分别改建为中共青岛市市南区湛山街道工作委员会、中共青岛市市南区纪律检查委员会湛山街道工作委员会。

二、行政机构

1984年9月成立湛山街道办事处。同年成立劳动服务公司。

1989年9月23日成立城市管理科。

1993年6月26日成立党委、行政办公室，社会治安综合治理办公室，计划生育办公室和街政科。

1994年5月11日成立财政科。

1996年1月18日成立劳动管理科。

2001年12月31日机构改革成立政工科。

2004年根据市南区文件精神，办事处内部机构设6个，分别为：

办公室

党群工作科

民政事务科

城区管理科

计划生育办公室

综合治理办公室

主要行政负责人更迭

主　任：

王继明（女1984年9月至1993年6月）

王本富（1993年6月至1999年11月）

王乃仁（1999年11月至2003年3月）

刘　林（2003年3月至2005年9月）

谭　鹏（2005年9月任职）

副主任：

马才元（1984年9月至1993年5月）

张子诚（1984年9月至1993年6月）

王敬先（1985年12月至1990年10月）

魏兰芳（女1993年6月至1998年3月）

孙继平（1994年8月至1996年11月）

孙传军（1993年6月至1995年11月）

黄祥禄（1993年6月至2002年6月）

许玉生（1995年5月至1998年3月）

徐奕堂（1995年11月至2001年1月）

李　宁（女1998年3月至2001年11月）

王俊航（1999年6月至2001年10月）

梁洪琢（2001年1月至2005年9月）

刘　静（女2001年10月至2003年7月）

朱俊萍（女2003年7月至2005年6月）

王寒青（2002年6月至2004年8月）

何德选（2004年8月任职）

万经通（2005年6月任职）

邵学义（2005年6月任职）

于衍萍（女2005年9月任职）

社区居民委员会一览表

表9-1

居委会名称	户数	人数	门牌号	备注
湛山大路	273	812	1-145	
湛山南段	288	887	292-474	中街南段
湛山北段	215	598	475-596	中街北段
东海一路南段	271	817		
东海一路北段	222	658		
湛山东段	242	728	806-964	
湛山西段	238	697	711-1052	
延安三路第一居委会	214	545	办事处以北	
延安三路第二居委会	147	236	三八水库南	
湛山新村居委会	210	703	1081	1081号左右
省外贸机械设备进出口公司家属委员会	45	131	1060-1061	
湛山邮电局家属委员会	51	202	1074	
青岛日报社家属委员会	48	130	1073	
外贸中心商检局家属委员会	45	146	1073	
合计	2509	7290		

注：1989年共10个居委会，4个家委会

2003年：共8个居委会

1. 东海一路社区居委会，原名大湛山B区居委会，2001年1月更名为东海一路社区居委会：

位　　置：湛山街道办事处西南部（湛山广场西侧）

办公地址：新湛一路6号

面　　积：0.4平方公里

户　　数：2216户

人　　数：4752人

2. 新湛二路社区居委会，原名大湛山CD区居委会，2001年1月更名新湛二路社区居委会：

位　　置：湛山街道办事处西部（湛山广场东侧）

办公地址：新湛二路9号

面　　积：0.3平方公里

户　　数：1500户

人　　数：3520人

3. 新湛路社区居委会，原名大湛山E区居委会，2001年1月更名为新湛路社区居委会：

位　　置：湛山街道办事处南部

办公地址：新湛三路8号5单元103室

面　　积：0.7平方公里

户　　数：1560户

人　　数：2194人

4. 秀湛路社区居委会（2001年更名）：

位　　置：湛山街道办事处中部

办公地址：华严支路6号

面　　积：0.25平方公里

户　　数：998户

人　　数：3108人

5. 华严一路社区居委会，以所在的主要道路命名（2001年1月更名）：

位　　置：湛山街道办事处中部

办公地址：华严一路7号

面　　积：0.35平方公里

户　　数：620户

人　　数：1672人

6. 仰口路社区居委会，由原芝泉路、仰口路合并而成，2001年1月更名为仰口路社区居委会：

位　　置：位于湛山街道办事处北部

办公地址：晓望路1号

面　　积：0.5平方公里

户　　数：1800户

人　　数：4320人

7. 盐城路社区居委会，以所在主要街道命名，2001年1月更名：

位　　置：位于湛山街道办事处东部

办公地址：盐城路19号

面　　积：0.55平方公里

户　　数：1760

人　　数：3825

8. 山东路社区居委会由原山东路居委会、江西路居委会合并而成，2001年1月更名为山东路社区居委会：

位　　置：位于湛山街道办事处东北部

办公地址：镇江路13号

面　　积：0.65平方公里

户　　数：1714

人　　数：4503

2009年湛山街道办事处迁至延安三路127号，辖湛山社区服务中心、秀湛路社区居委会、仰口路社区居委会和盐城路社区居委会4个社区。户籍人口33992人、9482户，集体户人口8112人、68户，现居住人口38992人。

第十篇　军事

ZHAN SHAN CUN ZHI

湛山村志

ZHAN SHAN CUN ZHI

第一章　兵役

第一节　招募

明清两代兵役制度皆为招募。

明制自京师达于郡县皆立卫所，外统之都司，一府设所，数府设卫。1120 人称千户所，120 人称百户所，5600 人称卫。大小联比，合成一军，归五军都督府率统。每省设都指挥使司(简称都司)统率本省各卫所，分隶各都督府。全国共有都司 21 个，内外卫 493 个，千户所 359 个。兵卒来源有三种：一从征（诸将攻取土地，留兵戍守）、二归附（降兵）、三谪发（罪人充军），兵卒子孙永远称军户，不得冒入民籍。浮山所为明代“浮山备御千户所”，史载“浮山所系鳌山卫前所，同封千户者九：苏、余、杨、焦、亢、毛、张、两王，同封百户者四：丁、詹、侯、葛共封十三户，其余军户难以悉数……”。大湛山村的毛姓和小湛山村的丁姓都是明代浮山所的世袭军户，毛姓为千户，丁姓为百户。

清代湛山各姓氏族谱记载服兵役的人员：

孙承春　字会三，由军功六品职衔，尽先外委即补把总

孙承隆　由军功六品职衔。

孙承柱　由军功六品职衔。

孙修吉　由军功六品职衔。

辛启和　字致中由军功钦赐六品。

贾明周　康熙年间生，兵名顺。

贾宏镯　字天以，雍正三年生，兵名铎。

贾宏鉽　阵亡。

贾廷贤　阵亡。

民国初年实行募兵制。

魏克江　1924 年至 1928 年在胶县警备队当兵曾参与与张宗昌的散兵作战。

孙立锡　国民党军队连长(一说上校团长 ）抗日战争以身殉国。

抗日战争胜利后，国民党实行役龄壮丁应征常备兵役抽签当兵制，强迫役龄青年抽签，抽中者当兵或雇人顶替。1949 年国民党军队溃败阶段大量发生乱军抓兵。湛山被抽壮丁和抓兵参加国民党军队的有：

辛承文	孙立驾	付根道	王洪德
丁立梅	王书起	孙立孜	辛承广
丁立江	辛承杨	孙洪臣	辛玉先
王俊纲	武邦君	邵成鑫	单秋德
辛玉凌	孙正周	辛兆歧	王德英
贾启友	许祥友	王忠堂	任增德
孙立竹	张振谓	孙正凤	于林清
陈文登	辛玉寿	孙中俊	辛承柳
辛兆友	贾世盛	辛玉阳	孙立锡
孙立勇	辛玉晓	王舜山	张维卿
安风岐	于美功	于録功	贾世琋
张华文	张华武	孙立根	邵成义
辛玉华	李奎元	王本健	袁永考
孙中秋	孙中财	孙立考	邵尚聚
丁立堂	李青山		

第二节　志愿兵

解放战争时期和新中国成立初期从自愿报名参加中国人民解放军和抗美援朝战争中参加中国人民志愿军的青年中选择符合条件的当兵，长期在部队服役为志愿兵。

志愿兵统计表

表 10-1

姓名	服役时间	姓名	服役时间
辛玉晓	1949.6—1957.10	孙立勇	1949.5
孙中秋	1948—1955	孙中财（烈士）	1948—1951
贾世琋	1949.7—1956.2	杨玉萍	1949—1957
安克祥	1948—1955		
孙中全		李奎元	1949—1955
孙正凤（伤残）	1949—1951	孙立湖	1950.12—1984
孙立沅	1950.12—1985	丁立仁	1953.4—1953.10
张诚信	1951—1953	邵成山	1953.11—1958
于信然			
邱大福			

第三节　义务兵

1955 年颁布《中华人民共和国兵役法》以后，开始实行义务兵役制。

1959 年湛山大队老三连的青年们集体欢送贾世珠光荣应征入伍
自左至右一排：刘同信　张永和　贾世珠　宓钊堪　孙正明
二排：孙进芳　贾秀花　郑美英　孙秀菊　孙秀芳　贾秀兰
三排：张国英　孙秀花　孙美贞　张玉凤　贾秀云

第二章　驻军

历史兴废，沧桑更迭，湛山一带历来都是兵家军事要地。

明初此处设浮山所辖属的斩山墩堡。明代的军事制度是卫所兵制，《明史》记载：“明以武功定天下，革元旧制，自京师达于郡县，皆立卫所”。洪武二十一年（1388）设立浮山所，全称是“浮山备御千户所”。由于自元末至明代倭寇（日本海盗）猖獗，经常入侵中国沿海地区，中国沿海地区百姓深受其害。据《明史》《胶州志》《即墨县志》记载：洪武二年（1369）正月倭寇侵扰山东沿海；洪武三年（1370）夏四月倭寇侵山东、浙江、福建沿海；洪武四年（1371）夏六月倭寇侵胶州；洪武六年（1373）夏六月倭寇入侵即墨、诸城、莱阳沿海；同年倭寇侵莱、登两府海域；加之江、浙、闽、粤一带之倭患，致使民不聊生，国不安宁，百姓苦不堪言，朝廷深以为忧。明代沿海卫所的设置与防御倭寇有关。

浮山所共设四军寨，二十五军屯，十八墩堡。《重刊万历莱州府志》卷五“兵防”记载：“浮山备御千户所属鳌山卫，设官正千户（正五品）、副千户（从五品）、百户（正六品）。辖墩堡十八：曰麦岛、曰错皮岑、曰双山、曰塔山、曰瓮窝头在所东；曰转山头、曰狗塔埠、曰桃村、曰中村、曰东城、曰张家庄、曰程家庄在所南；曰程羊、曰女姑、曰楼山、曰孤山、曰红石、曰斩山在所西。”

斩山墩堡与麦岛墩堡为浮山所之两翼，直面黄海，东西呼应，遇有倭寇袭扰，白日举烟，夜间举火，传递警报，以示告警。

在斩山驻守的屯垦军民，亦军亦农，有警则战，无警则耕，镇守海疆，抵御倭寇。

德占青岛时期，德军在湛山周围大兴土木，建了伊尔奇斯炮垒、中央炮垒、太平岬炮垒等，是当时青岛东部之重要防御地带。德军在湛山一带布重兵驻守，太平山之西即是伊尔奇斯兵营，与俾斯麦兵营、毛奇兵营合称三大兵营。

1914 年日本第一次侵占青岛后，将德军的伊尔奇斯兵营改为旭兵营，在湛山一带大量驻军。

1938 年日本第二次侵占青岛，仍在湛山一带驻军。菉豆岛上的太平公园遭其毁坏，改为军事要塞。1943 年日军强占湛山小学驻扎军队。

日本投降后，1946 年到 1949 年，国民党要塞司令部军队在湛山驻军。

1949 年 6 月 2 日中国人民解放军解放青岛，解放军大军进驻大湛山村，夜宿大街，村里住满了军队，但对村民秋毫无犯，见到村民笑脸相迎，称呼“老乡”，第二天上午借用“老乡”家的锅灶做饭，不久离去。

新中国成立后，湛山周围的太平角、太平山、土山等皆划为军事要地，设重兵在此驻守。1960 年代中国人民解放军部队以租借民房为临时营房，驻湛山村执行任务。驻湛山一带的军事单位还有中国人民解放军海军潜艇学院、空军疗养院、海军疗养院、济南军区第一、第二疗养院等（原为华东军区疗养院）。

第三章　战事

第一节　湛山的德国炮台

1897年11月14日晨，德国海军陆战队以借口在胶澳水域操演水军为名，在胶州湾登陆。同日，德军突然向清兵发起攻击，清兵守将章高元措手不及，不知攻守进退。不久，清兵即在德军的威逼下，不得不放弃沿海各个炮台、营垒，退至沧口。于是清兵花了几年的时间，苦心经营的沿海各炮台纷纷落入德军之手中。12月17日清政府迫于德国军事压力，命章高元将清兵完全撤离防地，退守烟台。

在德国人强占胶澳的十几年里，德军几乎将青岛市内所有的山头制高点、海岬都装备了密集的炮台、地堡和军事掩体。1899年和1908年，根据青岛的山脉走向和海岸地形，两次规划营建了两大炮台交叉火力网，用以防御来自南（海上）北（陆上）的进攻。其中在湛山村周围也建了许多炮台，据《胶澳志》记载：太平山最高峰150余公尺，德国人昔年于此建有伊尔奇斯炮台（这里到处设有口径不同的加农炮34门，是德军最大最集中的交叉火力炮群），为青岛东南隅之防守要地。太平山东一公里许为湛山平岗无高峰，最高处海拔80余公尺，德国人建炮台于上，分一、二、三号南北排列，名为中央炮垒，乃青岛市东部之重要防御地带。由此东北一公里有小岭名小湛山，德国人建有四号炮台，再东北至海泊河边，德军还建有五号炮台，由湛山海滨向北蜿蜒经元家庄直至海泊河一号至五号炮台之防御掩护线长达五公里，为青岛东南隅之防守要地……。湛山之南为太平岬，伸入海中与西方之汇泉岬遥遥相对，与团岛岬并列而三，昔有炮台为德国人最重要的防御工程。

在第一次世界大战中，青岛是亚洲唯一战场，湛山一带也是重要战场之一。这些由钢筋混凝土和钢铁组成的炮台，曾经编织了当年德国殖民帝国妄想称霸东方的一个神话，1914年，日德之战中，这些炮台大都被日英联军炸毁（但至今遗迹尚存）。

湛山地区德国炮台遗迹

太平山东炮台全景图，从该炮位可以俯瞰青岛东部区域

太平山上的德国炮台

位于宝应路附近的台东镇堡垒

小湛山北堡垒内部，木地板依然十分干燥

小湛山堡垒的铁门

当年的小湛山堡垒大门紧闭，里面分上下两层，目前保存良好

第一次世界大战青岛德国战场遗址

第二节　德日太平山之战

1914年8月1日第一次世界大战开始，日本帝国主义趁德国忙于欧洲大战无暇东顾之机，于1914年8月15日向德国发出最后通牒："一、立即撤退日本及中国海上之一切德国军舰，不能撤退者立即解除武装。二、在九月十五日以前，将全部胶州租借地，无偿、无条件交付于日本帝国官宪，以备将来交还中国。"但是，德国皇帝威廉二世和胶澳提督麦尔瓦德克颁布了保卫胶州湾的命令，直到战斗到最后一个人。23日，日军对德宣战，日本第二舰队封锁胶澳。这场战争空前残酷，双方动用了海、陆、空军部队，是一场立体战争。

8月27日，日本海军中将加藤定吉率领海军第二舰队60余艘军舰，到达崂山附近海面，9月22日，德国驱逐舰与英国驱逐舰"肯纳脱"号激战在胶州湾的进出口处；28日，日英联军舰队从海上发起第一轮攻击，有英国战舰"胜利"号和日本战舰"志贺"号向德国青岛山要塞指挥所、俾斯麦炮台和湛山周围的炮台开炮，德国海军以牙还牙，迅速出动鱼雷舰"S90"号和炮舰"豺狼"号以及奥匈帝国巡洋舰"伊利莎白皇后"号，多次出其不意地攻击英、日两国的军舰；日本海军的巡洋舰"高千德"号、驱逐舰"白沙"号等被德国军舰和青岛山等处的炮台先后击沉海底；德国海军"S90"号鱼雷舰于10月17日在夜雾的掩护下，突然驶出胶州湾，以迅雷不及掩耳之势，向日本巡洋舰"高千德"号发射了1枚鱼雷，只听见"轰"的一声巨响，"高千德"号被击中，徐徐沉没，共有271人葬入海底，仅13人幸存；而朝连岛灯塔、大公岛灯塔、小青岛灯塔、马蹄礁灯塔及西浮标、还有大港进口的红绿灯桩、小港进口的红绿灯桩、小港高导红绿灯桩均被战火毁坏。

由于日本海军封锁了胶州湾，使得德国海军军舰出港困难，不得已它在胶州湾的进出口处自沉了30艘军用舰船，即在马蹄礁灯台南部自沉水雷敷设船（400吨）1艘，在该灯塔北部自沉1艘280吨重的驱逐舰；此外，还有奥地利巡洋舰"凯撒、爱利·伊利莎白"号（4060吨）、德国巡洋舰"克罗毛浪"号（1630吨）、炮舰"伊尔奇斯"号（900吨）以及著名的"尔伦利克马斯"号、"丢伦打特"号、"米卡尔基不逊"号舰船、16000吨重的浮船坞、150吨重的起重机等均被自沉海底。这样使得海面上游雷漂浮，航道上沉船堵塞，码头上千疮百孔，尤其是10月31日这天，炮火击中造船所引发军港的油库起火，又引发3个油罐爆炸，火光冲天，黑烟滚滚……

1914年9月2日，日本陆军中将神尾光臣率领第18独立师团和海军重炮队突然在龙口登陆，长途奔袭青岛，横扫山东半岛腹地，10日侵占平度，12日，日军第三旅团骑兵部队攻占即墨，13日抵胶州，占领胶县车站，23日日军400人突然占领潍县车站；27日中国政府因日军侵犯中国，占据铁路，向日本提出抗议。日军继续于10月5日占领益都车站，6日占领济南，胶济铁路全线为日军侵占。10月10日日军又增派一个混成旅到山东。此时日本派往中国的陆海军总兵力已达两万余人。

9月18日拂晓，日军崛内支队在崛内文次郎的指挥下，在崂山仰口湾悄悄地登陆占领王哥庄，侵占李村，在此和师团本部会合，与神尾光臣所部山田良水支队取得联系后，向西南山区进发，在河东涧与德军激战，德军退守北九水；19日，日军猛攻德军在柳树台的据点，双方激战到天黑，德军为保存实力自行炸毁工事，向市区撤退。23日，英国陆军西库斯联队2个大队1680余人（另说为1225人）在巴纳迪可顿准将的率领下，也在崂山仰口湾登陆，抵达李村与日军会合，并与德军一小分队交战于沙子口一名叫“鹰窝”的悬崖处，德军只有60余人，显然是寡不敌众，仅有12人逃向市区。26日，日军神尾光臣中将指挥日军主力进至双埠村、石门山、九水庵一线；27日他们进至楼山后、李村、金家岭一线，与英军会合，突破了德军第一道防线。

9月27日，日英联军继续向德军第二道防线（孤山至浮山一线）发起攻击，遇到了德军拼命的抵抗，战斗异常激烈，直到28日才突破这道防线。但是德军5000余人在总督麦尔瓦德克的指挥下，节节抵抗，德军炮台从各个不同角度猛烈还击联军的进攻。在9月29日至10月13日的半个月时间内，双方每日互射3000发炮弹，约计45000发炮弹。10月2日德军还组成350余人的敢死队夜袭四方山的日军，但未成功;21日德军在市郊的炮台失守;29日，英日联军进入四方、韩家庄、东吴家村、田家村、辛家庄之军队，分右翼（日陆军中将静法寺率领）、左翼（陆军少将崛内率领）、第一路中军（英国参将班纳敦斯顿率领）、第二路中军（日陆军少将山田率领）四路全面向德军发起攻击。31日，猛烈的炮火，一直持续了6昼夜，日军发射的炮弹约为1600吨，湛山伊尔奇斯炮台被日英联军彻底摧毁。

德国殖民者在占领胶澳时，就在今汇泉广场修建了飞机场，跑道约1000余米，可停飞机2～3架。在双方交战时，每天清晨由驾驶员驾机起飞，绘制日英联军部署及活动等情况的草图，返航后向青岛山要塞指挥所报告，再由最高指挥官下达给海、陆军和炮兵指挥所，对敌方给予精确的打击。德军飞机有时还俯冲扫射和轰炸日英联军阵地、战舰，使得日本“关东丸”军舰闻风丧胆。但是在1914年11月5日，日本飞机参战后，扭转了被动局面，飞机盘旋在市区散发警告传单，令德军投降。

11月6日，日英联军占领德军中央炮垒——突破了从海泊河至小湛山的第三道防线，德军的陆上防线（浮山湾、湛山、亢家庄、海泊河一线）全线崩毁。德军本想在撤离时实行“焦土政策”，将青岛付之一炬，但是由于英日联军攻势迅猛，难以实施。11月7日清晨6时左右，德军阵地已基本丧失，只有青岛山炮台和海岸炮台还在抵抗，日英联军便派出小分队以茂密的松林为掩护，爬上陡坡，接近炮台，使得重炮难以发挥作用，德军在青岛仅有五千人、五艘军舰，苦战后，终因寡不敌众，只好炸毁所有炮台，销毁除警卫部队手提式武器以外的全部军火，上午7时驻青德军，按照上级的命令，挂出白旗表示投降。11日上午10点，日军入城侵占青岛。

这场日德争夺胶澳的攻防战，是第一次世界大战在远东唯一的战役。据资料显示，日军死717名、伤1592名，德军死伤和失踪者约550名，其余被俘。而这场发生在中国土地上的不义之战，受害最大的是中国老百姓。德军投降时，将重要建置如水道、电灯、船厂起重机等尽行毁坏，全市秩序紊乱，日暮以后，如同黑暗世界。我国商绅大都避难他往，居民损失不堪言状，据不完全统计，胶澳地区受害者1548户，中弹身亡40余人，财产损失1900余万元，仅李村区在外避难就有12000余人，在台东镇一带的房屋全部毁于战火，就是在其他街道市面也是弹痕累累、千疮百孔，沿海的渔民更是无法出海，农民无法耕种……由于湛山一带是重要战场之一，在德日交战中湛山村被炸毁房屋60多间，村民扶老携幼四散逃难在外40余天。入侵湛山村的日本侵略者破门而入，在村民屋里养马，家里粮食被喂了马，牲畜、家禽被日本侵略者吃光，其灾难和痛苦永存老百姓的记忆之中，给青岛的历史添上了耻辱的一页。

日本参谋本部编《大正三年（1914 年）日独战史写真贴》

东京偕行社大正五年（1916 年）小湛山北堡垒图

第三十九　小湛山北堡壘ニ對スル我攻擊作業

第四十　小湛山北堡壘上ヨリ我攻擊陣地ヲ望ム

第四十二 小湛山北堡壘ノ咽喉部

第四十五 小湛山北堡壘ニ對スル我砲彈ノ效果其三

第四十六 小湛山北堡壘ニ對スル我砲彈ノ效果其四

第四十九 小湛山堡壘火線掩蓋破壞ノ景況其一

第三节　崂山抗日游击队

据李先良著《青岛与八年抗战》记载，青岛敌后崂山抗日游击队，在抗战初期，崂山里没有正式的游击队，只有几帮各有二三十人组织的所谓锄奸团，并无名义亦无主义，毫无纪律与约束的土匪乌合，那时是一个混乱状态，对于打击青市日寇，根本谈不到，只是借着锄除汉奸的名义，到处横行，打家劫舍，任意勒索绑架，反为扰民之害。国民党鲁东行署主任兼代理青岛市市长李先良于1942年秋率所部鲁东行署独立营转进崂山，一进崂山便订定崂山治理方针，揭橥抗战，除暴安良等口号与贯彻实施办法，抗日战争是中国不分男女老幼，不分南北东西地区举国一致对日侵略的一致目标，坚持长期抗战消耗敌人力量争取最后胜利，是抗战的策略。青岛市过去受日本人统治与侵略的痛苦最深，对于抗日的情绪素高，待李先良代市长深入崂山登高一呼，先行清除土匪，整编或肃清乌合杂牌小帮部队，重振抗日情绪，统一指挥，领导有方，所以群众拥护，竞相参加。初进崂山的独立营原为青岛市游击部队规制为青保部队，1942年改编为青岛保安大队，1943年扩编为青岛保安总队（简称青保），最多时总共官兵达五千余人，直隶市长指挥，领导军民对日作战。初由李代市长兼任保安总队长，继由保安副总队长高芳先升任为总队长。

崂山游击队的湛山之役

1944 年 4 月 4 日“青保”总队长李先良派特务队分队长辛承清潜入市内，在登州路将伪商会常务董事长乔智金挟持至湛山击毙，日寇虽派队追击，终未得逞。“青保”宣告如今后为虎作伥，将与乔氏同命运，使市内大小汉奸莫不胆寒。

崂山游击队的孙正仁和辛承广

湛山的孙正仁和辛承广二人从小就非常要好，抗日战争时期二人一块参加了崂山游击队。有一次他们和战友一起执行任务，袭击青岛日军的阳本纱厂，主要任务是抢布匹等军需物资。在战斗中孙正仁和几个战友不幸被日军抓去，关在常州路监狱，在狱中受到严刑拷打，他们宁死不屈。后来听说第二天就要被砍头，于是他们秘密商量周密的越狱计划，并进行了严密的分工，然后利用白天放风的机会观察地形，发现监狱院子里有大汽油桶。当晚他们佯作打架，值夜班的两个日本兵打开牢门，冲进牢房，打架的战友见日本兵进来，打得更凶，吸引日本兵的注意力，其他人从日本兵身后趁其不备用马桶盖（给犯人大小便用的木桶盖）猛砸日本兵头部，大家冲出牢房，踩着摞起来的大汽油桶翻越监狱高高的围墙四散而逃。孙正仁赤着脚丫子不走大路，沿着海边跑回湛山，到他嫂子家急忙吃了一点饭，找了一双鞋穿上，沿小路翻山越岭奔向崂山，日军出动摩托车一路紧急追到湛山扑了空。孙正仁跑回崂山游击队大本营，继续投入抗日战斗，直至日本投降抗战胜利。在解放战争中孙正仁从国民党军队被解放军俘虏，又成为人民解放军的机枪射手。解放战争胜利后，复员为四方机厂工人。

辛承广随国民党军队撤退去了台湾，孙正仁留在青岛，两个同生死共患难的乡亲加战友从此天各一方四十余年。两岸开通台湾老兵回大陆探亲后，辛承广终于回到了日思夜想的湛山故乡故土，找到辛承祖打听孙正仁是否还活着，辛承祖带领他找到家住沧口四方机厂宿舍的孙正仁，两个当年的抗日好汉，如今已是垂暮老人，相见如梦，半天说不出话来，紧紧拥抱在一起失声大哭……二人无限感慨地说，咱俩九死一生，还能再见面真是太不容易了。

第四章　民兵

第一节　民国时期民兵组织

大湛山村前街为第八保，保长孙立瑞，副保长孙作泽；后街为第九保，保长辛承志，副保长辛玉华。

各保按规定成立“民众自卫队”，由保长任保队长，凡 18 岁以上 45 岁以下的壮丁，一律编队受训。

第二节　新中国民兵组织

新中国成立后，在全国范围内普遍实行民兵制度，分为基干民兵和普通民兵，分别为第一类预备役和第二类预备役。民兵是中国人民解放军的有力助手和强大后备军，是社会主义建设的一支骨干力量。平时其成员各事其业，接受必要的军事训练，维持社会治安，战时就地配合军队作战或开展游击战争，担负各种战争勤务，必要时补充军队。

1950年在土改工作队领导下，组织青年建立了民兵组织：

民兵队长：贾维星　王世纲　于鑫功

民　　兵：王肇进　孙立臣　孙立成　孙忠峰　容进福　李奎德　贾启恩　辛承福　孙中河　孙立海　孙中昆　毛炳和　丁正山　丁正青　邵成茂　辛承林　邵尚义　邵成水　丁立仁　孙作文　辛兆恩等

开始在孙氏家庙设民兵队部和值班室，后来先后在孙中正、孙作梅、孙立涛、孙立奎等各家的空房子都曾经设民兵队部和值班室，民兵集中训练，开会学习，配备三八大盖步枪5支和少量子弹昼夜轮班站岗、巡逻、值班，维护社会治安和保卫土地改革运动。

1952年国务院颁布了《民兵组织暂行条例》后，根据《山东省军事司令部政治部联合通知》精神，进一步加强了民兵组织建设。

1958年人民公社成立后，实行生活集体化、组织军事化、生产战斗化，将全部男女劳动力编为团、营、连、排，公社可统一调配，实行大兵团作战。公社下属的3个生产大队划为3个营，其中湛山大队划为第一营，其下属的5个生产队为5个连，各连下属的生产小队为排。

1960年贯彻毛主席提出的“全民皆兵”指示，全体适龄男女社员均加入民兵组织，一般称为普通民兵，从基干民兵中选拔骨干成立基干民兵连。1962年根据“民兵工作三落实”的指示实行了改编。

1963年民兵组织实行军事化管理，浮山公社武装部重组公社基干民兵武装连，下设3个排，湛山属第一排，配备枪支弹药，并集中进行军事训练和巡逻。

1963年湛山大队基干民兵训练和巡逻情景

（本公司档案提供）

1985年湛山农工商公司成立后，民兵工作归湛山街道办事处领导。

1995年湛山农工商公司党委成立后，设湛山农工商公司武装部，负责民兵征组、适龄青年兵役登记和征兵，组织民兵参加上级武装部门进行的各项军事活动，并组织本公司基干民兵参加各项应急任务。

第三节　民兵任职

湛山大队和湛山农工商公司民兵组织任职据不完全统计概况如下：

民兵营长：

姓　名	任职时间
贾　彬	1963年至1964年11月
宓钊堪	1964年11月至1965年
孙中圣	1966—1975年
张永远	1978—1988年

民兵副营长：

姓　名	任职时间
张永和	1962—1963年
宓钊堪	1963年至1964年11月
宓钊堪	1966年—
仲维花	1966年—

民兵连长：

姓　名	任职时间	工作单位
周公海	1964年—	一连
孙玉芳	1964年—	
孙正明	1964年—	三连
张永和	1964—1970年	三连
王志高	1964年—	四连
王秀珍	1964年—	四连
张永远	1976—1977年	
辛淑芬	1973—1977年	三连
孙立礼	1978—1980年	机修厂

民兵副连长：

姓　名	任职时间	工作单位
贾世华	1971—1983年	机修厂

民兵排长：

姓　名	任职时间	工作单位
马金花	1964—1972年	1队
付爱美	1977—1981年	1队
秦继民	1968—1969年	2队
邱凤英	1973—1979年	2队
任增国	1973—1974年	4队
费立菊	1966—1970年	4队
孙　艳	1970—1974年	5队
臧友文	1969—1971年	7队
辛克文	1973—1979年	7队
孙美菊	1969—1974年	9队
孙中润	1975—1977年	9队
宓跃贤	1977—1979年	9队
刘可义	1968—1974年	11队
孙忠娥	1964年—	12队
刘可诚	1968—1975年	12队
辛承杰	1966—1969年	14队
姚桂兰	1965—1981年	15队
孙培芬	1967—1969年	大队副业
隋洪国	1974—1981年	安全器材厂

第十一篇　文教卫生体育

ZHAN SHAN CUN ZHI

湛山村志

ZHAN SHAN CUN ZHI

第一章　文艺戏剧

第一节　民俗文艺

每逢过年，闹新春是村民最喜爱的民俗活动。抗日战争胜利后，南京国民政府接收青岛，重新编组实行保甲制。1946年被选为八保保长的孙作挺组织文艺爱好者成立“同乐会”，置办戏装行头，排演戏剧节目，春节期间在中街搭起戏台，正月里演出各种戏剧杂耍。演出剧目有《苏三起解》《白蛇传》《钓金龟》《锔大缸》等。还有历史悠久的踩高跷，由许多人组成高跷队，化起妆来，装扮成唐僧、沙僧、猪八戒、孙悟空及白娘子、小青等戏剧人物，手持道具踩着高跷腿子，高者三四尺，矮者尺余，翩翩对舞，还配有跑旱船，耍毛驴。除在本村表演外，还到相邻各村演出，互相拜年。所到之处，人山人海，锣鼓鞭炮，欢声笑语。中午时分，都被当做贵宾由村长恭恭敬敬地安排在各家各户，受到热情款待，大大加深了与各村之间的乡谊乡情，也极大地丰富了村民的精神文化生活。

其中，孙立竹、辛承球扮演的孙悟空，孙正芳扮演的傻小子，孙立赞男扮女装跑旱船，孙作河扮演的锔大缸和山东快书即兴发挥现场编词，孙中章（青衣）和孙作杰扮演的打渔杀家、苏三起解，王乃士掌鼓板，孙正夏拉京胡等都给村民带来了许多欢乐，留下了深刻的印象。

第二节　业余剧团　文艺演出

1949年青岛解放后，上级派新任湛山小学校长王基仁在抓新教育的同时，亲自担任导演，组织师生排演了大型歌剧《白毛女》，在湛山和周围各村演出，反应强烈，轰动一时。为了配合中心工作，宣传党的方针政策，发动群众，1950年又在湛山农民业余学校发动青年农民，自愿报名成立剧团。毛炳增自报奋勇担任剧团负责人，年轻人纷纷积极报名参加。王基仁校长拿到大型歌剧《瞎老妈》剧本，确定由孙中洲主演地主何五爷号称“五铁耙”，孙立奉扮演狗腿子，顾秀荣扮演瞎老妈，贾启峰扮演老孙头。大家积极热情，道具自备，化妆品自费，校长王基仁担任导演，从组织准备到排练演出仅用25天，演出非常成功，取得了良好的效果。在本村演出后又到周围各村和驻军部队及各单位巡回演出，反应都很强烈。在巡演过程中，扮演地主“五铁耙”的孙中洲在台上常遭愤怒的观众乱石击打，特别是在太平镇演出，更是挨了很多打。

与此同时，1950年配合土地改革运动，王基仁校长还导演了由贾启忠和湛山小学学生李慧芳扮演的秧歌剧《兄妹开荒》，表现解放了的崭新的农民形象，生动活泼，富有情趣。在刚解放的新时代，演出了延安鲁迅艺术学院创作的新文艺，给村民焕然一新的强烈印象。

此后，正式成立了“大湛山农民业余剧团”，大家一致推举孙中洲担任团长兼导演。又有擅长拉二胡的孙立江加入剧团乐队并带出了王道智、孙立成、贾启恩、贾启孝等一批新人，进一步壮大了乐队。在抗美援朝时期排演了大型歌剧《不愿做奴隶的人们》，由擅长戏剧表演的矫铸法扮演侵朝美国军官查理少校，丁爱贞主演银香，矫宏馨扮演银香的女儿，孙瑞英扮演阿玛尼，参加演出的还有辛承林、孙美英等人。在本村和各地巡回演出当中，所到之处，深受广大观众热烈欢迎。1952 年“大湛山农民业余剧团”参加了青岛市全市会演比赛，参赛单位 46 个，共评出 4 个一等奖，其中“大湛山农民业余剧团”参演的大型歌剧《不愿做奴隶的人们》获得了一等奖，受到市里的表扬，并获得奖金 150 元，缓解了剧团的经费困难。

同时期还有矫铸法、贾启文、孙桂芳等人组成的话剧团，演出了话剧《升官图》《大榆林》等。

20 世纪 50 年代在镇压反革命、土地改革、抗美援朝、宣传新婚姻法等各个不同阶段当中，每年至少排演两个大剧和一些小剧。演出的主要剧目有：

秧歌剧：《兄妹开荒》。

歌剧：《白毛女》《瞎老妈》《不愿做奴隶的人们》《艺海深仇》《冲破黎明前的黑暗》《三世仇》《太平桥》等。

吕剧：《真正的爱情》《擦亮眼睛》等。

话剧：《升官图》《大榆林》等。

京剧：1958 年成立了以孙凤文为团长的“浮山人民公社京剧团”，演员由各村组成。湛山有矫铸法、魏志谨、王志惠等，演出剧目:《宇宙锋》《红娘》《秦香莲》《金玉奴》等。“文化大革命”“破四旧”时将戏装道具焚毁。

1963 年开始，为配合社会主义教育运动，又重排演了歌剧《太平桥》、吕剧《擦亮眼睛》等。主要演员有矫铸法、吴明德、费立春、辛美芳、王克忠、孙立恺、贾世才等。

第三节　毛泽东思想宣传队

20 世纪 60 年代后期，成立了“毛泽东思想宣传队”，组成了民乐队，表演集体歌舞和丝竹管弦各种乐器演奏革命歌曲等。

1970 年湛山大队毛泽东思想宣传队合影

第四节　电影

20 世纪 50 年代起，当地驻军部队和当地群众拥军爱民活动频繁，经常到大湛山村为村民放映电影。每次都不用下通知，只要一挂上电影幕，消息立刻不胫而走，传遍全村。另外周围的纺疗、海疗、空疗、武装部、南岛等各疗养院和驻军单位都经常在驻地和进村放映电影，极大地丰富了村民的业余文化生活。

1975 年 12 月 5 日浮山公社成立文化站时设立了电影放映队，起初，请来崂山县北宅公社专业放映老师协助指导，放映员张永兴、张建设二人边学边干，1981 年经青岛市电影公司培训考试合格，取得了正式电影放映员资格证，后来又增加了孙正礼、孙公深二人为放映队队员。

1976 年至 1978 年使用 8.75 毫米电影机，1979 年更换了 16 毫米电影机。

1976 年至 1982 年到崂山县电影公司取影片，1982 年年底改到青岛市电影公司取影片，每部影片片租费 5 元。电影放映员每放一场电影补贴 0.05 元，每星期一部电影，浮山公社 7 个大队巡回放映，好片有时一晚上放映 4 场，有一次在田家村放映结束后天都亮了。随着电视的逐渐普及至 1984 年浮山公社解体后电影队遂停止。

第五节　街道社区广场文化娱乐活动

湛山居民住宅小区两万多平方米的大型绿地广场是广大居民在这里纳凉、游玩、健身，举办各种文化娱乐活动的中心。每天清晨和傍晚湛山太极拳武术协会组织爱好武术的居民在这里练习武术，每当华灯初上，大批爱好舞蹈的居民自发组织起来，在优美的音乐声中跳了各种大型集体舞、交谊舞，还有不定期举办各种大型文化娱乐活动。

大型“欢乐湛山”迎春文艺会演

大型创建全国绿化模范城市爱国卫生月活动启动仪式（贾世珍摄影）

第二章　文化教育

第一节　私塾

明清两代湛山从事教书职业已知族谱记载（业儒）的仅 5 人：孙佐（字圣四）、辛时可、辛数可（字余廷）、辛治可、辛延阶（字台三）

历史上由于生活艰难，村民中上学的人占少数，多数人是文盲，民间叫“睁眼瞎”。清末民初村民上学是在家庙或到浮山所、吴家村等外村上私塾，上学的都是男孩子。私塾学堂一般只有一个教书先生，采用个别教学的方式教学生，按“念”“背”“讲”“写”四字常规进行，因人而异，教制教材均无规定，学习内容从启蒙到深化。所设课程一般有《三字经》《百家姓》和四书、五经等，也附加《弟子规》《千字文》《日用杂字》《千家诗》《古文观止》等。崂山仲村刘文卿父子在湛山教私塾时间较长，大多数学生学习两三年能识字就算了，能读完四书、五经的较少，其中有4个学生辛玉昌、辛玉华、辛玉峰、辛承堂在村里号称“四大学士”。据不完全统计清末民初村民中上私塾的41人概况列表如下：

清末民初湛山村民中上私塾的概况统计表

表11-1

姓名	出生年份	学习年限	姓名	出生年份	学习年限
孙作平	1886	3	孙立涛	1907	4
孙立金	1894	3	孙立培	1905	3
贾维秋	1895	4	张演义	1907	2
贾维启	1895	3	孙作梃	1908	3
孙作榛	1897	5	贾维喜	1909	2
孙中文	1898	5	贾启玉	1909	2
孙立宝	1898	4	孙奉修	1918	3
孙立孔	1898	3	辛玉昌		6
孙中礼		3	辛玉华	1917	11
辛玉忠	1901	3	辛玉峰		11
丁成智	1901	6	辛承堂		6
辛承梅	1902	3	邵尚春	1921	3.5
胡文忠	1902	6	孙正清	1921	3
孙作湖	1903	1.5	矫铸法	1922	5
辛玉木	1903	3	贾启雪	1924	2
孙作珍	1904	5	孙作凯	1926	3
孙立球	1905	3	孙立岳	1927	2
孙作铭	1905	6	袁大忠	1928	2
贾启福	1905	6	丁正梅	1928	2
孙作桢	1905	6	孙中洲	1928	2
辛玉经					

第二节 公学堂

德占青岛时期为中国人设置的小学共26所。1905年，德国胶澳总督府首先在台东镇和法海寺各设一所蒙养学堂。以后又相继在大鲍岛、薛家岛、施沟、辛岛、南屯、濠北头、瓦屋庄、李村、浮山后、沧口、赵哥庄、九水、埠落、灰牛石、侯家庄、朱家洼、阴岛、上流、宋哥庄、下河、香里、等处设蒙养学堂，均以地名命名。蒙养学堂多由私塾改成，招收当地学生，学制5年。课程设修身、汉语、德语、经书、算学、地理、历史和以物理、化学等自然科学为内容的格致（“格物致知”的略语，清朝末年讲西学的人用它做物理、化学等科学的总称）等，特别重视德语课。教师有中国人，也有德国人。每间学堂的学生在40人至80人之间。学费分公助半费、公助全费两种。1914年日本第一次侵占青岛后，这些学校全部停办。

1915年，日本驻青岛守备军司令部命令恢复德占时期的26所蒙养学堂，改称“公学堂”。后又渐次在台西镇、双山、夏庄、张村、仙家寨、黄埠、湛山、大麦岛、辛家庄、浮山所等处设立了11所学制5年的公学堂，共37所。至1921年，这些学校共有教职员135人，学生3356人。学校设修身、汉语、日语、地理、历史、算术、理科、体操、图画、手工、农业、商业等课程，女生还特别增加了刺绣技能课程的讲授。个别公学堂附设实验班，招收公学堂毕业生，学制三年。1922年中国政府收回青岛主权后，这些学校全部改为公立小学校。

第三节 公立湛山小学

据《胶澳志》载，民国8年（1919）3月湛山公立初级小学成立开校。

校长：韩崇圣

教师一人，职员一人，教室8室，毕业生人数：

年份：	1923	1924	1925	1926	1927
人数：	9	4	9	4	5

1929年湛山孙立生之女孙素芳在圣宫女子中学高中毕业，回村利用民房办学，她到各家各户动员一批女孩子出来上学，并给她们每个人起一个名字，从此湛山村的女孩子甩着大辫子开始和男生一起上课。当时女孩子只有小名，没有大名，更不能上学，孙素芳老师在湛山村为冲破女子不能上学的封建礼教束缚，为女子上学堂接受教育开了先河。她终生在湛山小学为家乡教育事业献身，1959年被评为劳动模范参加山东省群英会，1965年退休，1970年去世。

1931年后湛山小学发展为高小、初小两级小学。

1934年建成新校舍，只有4个教室，高年级在新校上课，低年级仍在村里民房上课。

1940年新校第一期毕业生共6人：男生胡善兴、孙爱宝，女生孙桂英、韩竹英、孙美芳、贾连美。其中韩竹英、孙美芳、贾连美3人又考入青岛市立女子中学。

1941年新校第二期毕业生共10人：孙中和、孙中方、孙立考、矫钜法、贾世琋、辛玉义、孙中恩、王治林、金少清、孙正锦。其中：

孙中和考入东文书院，

孙中方考入礼贤中学，

孙立考、矫钜法考入崇德中学，

贾世琋考入市立中学。

始建于1934年的湛山小学旧址（贾世珍摄影）

1940年后由于学生生源不断增加，村民和社会集资扩建了东西两厢和北屋共8间教室，与原校舍组建成大型四合院，并在校舍后院扩建了大操场，湛山小学也成为当时青岛市近郊重点小学之一。

1943年日本侵略军强占湛山小学，学校一度被迫停课。

1949年6月2日青岛解放后，上级派军代表王基仁担任校长，湛山小学的教育史从此翻开了新的一页。

1992年下半年大湛山村拆迁，市南区政府将湛山村湛山大队民办小学撤销，归并入湛山小学，由市南区重新选址新湛二路11号建新校，1995年春完工，正式更名为市南区实验小学，原湛山小学旧校址废弃。

青岛湛山小学历任校长：

校长姓名	任职年限
傅兴民	1934—1944
王键民	1944—1949
王基仁	1949—1954
盛桂娥	1954—1959
周平珍	1959—1961
邱翠毓	1962—1985
季玉敏	1985—1986
于洪娥	1986—1989
刘祝兴	1989—1991
熊玉华	1991—1994
王嘉丽	1994—1995

已废弃的湛山小学旧校舍全貌（贾世珍摄影）

第四节　民办业余学校

1949年冬村里开办了湛山民办业余学校扫盲班（简称民校），晚上利用湛山小学教室组织村民（大多为青壮年）学政治、学文化、学唱红色革命歌曲，参加学习的300余人，民校校长孙中昆，教师孙作铭、辛玉华、孙作桢、贾启峰、孙立垣、辛玉孝等，1960年孙作铭任民校副校长。

第五节　湛山民办小学

为了满足日益增多的适龄儿童就学，按照党的两条腿走路的办学方针，1960 年湛山大队成立了队办小学，3 个班不到 100 个学生，分散在生产队集体食堂、孙氏家庙、辛氏家庙。首任校长孙作铭，教师贾秀兰、张秀云、周淑纯。用一块黑板、一支粉笔艰苦创业。师生又自己动手将村里的小牛棚和生产队工具房等改造成教室，1965 年发展为 6 个班。

1966 年改为浮山人民公社第二小学（简称浮山二小），第一届毕业生 46 人因“文化大革命”推迟一年至 1967 年毕业。

1975 年湛山大队在村后桃园划出一块地投资建了新校舍，教室 8 间，办公室 1 间，广播室 1 间。教学条件大为改观，教学质量大为提高，教学成绩和体育成绩达到青岛市市南区全区上游水平，多次被评为市南区先进单位，被评为市南区教学能手的有数学教师姜凤英、张娟，体育教师辛兆臣，语文教师孙岩，其中姜凤英被评为青岛市优秀教师。

1976 年改为青岛市市南区湛山队办小学。

1978 年 9 月划归青岛湛山小学分校，原民办性质不变，有公办学校统一管理，统一招生，统一编班、考核，统一调配使用教师。

1992 年下半年随着湛山村拆迁撤销，全部归于湛山小学。

历任校长：

姓名	任职时间
孙作铭	1961—1965 年
李孝增	1965 年
姜凤英	1966 年
孙立坚	1967—1970 年
贾　顺	1969—1970 年
孙作津	1972—1973 年
姜凤英	1973—1977 年
于瑞芳	1978—1987 年
辛兆臣	1988—1992 年

历任教师

姓名	任教时间
孙作铭	1961—1964 年
贾秀兰	1961—1978 年
张秀云	1961—1992 年
贾世耕	1962—1964 年
周淑纯	1960—1966 年
孙立坚	1963—1973 年
辛兆臣	1965—1992 年
姜凤英	1965—1992 年
孙作福	1965—1966 年
贾秀美	1967—1975 年
丁　华	1967—1992 年
辛兆英	1967—1992 年
孙　岩	1968—1992 年
贾　顺	1969—1970 年
辛克平	1970—1979 年
丁汗汀	1971—1992 年
孙作津	1972—1973 年
于瑞芳	1978—1987 年
姜兰英	1977—1992 年
王国庆	1979—1992 年
张　娟	1980—1992 年
于秀香	1985—1988 年
李复中	
陈多贵	
秦　岩	
钟　华	

毕业生人数:1967—1993 年共计 1200 余人。

1967 年浮山二小第一届毕业班师生在湛山村小牛棚民办小学校园合影（孙中杭提供）

前二排自左至右：辛兆英　贾秀兰　张秀云　辛兆臣　孙立坚　贾　顺　姜凤英
孙　岩　丁　华　贾秀美（姜凤英提供）

浮山公社湛山（民办）小学 1985 年（第 18 届）毕业班师生合影（贾翠提供）

湛山队办小学教师

自右至左前排：姜凤英（校长）　孙岩　姜兰英

　　　　后排：于瑞芳（校长）　丁　华　贾秀兰　辛兆英（姜凤英提供）

自左至右前排：姜凤英　于瑞芳　辛兆臣　李复中　陈多贵
后排：贾秀兰　辛兆英　张秀云　孙　岩　丁　华　姜兰英　王国庆
（姜凤英提供）

校长于瑞芳在给孩子们上课（本公司档案提供）

第六节　青岛市市南区实验小学

随湛山村改造，1994年由市南区委、区政府投资1600万元重新选址兴建新校，1995年春竣工，同年9月1日正式开学，10月17日举行揭牌仪式，原湛山小学正式更名为青岛市市南区实验小学，概况如下：

地址：新湛二路11号

占地面积：9202平方米

建筑面积：7260平方米

拥有教学班：26个

学生：1500多名

教职工：81名（不含聘用职工）

历任校长：

姓名	任职年限
李建华	1995—2005年
徐学红	2005—2008年
张俊华	2008年至今

学校拥有机器人室、多媒体教室、藏书室、舞蹈室、稚学堂等20个专用教室，它们为学生的发展搭建了平台，提供了保障。学校建有自己的网站，网络接点已连接到每位教师的办公电脑和每间教室的教学电脑，这一切都为师生打开了一扇通往世界的窗口。学校重视文化的建设，以“文”育人，以“文”化人。1998年5月，学校成立了全国首家“少年海洋学校”，为了打造“海洋特色”的教育品牌，学校进行了海洋科普活动校本课程的开发，教师们自编并出版了《少年海洋科普活动学校教材》（共六册）。2005年，学校开始践行并尝试创建“生命教育”特色，把海洋教育纳入其中。学校围绕“生命教育”开展了“健康的生命、有价值的生命、自主的生命、厚重的生命”等一系列主题活动，尤其是经典诵读活动，推动了学生的发展，受到社会的广泛好评。学校的校本培训以“实效性、新颖性、互动性、前沿性”受到老师的欢迎并日益形成自己的校本培训特色。学校校本培训案例（现场）曾获全国一等奖。校园里书声琅琅、歌声琅琅、笑声琅琅，这是新时代的一个和谐、温暖的学校。

在一路走来的日子里，学校先后荣获了“青岛市规范化学校”“青岛市交通安全示范学校”“山东省规范化学校”“省电化教育示范学校”“市绿色学校”“市艺术教育示范学校”“中国海洋学会科普教育先进集体”“山东省科普教育示范学校”“青岛市科普教育基地”等称号。

并获：联合国教科文组织华东师范大学教师教育联席学校。

教育部新课程师资培训先进单位。

“十五”期间中央教科所科研教改先进试验学校。

全国基础教育阶段双语教育研究试验基地。

“教育部重大课题‘信息技术在教学中的应用’项目组批准为跨地域、跨学校、跨学科网络条件下的研究性学习专题研究”实验学校。

中国教育学会“十一五”重点课题“小学语文学习策略研究”实验学校。

山东省校本培训示范学校。

青岛市文明标兵单位。

青岛市未成年人道德教育先进单位。

市南区首批现代化学校。

青岛市市南区实验小学（贾世珍摄影）

第二章 医疗卫生

第一节 医疗机构

民国时期基本没有医疗条件，村民生病多用土方法或者求助神婆巫术等，大病、急病往往只能听天由命。生孩子大多找接生婆，常因消毒不严、特殊情况处理不当，束手无策而夭折，新生儿死亡率很高。解放前曾有教会医院修女穿街走巷送医送药，村民称其为“药包子”。

解放后1953年由毕岩亭为主，周亚南、孙余庆等人在中街“大房子”创建了湛山中西医联合诊所。1958年人民公社成立后在湛山、浮山、辛家庄3个联合诊所的基础上成立了浮山人民公社卫生院，逐渐解决了村民看病难的问题。

1965年6月26日，毛主席发表了“预防为主，团结中西医，卫生工作与群众运动相结合，把医疗卫生工作的重点放到农村去”的重要指示。全国卫生系统迅速掀起学习贯彻毛主席“6·26”指示的热潮，并大力发展和培训农村赤脚医生。湛山有孙公琴、丁菊贞、付玉英等人到浮山农中医务班参加了培训学习。1969年浮山公社党委遵照中央指示精神，成立了浮山公社卫生院领导小组，指导各村成立卫生室，开始兴办合作医疗。湛山大队开始先由孙公琴、丁菊贞、付玉英担任赤脚医生，孙正平兼任会计，于1969年3月筹建了湛山大队卫生站，后称“卫生室”。在湛山卫生室成立初期公社卫生院还安排魏志谨、李春圃、周亚南等中西医大夫常住指导和坐诊。

1986年变更为青岛市市南区湛山诊所，2002年湛山诊所撤销。

卫生室历任赤脚医生

姓　名	工作时间
孙公琴	1969—1999年（1966年2月—1968年3月浮山农中医务班学习）
丁菊贞	1969年—1972年1月（1966年2月—1968年3月浮山农中医务班学习）
付玉英	1969—1970年（1966年2月—1968年3月浮山农中医务班学习）
丁桂美	1971—1995年（1957年秋至1959年台西医院护校学习）
袁大忠	1971—1971年（中医）
费立菊	1972—1975年
张立芬	1972—1975年
丁月红	1972—2002年
孙秀玲	1973—1983年

卫生室历任会计

孙正平	1969—1971年
丁桂美	1971—1995年

第二节 医疗制度

合作医疗

1969年3月湛山大队始建“卫生站”同时开始实行合作医疗，按照自愿量力、受益适度的原则，社员为主、集体扶持、国家引导的办法筹集合作医疗基金，通过互助共济、风险分担的办法，减轻患病社员的医药费负担，保障社员的基本医疗服务。参加合作医疗的社员（包括其子女）每人每年负担人民币2元，公社从公益金中按参与人数每人拨放1元，大队从当年分配中按参与人数每人拨 1 元，每人共计 4 元。当年出生参与者按月计算，下半年为 0.5 元（如父母一方为农业人口，其子女为非农业户口参加合作医疗者，每人交 4 元），组成合作医疗基金，由大队财务统一管理，每户为核算单位，年终医疗费超出合作医疗基金部分，由超出的各户按当年计算的比例承担。据浮山公社卫生领导小组文件通知，自 1969 年 7 月 1 日起各卫生室实行就诊一次交挂号费 5 分钱，参加合作医疗者有病必须通过卫生室初诊，卫生室处理不了的病症，由卫生室发给记账单，转至公社卫生院或上级医院诊治（危急抢救病人例外）未经卫生室及卫生院转诊的病人药费及其他费用不予报销。

1969 年湛山大队参加合作医疗共 2140 人，大队从总分配中拨出 2140 元，从公益金中拨出 2140 元，共计 4280 元。

1970 年后，制定了合作医疗经费使用的几项规定：

1. 遵照关于“履行节约，反对浪费”的教导，合作医疗的贫下中农管理小组，指导专人建立账目，并定期向广大社员公布账目，随时听取群众意见管好合作医疗经费。

2. 凡参加合作医疗的社员所用医疗费按规定从合作医疗经费中给予报销，在卫生室就诊应交挂号费 5 分。

3. 对未经诊治指名要药和零星买药者，其医疗费自理。

4. 经医生诊断，当地不能治疗的病症需要转院治疗者，其医疗费用按规定从合作医疗费用中给予报销。其他车船费、食宿费均由患者自理。如患者无力负担，由大队革委会研究，经贫下中农讨论，由公益金中酌情予以补助。未经医生批准自行转院者，一切费用自理。

5. 因公负伤医疗费用由大队负担。凡打架、斗殴、酗酒闹事、自杀致伤者，其医疗费用由自己负担。

通过以上规定，合作医疗得到巩固和发展。做到了“小病不出村，大病不出社”，合作医疗自 1969 年至 1976 年期间，医疗费超出最少按 25%、最多按 60% 扣回，平均为 41%，使参加合作医疗的病人享受到半价以上的照顾。

合作医疗医药费统计表

表 11-2　　　　单位：元

年份	参加人数		未参加人数	合作医疗基金	实用药费	节余基金（部分人员）	超用基金（部分人员）	社员负担	负担比例（%）
	农业人数	非农业人数							
1969	2140.6	218.9	236.5	9484.3	9929.8	3099.75	3503.85		
1970	2244	182.5	173.5	9706	12866.43	2318.29	5125.37	3075.15	60
1971	2174.5	185	196.5	9438	14536.04	1789.25	6896.68	4138.68	60
1972	2043.5	165	178.5	9494	14076.35	3509.93	8072.74	2260.14	28
1973	2273.5	161	186	10060	14806.54	3966.43	9019.16	3610.85	40
1974	2357	134.5	154.5	10235	12984.45	4295.64	7308.79	1828.17	25
1975	2422.5	157	141.5	10632	16275.55	2225.16	8176.96	2943.72	36
1976	2414.5	159.5	135	10615	18532.28	1880.75	10138.65	4057.79	40

免费医疗

浮山公社党委决定自1977年1月1日全公社实行免费医疗。规定凡属本公社正式社员均可享受免费医疗。国家职工家属，在合作医疗期间未参加者，计划外生育第三胎，带帽的“地、富、反、坏、右”分子均不享受免费医疗。免费医疗资金由公社统一支付，按二级管理使用。公社按参加人数每人每年拨款9元，由大队掌握使用，超支部分由大队从年终分配中扣除。

免费医疗药费统计表

表11-3　　单位：元

年份	参加人数	药费支出	公社拨款	大队净拨款	超支	节余	诊所利润	大队负担
1977	2651	23308.59	27336.36	26396.30	0	4027.77	2787.04	0
1978	2644	28467.49	23796	35407.44	4671.49		2842.51	1828.91
1979	2644	33356.22	23796	40821.12	9560.22		3279.09	6281.13
1980	2773	39390.07	24957	42236.33	14433.07		4210.35	10222.72
1981		36540.19		35944.61	36540.19		5585.26	30954.93
1982		42242.97		44097.09	42242.97		4296.06	37946.91

公费医疗

为了避免医疗费用流失，确保医疗费真正用于退休职工的医疗保健。湛山公司党委1998年12月10日公布了青湛党字〔1998〕第8号文件《关于退休职工医疗费补助、报销的规定》：

1. 公司退休职工每人每月发给医疗补助金80元，不再报销日常医疗费用。

2. 因病需住院治疗者，每次住院治疗费用1000元以下部分不再给予报销，1000元以上部分给予报销70%。

3. 报销住院费用时，必须出具病历、住院治疗凭证。以及公司认可的、符合国家规定的报销凭证。

4. 公司机关工作人员直系亲属，以及退休职工本人病故或自然死亡后，给予一次性丧葬补助金1000元。

5. 公司机关工作人员参照执行本规定。

6. 各企业职工医疗费用由所在企业负责。

7. 住院治疗费用由财务审查，符合规定，交由分管领导签字方可报销。

8. 本规定自1999年1月1日起施行。

1999年2月1日又公布了青湛党字〔1999〕第21号文件《关于退休职工医疗费补助、报销的规定的补充条款》即日起执行：

1. 患病需住院者在住院前或急病号在住院后两天内，其亲属需到湛山农工商公司卫生室进行登记，由卫生室建立台账，将患者的姓名、年龄、性别、诊住医院、科别、病床、床号、医药费等情况及住院出院时间等逐一登记。

2. 患者住院期间，一切诊断、医疗必须出具双处方及详细病历，医疗费单据必须正规合法，并与病历一致，如有不符不予报销。

3. 患者出院半月内，持病历、医疗费单据到湛山农工商公司卫生室审核、登记并签字，然后到公司财务科审核，有关负责人签字后报销。

4. 医疗用药报销范围，执行青岛劳动局的规定，范围以外的不予报销。

5. 患者住院必须到下列医院方可报销：青医附院、四〇一医院、人民医院、浮山医院、市立医院。特病特诊的医院：省眼科医院、骨伤医院、肿瘤医院、烫伤医院等必须是国家卫生部门认可的正规医院（区级以上，含区级）。

公费医疗药费统计表

表 11-4　　　　单位：元

年份	参加人数	实用药费	卫生室就诊报销（%）	社外医院报销（%）		社内医院报销（%）	
				就诊	住院	就诊	住院
1983	3315	14638.18	50	50	70	50	70
1984	3301	17500.23	50	50	70	50	70
1985	3185	21217.41	50	50	70	50	70
1986	3102	30825.69	80	50	70	80	80
1987	3085	38509.30	80	50	70	80	80
1988	3070	70524.80	80	50	70	50	80
1989	3070	106830.11	80	50	70	50	70
1990	3070	113571.97	50	50	70	50	70
1991	3070	103551.13	50	50	70	50	70
1992	3070	130620.95	50	50	70	50	70
1993	3000	189378.47	50	50	70	50	70
1994	2960	281406.09	50	50	70	50	70
1995		443289.18	50	50	70	50	70
1996		540672.20	50	50	70	50	70
1997		630906.70	50	50	70	50	70
1998		603705.77	50	50	70	50	70

生育费用全部报销。

住院费报销统计表

表 11-5　　　　单位：元

年份	1999	2000	2001	2002	2003	2004	2005
金额	92025.61	343168.77	287657.94	156433.43	321167.09	274937.12	599983.32

2004年8月3日公布了青湛党字〔2004〕第10号文件《关于增加退休职工医疗费补助的通知》：鉴于公司经济不断发展，经济效益有所增长，为增加职工福利待遇，湛山农工商公司党委研究决定，增加退休职工医疗费补助。公司退休职工自2004年9月1日起，每人每月发给医疗补助金由原80元调整为100元。

医疗保险

根据青劳社〔2005〕120号文件《青岛市劳动和社会保障局关于进一步扩大城镇职工基本医疗保险覆盖面的通知》和青岛市人民政府176号令《青岛市城镇职工基本医疗保险规定》的精神，农工商公司在职职工和退休人员自2005年12月1日起享受医疗保险待遇。

结合湛山公司实际，经湛山农工商公司党委研究决定，自2005年12月1起停止执行《关于退休职工医疗费补助、报销的规定》，自2006年1月1日起停止执行《关于增加退休职工医疗费补助的通知》，不再发放医疗补助金100元。一次性丧葬补助金仍按原规定执行。

第三节　卫生防疫

麻疹

麻疹，俗称“疹子”，由病毒引起的急性传染病，多见于小儿，潜伏期约8～12天，早期有发热、咳嗽、流涕、眼角膜充血、畏光等，2～4天后口腔黏膜有细小白点，称“科氏斑”或“麻疹黏膜斑”；以后皮肤出现红色斑丘疹，自耳后颈部开始波及躯干四肢；疹出齐后热渐退、脱屑、留棕色斑点。可有喉炎、肺炎、中耳炎、心肌炎、脑炎等并发症，发病后可得持久免疫。

普遍接种麻疹减毒活疫苗为主要预防措施。

解放前和解放初期每隔2～3年就会有一次大流行，儿童无一幸免，从1969年起，发病率大大下降，20世纪90年代后基本灭迹。

天花

生天花俗称“生痘”，由天花病毒引起的烈性传染病。通过接触和飞沫传播。早期有高热、头痛、呕吐等，继而依次成批地出现斑疹、丘疹、疱疹和脓疱，最后结痂，愈后往往留有瘢痕而形成麻脸（俗称“麻子”）。病愈后有终身免疫力。严密隔离患者、接种牛痘可预防。此病在国内外已消灭，中医学称痘疮。自古就是流行比较严重的一种传染病，村民中发生天花病人屡见不鲜。解放后人民政府重视预防，列为甲类传染病之一进行管理，政府每年安排接种牛痘，很快消灭了此病。1982年联合国卫生组织宣布消灭天花后，牛痘接种工作也即行结束。

疟疾

疟疾是一种急性传染病，病原体是疟原虫，由蚊子传播，周期性发作。症状是发冷发热，热后大量出汗、头痛、口渴、全身无力，俗称“发脾寒”。解放前和解放初期患疟疾病的人较多，20世纪70年代曾出现一次高峰，不分年龄从婴儿到老中青多有发生。在公社卫生院防疫小组指导下，卫生室医务人员和各生产队卫生员发动群众大搞爱国卫生，消灭蚊子，及时登门发药，进行抗复发治疗，20世纪80年代后，彻底消灭了疟疾病。

脊髓灰质炎

脊髓灰质炎也称“小儿麻痹症”，病毒引起的急性传染病，多见于1～6岁儿童。由病毒侵入血液循环系统引起，部分病毒可侵入神经系统，轻症仅有低热而无瘫痪；重症发热较高，肢体疼痛，并发生瘫痪，以下肢多见，偶可发生吞咽和呼吸困难而危及生命。病人应卧床休息严格隔离40天。

20世纪60年代开始7岁以下儿童普遍服

用脊髓灰质炎减毒活疫苗，或注射灭活疫苗进行预防，此后再无此病发生。

病毒性肝炎

由嗜肝病毒引起的一种全身性感染，主要病变在肝脏。已确定能引起病毒性肝炎的嗜肝病毒有甲、乙、丙、丁、戊、己、庚七种类型，分别命名为甲型、乙型、丙型等病毒性肝炎。

此病在村里时有发生，1973 年青岛市开展了乙型肝炎表面抗原监测，健康人群肝炎病毒携带 7% 左右。1983 年开展乙型肝炎疫苗接种，1987 年在全市普及了新生儿乙肝疫苗免疫。近年来已经得到较好的控制，鲜有此病发生。

1980 年制定《青岛市区预防接种卡片使用管理暂行规定》，7 岁以下儿童一律按户口建卡，儿童建卡率达 100%。根据免疫程序，对适龄儿童接种卡介苗，百、白、破三联疫苗，麻疹减病毒活疫苗，脊髓灰质炎减毒活疫苗等生物制剂。对持卡儿童免疫程序为卡介苗出生时注射一次，7 岁加强一次；“脊灰”出生后服三次，每年加强两次至 7 岁；三联疫苗出生后连续三次，至一岁半加强一次；麻疹 8 个月一次，4 岁加强一次；乙脑一岁以上注射两次，连续加强三年；碘丸两岁以上服一次；乙肝出生后连续三次，4 岁加强一次；甲肝四年一次。近年来又增加了风疹、流感疫苗。

第四节　爱国卫生

1952 年 3 月 6 日开始，美国飞机先后 4 次 9 架入侵青岛地区上空，投放了大量带菌昆虫。3 月 6 日晚一架美机趁天降小雪，从南海上空飞至大湛山村，距离地面 300 ~ 400 米低空飞行，经浮山所村向东沿海边村庄至沙子口村，翌日，自湛山向东沿海一带发现大量苍蝇、蜘蛛等昆虫。后经有关部门检验，空投的昆虫带有伤寒、副伤寒、痢疾、白喉、及炭疽等病菌，严重威胁人民生命财产安全。村里治保会立即发动群众和学校师生扑杀毒虫。并开展了“五灭”（灭蚊、灭蝇、灭虱、灭蚤、灭臭虫）、“八净”（孩子净、身体净、街道净、院子净、室内净、厨房净、厕所净、畜栏净）活动。此后，村民的爱国卫生运动逐渐成为一项活动，当年湛山村曾经被评为爱国卫生模范村。

1956 年爱国卫生工作重点转向“除四害”：苍蝇、蚊子、老鼠、麻雀（1960 年改为臭虫），1958 年 4 月 27 日全民及学生齐行动，天不亮就起来拿着脸盆敲打，拿着自制的旗子，随全市开展了一次围歼麻雀的突击活动。以大轰大赶的方法使其疲劳坠落，辅以毒、打、掏，扑杀麻雀不计其数。“除四害”也成为经常性的活动，特别是小学生，每年春季挖蛆蛹、夏季打苍蝇、秋季灭田鼠、冬季熏过冬蚊子。在“文化大革命”后期为除害灭病，在大队卫生室带领下，村里长年坚持由消毒员到各家各户和各街道喷洒药水，消灭蚊蝇。1981 年大队成立卫生专业队，长年到各户收集尿水，清扫大街，在全村各处设立了固定垃圾点及时清理垃圾，喷洒药水。

历年卫生队人员：

1981 年	孙忠孝	于志斌	孙公明
	崔恩平	张升起	王淑英
1987 年	刘可诚	辛兆柏	张书亭
	齐义明	贾代贤	辛回香
1988 年	任爱生	林中发	张传中
	孙中礼	刘可诚	辛兆柏
1990 年	张书亭	齐义明	贾代贤
	辛回香	丁玉芳	崔恩平

赤脚医生孙公琴出诊上门为烈属梁锡贞大娘服务
（本公司档案提供）

赤脚医生孙秀玲为社员看病
（本公司档案提供）

第四章　体育

第一节　武术

清乾隆年间（1736—1795）北山二郎庙道人在此教授武艺，其中小湛山丁永照是其高徒，得其真传，武功高强。嫉恶如仇，除暴安良，见义勇为，闻名乡里。

1931年12月17日沈鸿烈任青岛市市长后，特别重视武术运动。1933年主持筹建国术馆，1934年国术馆建成后对各类私设拳房均予登记，进行统一管理，各中小学也设国术课，将武术列入体育教学内容，使武术运动在这一时期发展很快。在册的国术练习所由1935年的95个发展到1937年的151个，练习所的学生达5000多人。1935年8月24日浮山区建设办事处主任陈命凡的报告中提到："本区只有大麦岛、浮山所、湛山、辛家庄四校联合聘请国术教员一人，但因距离太远，对于教授上未免有顾此失彼，经查应划二区，以大麦岛、辛家庄小学为一区，浮山所、湛山小学一区，每区需国术教员一人"。"国术练习所改设六处，应设者有大麦岛、湛山各一处"，"上述各项情况已函复国术馆查照矣"。

闫金英（字士杰）早年师从青岛武术名家张焕珠为入门弟子，得其真传。二十世纪三四十年代闫士杰在湛山设立拳房，教授武术，徒弟众多，极大地推广和普及了湛山的武术运动。

魏克江（1894—1987）曾用名魏春亭，原籍胶县大沽河镇魏家屯。自幼习武，犹擅长地功拳和气功。1925年在汇泉教武术，1925—1928在胶县警备队任武术教官，1930年到湛山村定居。20世纪50年代起利用业余时间组织儿童和青少年学习武术，教授多种套路长拳、长枪、刀、剑、棍、七节鞭等多种器械，无不精湛，同时还教授气功（扎腰）名曰"古树盘根"。30年如一日培养了许多优秀武术人才，许多青少年从其扎腰的气功中得以强身健体，受益终生。

青岛东方武馆

1988 年 10 月青岛东方武馆在湛山成立。青岛东方武馆是青岛市体委批准，市武术协会指导的开展群众性武术活动的场所。

馆长徐学义，1958 年任山东武术队队长，1960 年任中国青年武术队队长，是第一届全国运动会始获多次多项全国冠军的著名武术运动员，是我国现代武术的奠基人之一。1984 年山东省委、省政府授予他“振兴山东体育荣誉奖杯”。

东方武馆教练多是原省市武术队队员，在全国武术与业余比赛中大都取得过前三名成绩，部分教练系当代影视屏幕上的武打演员，在教学训练方面有丰富的经验。

东方武馆开设拳术、器械、对练套路、传统套路、散打、太极拳、推手、影视武打设计及医疗健身气功等（正规）训练项目，并重视武术理论、技能和武德的系列配套教学，力求学员全面发展。从武馆成立到第二年前来习武的超过 1000 人次。1990 年 4 月青岛市武术运动协会和东方武馆联合举办了 1990 年“东方武馆杯”青岛市武术选拔赛，东方武馆获团体总分第一名。赛后以东方武馆为主体组建了青岛东方武术队，参加了山东省“振兴杯”武术比赛，获山东省团体总分第二名。

湛山太极拳武术运动协会(简称湛山武协)

湛山武协成立于 2004 年 11 月，协会会长贾世训。

贾世训自幼跟随民间武术老师魏克江习武，后师从全国武术名家徐学义 30 余载，深得老师真传。2007 年 10 月获中国武术协会颁发的中国武术七段段位证书。贾世训为人谦和，武德高尚，武术技术全面，亲自教授学员，教学严谨，训练有素，理论联系实际。

湛山武协学员由国家干部、现役军人、科研人员、企业家、文艺界、医生、教师、个体工商者、在职职工、在校学生、退休中老年人和外国友人等组成。会员中有一人获武术高级段位，5 人获武术中级段位，30 人获武术初级段位。获国家一级裁判证 3 人，二级裁判证 9 人，并有 6 人获教练员证书。

会员不论年龄大小，都以强身健体为目的，在贾世训指导带领下，学习多种套路和各种器械。参加市、省、全国和国际比赛，积极参加社区的文化体育活动，为社区广大居民服务。学员队伍不断壮大，常年活动在湛山广场和社区，有组织、有计划地进行教学和锻炼，为丰富居民文化体育活动，弘扬中华武术，为社区居民强身健体起到积极的推动作用。

获得荣誉：

湛山健民武术队（湛山武协成立前称湛山健民武术队）：

2002 年 9 月代表湛山街道办事处参加“市南区老年人太极拳、器械选拔赛”，获集体传统陈氏 56 式太极拳第一名。

2003 年 9 月湛山健民武术队荣获黄海制药杯全国杨式太极拳邀请赛集体杨式十三刀金奖。

湛山武协：

2004 年 6 月参加青岛市“中苑整形杯”太极拳比赛，获杨氏太极刀一等奖，集体杨式 49 式太极拳一等奖。

2005 年 8 月参加青岛市武协与“韩国老奶奶跆拳道表演团访问青岛”武术交流，湛山武协学员表演了传统陈氏太极拳。

2005 年 10 月参加 2005 年中国青岛“千业杯”国际太极拳邀请赛，获集体陈式老架二路太极拳一等奖。

2006 年 5 月参加“城市节水杯”青岛第十二届太极拳比赛，获集体陈式 56 式太极拳二等奖，集体杨式太极棍二等奖。

2006 年 12 月荣获 2006 年市南区老年体育工作先进单位。

2007 年 6 月获青岛市第二届体育大会暨第十三届太极拳比赛，集体陈式 56 式太极拳一等奖，集体陈式 56 式太极剑一等奖。

2008 年 6 月获“德馨杯”2008 年迎奥运青岛市第十四届太极拳比赛，集体杨式 49 式太极拳第一名，集体陈式 24 式太极扇第一名。

贾世训获中国武协颁发的“中国武术段位（七段）证书”

学员们在湛山广场集体晨练（湛山武术协会提供）

2008年正月十五代表湛山街道办事处参加“市南之春浮山所集团”百姓文化艺术周暨民俗文化艺术节展演（湛山武术协会提供）

2008年8月参加青岛市武术协会与“韩国老奶奶跆拳道表演团访问青岛”武术交流，学员们表演了传统陈式56式太极拳。（湛山武术协会提供）

贾世训（右一）给海洋大学外籍大学生讲解拳法（湛山武术协会提供）

贾世训（右）指导外籍学员唐娜三十二式太极剑（湛山武术协会提供）

贾世训（前左）指导中国海洋大学美国籍学生习练二十四式太极拳（湛山武术协会提供）

贾世训（中）在海洋大学任留学生太极拳教练，与澳大利亚、法国、俄罗斯、泰国、立陶宛等外籍学员合影（湛山武术协会提供）

贾世训（右）指导斯洛伐克学员练习推手（湛山武术协会提供）

贾世训（左）为斯洛伐克大学生表演陈式56式太级拳（湛山武术协会提供）

在湛山农工商公司领导的大力支持下，2006年6月10日成功举办了“湛山太极拳武术运动协会工作会议暨汇报专场演出”，聘请了湛山农工商公司、区民管局、区老体协、青岛杨式协会、湛山街道办事处的领导及社会各界朋友200多人。会上，学员们表演了杨式、陈式太极拳，剑、扇、棍、拳术等24个项目。（湛山武术协会提供）

湛山农工商公司总经理孙中杭于2006年参加湛山太极拳武术运动协会年会

（湛山武术协会提供）

第二节　田径运动

孙立魁（1903—1968）

擅长跑，曾代表中国参加 1926 年在青岛汇泉练兵场举行的中、日、英、美、法等国参加的国际运动会和 1930 年在日本东京举行的“第九回”远东运动会万米长跑，1933 年参加了在青岛新落成的第一体育场举行的第十七届华北运动会。多次在国际和全国长跑比赛中获冠军，被南京国民政府授予“长跑大王”锦旗。

辛承梁

青岛二中毕业考入北京矿业学院，1961 年大学毕业。曾获北京市高校马拉松比赛冠军、1959 年北京市马拉松比赛（现确认为北京市第一届国际马拉松比赛）亚军，荣获国家体委授予的“中华人民共和国田径运动健将”称号（终身荣誉）。

王肖莉

1984 年至 1985 年间，代表湛山（民办）小学参加青岛市市南区小学生田径运动会，在径赛 800 米和 1000 米中长跑项目中获金牌 4 枚、银牌 1 枚，参加青岛市小学生田径运动会，径赛 1500 米中长跑破山东省小学生纪录，获青岛市体育运动委员会颁发的金牌和破纪录奖金牌各 1 枚。1986 年在青岛十九中运动会，径赛 800 米和 1500 米中长跑获金牌 2 枚、银牌 1 枚，在青岛市中学生运动会获青岛市体育竞赛奖金牌 2 枚、银牌 1 枚、铜牌 2 枚。

王肖莉在 800 米至 1500 米中长跑田径比赛项目中获得的奖牌

王肖莉在 1984 年青岛市小学生运动会 1500 米比赛打破山东省小学生纪录获得破纪录金奖

（贾世珍摄影）

丁成航

常年坚持体育锻炼，从 30 岁一直到 60 多岁多次代表湛山大队和湛山农工商公司参加在第一体育场举行的历届市南区运动会长跑、中长跑、短跑和市南区越野赛多次取得优异成绩：

丁成航历年参加青岛市市南区运动会取得优异成绩统计表

表 11-6

项目	年度	名次	场地	备注
100 米	1989	第一名	第一体育场	
200 米	1989、1990	第一名		
800 米	1975	第一名		
1500 米	1973、1974	第一名		
5000 米	1982、1996	第一名		
越野赛	1977 1993	第一名 第一名	市南区	区年度越野赛 纪念毛主席诞辰越野赛

湛山农工商公司第三届职工田径运动会

1995 年 4 月 27 日在海军潜校田径运动场举行了第三届湛山农工商公司职工运动会，参赛运动员共计 504 人。

时间：1995 年 4 月 27 日

地点：海军潜艇学校（今海军潜艇学院）田径运动场

各单位运动员统计表

表 11-7

项目 人数 单位	女丙	男丙	女乙	男乙	女甲	男甲	合计
湛山宾馆	23	22	23	6	15	9	98
安全器材厂	8	22	18	22	15	13	98
电子检测仪器厂	18	25	11	21	5	16	96
空压机厂	1	1	4	12	8	4	30
汇线桥架厂	2	4	3	5	6	5	25
塑料改性厂	2	12	3	3	8	5	33
湛山服装厂	11	4	4	4	7	1	31
海天商店		1	1	1	3	1	7
商业网点	5	1		2	4	1	13
劳动服务公司	4	8	7	4	1		24
后勤			4	3	3	8	18
客车修理厂	2	12	6	4	5	2	31
合　计	76	112	84	87	80	65	504

湛山农工商公司第一、二届田径运动会各项目纪录表

表 11-8

项目＼成绩	男甲		女甲	
	成绩	姓名	成绩	姓名
100 米	13″ 93	丁成航	17″	孙艳
200 米	28″ 06	丁成航	37″ 6	辛月兰
400 米	1′ 8″ 62	黄政之	1′ 22″ 7	辛月兰
4×100 米接力	1′ 0″ 94	电测仪器厂	1′ 13″ 3	服装厂
铅球	9.27 米	张正义	7.64 米	孙丽香
跳远	4.72 米	张正义	3.44 米	孙丽香

项目＼成绩	男乙		女乙	
	成绩	姓名	成绩	姓名
100 米	13″	黄维之	15″ 50	邱凤芹
200 米	26″ 72	黄维之	32″ 55	邱凤芹
400 米	59″ 60	黄维之	1′ 20″ 70	由和平
800 米	2′ 27″ 10	秦继民	3′ 03″	由和平
4×100 米接力	55″ 40	安全器材厂	1′ 05″ 43	湛山宾馆
跳远	4.91 米	张正福	3.86 米	苏爱华
标枪	40.08 米	王贵亮	25.02 米	苏迎春
跳高	1.41 米	张正福	1.18 米	苏爱华
铁饼	24.90 米	邵成建	25.02 米	辛春德
铅球	10.51 米	王贵亮	7.99 米	王金峰

项目＼成绩	男丙		女丙	
	成绩	姓名	成绩	姓名
100 米	12″ 49	丁立明	14″ 80	孙　玲
200 米	25″ 26	仲维岩	29″ 83	孙　玲
400 米	55″ 95	仲维岩	1′ 11″ 40	孙　杰
800 米	2′ 11″ 87	仲维岩	2′ 48″ 10	王肖莉
1500 米	5′ 07″ 11	林　青	5′ 40″	王肖莉
4×100 米接力	50″ 90	湛山宾馆	58″ 55	湛山宾馆

续表 11-8

项目＼成绩	男丙		女丙	
	成绩	姓名	成绩	姓名
跳高	1.54 米	宁贻刚	1.16 米	辛月霞
跳远	5.78 米	丁立明	4.68 米	鞠　兵
三级跳远	12.54 米	李　波		
铁饼	31.04 米	任乃胜	21.36 米	苏建萍
标枪	48.92 米	于志强	33.98 米	鞠　兵
铅球	10.25 米	王贵亮	9.14 米	苏建萍

第三节　象棋

牟舜五

1961 年至 1963 年连续三年蝉联青岛市象棋个人赛冠军，1963 年 10 月代表青岛市参加山东省四市象棋比赛荣获山东省象棋冠军。2001 年 2 月被中国象棋协会授予“象棋大师”称号，2001 年 5 月被国家体育总局授予象棋项目中华人民共和国一级裁判员。

张成利

1970 年参加内蒙古建设兵团，在海勃湾市五一象棋公开赛中，1971 年获海勃湾市第二名，1972 年获海勃湾市第一名。

1973 年秋在海勃湾、乌达二城市对抗赛中循环赛保持不败十连胜，荣获冠军。

1974 年与内蒙古自治区象棋第三名秦河（呼和浩特铁路局职业象棋手）来访公开赛两局一胜一平获胜。

1982 年 11 月获青岛市家具公司象棋比赛第一名，代表市二轻局参加青岛市职工象棋赛获团体第二名。

1983 年青岛市总工会职工象棋比赛第四名。

1984 年至 1988 年连续五年蝉联青岛市二轻局象棋赛第一名。

浮山公社象棋赛

1975 年 12 月浮山公社文化站成立以后，曾连续数年组织浮山公社象棋赛，湛山的孙作泽、辛克平、孙正起等先后获得比赛冠军。

湛山象棋赛

湛山电子检测仪器厂自 1993 年始，由丁成航具体负责组织，连续十余年在正月初五举行象棋邀请赛，受邀者不乏牟舜五等象棋高手踊跃参加，进行循环赛制，相互切磋，提高棋艺，促进了湛山象棋活动的发展。

第十二篇　民风民俗

ZHAN SHAN CUN ZHI

湛山村志

ZHAN SHAN CUN ZHI

风俗起源于生活，是人类活动的结果，只要有人类活动就有形形色色的风俗。风俗在时间上以历史时代为特色标志，具有历史性特征；在空间上以地区为特色标志，具有地方性特征；而其运动过程又显示出明显的世代传承以及不断发展变化的特点，具有传承性和变异性特征。故有“十里不同风，百里不同俗”以及“俗随时变”之说（《中国地方志》2011.3：《当代风俗变迁的感知与记述》）。

第一章 食俗礼仪

第一节 待客礼俗

重视礼仪往来，热情好客待客，平日自家生活节俭，请客待客则必尽力操办，重要酒席必定有鸡，取其吉利，最后一道菜必是带鳞的全鱼，含“连年有余”之意，两道菜象征吉庆有余。最后一道菜是鱼，也叫“散席鱼”，表示菜已齐了，客人也按习俗不吃散席鱼，主动退席。

宴席上主人热情敬酒劝酒，希望客人开怀畅饮，斟酒礼节繁多，斟酒须斟满，叫“酒要满茶要浅”。敬酒自己先喝叫“先干为敬”，敬两杯叫“好事成双”。旧时宴席上大多喝农家自酿的大黄酒、地瓜酒等，用小锡壶燎开或烫热后再喝，如今各种白酒、啤酒、葡萄酒、洋酒等种类丰富多样。

以前民间还流行“代客”的习俗，村民遇有红白喜事，客人太多，自家招待不开，“自己人们”或邻里之间礼尚往来互帮互助，在自己家里备宴代为招待一桌或数桌，以后人家有事再同样代为接待，也叫“还席”。自20世纪80年代以后大事一般都在酒店宴请。

第二节 食俗中的忌讳

宴席未散，客人没吃完饭忌收拾碗筷，客人在时不能扫地，否则是意味着赶客人走。

喝酒划拳忌用小拇指，小指喻“小人”，用大拇指数“一”时表示对对方的尊重。

忌一双筷子分放在杯盘两边，因为“筷（快）分开了”；忌用筷子敲空碗，因为旧时乞丐要饭时敲碗，敲碗意味着没饭吃。

招待客人上菜忌单数，祭祖供神忌双数，例如一炉香三柱，一摞供要5个饽饽。

忌从窗口递进食物，因为牢饭都是从窗口传递。

盛饭忌勺子往外翻，因为这是旧时给犯人盛饭的舀法。

待客忌二人分吃一个梨，避讳“分离”。

吃饭忌剩碗底，旧有“小时剩碗底长大娶麻妻”之说。

未婚青年人忌喝瓶底残酒，流传有喝瓶底会生闺女之说。

第二章 居住民俗

第一节 院落街门

院落

民居各自成院，也叫“天井”“院子”，是一家人平日活动的主要场所。院落一角茅房（厕所），有的和畜栏猪圈连在一起，院内喜栽苹果、葡萄、月季等树木花卉 。有的还有后院，一般都很小，多数为“后滴水院”，也有的是临街挡后窗，后院多栽楸树、梧桐等。

街门

街门也叫“大门”，一般都在南北胡同里东向或西向，大门与对面邻居的大门口要适当偏离，叫“斜对门”。大门一般漆为黑色，两扇门各装一个铁门环，左边的门环连着门内可转动的摇关（也叫“搭关”）供随手关门，门的上部装有铁环扣，叫“门哗啦”用来锁门。大门多数都建成门楼，两边设有香炉，过年两边各烧一炷香敬门神。

大门内迎面大多建有照壁（砖砌屏风），中间写一大“福”字。

第二节 住房盖房

住房

旧时村民房屋都是平房，房屋结构为起脊，用梁、柱、檩构成骨架，百年前的老屋多为土打墙，屋顶披厚厚的麦秸草，屋脊用海带叶封顶，木棂窗户，民国时期石墙瓦房渐多。一栋房屋多数为3间或4间，少有5间，坐北朝南为“正屋”，坐南朝北为“南倒屋”，东西两侧为“东厢屋”“西厢屋”。正屋中间叫“正间”，两边分别叫“东间”“西间”，再往里的套间叫“东里间”或“西里间”。正间设两个锅灶，分别通东西间的火炕，土炕冬暖，其他季节则保持干燥，避免潮湿。旧时老屋正间与东间壁子上一般都留有小方洞，放上油灯，一灯照两间，可节省一盏油灯，此方洞俗称“婆婆眼”，婆婆在炕上就可以随时监视媳妇在正间做饭干活。房间上方用木板或高粱秸扎顶棚，也叫“阁棚”，冬天存放地瓜，自20世纪70年代粮食作物停止种植以后，新建房大多扎仰棚贴花纸。

居住方式通常长辈住正屋，晚辈住厢屋，如果都住正屋则长辈住东间，晚辈住西间，或长辈住外间，晚辈住里间。

南倒屋一般不住人，一般人家用作放工具、柴草、杂物，条件好的人家也有用作待客称为“客屋’。

厢屋冬冷夏热，通风采光差，富裕人家一般不住人，用作饲养牲口或磨屋，人口多的人家才用来住人。

盖房

盖房子是家庭大事，素有“打墙盖屋，邻帮相助”的风俗，亲友街坊邻居都来帮忙或祝贺。上梁一般都在正晌午时，在正间脊檩上要用大红纸贴上“上梁大吉”还要绑上筷子，用红绳系上铜钱，挂上红布，以求吉利，同时燃放鞭炮。房顶完工叫“起屋”，主人在新房大摆宴席宴请亲朋、工匠和帮工者，叫“打散场”。新房完工后下雨视为吉利，叫作“雨刷新房”。

烧炕

乔迁新居，亲戚朋友送礼祝贺，主人招待

宴请叫“烧炕”。

第三节　民居禁忌

大门口对面不可以朝屋山和屋角墙角，否则视为出门“碰山”“碰角”。如果确实避不开，就在所朝的屋山上悬挂书写“吉星高照”木牌。屋山如果临大道，要在临道的屋山上镶一块刻有“泰山石敢当”的小刻石“镇除不祥”。

第三章　生育生日寿礼民俗

第一节　报喜

妇女怀孕说有喜，孩子降生说“添喜”，把出生消息通知亲友叫“报喜”，亲友前来祝贺叫“看喜”，另外还有喝喜酒、吃喜面、蒸喜饽饽、送喜蛋等。

孕妇平安分娩后，首先在大门上挂一块红布，邻里自然皆知孩子已平安出生，当天或第二天女婿到丈人家报喜，要带新蒸1斤重的麦子饽饽20个，女方娘家把大饽饽全留下，再回送大发面饼、鸡蛋、小米、小孩衣被等。

邻里亲友见到门上的红布，主动上门贺喜也称“看喜”，俗称“送汤米”，礼品多为鸡蛋、点心、红糖等，喜主适当留下礼品，并给押回喜蛋（染成红皮的熟鸡蛋）。

第二节　三日　满月　百岁

三日

婴儿出生第三天宴请亲朋吃喜面叫“过三日”，俗称“吃三日面汤”。

满月

婴儿出生一个月叫“满月”，给新生儿理发，把剪下的胎毛用红布包好缝在婴儿的枕头里。下午由舅舅接母子回娘家去住，叫“搬满月”。

过百岁

婴儿出生100天（也有99天）称“百岁”，亲友前来祝贺，礼物多为小儿衣服、鞋帽或几尺花布、糕点、长命锁等。俗语有“舅的帽子，姨的袄，姥娘的袍子穿到老”。过百岁要给婴儿戴长命锁，锁上有“长命百岁”或“长命富贵”等字样。亲朋好友欢聚一堂喝喜酒，吃喜面，祝贺孩子长命百岁。

第三节　生育禁忌

妇女怀孕后不能吃兔肉、驴肉，吃兔子肉生孩子长破口（兔唇），吃驴肉生下孩子驴脾气（犟）。

孕妇不能参加别人的婚礼也不能参加葬礼，旧说新娘见到怀孕老婆，一辈子生活不顺，参加葬礼是“凶冲喜”对胎儿不利。

孕妇不能在娘家生孩子，如果实在躲不过，到场院屋或另找闲屋。婴儿不准在炕上或床上生，要在炕前铺上秆草（谷草）让孩子生在草上，故孩子下生也叫“落草”。

婴儿出生100天叫“百岁”，绝不准叫“百日”。

第四节　生日寿礼民俗

60岁以前叫过生日，60岁始称寿，以后每10年为一大寿。过生日一般家庭都是吃面条，大多数人家不举行庆寿仪式，只是改善一下生活以示庆贺，儿女们备寿礼，全家人一起吃长寿面，祝老人健康长寿。

禁忌

老人活到100岁时只说99岁大寿，忌说百岁，因“百年之后”意为人已死去。老人在73岁或84岁庆寿时，要少说或多说一岁，忌讳“七十三,八十四,阎王不叫自己去”的说法。孔子活到73岁，孟子活到84岁，老人们认为这两个岁数是人生年命的关口，连圣人都过不去何况平民百姓。

无论过生日还是庆寿，这一天忌喝黏粥，有“生日喝了黏粥，人一辈子糊涂”之说。

人到41岁时说40岁或说42岁,忌说41岁，有“四十一大王八”的俗语。

第四章　婚礼民俗

第一节　传统婚礼习俗

说媒

清末和民国期间婚姻一般是媒人介绍，家庭包办。媒人介绍叫“说媒”，给男方介绍也叫“说媳妇”，给女方介绍也叫“找婆家”，媒人有亲友熟人也有媒婆。按照门当户对、年龄般配、家境相当等基本条件为双方说合，若双方都有意，则由男方向女家提亲，向女家提亲的越多，女家越感体面，有“一家女百家问”之说。旧时新婚夫妻入了洞房，掀开盖头才能见面，此前为防止媒人欺瞒，只能私下打听，特别是女方父母，通过各种关系托人打听男方的相貌、年龄、人品、家境等与媒人说的是否相符。如果双方满意，两家男女要互换年更帖子，把男女双方生辰八字（出生年月日时辰）写在上面，字数必须是双数,然后请人推算(俗称“拆八字”)双方“相生”还是“相克”,如不相克才能议亲。

订婚

订婚俗称“撒媒柬”。事先择好吉日，由男方备好柬帖两张，一张写男方年龄、生辰八字、家长和媒人姓名，封面写上“敬求金诺”等求亲字样，用红漆匣子装好送往女家。女方接柬后照样填好另一张写上“谨遵玉言”或“愿结秦晋”等允亲字样送还男家,表示同意结亲。双方交换柬帖，作为联姻依据。

订婚时男方要向女方送彩礼（订亲礼物）此前经媒人从中斡旋，商定订亲礼物，其中有一斤重的大饽饽40个，现金、首饰、衣料等。女方设宴招待来客后，返回大饽饽20个和部分现金作为回礼。

送日子

旧时，男方根据女方命相，查定喜期，将婚礼日期写成柬帖，叫“婚书”，同时要再准备大饽饽40个和其他礼物，由媒人或亲友一并送往女家，女方设宴招待。

婚书上除婚期外，还有新娘下轿方向等，都是算命先生事先卜定的。婚书要在婚期前一百天左右送达，以便双方都有充分的准备时间,俗称“送日子”。然后双方各自通知亲友“看喜”“添箱”。

送嫁妆

嫁妆也叫“陪送”，结婚前一天女方组织人力向男方送嫁妆，一般是箱、橱、梳妆台、穿衣镜、凳子、脸盆架、脸盆、被褥、衣物、化妆品等。男方设宴招待前来送嫁妆的宾客和人员，并付给慰劳金。

男方在女方送来嫁妆以后，请一位“全美”（公婆、丈夫、儿女齐全）妇女来铺炕（或床），四周放上枣和栗子，铺好被褥后，再让一个小男孩在上面打几个滚，这叫“滚炕（滚床）”，取早立子、早生贵子之意。

开脸

送走嫁妆后，当日女家要请一位“全美”的妇女给待嫁的闺女“开脸”。就是用红线把脸上的汗毛绞掉，并把发辫挽成纂（髻），这叫“开脸”，表示姑娘已成为媳妇了。其家人要上茔地去祭祖，在已故老人的坟头上压上红纸，刚刚打扮好的新媳妇到村头等候，上茔的人回来以后，新媳妇才回家。

娶亲

男方娶亲叫“将媳妇”，女方出嫁叫“做（zòu）媳妇”，女方嫁女叫“发付闺女”。结婚当日，男方家张贴大红对联，和喜字，洞房布置一新，聘请吹鼓手，一大早就吹吹打打，鼓乐齐鸣，热热闹闹，喜气洋洋。雇两乘轿，一乘叫“官轿”，由新郎坐，一乘叫“花轿”，新娘坐。新郎穿长袍马褂戴礼帽，披红戴花，坐官轿在前，花轿在后，吹鼓手吹奏喜乐，迎亲队伍一路浩浩荡荡来到女家迎亲。新郎到女家要先行大礼跪拜女家祖先和父母，叫“谢亲”，随后女家由送客（kei）陪着宴请新女婿。新娘穿嫁衣、戴花冠、蒙红盖头，由其兄长从炕上抱到正间椅子上，新郎对新娘施跪拜礼，新娘离家时两脚不能沾土，仍由其兄长抱上轿，轿里放有一个用红包袱包着的脸盆，内有镜子宽心面等（意为“包福”），有 4 名送客相随，跟新郎一起去男家。新娘的母亲或嫂子把一瓢水泼向门外，意味嫁出去的女泼出去的水。

到达男家的时间必须赶在中午 12 点前，“不能误了时辰”。有两名架女客搀扶新娘下轿，小姑端着火盆迎接，口中念道：“嫂子嫂子你烤烤火，准备将来好㑩伙”。男在前、女在后踏着红地毯进家门，脚不能踩地毯接缝，遇到门槛，盖上马鞍，马鞍上盖红地毯。庭内设香案，新郎新娘一拜天地，二拜高堂，夫妻对拜，然后新郎用红绸牵引新娘进入洞房。洞房中新郎将新娘的红盖头挑下，二人同吃宽心面，同饮合婚酒。家里大排筵席，女方来的“送客”为贵客，坐上席。

闹房

结婚当晚闹房到深夜，乡俗以为不闹不喜，越闹越吉利。俗说“结婚三日无大小”，不论辈分亲友皆可闹房，闹房也常使新娘叫苦不迭。

坐三日

新媳妇新婚三天只坐炕上不干活，俗称“坐三日”。

望四日

新婚第四天，新郎陪新娘一起回娘家，俗称“望四日”。新郎拜见丈人、丈母娘，众亲作陪宴请新婿。当日下午须在太阳落山之前返回，新娘带回礼物一般有点心、糖果、花生、粉条、鸡蛋、黄花鱼等，馈赠公婆、姑嫂、伯叔等，给新郎的一份，叫“上炕礼”。

叫七还八

婚后第七天，女方去人到男方接闺女回娘家，住八天后再送闺女回婆家，俗称“叫七还八”。

第二节　婚礼新风俗

新中国成立后，婚礼风俗发生了很大变化，实行新婚姻法，提倡男女自由恋爱，或经人介绍相识，提请父母议定，只要符合《中华人民共和国婚姻法》的规定，就可以在当地人民政府登记结婚。过去结婚礼仪的一些繁文缛节多已废弃，婚期不再讲究“黄道吉日”，多选“五一”、国庆、新年等大众化节假日或农历双日等，订婚不讲彩礼，结婚不坐花轿，用自行车接送，也不再用吹鼓手，但闹房、“望四日”等风俗仍沿袭下来。20 世纪 50 ~ 70 年代趋向简单化，基本没有什么仪式。80 年代以后，逐渐兴起婚庆服务行业，婚姻嫁娶日趋讲究，进而大操大办。婚娶陪嫁由 80 年代的“四大件”（手表、自行车、缝纫机、大衣柜）逐渐提高到现在的黄金首饰、高档服饰、高档家具、大型液晶电视、冰箱、洗衣机、电脑甚至小轿车等。订婚送彩礼，结婚举行典礼，婚纱摄影，高档名牌小轿车车队迎亲，全程摄像，军乐队、锣鼓队、舞狮、鞭炮礼花，在酒店大排筵席宴客，少者数桌，多者数十桌，也有新婚夫妇婚后去外地或国外旅游度蜜月。

第五章　丧葬礼俗

第一节　传统丧葬礼俗

自古以来人们多相信有“阴间”存在，认为人死后可以托生转世。民间对丧葬礼仪特别重视，富裕人家往往在人活着的时候就忙着准备后事，预先做好寿衣、寿材（棺材），甚至连寿圹都做好（即把墓室修好后封起来备用），一般人家临时赶制或购买寿衣棺木，即使贫寒之家，也要省吃俭用，积攒一口棺材钱，俗称“棺材本”。过去村里人死了，都是土葬，礼仪繁多复杂，民俗讳言“死”字，老人死亡称“老了”“走了”，年轻人死亡称“少亡”，小孩死亡称为“抛撒了”，人刚死称为“倒头”。

旧俗婴儿死亡用秆草捲裹抛弃至乱葬岗，俗称“乱岗葬”。少亡者做底部不全的小棺材，葬于少亡茔或地头地角。

停灵

老人在临终前，儿女亲属为其沐浴更衣，俗语谓“穿衣裳”，守候在身边，大声喊叫死者的称谓，为他“叫魂”。临终时子女都在场则称为“儿女全”“有福气”，老人咽气后，要先以其子孙名义写“倒头褡子”：

“故某（称谓）某（姓）公讳或某门（夫姓）某（姓）氏，今逢归西”（或“仙逝”或“倒头”）之时，泣备钱财一褡灵前火化，收去使用，强恶勿争。× 年 × 月 × 日 × 时”。

然后由长子抬头次子抬脚，将遗体抬上“灵床”，一般是用门板和小凳临时搭成，停放在正间当中，死者头朝东，口里衔一枚制钱，脸部盖上黄表纸，灵前设小供桌，摆上油灯（为死者去阴间照明）香炉及其他祭品，正中摆放牌位，上书：《故（称谓）某公讳（或某门某氏）××（名字）之灵》，这叫“停灵”。

停灵妥当后大门前悬挂白纸做成的“引灵幡”，也是报丧的一种形式。

报丧

人死后丧家近亲晚辈到亲友家报告死讯，说明死因和死亡时间。同时在院内大门照壁处贴“发丧榜”，用白纸写上死者生卒年月及寿限。榜文字数讲究男单（奇数）女双（偶数），两边两行要比中间低两字，年龄不足 60 岁称“得年”,60 岁以上称“享年”,70 岁以上称“享寿”,80 岁以上称“高寿”。

铭旌

至 20 世纪 40 年代以后写发丧榜的习俗渐次绝迹，但写旌的习俗却延续下来。铭旌即是一块 2 米左右长的红色布料，用毛笔蘸调好的金粉在红布料的正中竖写一行旌文，其数字也是男单女双。男旌文书：“中华硕德故 ×（称谓）×（姓氏）公讳 ××（名字）高寿（享寿、享年或得年）几十又几岁之柩”,女旌文书:“中华阃范（或“惠德”）故 ×（称谓）× 门（夫姓）× 氏讳 ××（名字）高寿（享寿、享年或得年）几十又几岁之柩”等字样。铭旌写好后盖在死者身上，入殓后盖在棺材上。

守灵

死者的子女要披头散发，披麻戴孝，儿子头扎白布（送盘缠后把扎头白布系在腰间），身穿孝服（白大褂），头戴孝帽，手执哭丧棒（柳树枝长 60 厘米左右，兄弟多人要用一根长柳枝截成数段）守在灵前，女儿及儿媳等身穿孝服，头戴白布做成的“箍箍”，腰扎白布，守在灵后，子女们跪地嚎哭。停灵期间子女要日夜守灵，朝夕祭奠，出殡前一夜守灵，不能睡觉，守到天明。

报庙

人死后，儿女以及同族近支晚辈立即去土地庙报庙，这叫报“倒头庙”。以后每日早、午、晚三次报庙，报庙时，前边有一人打着用谷草绑成的“火把”引路，一人手提水桶，内盛用面粉和淘米水合成的浆水，一人用木盘子端死者牌位、香、纸等。随后是孝子手拄哭丧棒赤脚，各有一人搀扶，这叫“搀孝”。孙子打着“引灵幡”，闺女、媳妇和其他亲属在后，边走边哭，到土地庙摆上死者牌位，全体跪地，保持肃静，点燃香纸，在庙的周围泼浆水，由孝子口念悼词：“×（称谓）× 年 × 月 × 日你亡故，上金桥，走冥路，苦处施钱，甜处安身。”连念三遍后，众人起立，放声大哭，一路返回。

盛殓

将死者抬入棺材内，时间一般在第二天下午，是与死者遗体告别的仪式。先有孝子扫棺（用笤帚在棺上扫三下）后，由帮办丧事的妇女在棺内铺上褥子，四角各放一对制钱和栗子枣，儿女为死者净面，一般是用棉球在死者脸上象征性地擦几下，然后由孝子抱抬头部，女儿或女婿等人抬脚，将遗体抬入棺内。盛殓时死者的亲属都要到场，如果死者是女人，则必须有娘家人到场，一般是经舅点头后方可入殓，是为避免以后对死因出现异议。入殓后，给死者盖上寿被，放上死者生前喜爱的物件，然后盖棺，待到出殡临走前用大钉“封棺”（即用大钉钉棺盖）。

送盘缠

人死后第二天傍晚天黑以后，在土地庙前给死者送盘缠。男的扎一匹纸马和马童，女的扎一头牛或一乘轿和四个轿夫，还有大量以儿女们名义写的包袱褡子，内装金银纸元宝，和纸钱。马、牛、轿等均朝西南摆放。用黄表纸做一面招魂旗，在土地庙内四处“拉魂”后和死者的牌位一起由孝子背着“请”在马上或轿内，此时儿女晚辈们跪地按自己对死者的称谓，口中念叨着“×（称谓）上你的马”或“上你的轿”，然后点火烧化，集体跪拜磕头后返回，但不能走来时回头路，要绕走另一条路，一路肃静，到家门附近再放声大哭。

送盘缠意在送死者上路，去阴间带足路费。送盘缠后，家里供桌上换牌位，上书：“故 ×（称谓）× 公讳 ×× 之柩”。

吊孝

人死后，邻居和远近亲友陆续前来吊唁，俗称“吊孝”。一般是送烧纸、褡子纸之类，关系密切的同时送现金，叫“上奠仪”。亲友前来吊唁时，死者亲属陪哭，孝子陪着跪拜磕头，叫“谢孝”。家族中有一名尊长担任主丧，组成理丧小组，帮助料理丧事，组织安排前来吊唁和送殡亲友的酒席、饭席，旧时一般是邻里互助代客。

出殡

慎终追远，祖辈传流，民间对丧礼特别重视，出殡尤其隆重，一般人家，为表孝心也多尽力而为。出殡有三日殡或五日殡，也有少数七日殡或择其他吉祥日子出殡者。停留时间长短，视死者年龄长幼、社会地位高低、家境贫富等情况而定。

出殡当天清早，吹鼓手开始吹奏哀乐，还有旗、牌、伞、扇等仪仗品，称为“八件”，由儿童举着，铭旌用“旌楼子”抬着。待到午时已过，客人用餐后，再次报庙，然后在哀乐声中“起灵”，将灵柩缓缓抬起，儿女随后至大街上，灵柩置于棺罩架上，围上棺罩，这叫“牵棺”。由八人将灵柩缓缓抬起离地时，搀孝子者将孝子头顶的泥盆摔碎于地上，俗称“摔侍盆子”。据说，泥盆到阴间就是死者的锅，只有摔得粉碎，死者才能带到阴间使用。随后由死者的孙子打着“引灵幡”在前引路，旌旗幛幡，鬼神侍童（童男童女），鼓手艺人，孝子拄哭丧棒由两人搀扶，和侄孙等在灵柩前，妇女在灵柩后依次行进全都放声大哭，向村外走去。沿途有亲朋好友摆设路“祭”，逢路祭时，灵柩要停下接受吊祭。预先用八仙桌供上祭品，置于灵柩前，儿孙跪两旁，设路祭的亲友在灵柩前焚香默祷，行三拜九叩大礼奠祭，孝子叩谢。路祭后，继续前行至祖茔。

到墓地将棺材抬出棺罩，由孝子“抹棺扫圹”后安放入墓穴内，灵柩入圹后，将铭旌盖在“材天”（棺材盖）上，再放入小镜、油灯、“五谷囤”等随葬品，随后盖上盖石（石条），铲土掩埋，筑起坟堆，将香纸、引灵幡、纸童男女等在坟前火化，殡葬仪式结束。

回家祭拜正北供桌上的死者牌位之后，设家宴招待亲友，答谢客人，席间孝子要向客人磕头“谢孝”。

圆坟

殡葬后第二天清晨日出前，丧者子女带着香纸和高粱、谷子、芝麻等种子到新坟上哭奠。为新坟添土，将种子用土搅拌后绕坟正反各转三圈，边撒种子边念道：“一撒金，二撒银，三撒聚宝盆，光要做官为官的，不要喝酒赌钱的”，焚香烧纸祭奠，至此，丧葬礼仪全部结束。

祭奠日

人死后逢“三七”“五七”“七七”“百日”“周年”（一年至三年）都要上坟祭奠，其中“五七”和三周年为大祭，是纪念死者最重要、最隆重的两个大祭日，有“五七、三周年，儿女要齐全”之说。大祭日的前一天傍晚，儿子们上坟，由长子端着牌位摆在坟前，叩请死者在天之灵“回家”过节，这叫请牌位。牌位请回家以后，摆在正北早已备好各种供品的供桌上，焚香烧纸，儿女亲属痛哭祭奠。众亲友都来送烧纸祭品或送奠仪，家人为死者备好“金山”“银山”“摇钱树”“箱”“柜”“冥库”“冥宅”如今又与时俱进地增加了冰箱、彩电、小汽车等大量纸扎祭品。第二天祭典日上午，家人亲属集体上坟，在坟前祭奠，焚化祭品，回家设家宴答谢亲友。

第二节　丧葬礼俗的演变

新中国成立后，破除封建迷信，村里的土地庙、关帝庙、佛爷庙全部拆除，旧式丧礼逐渐废止，丧事简化。“文化大革命”中“破四旧，立四新”，所有祖茔、坟墓全部清除，改为耕地，村民丧礼虽仍受旧俗影响，但已一切从简。20世纪70年代改土葬为火葬，丧事也随之演变，一般是死后两日晚在十字路口送盘缠，三日儿女和亲友护送殡仪馆专用车，将遗体送至火葬场火化，骨灰有的送灵堂，大多仍按旧俗在附近山头择地埋葬。80年代后逐渐兴起选择公墓埋葬骨灰盒。旧的丧葬礼俗中除报庙、吹鼓手、棺罩、路祭等形式已废止外，其他仪式大都沿袭下来。墓前摆放鲜花、祭品，儿女亲属有的仍按旧俗穿戴孝服（白衣帽），也有的穿平常素装，佩戴黑纱。

第六章　陋俗恶习

第一节　近亲结婚　早婚　早育

民国以前旧俗结婚年龄大都不满20岁，有的人家为慕求“五世同堂”或为了“早养儿早得济”等原因，而让十四五岁的子女结婚生育，有的出于某种目的而定“娃娃亲”或近亲结婚，还有的收养未成年女孩为“童养媳”者，因而造成一些社会悲剧，生出一些弱智和生理缺陷的后代。

第二节　重男轻女

由于长期受“不孝有三无后为大”“有了儿子才能传宗接代”“养儿防老”等封建思想的束缚，无子者千方百计求子，生子视为大喜，年老无子者，无论有多少女儿，也要过继一个儿子（一般是收养兄弟之子为嗣子）继承家业。女儿的家庭地位与儿子也大不相同，一般人家的女儿不能上学读书，也没有继承权。民国时期情况有所好转，村里开始有一些女孩子到学校读书。新中国成立后，妇女的地位有了法律保障，但旧的封建残余思想仍然影响着人们。

第三节　缠足　穿耳　束胸

妇女缠足穿耳的习俗由来已久，直到民国初年还在沿袭。女孩子五六岁便开始用布条缠足，约束其正常发育，使之逐渐长成畸形尖脚，造成步履艰难，以“三寸金莲”为美，以大脚为丑。辛亥革命以后，政府提倡放足，禁止缠足，至20世纪30年代天足、放足渐成风气。

穿耳俗称“扎耳朵眼”，女孩在四五岁时用针刺穿耳，佩戴耳环。新中国成立后，人们不以此为美，穿耳之俗废止，20世纪80年代，人们为求修饰，穿耳之风又渐成时尚。

民国前，未婚女子乳房凸起视为不轨，多以紧身内衣束之，使不少人受其害，新中国成立后，妇女解放，此俗遂绝。

第四节　纳妾　守寡

民国以前，有人因“膝下无子”而在原配之外另行纳妾（娶二房）。妇女则以“从一而终”为荣，否则就是不贞。历来有少妇殉夫自尽者，如胶澳志载：“孙氏辛成云妻年仅18岁夫死身殉”，即墨县授（贞节烈女）匾，悬挂于辛氏家庙，竖“彤史流芳”碑，入《胶澳志》《列女传》。夫死改嫁的妇女则遭社会舆论攻击。

新中国成立后，颁布《中华人民共和国婚姻法》，实行一夫一妻制，禁止纳妾，提倡寡妇再婚，并以法律保护其合法权益，很多失偶的妇女得以重新组成新的家庭。

第五节　吸毒　赌博

吸毒

清末至民国期间，鸦片烟、海洛因、吗啡等毒品先后输入，民间有的人“抽大烟”“吃老海”“扎吗啡”，嗜毒成瘾，甚至有因之倾家荡产者。新中国成立后，人民政府严禁售毒吸毒，此恶习遂绝。改革开放后，又有极少数人染上吸毒恶习。

赌博

民国期间看纸牌、打麻将、掷骰子、推牌九、押宝等赌博形式风行。有的人家合局招赌以此为业，有些赌徒（俗称赌钱鬼）夜以继日，狼籍赌场，甚至败家破产。新中国成立后，政府明令严禁，赌博绝迹。20世纪80年代后期，少数人以电子游戏、扑克、麻将等娱乐工具为赌具进行赌博，聚赌的恶习有死灰复燃之势。

第七章　民间信仰

民间信仰是一种慰藉人们的心理恐惧，世人超脱自我的特殊文化现象。

第一节　天地神

民间普遍信仰和崇拜“天地神”，认为天地神是主宰宇宙万物的神祇。每年春节家家户户都在院内设“天地堂”，供奉“天地三界十方万灵真宰”神位，祭品香火从大年三十开始直到正月十五，年年虔诚祭拜。

第二节　土地神

俗称“土地爷”，据传说土地爷在神界级别最小，只管辖一个村的事务。大湛山村的土地庙建在村东，使用一块高约1米宽约0.8米的大石头，内部掏空，外部为简易的庙宇造型，内设石头造像的土地爷。院落稍大，约6米见方，周围院墙用砖砌成。土地爷除管理一方土地，保佑风调雨顺，庄稼丰收外，还负责收容羁押新丧的鬼魂，所以旧俗在人死后，其子女亲属首先要到土地庙报庙。报庙的意思就是陪鬼魂前去报到，出殡前要一日三次去送浆水，焚香烧纸，请求土地爷照应。

第三节　关帝圣君

俗称“关帝爷”“关老爷”，即三国时蜀将关羽（关公）。湛山村关帝庙建在中街东头，是村里最精致的一座庙宇，内设关公、周仓、关平塑像。每年从春节开始直到正月十五村民家家户户一天三时都来上香祭拜，祈求来年得福，遇到天旱烧香求雨，异性兄弟结拜也到关帝庙烧香磕头，请求关帝作盟证。

第四节　财神

俗称“财神爷”，传说出自明朝小说《封神演义》，文财神是比干丞相，武财神是赵公明元帅，也有供奉关公为财神的。

旧时年除夕“接灶”时，有的村民同时到村头十字路口迎接财神，祭祀后手捧一炷香返回，不回头，不说话，直到回家把香插到香炉里为止，财神光接不送。每年腊月二十三过了小年以后，就经常有人拿着印好的财神画像到各家送财神，祝贺过年发财，如果之前已经买了财神画像，为了取吉利，也不能说“不要”，而要说“财神已经请回来了”，客客气气地把来人送出门外。有经商的人家，过年时，家里除了挂“轴子”供养列祖列宗，同时供养财神。至今每年农历七月二十二日，商号店铺仍流行燃放鞭炮庆贺“财神会”，给财神过生日。

第五节　灶神

俗称“灶君”“灶王爷”，供奉于灶头。民间认为灶神是玉皇大帝派到各家各户的神祇，能掌管一家祸福的一家之主。每年腊月二十三过小年时将提前请好的“灶马”（彩色木版年画）贴在灶头墙壁上，两边对联：“上天言好事，下界降吉祥”，供养糖瓜、水果、面汤（面条），将灶马上骑马的灶神小画像裁下烧香时焚烧，表示送灶神上天，俗称“辞灶”，除夕夜八九点钟迎回灶神，称为“接灶”。平日在每个人的潜意识里，自己的言行都受到灶神的监督。

第六节　门神

旧俗民间相信各自家里都有门神，能去鬼辟邪，保障家庭平安。多数人家的大门，在修建门楼时两边都要修上香炉，有的人家大门没有香炉，每到过年的时候，大门和院落里的厢屋、正屋等其他门两边挂上临时香炉各插一炷香，供奉门神。

第八章　节日民俗

第一节　传统节日

春节

自古以来阴历正月初一谓之元旦，称新年。今阳历1月1日也叫元旦。辛亥革命以后，1913年中华民国临时大总统袁世凯迷信认为不能一年过阴历、阳历两个年，遂批准阴历正月初一为春节，自此旧皇历“过年”改名成了“春节”。名称虽然变了但传统没变，中华民族依然把春节当作真正的年来过，是一年中最盛大、最隆重、最热闹的一个古老的传统节日。春节期间，人们以祭祀来表达感恩，春节的祭祀活动规模大、时间长。祭祀内容分为祭神和祭祖两个方面，从腊月开始到元宵节期间的所有祭神活动是感恩上苍，赐给赖以生存的物质基础，祈求风调雨顺，人寿年丰。祭祖是感恩祖宗赐给自己生命。一进腊月门，人们就开始忙年，里里外外大扫除，粉刷墙壁，除旧迎新。“腊八”过后，俗语说“喝了腊八粥，还有二十二宿”，“年味”渐浓，人们忙着赶集，请“灶马”，揭对子（对联），买香纸、鞭炮，置办年货，买肉鱼（年年有余），买豆腐（都幸福），添置新碗筷（增添人口），做新衣。至腊月二十三“过小年”贴灶王爷，晚上吃面条（如今吃饺子）放鞭炮“辞灶”（送灶王爷上天）。小年一过，女人们忙着发面做馒头、枣饽饽、蒸豆包（都饱）、做年糕（年年高）……。腊月的最后一天，俗称“大年三十”，也叫“年除日”，家家户户把过年的一切都准备好了，焕然一新，清洁盛装，合家团圆。室内贴年画，门上贴大红对联、福字，门楣上贴“过门钱”，大门外迎面贴“出门见喜”，炕头墙上贴“炕暖人安”“土炕冬暖”等，箱上贴“衣服满箱”，粮囤贴“五谷丰登”，畜栏贴“六畜兴旺”等小条幅和福字。

过年祭祖的堂屋最重要，正北先挂一领新席然后再挂上轴子，轴子上面依次排列历代列祖列宗名讳，两边东挂莲花、西挂牡丹条幅，左边贴“新年大吉”小条幅。设供桌并摆上“三代宗亲之位”，摆设香炉、蜡台、两边花瓶各插一束绿竹（竹报平安）点心糖果 5 个小蝶，5 碗大白菜（百财）方块大豆腐（都福）各插一棵新鲜生菠菜（生财），各种吉祥供品，放上新的红筷子，用 5 个大馒头摆成一摞供，其中顶上的一个是用红枣做成大“枣山”。东锅台墙上供奉灶神“东厨司令灶君神位”。

院子坐南朝北设“天地堂”（一般是用一个长方形木箱贴上红纸），内贴“天地三界十方万灵真宰”神位，供奉天地神。

傍晚，各家男性青少年们打着灯笼，拿着香纸等（旧时端着盘子）到祖茔“请年”，在祖茔焚香烧纸燃放鞭炮祭奠后，要大声喊“老的老妈回家过年”，象征着请列祖列宗在天之灵回家，请年回来，贴上大门对联的横批（俗称“横里挡”），旧说能把无主的野鬼挡在门外。然后开始烧香烧纸虔诚祭拜，同时到村里佛爷庙、关帝庙、土地庙上烧香，再到家庙、家族的“宗上”烧香祭拜。这时，家庭主妇做好“隔年饭”（半熟的小米干饭插上红枣象征家有隔年余粮）摆上供桌。晚上八九点钟“接灶”，燃放鞭炮，焚香烧纸祭拜，迎接灶神从天上回来。有的人家，同时到村头十字路口祭拜“接财神”。

从“请年”回来开始，直到初三凌晨“送年”，祭拜香火连续不断。全家团圆，新年大餐的美酒和每一道菜肴，都要先对供桌神位、灶王爷和天地神的神位奠一奠，是对祖先和神灵的恭敬。除夕夜，普天同庆，通宵不眠，谓之守岁。家家灯火通明，户户喜庆有余，至子时，是“一夜连双岁，五更分二年”的神圣时刻，供桌上红烛高照，大门外鞭炮齐鸣，焚香点燃烧纸和祈福保安《元旦文疏》，奠酒供饺子，祭祖拜神，然后晚辈给长辈磕头拜年，长辈给晚辈分压岁钱，有俗语说“大年五更吃饺子，没有外四角”（家人团聚没有外人）。全家人吃饺子后，本族互相拜年，进门要大声问候“过年好！”，先烧香拜祖，后给尊长磕头。家家户户拜年的人川流不息，通宵达旦。大年初一天亮后，继续到本族、邻居、友人家拜年。初二看舅。初三是女儿回娘家，女婿“走丈人”的日子，凌晨，饺子、香烛、鞭炮“送年”（即过完年送走列祖列宗），天亮后请下“轴子”卷好，放在供桌后，有预先贴好的大福字替代，撤掉供品，改为每日早、午、晚三时烧香，直至正月十五。从过年开始，在正月里人们路上相遇，都互祝“过年好”，互贺“恭喜发财”，走亲拜年持续到元宵节。

自 1983 年中央电视台开始举办“春节联欢晚会”，此后，每年除夕夜家家户户都观看春节联欢晚会，至今连续三十年，已形成春节必不可少的习俗活动之一。

禁忌：

旧俗从大年三十“请年”以后到“送年”期间不扫地，扫地是对神明和祖先不恭敬，也会扫走财运。

春节是岁首，传说“主全年凶吉”，因此过年期间，特别是除夕夜，“言必吉利，以求多福”，不能骂人，不能打孩子，烧《元旦文疏》要说“发码子”，煮饺子皮破了要说“挣了”，馒头裂了要说“笑了”，香燃完了要说“尽（进）了”，不慎摔碎盘碗要说“岁岁（碎碎）平安”等。忌说穷、破、坏、赔、输、断、完、死等不吉利字眼。

出嫁的女儿，从过年开始到送年前，不能

回娘家。

自 20 世纪 80 年代小湛山村和 90 年代大湛山村拆迁改造为城市居民小区以后，虽然许多习俗逐渐淡化，但至今过春节仍大致沿袭旧俗。

正月十五

亦称“元宵节”，是民间传统节日，也是春节的重要组成部分，从正月十四日至正月十六日历时三天，以正月十五日为高潮。村里有秧歌队、踩高跷、赶毛驴、跑旱船，锣鼓喧天、喜庆欢快，沿街走巷表演，是春节后民间最热闹的一个节日。

正月十四日开始准备，家家户户用豌豆面捏成各种形状的小灯，有鸡灯、狗灯、梅花灯、荷花灯，还在灯碗分别捏上 1 ~ 12 个小鼻儿，分别象征全年 12 个月等，上锅蒸熟后插上灯芯备用，另外还有用青萝卜雕刻的萝卜灯。节日食品有面粉做的“神虫”、饺子、元宵等。

正月十五挂起轴子，祭祀活动和过年大同小异,但突出了灯节的主题,有“送灯”“散灯”的习俗。傍晚打着灯笼到祖茔“请十五”送灯，一坟一盏小面灯或小蜡，远望坟茔疑似万家灯火，同时焚香烧纸，燃放鞭炮烟花。请十五回来，家家灯笼高挂，灯火辉煌，点燃供桌蜡烛，燃放鞭炮烟花，隆重祭神祭祖。祭神是感谢上苍，祈福风调雨顺，人寿年丰；祭祖是感恩祖宗先辈，赐予生命，代代相传，香火不断。祭祀的同时，将各种小灯注入食用油点亮，分放到粮囤、水缸（小面灯用碗漂浮水面）、鸡窝、畜栏、门楼顶上等等各个角落，这叫“散灯”，端着萝卜灯遍照墙角、门后、炕旮旯、磨旮旯，一边照一边念“萝卜灯，萝卜灯，照到哪里哪里清，照的蝎子虫子永无踪”。

正月十六日凌晨送十五，早晨“请”下轴子，晚上继续散灯后，祭祀活动结束。送灯散灯，除祭祖外，还为了祛病消灾，祈求平安。

二月二

阴历二月初二日时值惊蛰前后，俗语“二月二龙抬头”,古人传说龙能兴云布雨、龙治水、主掌农业丰歉。节日风俗多与农事有关，旧时是扛长活的长工（俗称“泥汉”）到东家上工的日子，俗语有“二月二泥汉上犁”，也就是开始春耕的意思。这一天，各家黎明即起，用锨铲草木灰在院内、家门口胡同、大街、场院等撒成直径 2 ~ 3 米的圆圈，圈外再撒上梯子型，圈中心撒上一把五谷杂粮，这叫“打囤”。农谚有“二月二龙抬头，大囤满，小囤流”，寄托着“五谷丰登”的美好愿望。据传撒灰打囤是古人烧荒圈地的习俗延续下来的，民间传说，古时候湛山一带是一片无主的荒山野岭，先祖来此，把选好的地方周边草木烧成灰，被草木灰圈起来的地，别人就不能再来占用了，然后慢慢开垦，所以本地人也叫“坐地户”或“占山户”。

二月二的节日食品主要是炒豆和煎饼，有俗语“二月二吃豆，大人孩子一炕头”、“二月二吃煎饼，大人孩子一天井”等。炒豆有黄豆用糖水浸泡，沾上一层面粉，晾干后烘炒，也有用面粉、鸡蛋加糖混合后做成菱形小萁子，或用地瓜丁炒成地瓜豆。孩子们互相分吃糖豆十分快乐，有俗语“二月二吃豆能入流”。

寒食清明

旧俗清明前一天为寒食（一说清明前两天），相传起于晋文公悼念介之推事，以介之推抱木焚死，就定于是日禁火寒食。清明节源于二十四节气之一的清明，时间大多在每年阴历三月内，公历四月五日前后。民国以来人们渐渐将寒食并于清明，清明节民间也说“过寒食”。旧有冷食、扫墓、踏青、放风筝、荡秋千等习俗。

扫墓：祭祀祖先、悼念亡人是清明节的主要活动，在一年的祭祀节日上坟当中，唯独清明节上坟扫墓、清理荒草、在坟上添新土。如果父母一方尚在，坟头要保持平顶，二老双亡以后，坟顶才能尖起来呈圆锥形。坟上添了新土，也说明后继有人。还有父母双亡三周年后，在清明前后立碑的习俗。

冷食、踏青、荡秋千，旧俗寒食不动烟火，节前一天煮熟鸡蛋，备好节日饭食。妇女们这一天不用做饭，也可以外出踏青、游玩、放风筝、打秋千，有俗语“馋老婆巴（盼望）年食，‘疯’老婆巴寒食”。妇女儿童穿新衣，发簪松柏（片松）枝，人们在大湛山村中街扎起高大的秋千，青年男女齐聚于此，各显身手，尽兴游戏。也有很多人家，在自家门框拴上绳子、放上蒲团或木板，做成简易秋千，供孩子们玩耍。

过寒食不动烟火的习俗早已失传，但煮鸡蛋作为节日食品沿袭至今。

端午节

阴历五月初五是端午节，也称“端五节”“端阳节”。起源说法不一，大都认为是悼念投汨罗江自沉的战国时楚国爱国诗人屈原。民间无祭祀活动，民俗多与驱虫辟邪，祈福消灾有关，节日食品主要是粽子。

拉露水：清晨日出前到野外将青苗、草木上的露珠占到手巾上擦脸、擦眼，认为端午节的露水能清爽明目，不得眼疾。有人还把沾湿的手巾带回家中，给不能出门的老人擦脸、擦眼、擦脖子。

插艾蒿：拉完露水拔一些艾蒿带回来，家家檐下、窗前和门上插放艾蒿，用来辟邪。也有将艾蒿晾干后药用或夏日用来点燃生烟熏蚊子。

系五色线、带香荷包：将红黄蓝白黑五色线系在孩子的手腕、脚脖或手指上，意能驱五毒（蝎、蛇、蜈蚣、壁虎、蟾蜍），旧时货郎在端午节前走街串巷，叫卖五色线，按庹论价，唱着歌谣“抽一根，拉一根，再给大姐缀上根”，招引了许多村妇儿童。另将装有艾叶香料的小荷包戴在身上为驱瘟辟邪。

插艾蒿，吃粽子等习俗沿袭至今益盛。

过半年

阴历六月初一，俗称“过半年”，照例家家吃饺子。

按时间半年应该是七月初一，但民俗六月初一过半年，此时麦子已收完归仓，全年农事过半，旧有吃新麦子饽饽的习俗。人们为了感恩上苍，包饺子、做新麦子饽饽供养天地神灵，祭祀祖先，吃新麦子饽饽庆祝小麦丰收。

七月七

阴历七月七日也称“七夕”，古代神话（《荆楚岁时记》）喜鹊搭桥，牛郎织女天河相会。民俗七月七熥“熥花”，用面粉调以鸡蛋、油、糖，用搕子（木制雕刻的面食小模具）搕成元宝、花篮、桃子、鸡、狗、鱼等形状，上锅熥熟作为节日食品，香甜可口。也有用线串起来，儿童挂在脖子上玩耍或零食。

七月七多雨，民俗认为是织女的眼泪，俗语“七月七织女姑姑一起哭”。

中秋节

阴历八月十五日，因时值秋季正中，故名。是民俗传统节日中仅次于春节的第二大节，节前人们以月饼、美酒及其他精美节日食品孝敬长辈老人，亲友之间忙着相互馈赠礼品。中秋节俗称“团圆节”，节日中全家团聚，宴饮赏月，怀念在外亲人。

重阳节

阴历九月初九叫“重阳”，又叫“重九”。旧时重阳节民间有登高赏菊、饮菊花酒、文人雅聚饮酒赋诗等习俗。

现重阳节已被定为“老人节”，儿女们给年老的父母送礼品表示孝心。湛山农工商公司历年为村里退休的老社员职工发放大米、面粉、花生油、香油和现金等慰问品。

十月一

阴历十月初一是民间祭祀祖先的节日，俗称“过十月一”。因冬季来临，旧时妇女们要缝制寒衣送给远方亲人。旧俗过十月一给已故亲人用纸做成寒衣，上坟祭祀时焚烧，此俗据说源于孟姜女千里寻夫的传说。送寒衣的习俗早已失传，但家家户户上坟祭祖、吃饺子沿袭至今。

过去十月一也是长工下工的日子，俗称“泥汉下犁”，雇主设宴犒劳雇工，结算工钱，并宣布继续留用与否。

冬至

二十四节气之一，每年12月22日前后，太阳到达黄经270°（冬至点）时开始，俗称“交九”，由此开始进入数九寒天。从这一天开始，白天一天比一天长了，俗语过了冬，一天长一葱。旧俗冬至前一天晚上设家祭，以饺子供养祖先，叫过鬼冬，冬至当天过人冬，吃大包子。

腊八

阴历十二月（腊月）初八日是腊八节，相传是释迦牟尼的成道日，中国汉族地区佛寺常于此日举行诵经等纪念活动，并效法佛成道前牧女献乳糜的传说，取香谷及果实等熬成粥供佛、斋僧，名腊八粥，后演变为一种民间习俗，是日吃腊八粥有庆贺丰收之意。

节日早饭用八样粮米煮成粥，叫“腊八粥”，如今民间仍吃粥应节，但所用粮食不限于八样。

旧时私塾从今日开始放年假。

辞灶（过小年）

阴历腊月二十三，俗称“小年”，旧俗是送灶君上天述职的日子。晚上家家焚灶马（民间木版彩印的灶君像，其上方印有灶君骑马的小像，叫做灶马）用糖果、糖瓜（麦芽糖）等甜食为灶君践行，以求上天言好事，回宫降吉祥。另外辞灶时还要供上一碗面汤（面条），俗语灶王爷本姓张，一年一碗烂面汤，后来逐渐演变为辞灶供饺子、吃饺子。

灶君民间称灶王爷，相传灶王原来是一个叫张单的富家子弟，曾娶一贤惠女子郭丁香为妻，后又休妻娶李海棠。李氏好吃懒做，不久就把张家财产挥霍一空，改嫁他人。张单家境败落，又遭天灾，双目失明，沦为乞丐。一天他乞讨到一户人家，主人给了他热汤热饭，后发现施饭者就是休弃的妻子郭丁香，他羞愧难当，碰死灶前，被姜太公封为灶王。柳腔戏《张郎休妻》、茂腔戏《火龙记》都是说的灶王爷的故事。

灶王最初只管火，后受天帝委派为掌管一家的监护神，被封为一家之主，没有庙宇，只有一张画像贴在灶墙上，两旁贴上：“上天言好事，回宫降吉祥”的对联，横批是：一家之主。

灶王腊月二十三辞灶后上天，除夕夜接灶回来，完成汇报任务，带着吉祥保佑一家平平安安过日子。

过小年辞灶、供糖瓜、吃饺子、放鞭炮的习俗沿袭至今。

第二节　新节日

中华人民共和国成立以后，元旦、国际妇女节、国际劳动节（亦称“五一”国际劳动节、劳动节）、中国青年节（五四）、国际儿童节（六一）、中国共产党成立纪念日（七一）、国庆节等一些新的节日相沿成俗。

2008年之前我国只有“五一”、“十一”、元旦和春节为法定节假日，从2008年开始，清明节、端午节、中秋节成为法定节日，各放假一天，使这些已被人们逐渐淡化了的古老传统民俗节日的礼仪与活动又丰富起来。

在经济社会转型时期，新风俗的酝酿与流行速度在逐渐加快，不可能再像农业文明时代那样需要经历几个世纪才形成并完善一个良俗，风俗的更替周期正在大大缩短。自20世纪80年代改革开放以来，由于中西文化交流，西方国家强势经济和媒体商家推波助澜共同作用的结果，至20世纪90年代一些西方洋节开始日益流行，其中母亲节、圣诞节最为盛行。

母亲节

每年5月第二个星期天为母亲节，起源于美国，是一位名叫贾维斯的美国妇女倡导，并由她的女儿安娜·贾维斯发起创立的。

贾维斯夫人是当时美国格拉夫顿教会主日学校的总监。在美国南北战争结束后，她在学校里负责讲述美国国殇纪念日的课程。贾维斯是一位心地善良、极富同情心的女人。她讲述着战争中那一个个为正义捐躯的英雄故事，望着台下那一张张充满稚气的脸，一个想法猛然涌上心头：为祖国贡献了那么多英勇战士、保证了战争胜利的，不就是那一个个含辛茹苦抚育子女的母亲们吗？自己的儿子血染疆场，承受了最大痛苦和牺牲的，不也是这些默默无闻的母亲吗？因此她提出应该设立一个纪念日或母亲节，给这些平凡的女人一些慰籍。可惜的是，这个美好的愿望还没实现，1905年，贾维斯夫人便与世长辞了。

母亲去世后，安娜悲痛欲绝。她深感母亲的提议是适合天理人心的，于是和朋友多方奔走，以期让母亲节于1908年5月10日在西弗吉尼亚和宾夕法尼亚州举行。在这次活动中，康乃馨被选为献给母亲的花。母亲尚健在的人佩戴红色康乃馨；如母亲已经去世，则佩戴白色康乃馨，以表达心中的哀思。后来又延伸为安慰那些在战争中失去丈夫、儿子的女性的节日。

1914年，美国总统威尔逊提请国会通过决议案，将每年5月第二个星期日作为法定母亲节，并举办庆祝活动。这一举措各国纷纷仿效，至1948安娜谢世时，已有43个国家设立了母亲节。

母亲节在我国是地区性节日，最早是在港澳台地区有此节日，改革开放后也为内地所接受。广东省于1988年开始，杭州等城市于1989年开始。都有各级妇联组织母亲节庆祝活动，并把评选“优秀母亲”作为节日活动内容之一。每年母亲节，儿女们纷纷给母亲买礼物，送鲜花，全家欢宴，表达对母亲的感恩之情。

父亲节

父亲节是由美国的约翰·布鲁斯·多得夫人倡议设立的。多得夫人的母亲早亡，其父独自一人承担起抚养教育孩子的重任，把他们培养成人。1909年，多得夫人感念父亲养育之恩，给华盛顿州政府写了一封言辞恳切的信，建议以他父亲的生日，每年6月5日作为父亲节。州政府采纳了这一建议，但把节期改在每年6月第三个星期日。1910年，多得夫人所在的华盛顿州博斯坎市，举行了第一次全市性的父亲节庆祝活动。

圣诞节

亦译“耶稣圣诞瞻礼”“主降生节”。基督教纪念耶稣诞生的节日。《圣经》中并未提及耶稣出生日期。多数教会规定12月25日为圣诞节。圣诞节是基督教最盛大的节日，圣诞节期间，基督教堂人流如潮，热闹非凡，信徒家里多摆圣诞树，并向亲友报佳音、唱圣诞歌、化装成圣诞老人向儿童送礼物等活动。

这一节日，近年来已逐渐为本地人所接受。圣诞节已成为人们聚会狂欢、疯狂开心的盛宴，以张扬个性、放松心情、宣泄情绪，尤其是青年人乐此不疲。

另外愚人节、情人节、万圣节、光棍节等也同样受到欢迎并流行。

第九章　方言（方音）

第一节　天时　地理　方位

太阳——乂头（日头）
阴凉——阴瓤
月晕——风嘎拉
彗星——扫帚星
北斗星——烁子星（勺子）
长庚星——大勤
启明星——三冒郎
流星——跑星、贼星
银河——天河
云——云彩
打雷——打呼雷
彩虹——虹（ji à ng）
闪电——打闪
夏天——伏天
凉快——风凉
天冷——冷清　凉渗
天比较冷——天气挺凉渗
很寒冷——很刹实
下雪粒——下算卜拉（白色小冰粒“霰”）
结冰——上冻
下冰雹——下巴子
放雾——放雾露（l ò u）
今日、明日、后日、大后日——今乂（日）、明乂、后乂、外后乂
昨天、前天——夜来、且乂
去年——头年
今上午——今头晌儿
中午——亮晌务儿
下午——过晌儿
今晚上——今下晚儿
今夜里——今黑乂、及晚上
半夜——半夜五经（更）
大白天——大天贝乂
过去——早嘞
现在——现预今（如）
附近——这一位儿位儿
这个地方——这个场儿、这个埝儿
土块——土卡垃（坷垃）
尘土——不土
上游——上水头
下游——下水头
即墨——积密

第二节　亲属亲戚称谓

父亲——爹
母亲——娘
祖父——爷爷
祖母——妈妈（m ā ）
伯父、叔父（父亲的兄弟）——大爹、二爹……
伯母、叔母（父亲兄弟的配偶）——大娘、二娘……
（五服以内父亲的堂兄弟同样称呼）
高祖父——老老爷爷
高祖母——老老妈妈（m ā ）

曾祖父——老爷爷
曾祖母——老妈妈（m ā ）

妻称夫——××（子女名字）他爹

夫称妻——××（子女名字）他娘

丈夫对外人称自己的妻——俺家嘞、俺老婆

男人——汉们

夫妇——老婆汉子

妹妹——门门

哥哥——国过

父子或长辈对晚辈的昵称——爷们儿（晚辈对长辈不能用）

母女或母子或女长辈对晚辈的昵称——娘们儿（晚辈对长辈不能用）

堂兄弟——叔贝兄弟（伯）

堂姊妹——叔贝姊妹（伯）

丈夫的哥哥——大贝（伯）

丈夫的弟弟——小叔儿

对外人称丈夫的姐姐——俺大姑（gù）当面则称姐姐

对外人称丈夫的妹妹——俺小姑（gù）当面则称妹妹

公婆称呼儿媳——按其姓氏称呼“嫚儿”如：张嫚　王嫚

对亲族中五服以内的人称——自己人们

同族远支——本家

双胞胎——一对双

刚出生的男孩——小扫儿（小小儿）：生了个什么？生了个～。

小男孩——小厮

女孩儿——小嫚儿

闺女——衮女

未婚女孩——大嫚儿

老太太——老嬷嬷（mámà）亦用于对老伴的昵称

新寡妇——孝妇

填房——后老婆

遗腹子——背父生

随母改嫁的孩子——带脚（jūe）子

老来子——老生子

外祖父——姥爷

外祖母——姥娘

外祖父之父——老姥爷

外祖父之母——老姥娘

外祖母之兄弟及其配偶——舅姥爷、舅姥娘

外祖母之姊妹——姨姥娘

姑舅姨家弟兄姊妹——对外人称表兄弟表姊妹当面则称哥弟姐妹

丈人丈母——对外人称岳父、岳母或丈人、丈母，当面称爹娘

妻兄弟姊妹——对外人称舅子、姨子、当面称哥弟姐妹

父母称女儿之夫——对外人称闺女女婿，当面称他姐夫、老大女婿、老二女婿等

近邻——门子口

第三节　身体　疾病　医疗

前额——耶颅盖

嗓子——嗓根眼儿

喉咙——嗓根头子

脖子——脖子梗

目深——窝瞜、眍瞜眼儿

睫毛——眼之毛

眼屎——眵（chǐ）

中耳炎——嘞兜（耳朵）底子

流口水——拉拉痴水

鼻涕——鼻清

下巴——牙巴骨

胳膊——胳（gā）巴

腋窝——肌胳窝

肘——拐柱

肋骨——肋（lèi）齿骨、肋巴

肚脐——部脐眼
指甲——指甲盖儿
膝盖——波罗盖
小腿——腿杆子
小腿正面——穷汉岭
踝骨——脚（jue）活桃（脚核桃）
左撇子——左把喇子
傻瓜、痴呆——朝巴、膘子、痴厮
秃子——秃厮
夜盲——黑雀瞽
驼背——锅腰儿、马棚腰儿
兔唇——破口儿、豁嘴
哮喘——喘齁儿、齁固儿
胃部烧灼感——烧心、沥心
胃疼——心口疼
身体不适——不愉作、不舒索
肚子发胀——胀饱
被蚊虫叮咬起小疙瘩——囮墩
皮肤上的小囊肿——葡挠
瘙痒——刺挠
打嗝——打勾抖
打屎勾抖（用于婴儿）
打哈欠——打嚯懈
打喷嚏——打啊叱
生天花——生痘
生麻疹——生痧子
患疟疾——发脾寒
治病——扎固病
病愈——好了
病重——病的不善
病危——不行了
结痂——长嘎渣
哆嗦——抖擞

第四节　生活　交往　品行

起床——起来

让开——礼貌用语说“借光”、不耐烦则说“起来”

扶着——招着

拿着——含着

放起来——稳着

放下——稳下

藏物——掖着

打扫——打索

蠕动——蛄拥

轻触——拐（guāi）着

踢——蹅

踹——排（pāi）：排是你

行为反常多余——半夜五经（更）起来狗蹲着（贬义）

讽刺人——消嗤印、醋溜印

讥讽人（话里有话）——燎醋印

糊弄人（使人上当）——插巴印：你别~

事情　门道——景儿：这印（人）有个~

　　好事——好景儿

夸奖——圆：自己圆，有其限。

说合——圆成

劝说——玉成

感叹人生易老、日子过得快——真不见混

骂人——撅印

动静——动儿动儿：拜（不要）出~

训斥——呲打

不满意、嫌弃——嫌后

批评指责——扒数、数落（拉）

挖苦讥讽——刺挠

开玩笑、闹玩——弄戏儿

故意发坏——渣离、半渣滓诟詈（gòulì）

夸耀（显摆）——谝弄

张狂——涨颠
放肆——扎煞
骄傲——哧鳞、展扬
张扬——洋活儿
洋洋得意自高自大——兀得得（děi）的
失意郁闷、垂头丧气——懊头
讨厌——疫赖
讨人嫌——恶（wù）印毛
烦人——隔应印、烦气印
犯疑——心惊
埋汰——拉撒、排癞
抱不平——气不忿儿
人品下流——污烂
不务正业不办正事——屎蛋、流球
品行很坏——杂碎
不像样子不三不四——鬼头蛤蟆眼
贪婪——下作
不识好歹又有些神神叨叨的人——半仙
智力低下常办蠢事的人——半昏、半吊子、二百五
盼望——巴望
争辩——争竞
简单粗暴——勒虎（二虎） 勒（二）妄种
执拗——犟劲头
倔强又好抬杠——杠子头
言行不当——蹀躞（跌歇）
闯祸——作业（作孽）
琢磨——嘴磨
小声私语——喳嘁
背后说人或传话——喳啦舌头
背后议论——冈古
下流语言——淡话
心神恍惚不宁——心思没拦的
丢失——瞎了
饥饿——饥困
倒水——押水
喝——哈
躺——茄（攲） 歪快
睡觉——睏觉
打鼾——打酣睡、打呼隆
两人一个被窝分两头睡——打通腿儿
用白眼珠瞪人——挖睺印（睚眦之意）
偷看——瞜侯
寻视——踅摸、撒么（mà）
眨眼——麻瞪眼
糟蹋 损坏——踢蹬
修理——紥固
胡作非为——作蹬
揉搓——搓拐
折磨、变卖——折蹬：把人～的够呛 家里的东西都～出去了
推——拥：他把我～倒了
抚摸——摩挲
摔倒——卡倒（磕倒）
不要如此——败已
熊样——糗头：看他那块～
女子择偶——找个衩
好人家——好衩
最尊的上座——上首
陪客的末座——下首

第五节 房舍用品

院子——天井
大门洞走廊——过档（过道）
大门对着的影壁——照壁
房前屋后的夹道——夹固道儿
堂屋——正屋
门槛——门缠
门闩——门关儿
户枢——门转芯儿

门后——门掩后
门上的连环——门滑拉儿
炕下地面——炕旮旯
墙角——墙夹哈
石台阶——降踏石
厕所——圈、茅房
锅灶——锅头
房顶烟囱——浮台
胡秸锅盖——盖垫
铝锅——轻铁锅
风箱——风献（风匣）
烧火做饭用的小煤铲——煤锨儿
烧水壶——燎壶
脸盆——铜盆
水桶——水筲
两头带钩的扁担——担杖
肥皂——胰子
拐杖——柱棒、文明棍儿
擀面杖——擀杖
手电筒——电棒子、手灯
抽屉——抽头
顶针——指扣
金戒指——金嘎子
尿布——铺衬、尿褯（jiè）子
兜兜——布兜儿
床单——面单
枕头——豆枕
木屐——呱嗒板儿
拖鞋——鞋撒儿
斗笠——雨淋（苇笠）
脱土坯——脱墼

第六节　饮食

面条——面汤
地瓜干茬子加豆沫子做的窝窝头——气馏
粗粮面粥——黏煮（黏粥）
圆形馒头——饽饽
长方形馒头——卷子
水饺——馉馇
面疙瘩汤——馉馇汤
千层饼——瓤子饼
油条——香油果子
酵母——引子
醋——忌讳
割肉——嘎叉
猪油——荤油、猪大油

第七节　农工学商

农民——庄户印
干活——揍营生
下地干活——上坡
拔草——薅草
场园——场畹
围窄长席囤粮食——撒折子
锔锅碗的匠人——锢漏子
理发师——待招
厨师——大师傅、厨子
小卖部——小铺
小饭店——饭铺儿
到饭店吃饭——下馆子
老板——掌柜的
伙计——伙结
木偶戏——耍头子戏
学校——学堂

第八节　动物植物

牛犊子——咩子
公驴——叫驴
母驴——草驴

公狗——牙狗
公猫——牙猫
母猫——女猫
狼——妈虎
黄鼠狼——臊水狼子、老黄
喜鹊——鸦雀
乌鸦——老哇
啄木鸟——捣打木子（如歇后语：捣打木子崴了嘴——命该如此）
鸽子——不嘎（鹁鸽）
麻雀——家撮儿
老麻雀——老家
小麻雀——小家
蝙蝠——鳖蝠
蛇——长虫
蝗虫——蚂蚱（蹬大山、双蜢甲、土蚂蚱、青头郎等）
蜻蜓——蜓蜓
蟋蟀——土蜇（促织）
蜘蛛——老嬷儿嬷儿
蜘蛛网——老嬷儿嬷儿网儿
壁虎——蝎虎
蜥蜴——马蛇子
蚂蚁——蚁蛘
蚯蚓——蛐蟮
蜗牛——蚂甸卜漏
蝉——截留（知了）
百足虫——草鞋底
蝈蝈——乖乖
螳螂——刀螂
屎克螂——屎气螂
瓢虫——货郎鼓子、花大姐
蚜虫——密虫子
臭椿象——臭大姐
苍蝇——苍蛘
苍蝇卵——北渣（白渣）
蝌蚪——蛤蟆（hámà）过荡
泥鳅——米沟
海螺——不漏
大海螺——夹不漏拳
蛤蜊——嘎啦
牡蛎——蛎咔嚓
章鱼——八带蛸
乌贼——煤（墨）鱼
鲈鱼——寨花
刀鱼——鳞荡鱼
鲨鱼——锉鱼
高粱——胡秫
花生——长果
马铃薯——地瓜蛋儿、地豆
萝卜——萝贝
芸豆——四季豆儿
向日葵——转悠客（音剋）
葵花籽——瓜种儿
山楂——酸楂
马齿苋——蚂蚱菜
蒲公英——布布丁
圆葱——洋葱
香菜——芫（yán）荽
草莓——坡盘
甘蔗——甜甘

第九节　形容词副词及其他

做事圆满、一切就绪——如官似府
穿戴整洁——板正儿
不零碎——整状
结实——挺托：这根柱子很~
身体结实——棒实：小伙子挺~
宽敞、宽裕——宽透（宽拓）：他家房子很~；人家日子过得很~
生活富裕——超盈

窄小、不富裕——窄巴：他家房子很～，他家日子过得很～

大方、不吝啬——大手：那人很～

不大方、吝啬——生古、生杂子

不好、很差——杂麻、不济、疵毛

不舍得——不嘎失（不割舍）

交好运——走字儿

倒霉——倒槽

投机钻营——钻算

很重——很沉

脏乱埋汰不整洁——拉撒、窝囊、洋赖

愚钝——拙、鲁笨

做事干脆利索——刷刮

害羞——淡印

松软有弹性——暄屯（暄腾）：馒头蒸的很～

饭食发酸变质——饲孬

言人粘糊慢性子——黏迟、艮：那人一点不脆快真～

食物不脆——艮：～瓜蒲

物品受潮——艮：这几天放雾床铺都～了

柔韧——艮硬

待人凶狠残酷厉害——促卡（猝磕）

精神或状态很好——旺醒、支生儿

憔悴——囚挫

丑陋、变形——瘪约

很高兴——很恣

高兴——欢气

看不清——看不皴亮

暖和——脑乎

很少——了了儿

很多——海儿了、海儿多了

很大——木是大

年龄仿佛——般大般儿：他们几个都是～的年轻人

差不多——差不离儿

不错——不离儿：今天钓鱼钓的真～

一会儿——没暂赶

马上——赶子：你什么时候去？～就去

快点——赶急

一会儿、很快——赶忙儿：你什么时候走？～就走。

试一试——演当演当

捞着了、意外收获——猎着了

懂事、很乖——务亮（多指小孩）

手巧——技良

动作敏捷——俏欻（chuā）

很多——满净

总共、一共——一拢总

遥远——窎远：那个地方很～

跨拉

路远不便——骑马窎转：那个地方去一趟～的真不容易

瞎吆喝——瞎呕吼

大喊大叫——咧搔

急急忙忙——慌冒（忙）急促

阳奉阴伪——人前一般人后一般

没料到——没过睬

炫耀——张哗

很短——精短

很矮——精矮

很细——绝细

很薄——嚣薄

很窄——精窄

很香——喷香

很酸——焦酸

很甜——细甜

很苦——悲苦

很辣——齁辣

很咸——齁咸

很硬——崩硬

很软——溜软

软和——囊鼓
很紧——绷紧
很红——通红
很黑——轰黑
很黄——干黄、显黄
很白——挑白
很绿——争绿
很紫——嫣紫

第十三篇　人物选录

ZHAN SHAN CUN ZHI

湛山村志

ZHAN SHAN CUN ZHI

第一章　已故人物

第一节　明代人物

永乐年间（1403—1424）至崇祯甲申（1644）。

毛氏始祖：随永乐帝扫北建立功勋，被封浮山所世袭千户正五品武德将军（始祖及历代世袭名讳失传）。

丁氏历代浮山所世袭百户正六品武官：

丁满八（一世）

丁　宁（二世）

丁　文（三世）

丁　英（四世）

丁条元（五世）

丁　全（六世）

丁治朝（七世）

丁世训（八世）

丁三尧（九世）

嘉靖年间（1522—1566）

孙廷章、孙廷化兄弟二人从杨家村徙居斩山，立村。

第二节　清代人物

辛文焕　字有章考名文通［康熙五十四年至乾隆六十年（1715—1795）］。

父辛永第、母官山孙氏。

湛山辛氏始迁祖九世　永第之三子，庠生，自弱冠（二十岁）时即闻辛吉龄曾修《辛氏族谱》，但因流布绝少，每以未睹其书为恨。至乾隆九年夏于辛吉臣所收藏的书帙中得之，但只是一个残缺不全，粗有其具的草稿。对于辛吉龄因“天不假年，功未成而赍志以殁”甚为感慨。于是将辛吉龄未完成之业引为己任，敬持旧谱遍询族众，历时三年于乾隆十二年（1747）二月修成了《辛氏族谱》。对于当时从浮山后大埠东村迁徙至各个村庄以及流寓外地的族人都作了详细记载。

乾隆三十二年（1767）春为湛山孙氏创修了《孙氏族谱》，乾隆五十九年（1794）七月又以80岁高龄慨强不辞，二次增修了《孙氏族谱》。终年81岁，是辛氏和孙氏族谱的奠基人，创修辛氏和孙氏族谱及其撰写的“序”“跋”为后人留下了极为珍贵的氏族文化遗存。

孙永亨　字元初　乾隆年间（1736—1795）蒙皇恩钦赐米帛

孙承春　字会三　咸丰年间（1851—1861）由军功六品职衔俟先外委即补把总

孙承隆　咸丰年间由军功六品职衔

孙承柱　咸丰年间由军功六品职衔

孙修吉　咸丰年间由军功六品职衔

辛启和　字致中　由军功钦赐六品

辛启礼　字斯美　同治年间议叙七品

孙　氏　辛承云妻，年十八，夫死身殉。载入《胶澳志》人物志·烈女，立“彤史流芳”碑，家庙挂“贞节烈女”匾。

第三节　现代人物

王玉棠（1937—1970）

父王顺先，母梁锡贞。男，汉族，1937 年 5 月 15 日生人，祖籍山东省昌邑县十字路镇。1942 年随父母到湛山村租房居住，1949 年父亲去世，经济困难交不起房租，与 3 个妹妹和母亲借住在姨父魏克江家小厢屋艰难度日。

1956 年参军，1958 年毕业于海军航空兵第一航校第九期，在中国人民解放军东海舰队海军航空兵 9207 部队任空军飞行员，中共党员。1970 年 1 月 7 日在执行飞行任务中因飞机失事壮烈牺牲，被部队追认为革命烈士，时年 33 岁。王玉棠的骨灰现存青岛市革命烈士纪念馆，他的名字镌刻在青岛市革命烈士英名碑上。

王玉棠生前，部队在大连土城子机场时，曾发生一起反革命分子报复杀人案，当时罪犯持刀逃到水库里，王玉棠第一个奋勇跳下水，把歹徒制服擒住，为此立了三等功。有一次回家探亲，在湛山村前遇到一儿童掉下水井，王玉棠再显见义勇为英雄本色，来不及脱衣服就跳下井去把儿童救了上来，他的事迹在家乡湛山和部队都传为美谈。

1970 年 1 月 7 日上午，2 号王玉棠为领航员，1 号王振华为驾驶员，3 号姚发为通讯员，三人驾驶一架“轰 5”型飞机从常州起飞进行 600 米以下低空飞行轰炸训练，五分钟后雷达显示消失。在杨中县上空飞机因意外原因突然失控向地面一个村庄坠下，他们放弃了跳伞逃生的机会，把急剧下坠的飞机猛拉了起来，刚避开了一个村庄，紧接着又坠向第二个村庄，他们在万分危难的情况下，再一次把飞机拉了起来，瞬间避开了两个村庄，最后飞机坠毁在长江里一个叫杨中的岛子上的稻田里，王玉棠和战友王振华、姚发三人同时壮烈牺牲。

当时现场有很多老百姓亲眼目睹了这瞬间发生的壮烈场面，目击者说在飞机突然坠向村庄的危急时刻，他们不顾自身安危，使两个村庄避免了重大损失，为了保护人民生命财产的安全，不惜牺牲自己的生命，他们是真正的英雄。当地群众自发地在他们牺牲的地方为他们修墓立碑，永远纪念他们。事后部队追认王玉棠等三人为革命烈士，并于 1970 年 1 月 30 日来他的家乡大湛山村为王玉棠召开了追悼大会。他是为人民利益而死的，他的死重如泰山，王玉棠烈士永垂不朽。

资料提供：

王玉棠生前所在部队：

姜　贵：时任副师长，后调任北航政委，现已离休。

王文田：时任团政委，后调任北航政治部主任，现已离休。

王玉棠烈士遗像

王玉棠的母亲和三个妹妹

孙立魁　字安亭（1903—1968）

父孙作茂，母辛氏。

青岛市立中学毕业，北京民国大学体育系一年，北京内政部警官高等学校毕业、中央警官学校第二期高级班毕业。历任民国蚌埠市公安局督察员、教官，青岛市商会主任科员。

1926年6月3日参加中、日、英、美、法等国在青岛汇泉练兵场举行的国际运动会万米长跑比赛，比赛路线是先在汇泉跑马场跑三圈然后至大麦岛返回跑马场跑两圈，由国际裁判（外国人）骑马监督。

1930年5月24—31日参加了在日本东京举行的第九届远东运动会万米长跑比赛。

1933年7月12—15日参加了在青岛新落成的第一体育场举行的第十七届华北运动会万米长跑比赛。

多次参加全国和国际长跑比赛，曾连续八年保持全国冠军，在南京获民国政府授予的“长跑大王”锦旗。历次比赛获金杯、金盾、金牌20多个，皆毁于“文化大革命”。

徐学义　字义之，号武禅（1939—2003），精武术，善书法，文武兼长，有自作诗词及书法作品《徐学义形意书法作品集》等。

1960年毕业于山东体育学院运动系本科。1959年第一届全国运动会获武术短器械（刀术、剑术）冠军，是新中国成立后山东省武术的第一枚金牌。1960年全国武术比赛获拳术冠军，并与队友一道夺得团体冠军。1958年任山东省第一任武术队队长。1959年至1962年曾先后受毛泽东、刘少奇、周恩来等党和国家领导人亲切接见，1960年任中国青年武术队队长，同年12月随周总理出国访问。1962年当选为全国青年联合会第四届委员会委员。1981年任《水浒》连续剧中《鲁智深》剧组武打设计，1982年主演电影《南拳王》并任武打设计，1984年任香港影片《三上五台山》武打设计。1984年中共山东省委、省人民政府为表彰他在全国取得的武术成绩和发展山东武术的贡献授予他“振兴山东体育荣誉奖杯”和荣誉证书，1985年任青岛武馆馆长，1988年在湛山创建东方武馆。以其艺精富著而名列《中华人民共和国体育运动年鉴武术名人录》《中国武术家名人辞典》。终生致力于振兴和发展中华武术，在青岛、潍坊、胶州等地培养了许多高足和大批优秀武术人才。

徐学义于1960年在首届全运会获刀术冠军比赛中的“横江飞渡”

徐金龙（1947—2009）

青岛公交集团有限责任公司董事长、总裁。

自1983年担任青岛公交公司经理以来，大胆改革旧的管理模式，坚持走多元化发展道路，积极推行现代企业制度，实现了在管理上创新、在服务理念上创新、在技术上创新，推动了企业的快速发展，在实践中创造出“公益效益相结合的城市公交管理”企业管理成果。企业已发展成为拥有员工13900余人，各类营运汽、电车3356辆，出租汽车1007辆，营运线路170条，总资产12.2亿元的企业集团。与其上任初期的1983年相比，营运车辆增长605%，线路长度增长445%，总资产增长2970%，净资产增长1738%。企业面向社会安置下岗职工和失业人员4600余名，连续三年被评为青岛市再就业先进单位。

2005年被授予“全国优秀创业企业家”称号。荣获第八届全国企业管理现代化创新成果二等奖及山东省优秀成果一等奖、青岛市特等奖。已有30余项指标跃居全国同行业前列。2005年青岛公交集团获全国企业文化优秀奖。将一个曾经举步维艰的国有企业，改造成了充满发展活力、机制日趋灵活的大型公交企业集团，让一个曾经为乘车难而苦恼不已的城市，成为全国公交车辆更新最快、乘车方便程度最高的城市之一，并创造了闻名全国同行的“青岛公交模式”。青岛公交集团创造出诸多令同行羡慕的第一：万人拥有公交车数量居于全国同等城市之首，IC卡持卡率全国第一，IC卡收费系统全国规模最大，千车成本居全国公交行业最低。在全国同类城市里，青岛公交第一个大步走向现代企业制度，第一个实现无财政补贴运营，第一个迈出跨行业、跨地区、跨所有制经营的步伐，第一个携手强者制造整车客车，第一个全面引入先进的GPS卫星定位系统。

第四节　新中国成立后湛山历任党政主要领导人

石茂官（1907—1977）

1956—1957年任湛山五一蔬菜生产合作社副社长。

1957—1958年任湛山五一蔬菜生产合作社社长。

王世纲（1929—2012）

1960年4月—1961年7月任中共浮山人民公社第一生产管理区党支部书记。

马福德（1921—1984）

1958年11月—1959年1月任中共东风人民公社第一生产大队党支部副书记。

1959年2月—1961年7月任中共浮山人民公社第一生产管理区支部副

书记。

1961年7月至1966年任中共湛山大队党支部书记。

任增德（1924—2008）

1958年至1961年6月任浮山公社第一生产管理区主任。

1961年7月—1965年9月任湛山大队大队长。

1966—1976年任中共湛山大队党支部书记。

王克忠（1940—2007）

1987年3月—1988年12月任湛山农工商公司经理。

1985年12月—1995年3月任中共湛山农工商公司党总支书记。

1995年4月—1997年10月任中共湛山农工商公司党委书记。

第二章 健在人物

第一节 杰出成就人物

孙中继

生于1936年4月，1963年毕业于山东工业大学机械系金属学、热处理工艺及设备专业。青岛铸造机械厂教授级高级工程师，热处理专家。历任山东热处理专业委员会委员。

1976年开始进行磁场热处理试验与研究，1984年在电子显微镜下发现磁场使被淬火金属晶格发生畸变而生成的位错胞组织，从而揭示了磁场淬火的韧化实质，填补了近三十年来国际磁场热处理的理论空白。自1981年起先后在《金属热处理》《模具工业》《热处理》等刊物发表论文十余篇。发明了“磁场淬火槽”设备获国家专利（专利号：92205725·7）属国内外首创。该产品于1987年经山东省科学技术情报研究所进行了检索，共检索了26个工业发达的国家和欧洲专利组织及世界专利组织，结果未发现有该技术的产品，并确认该产品属国内外首创，填补了国际空白，在世界上首先把磁场淬火强韧化工艺应用到生产上。

孙中继于1996年同时入选美、英两国出版的世界名人辞典，他的显著贡献刊登在：

1.ABI美国传记研究院十年一期的《国际名人录》第六版。

2.IBC英国剑桥国际传记中心出版的《国际名人大辞典》1997年第25版。

他的论文被中国机械工程学会热处理学会编入2008年出版的第四版《热处理手册》。

他的专著《金属的磁场形变原理与钢铁的磁场形变热处理效益》被北京大学、清华大学、上海交通大学、中国科学技术大学、香港科技大学等70余所大学图书馆收藏并写入教学教材及作为该领域科学研究的重点参考文献。同时该《专著》已编入中国《热处理手册》第二版第3卷。

他的论文《磁场淬火强韧化原理》《最佳磁场淬火工艺的探讨》《关于磁场正火细化钢铁材料组织的探讨》《经磁场淬火和高温回火的T10钢的力学性能》《磁场热处理及其应用和发展前景》等列入中国科学院上海冶金研究所材料物理化学（专业）2000年度博士论文。自2002年至2012年共8篇有关磁场热处理论文收入中国科学技术信息研究所国家工程技术数字图书馆。

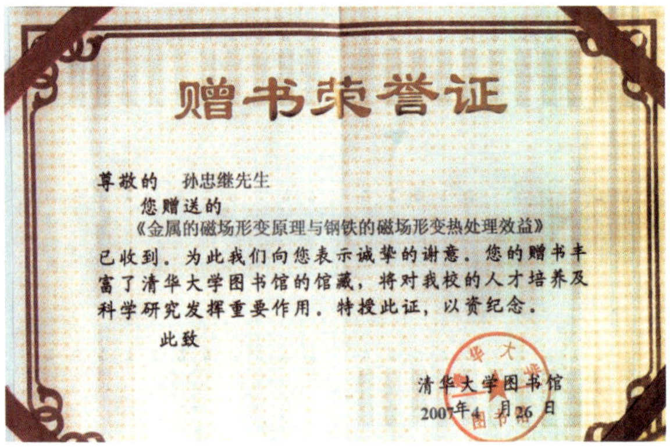
赠书荣誉证

尊敬的 孙忠继先生

您赠送的

《金属的磁场形变原理与钢铁的磁场形变热处理效益》

已收到。为此我们向您表示诚挚的谢意。您的赠书丰富了清华大学图书馆的馆藏，将对我校的人才培养及科学研究发挥重要作用。特授此证，以资纪念。

此致

清华大学图书馆

2007年4月26日

方面的教学科研工作，招收指导研究生、国内访问学者。其正式出版物有:《实用喷射技术》，由北京科学技术出版社于1993年出版；《宝石选购与鉴赏》，由中国金融出版社于1994年出版；《中国安全科学学报（第5卷增刊）》，由中国劳动保护科学技术学会于1995年出版；《中国安全科学学报(第9卷水射流技术专辑)》《物理清洗》，由化学工业出版社于2001年出版（与人合作）。与此同时，发表学术论文40余篇，其中《高压水射流人体致伤与劳动安全对策》被国际学术界公认的三大权威检查刊物之EI和ISTP收载。入选《中国教育专家名典》、《中国专家大辞典》、国家高级人才网等。

在担任中国矿业大学北京研究生部研究室党总支书记期间，曾被评为中国统配煤矿总公司直属机关优秀党务工作者，论文《兼而不怠》获得党建优秀论文奖。

辛承梁

生于1936年10月。青岛二中56届高三（1）班毕业生。中国矿业大学北京研究生部力学研究室原副主任，现任中国矿业大学北京校区教授、中国劳动保护科学技术学会水射流技术专业委员会副主任委员、《化学清洗》编委会委员。

辛承梁1961年毕业于北京矿业学院机械设计专业，后留校任教。大学期间曾获北京市高校马拉松比赛冠军，北京市1959年马拉松比赛(现确认为北京市第一届国际马拉松比赛）亚军，荣获国家体委授予的“中华人民共和国田径运动健将”称号（终身荣誉）。1991年从事教育满30年，受到煤炭部的表彰。

辛承梁主要从事流体力学、水射流技术等

孙立治

生于1936年11月14日。1954年青岛青联美专毕业，1958年青岛教师进修学院文学系毕业。1961年任解放军某部美术创作员兼任摄影，1972年在中共青岛市委宣传部从事摄影工作，1979年加入中国摄影家协会山东分会，1983年加入中国体育摄影学会，1986年任青岛市对台宣传办公室主任，中国新闻社驻青岛摄影记者、中国新闻社驻青岛记者站站长，1988年任中共青岛市委台办新闻处处长，兼任青岛市油画院艺术顾问，青岛市对外文化友人联谊会理事，青岛市崂山文化研究会理事；2000年加入世界文化艺术协会，2006年任中国摄影艺术家协会理事。

1980年4月在北京人民大会堂全国对台

宣传大会上获“多年来，积极参加对台传单宣传工作取得显著成绩”奖状及奖金；青岛市1986年度新闻宣传优秀个人；1987年度新闻宣传优秀通讯员；1988年度至1992年度连续5年荣获青岛市新闻工作一等奖，颁发证书及奖金；荣获1993年度新闻宣传工作突出贡献奖，颁发证书及奖金。多年来，大量摄影作品入选全国及国际大展并获奖。

出版并在全省、全国获奖的个人专集及大型画册20余集（册）。

孙娜

生于1981年10月，大专学历，北京地质大学表演系。

荣获2004年环球小姐中国（北京）选拔赛冠军，并于2004年11月20日荣获在德国举行的2004世界顶尖超级模特大赛世界总冠军，也是中国人和亚洲人在此项世界大赛举办十二届以来第一次获得世界总冠军殊荣。

上海国际时尚联合会模特委员会主席、2005年十大时尚风云新锐人物，同时，孙娜还担任了青岛慈善总会的慈善大使以及“中华杯”国际评委之一，2006年世界顶尖超级模特大赛形象大使。

2004年世界顶尖超级模特大赛世界总冠军孙娜（中）与其他获奖者合影

牟舜五

生于1941年2月15日，原籍山东栖霞，1943年随父母来大湛山村定居，住后街孙氏祠堂。

1961年至1963年在青岛市象棋个人公开赛中，连续三届获青岛市象棋冠军，1963年获山东省象棋冠军。

2001年2月被中国象棋协会授予“象棋大师”称号。

2001年5月被国家体育总局授予象棋项目中华人民共和国一级裁判员。

贾世训

生于1946年4月20日，祖籍湛山。中共党员，原青岛市半导体研究所质量管理处处长，高级工程师。自幼酷爱武术，十岁时跟随湛山民间武术老师魏克江练习武术，山林月下，严冬酷暑，多年刻苦习练长拳和各种器械，练得扎实武功。后又师从全国著名武术家徐学义，习练长拳、陈式太极拳、杨式太极拳及剑、刀、枪、棍等器械三十余载，深得徐学义真传，在套路实践和理论方面得以深造。2004年策划成立了青岛市市南区“湛山太极拳武术运动协会”，任会长。2007年7月中国武术协会授予武术七段，国家一级裁判。2012年5月与师兄弟们策划成立了“胶州徐学义武术研究院”，兼任副院长，研究弘扬徐派拳术。2018年5月9日中国武术协会授予中国武术八段称号（注：中国武术最高段位为九段）。

贾世训为人谦和，武德高尚，成立湛山太极拳武术运动协会以来免费向社会、社区开放，常年亲自教授大量学员。教学严谨，训练有素，理论联系实际，传授杨式、陈式太极拳、太极剑、刀、棍等几十余种套路。所教学员多次参加市、省、全国和国际比赛，荣获集体第一名14个，荣获个人第一名、奖金56次。湛山武协成立以来，每年召开一次汇报表演年会，参加年会的由政府领导、武术协会领导、武林界朋友、社会各界朋友及外籍友人。2007年至今被“中国海洋大学留学中心”聘为太极拳教练，教授来自世界各国的留学生，并被聘为青岛市黄岛区“七彩华龄大学”太极拳高级班教练。以其在中华武术的造诣和传承、发展、提高、推广等方面的杰出业绩而被收入由国家体育总局主管的，中国体育报业总社主办的《中国当代武林人物志》。

第二节　新中国成立后湛山历任党政主要领导人

孙中昆

1956—1957任五一蔬菜生产合作社社长。

王元玉

1965年10月—1984年9月任湛山大队大队长。

1984年10月—1987年3月任湛山农工商公司经理。

1987年4月—1994年12月任湛山农工商公司副经理。

孙中圣

1976年至1985年11月任中共湛山大队党支部书记。

1987年3月—1988年12月任湛山农工商公司副经理。

1989年1月—1997年6月任湛山农工商公司经理。

石振东

1988年5月—1997年6月任湛山农工商公司副经理。

1997年7月—2002年6月任湛山农工商公司经理。

孙中杭

1997年7月—2002年6月任湛山农工商公司副经理。

2002年7月至2013年任湛山农工商公司经理。

2005年1月至2012年任中共湛山农工商公司党委书记。

孙中润

1993—2013年任湛山农工商公司副经理。

2013年任湛山农工商公司经理。

第十四篇　志余

ZHAN SHAN CUN ZHI

湛山村志

ZHAN SHAN CUN ZHI

第一章 存史

乌撒卫与交趾城
——明代移民探源

侯文程

在青岛所属的各区、市中，约有700余个村庄是明代由云南移民建立的。从已有线索的135个村庄中得知，移民大体来自云南（包括贵州）的大理、昆明、交趾、都匀、乌撒和毕节等地区，其中又以乌撒卫和交趾城最多。

乌撒原为云南乌蛮乌撒部，旧名巴凡兀姑。自元代起的行政机构为乌撒路，其境域包括今贵州省威宁县、赫章县和云南省镇雄县。明代改为乌撒府，并在此设立了乌撒卫，治所在威宁县。乌撒卫是云南通往四川的咽喉要道，洪武十四年（1381）傅友德率兵往云南时，曾攻打过这个战略要地。

在云南移民的众多“族谱”中有把乌撒卫写成乌沙卫或乌纱卫，也有把云南写为小云南的。据粗略统计，青岛地区约有80多个村庄是从乌撒卫来的移民，约有38个姓氏。这些村庄都集中在城阳区、崂山区和即墨市，又以城阳区为最多，约40多个村庄。这3个区市在明代统属即墨县，为防御倭寇，在这里设立了一卫（鳌山卫）二所（雄崖所、浮山所），并有几十个“军屯”。出征云南的许多汉族将士和军户就是在这种情况下来到青岛地区的。

城阳镇小寨子村张姓祖先从乌撒来青后，兄为千户，弟为百户，后奉调来鳌山卫和浮山所任职，这是奉旨派遣；即墨留村乡大村的邵姓先人于洪武十三年（1380）由乌撒卫随魏国公徐辉而来，此为随军调防；即墨南阡村万姓和北阡村房姓自乌撒卫乐歌屯到青岛，因其属军户迁徙，称“皇诏迁播”。

而交趾城在云南移民的“族谱”中也有称交趾国、蛟趾国、效芝国、交趾县和交趾国戛戛郡的。这个交趾不是始建于西汉的交趾郡，该郡在唐末已废除，自北宋起交趾已成为对安南（今越南）的俗称。移民来自交趾城实为云南西畴县西南，南滨清水河，西接马关县，东界越南，是云南的边防重镇。至于戛戛县，乃交趾城西百里外的戈姑街，地处通往昆明官道的要冲，是守疆军士往返的必经之地。来自交趾城的移民也是出征到云南的汉族军士，他们虽在我市建村不多，但分布较广，几乎都是明永乐二年（1404）迁来的。

原载《青岛晚报》

乌撒建置由来
《浮山所志》

在云南贵州府，《大明一统志》：贵州本西南夷罗施鬼国地，元于此置八番、顺元等处军民宣慰使司都元帅府。明洪武以地分隶湖广、四川、云南三布政司，永乐始置贵州等处，承宣布政使司领贵州宣慰使司及思州、司南、真远、石阡、铜仁、黎平六府，普安、永宁、真能、安顺四州并金筑抚司，置贵州都指挥使司。领贵州、前普定、新添、平越、龙里、都匀、毕节、普安、威清、安南、安庄、清平、平坝、乌撒、赤水、永宁、兴隆、十八卫，普市、黄平二守御千户所。置贵州等处提刑按察司，分贵宁、新真二道，兼察诸司府州卫所三司，并治贵州宣慰司。

尝闻本县孙令魁曾遇云南乌撒卫人，言语衣服与即墨同宜，志载金筑诸卫司风俗颇效中华也，特为拈出，后人倘游南土，亦可访先人故居云尔。

按建置沿革乌撒卫本荒服西南夷地，元为宣慰司，明初为贵州宣慰司，洪武十五年于乌撒军民府地置乌蒙卫，十六年徙此改毕节卫，隶贵州都司，风土中州礼俗，故迁墨以来尚有典型可考焉。

时

乾隆己酉岁阳月吉旦

十三世孙　永光敬书

《浮山所百户寨张氏族谱》

明朝初期即墨移民初探

孙鹏

公元9世纪至公元16世纪中期，在长达400余年的时间里，中国北方由于连年战乱和灾荒，人口锐减，大片土地荒芜，当时的即墨县（含今日之青岛市内四区及崂山、城阳二区）亦不例外。朱元璋即皇帝位后，为恢复和发展农业生产，采取了大规模的移民政策，其原则是由地少人多的狭乡移民于地广人稀的宽乡，同时采取屯田政策，让军户垦荒种田，以供给军需。在这个移民大潮中即墨迎来了大量外地移民，至洪武二十四年（1391）即墨居民已达126800人，呈现出繁荣景象。

对于明朝洪武、永乐年间（1368—1424）移民即墨的主流来自何处，目前有两种说法：一是从云南移来的，从这种说法的主要依据是诸多族谱有明确记载；另一种说法是大多数移民来自山西，其理由是《明史》中大量记载了从山西向外移民的史实，且举民间流传的歌谣为证：“问我老家在何处，山西洪洞大槐处。”持此说法的认为明初云南系少数民族聚居之处，汉族人很少，不具备向外地移民的条件。

云南考察记

明朝平定中原后，占据西南边陲云南的元宗室梁王还在与明朝对抗。洪武十四年（1381）八月，朱元璋命傅友德为征南将军，蓝玉、沐英为左右副将军，征调征南大军30万人，兵分两路，从北、东两个方向大举向云南挺进。北路军由四川南下，从永宁（四川叙永县）直趋乌撒（时为云南镇雄县）；东路，由傅友德率主力从湖广西进，经辰沅（今沅陵、芷江）入晋定（今安顺）进逼曲靖。洪武十五年（1382）正月。明军占领昆明后，滇中大震，各州县官吏皆向明军投降。不久，云南全境基本平定。

洪武十五年（1382）二月，明政府置云南都指挥使司和云南布政使司，管理云南军政事务。然而，云南历来为少数民族聚居地区，土司势力十分强大，反抗甚为激烈。多次发生少数民族叛乱，傅友德等率军东征西讨，仍不能控制云南的核心地区，明政府不得不调整对云南的统治政策。除根据不同区域的社会经济发展状况及民族分布情况，确定不同的统治形式外，还确定在云南实行重兵驻守、大军留镇、移民实滇、开发生产等一系列措施，以保证云南的社会安定。洪武十七年（1384），傅友德、蓝玉班师，留沐英率9万大军留镇云南。这是明初第一批徙驻云南的军户。

征南大军班师后，虽有沐英及9万名将士留镇云南。然而却遭遇重重困难。首先是各民族的叛乱此起彼伏，迫使沐英连年疲于奔命，边患不息。其次，由于“兵多民少，粮饷不给”，也严重困扰着留守大军。对此明政府再次调整对云南的镇戍方略：“征兵入助，以图边疆稳定，云南奠安。”据《明太祖洪武实录》记载：

自洪武二十年（1387）八月至二十一年（1388）六月，明王朝连续 11 次大规模调军往云南屯田，除其中 4 次没有确切人数外，其余 7 次累计为 206560 人。至洪武二十一年（1388），征调入云南的军人当有 30 余万人。

乌撒卫是今贵州省威宁彝族回族苗族自治县的县城所在地。元世祖至元二十四年(1287)置乌撒乌蒙宣慰司，隶云南行省，治所即在乌撒，其辖地为今贵州省之威宁、赫章及云南省昭通、鲁甸、彝良等县。明洪武十四年（1381）置乌撒土知府，隶云南布政司，十五年（1382）正月，置乌撒卫指挥使司；十六年（1383），乌撒府改隶于四川布政司。永乐十二年(1414)，改乌撒卫隶贵州都司。清康熙五年（1666）九月，改四川乌撒土府为威宁府，隶贵州。1942 年析威宁县为威宁、赫章两县。1955 年置威宁彝族回族苗族自治县。古代，威宁虽系少数民族聚居地区，但自秦汉以来即有不少汉人流入该地。元朝至元二十七年（1290），元政府派军士于乌撒屯田，因军士多有逃亡，于大德元年（1297）又从湖广调兵充实屯戍，这些征战和屯戍的士兵多为汉人。因此明朝以前，乌撒等地即有大量汉人居留。

明洪武十五年（1382）正月置乌撒卫，辖左右前后中五所，其辖域为今乌撒、赫章及云南的宣威（乌撒卫后所）等地。按明朝的卫所建置，每卫驻军 5600 人，每千户所驻军 1120 人。其时乌撒卫及其所属五所驻军最少为 11200 人。而当时的乌撒卫为从北面进出云南之交通要道，且当地之土司时有谋叛，因而明政府除按常规置卫所军外，还于该地留重兵驻守。其驻军数目绝非万余人。洪武二十年（1387）十一月，明政府调普定侯陈桓、靖宁侯叶升统兵 12 万人进军云南，由于途中受阻，遂滞留于赫章、乌撒、毕节一带。据《明太祖洪武实录》载：洪武二十一年（1388）八月，明政府命“户部运钞七十五万十四百锭，往四川永宁宣抚司，赐普定侯陈桓等所统征南军士十二万九千三百九十七人及乌撒卫军士五千三百余人。”于是陈桓等率军自永宁抵达毕节，驻军屯田，为长远之计。就这样，这支近 13 万人的大军便在乌撒、毕节一带长期屯扎下来。

由于乌撒卫地理位置之重要和驻军数量之多，因而明政府在此进行大规模屯田，实行屯戍兼顾，以屯养军。据《威宁县志》载：“明代乌撒屯田，规模宏大，影响深远。傅友德长子傅正文为屯田长，屯垦于北屯一带；王绳武任屯田官，屯垦于大桥一带，并开辟周围七屯；陈云光屯垦于南屯一带；费诗屯垦于二屯一带；戴光充任屯田千户，屯垦于六洞桥至白家嘴；管成任百户，屯垦于乌木屯；缪铨屯垦于北关至下坝一带；徐德明屯垦赫章一带；夏文屯于北屯、石鸡屯一带；管象屯于水草屯、张旺屯一带；刘华屯于河桥、野马川一带。”“洪武二十八年，沐春奏准将乌撒与沾益争而不决之地划为乌撒卫官军屯种，任王镇疆为屯田副使，开四十八屯。另一方面，流民入境，络绎不绝，布满村落，不下数万。”

因此，明朝洪武中期，乌撒等地已有大量汉族军人，且有 12 万军人不属卫所建置，嗣后必将大量外调。

来自山西的信息

山西洪洞县大槐树处是闻名遐迩的明代移民遗址。数百年来，“问我祖先来何处，山西洪洞大槐树”的民谣在我国一些地区广为流传，据洪洞县史志部门于 1982 年至 2003 年征集的家谱、碑文及口碑资料的不完全统计，如今，山西洪洞移民的后裔分布于全国 18 个省，近 500 个县（市），共有姓氏 800 余个，可见其移民数量之多，分布之广。民国 6 年（1917）

编著的《洪洞县志》载："大槐树在城北广济寺左，明洪武、永乐年间屡移山西民于滁、和、北平、山东、河南、保定等处，树下为荟萃之所，传闻广济寺设局驻员，发给凭照川资。"可惜寺及古槐早为汾水冲毁。1914年当地士民于大槐树旧址重建了碑亭、茶室和牌坊，1984年又建了门楼和围墙，并修建了祭祖堂，供四方来客寻根拜祖。

据《明史》《明实录》《续文献通考》等史书记载，明朝洪武、永乐年间有政府统一组织的从山西向外大规模移民共18次，其中洪武年间10次，永乐年间8次，而洪洞大槐树当为从山西向外移民的集散地，然而这些移民的去向大多是定向的。其中，迁至安徽的2次（屯凤阳），迁至北平及周边地区的7次（实北平），发往塞北筑城和迁往上林苑监牧养栽种的各1次，迁往河北、河南及山东西部的5次，其余2次为从山西征丁屯田等。

上述明初山西向各地移民，虽有发往山东的记载，但只是鲁西的东昌府、临清等地，没有移民山东东部登、莱州的记载，相反却有从登、莱二州向山东西部的东昌府移民的记载。因而从山西大规模向属于莱州府的即墨县移民是缺乏根据的。另外，有人认为"小云南"是指山西省的云州以南地区，这应是牵强附会之说。因为一是据山西省史志部门称在山西当地无"小云南"之称；二是山西云州和乌撒卫、毕节等地也挂不上钩，因而不足信。

即墨移民主流来自云南

明代初期，移民即墨的主流是来自云南的军户。1985年新编《即墨县地名志》载：鳌山卫镇有37个自然村是明洪武、永乐时建村的，其中23个村是从云南移民来的，占明初建村数的62%。田横镇明初建村35个，其中25个村的族谱记载其先祖是从云南移民来的，占71%。据1990年版《崂山县志》载：属今崂山区4个街道所辖村庄，有63个村系明朝洪武、永乐时期建村的，据各家族谱记载有57个村的居民其始祖来自云南，占明初建村数的90%。其中有的其始祖先由云南徙居即墨某地，其后人再分居各村。今城阳区的8个街道，明朝时为即墨的里仁乡、仁化乡、福海乡三乡属地，其所辖230个村庄，约有176个村庄是明朝由外地移民来建村的，其中明初由云南移民来此建村88个。

这些来自云南的移民大多为军户，其中不少族谱记载来自云南乌沙（撒）卫。金口镇南阡、古阡村之《金氏族谱》称：其先祖来自云南乌撒卫乐歌屯。而北阡村《房氏族谱》则称其始祖来自乌沙卫之乐古屯。两者应来自一地，乐歌屯、乐古屯应为口传之差异。这些军户应是洪武二十一年（1388）明政府置鳌山卫时由乌撒卫等地调入即墨的第一批移民，如今即墨市通济街道张家西城、窑头，城阳区的小寨子，市南区浮山所等村的张姓，他们的始祖就是于洪武二十一年（1388）从云南乌沙卫调到鳌山卫或浮山所来担任卫指挥使和百户的。现居城阳街道的牛氏其先祖亦是从云南驻军调任鳌山卫指挥佥事的。

另一批来自云南的军户则是明永乐初年，"靖难之役"后的军事调动。如牛齐埠《董氏族谱》载："明永乐二年，始祖董志清由贵州大定府威宁州迁居即墨牛齐埠。"威宁州的治所即乌撒城。今华山镇小埠《李氏族谱》载："明永乐二年李姓由小云南毕阳县（当为今之毕节县）东门里迁居即墨北乡万华山前小埠疃。"另据店集镇青山西村《邵氏族谱》载："明洪武三十五年，邵九公由云南从徐辉祖来援山东，留戍雄崖所，永乐二年邵课士携家来青山之前。"据不完全统计，明初，即墨境内属于鳌山卫、大嵩卫、雄崖所、浮山所的军屯即有

52 处。明万历《即墨志》载：万历初年，即墨县总户数为 11231 户，其中军户为 6290 户，占总户数的 56%。当然这些由云南迁来的军户其祖籍并非云南，大多数应是江浙、安徽一带，当年曾随傅友德等远征云南，再由云南迁来即墨。

明初，即墨移民除其主流来自云南外，也有来自安徽、江苏、浙江、福建、河南、陕西、北京、山西等省市的，还有从本省济南、青州、莱阳、栖霞等地移居即墨的，但均属零星的移民。他们当中大多是由外地来即墨为官定居的。如鳌山卫的卢、顾、朱、高、焦等均来鳌山卫任指挥，其后人即定居于此。通济街道庄头《孙氏族谱》称："其祖原居济南历山顶，于明初以广文仕即墨，"遂定居于此。另外，据各姓族谱记载来自山西的移民仅有三个宗族。如王村镇坦村的张姓其始祖来自山西蒲州。华山镇梁家疃《田氏族谱》称：田氏祖籍山西阳高，永乐二年（1404）与董氏同时迁到此地立村。

即墨曾向河北移民

据明万历版《即墨志》载：明洪武二十四年（1391）即墨人口为 126800 人，至永乐十年（1412）即墨人口为 121400 人。而即墨不少居民的族谱记载，其始祖是永乐初年徙居即墨的。然而在 20 年中，即墨人口不仅没有增加，反而减少 5400 余人，其原因是即墨于永乐初年曾向外地移民。

1992 年出版的河北省《吴桥县志》记载：1985 年该县有 451 个自然村，据各村居民族谱记载：有 253 个村是于明朝永乐初年由即墨移民该县建立的。即墨移民建村占全县总村数的 56%。河北南部靠山东省的南皮县，1986 年仅有 299 个自然村，其中永乐二年（1404）应诏由山东省即墨县移民来此建村的就有 9 批，共建 55 个村，其村名即在移民批次前加姓氏称"李六拨""邢八拨""朱八拨"等。另据《吴桥县志》载：今河北省东光县系由吴桥县析治；1964 年还将该县 150 个自然村划归山东省的宁津县和陵县。因而明初由即墨移民来河北的数量远不止上述记载之数。

明永乐年间为什么会从即墨县向河北及山东西部移民呢？这需从"靖难之役"说起。从建文元年（1399）至建文四年（1402），朱棣同其侄子朱允炆为争帝位双方军队大战了 3 年，史称"靖难之役"，双方军队在山东西部及河北南部一带进行了残酷的"拉锯战"。当地居民除在战争中死亡外，大部逃亡。因而史载："淮以北鞠为茂草"，成为无人区。明成祖朱棣即位后，即千方百计召募流民复业。据《明太宗世录》载：永乐元年（1403）十一月，明成祖对户部大臣说，老百姓不得已才背井离乡，已经复业的，地方官要厚加抚恤，未复业者，悉心招抚，新垦田地，停征其税。在这种大背景下，明政府便从各地大量向北平、河北南部、山东西部等地广人稀的地区移民。

之所以从即墨向外移民，大致有两个方面的原因。一是洪武、永乐年间（1368—1424）大量军户涌入即墨，开始实行军屯，按规定军户每丁拨给土地 50 亩。这样在即墨的鳌山卫、雄崖所周围等局部地区便成了地少人多的狭乡，不得不向外移民，以腾出土地分给军户。如河北省吴桥县城西梁庄《梁氏族谱》记载：明永乐二年（1404），梁大广由山东省即墨县鳌山围（卫）迁此定居。另外有的族谱称其始祖来自即墨的水务街、洼子沟常庄、千王屯、八头张、大王庄、董家泊、大槐树庄等村庄，而这些村名在明、清即墨地方志中即不存在，这说明原居民迁走后，村名亦随之消失。第二个原因是："靖难之役"主战场在山东西部、河北一带，即墨偏处一隅，相对比较安定，因而有不少逃避战乱的"流民"流入即墨。战争结束后，明政府号召这些流民到因战争造成无人区的地方垦荒种田，于是他们便成批的移向吴桥、南皮等地，所以他们的诸多族谱皆称“应诏”迁徙。

即墨市史志办公室

洪洞大槐树的记忆：揭秘明朝初年的人口大迁徙

“问我故乡在何处，山西洪洞大槐树。祖先故居叫什么，大槐树下老鸹窝。”自明朝以来，这首民谣就一直在我国各地民间尤其是黄河下游地区广泛流传，甚至在海外华人、华侨群体中也时常可以听到。洪洞县大槐树之所以成了中华儿女魂牵梦绕的精神寄托，是因为它承载着先人对故土家园的依恋和顾盼。同时，民谣中又分明流露出发生在明朝初年那场大规模移民运动中的血泪情仇。

一亿人的故乡

中国古代的移民活动自史前时期起，就一直不断地进行着，其中既有自发的，也有被迫的；既有经济方面的原因，也有政治、军事方面的原因。

明朝初年的移民活动自明太祖朱元璋起，经建文帝、明成祖，历时50余年，规模之大、范围之广，史所罕见。当时的移民可以分为以经济为主的移民和以政治、军事为主的移民。以政治、军事为宗旨的移民活动，主要指明朝初年朱元璋强迁苏、松等地区的富户于其龙兴之地濠州和其龙居之地南京，以及明军攻克大都后，为加强该地的军事实力，将山西或山后地区大量的民户迁徙至居庸关以南和北平地区。明成祖迁都北京后，为尽快使新迁之都北京繁荣起来，又将江南地区大量富户和工商业者强行迁至北京。明朝初年，以发展经济、稳定社会为宗旨的经济移民活动，则以山西的大槐树移民规模最大、涉及范围最广、计划性也最强。这种移民活动，从洪武二年(1404)开始，一直持续到永乐末年，规模较大的移民活动前后共18次之多，移民总人口超过百万人，迁民地区涉及今天的18个省市的500余个县市。

历史上次数众多、规模不等的移民活动，为后人留下了程度不同的文化遗产。史前时期的民族大迁徙，为中华民族留下了同宗共祖的民族认同感；西周初年的移民活动，有力地促进了西周社会的稳定和经济发展，为中华民族的形成奠定了初步的基础；两晋南北朝时期，北方少数民族的大量内迁，促进了当时民族融合的进一步发展，构成了中华民族发展史上十分重要的一环。但纵观历史上曾经发生的历次移民活动，没有任何一次能比明朝初年的那次大规模的移民活动在中华民族的心目中留下的烙印更深刻。那大槐树上的老鸹窝，成了现今1亿多华夏子孙心目中故乡的象征，成了他们萦回梦里的精神家园。

民俗学上的痕迹

明朝强制性的移民活动开始后，每次移民的规模都很大，动辄数千民户，甚至万余户。当时山西移民主要来源于太原、平阳二府和潞、泽、辽、沁、汾五州（见《明史·食货志一》），即以今天的太原、临汾、晋城、长治等地为移民的集散地，而位于交通要道、人口稠密的洪洞县自然就成了重要的移民集散中心之一。当时官府在洪洞县城北的广济寺设局驻员，负责给集中起来的移民编号发放“凭照川资”，之后移民们便由此分散奔向冀、鲁、豫、皖各地。广济寺旁曾是宽广的驿道，驿道边有一棵长势茂盛的大槐树，因位于空旷的汾河滩上，老鸹便在树冠上垒起了舒适的巢窝。根据史料记载，移民活动大都选择在农闲的晚秋时节进行，而此时的槐树叶已经凋落，只剩下了光秃秃的树冠和那醒目的老鸹窝。栖息于树杈间的老鸹，在萧瑟的秋风中不时发出声声哀鸣。被迫登上不归之路的移民们，一步三回首，渐行渐远，遥望着大槐树上的老鸹窝，不仅潸然泪下，依依惜别。天长日久，岁月无情地冲刷去了寄居他乡的山西移民们对故土几乎所有的记忆，只有那临别之时的大槐树和老鸹窝还深深地铭刻在他们心头。于是，大槐树和老鸹窝就成了在移民群体中唯一广为流传的故乡的故事，成了他们思念故土之情的排解物，进而变成了故土的象征符号，深深地融进了移民后裔们的血脉中。

大量山西移民到达迁居地后，在当地官员的监督下，以屯、营为基本单位定居下来。为帮助他们尽快恢复生产，政府给予了很多优惠政策：政府向他们免费提供农具、种子和耕牛，减免赋税，耕地由政府根据丁口的数量统一划拨，或 50 亩，或 80 亩，许多地方甚至规定“迁民附籍，任其开垦，亩数无定额”。如建文四年（1402），就对迁往北平各地的民户“给钞，使置牛具、种子，五年内免征其税”（以上见《明太祖实录》）。朱元璋还于河南设置了司农司专门负责移民垦田的管理工作，规定凡农民及移民开荒，均归开荒者作为“永业”。明太祖还责成地方官员发放耕牛、种子给流民、移民，以帮助他们恢复生产。

据《明史》《明实录》及大量家谱、碑文记载，明初山西洪洞移民的迁入地，主要分布于今河南、河北、山东、安徽、江苏、湖北、北京等地，少量分散于今陕西、甘肃、宁夏等地。朱元璋的家乡安徽是元末农民起义的主战场，又是水、旱、蝗灾的频发地区。朱元璋起兵于此，转战江苏、湖北 10 余年，与元军及张士诚、陈友谅部反复争夺、殊死拼杀，造成了当地“白骨露于野，千里无鸡鸣”的残破荒凉局面。因此，明初移民，朱元璋首先就想到了自己的家乡。朱元璋称帝不久，就曾将太湖流域的数千民户强行迁入他的家乡。（《明史·食货志一》）

洪武九年（1376）十一月，又“徙山西及真定民无产者田凤阳”（见《明史·太祖本纪二》），目的是尽快让他的家乡繁荣起来。河南地区的移民以洪武年间（1368—1398）迁入者居多，永乐年间（1403—1424）次之。据方志、家谱、碑文资料统计，移民中有 95% 以上来自于山西洪洞县。如河南辉县的《穆氏家谱·序》中云，穆氏于永乐年间“自……洪洞县乱柴沟初迁河南卫辉……穆家营庄历居数世。至万历年间，又迁于获邑西北域距城十五里穆家营。”从河南地区移民的分布情况来看，多处于黄河和淮河流域，这一地区因元末天灾人祸而人烟凋敝。河北、北京地区的移民，据家谱碑文等资料分析，大多是永乐年间自洪洞县迁入的，这与该地区“靖难之役”期间破坏严重以及明成祖迁都北京有着密切的关系。迁往山东地区的移民主要分布于东昌、济南、兖州、青州等府，涉及今天山东的 60 多个县市。移民迁入后，多以姓氏为村庄、屯名，也有以故土的县名为名的，如丁官屯、随官屯、胡官屯、李营、屯留营、长子营等。

中国古代社会是一个超稳定的社会组织结构，儒家伦理又主张“父母在，不远游”。因此可以断定，明初的移民是由政府强制性实施的，移民半路逃亡的事件经常发生。为防止移民的逃亡，移民的官员想出了种种办法，如砸碎移民的小脚趾甲、用绳索捆绑等，这些民俗学上也有反映。据说凡大槐树移民的后裔都有一个共同的特征——双脚的小脚趾甲是复合性的。之所以如此，民间有两种解释：一说是当时官员们为防止移民中途逃跑，就强行脱下他们的鞋子，在他们的小脚脚趾甲上砍一刀作为记号，伤愈之后，移民们的小脚趾甲就变成了复合型了；另一说为当时政府规定家有两子以上的民户，除留下小儿子外，其余的儿子都必须迁出。生离死别之际，母亲为将来寻找儿子方便，便将被迁徙儿子们的小脚趾甲咬成了两半作为标记。这种生理特征，作为大槐树移民的遗传基因，也遗传给了他们的后代。官兵在押送移民的过程中，为防止移民逃跑，还强行将他们的双手反绑在身后，并用长绳索连成一串。由于长期的被押解生活，使他们逐渐养成了背着双手走路的习惯，而他们的后代也在耳濡目染中沿袭了这一生活习俗。押解途中，人们的大小便都要请求押解官员解开被绑着的双手才能完成，于是一有人喊“解手”人们就知道行进队伍中有人要大小便了。久而久之，“解手”就成了移民群体中“大小便”的特殊代名词。

为防止移民在迁入地聚族而居，形成新的家族势力，影响社会稳定，明朝的移民条律还规定，凡同姓同宗者不能同迁一地。注重“行不更名，坐不改姓”的移民们，为了避免骨肉的再次分离，纷纷被迫痛苦地更姓易名，于是就从一些家族中分离出多个姓氏。据记载：“大明洪武二年（1369），迁民诏下，条款具备，律森严，凡同姓者不准居处一村。（魏氏、刘氏）始祖兄弟二人，不忍暂离手足之情，无奈改为两姓——魏姓和刘姓，铜佛为记。”（曹县《魏刘氏合谱》）而那些不愿更改姓名者，只能骨肉分离，天各一方，被异地安置了。如，据家谱资料统计，山东境内的广饶陈官乡古氏与昌乐朱刘镇古氏、寿光田马乡古氏、五莲县古氏等，均来自山西洪洞县古氏一族。

梦里萦回千百度

明初持续50余年的大规模强制性移民过程，充满了艰辛和血泪，除在移民群体和他们的后裔中留下了许多独特的生活习俗和生理特征外，这一举措确实对缓和当时的社会矛盾、促进农业生产的恢复与发展、安定社会等都起到了十分重要的积极作用。移民活动，首先使移民地区的人口在短期内大量增加，有效地解决了当地劳动力不足的燃眉之急。如河南地区洪武二十六年（1393）的人口总数约为191.3万人，到弘治四年（1491）迅速增加到约436万人。其次是耕地面积大量增加，至洪武二十六年（1393）全国的垦田总数已达850万顷，比洪武元年（1368）增加了4倍。由于劳动人手的增加和耕地面积的扩大，农业生产迅速得到了恢复和发展，全国的粮食产量和田赋总额不断提高。如洪武十八（1385）年，全国田赋总额约2081万石，到洪武二十六年（1393），则猛增为3278.98万石。可以说，移民政策的强制实施，客观上缓和了当时社会的各种矛盾，一定程度上调动了农民的生产及积极性，促进了社会经济的繁荣，为永乐、宣德时期（1403—1435）明朝的强盛打下了坚实的基础。曾经的广济寺和大槐树，早已被不断泛滥的汾河洪水席卷得杳无踪影了。但作为故乡符号的大槐树和老鸹窝，却永远地沉淀在了那些移民后裔的记忆深层。自明初至今，民间自发的修订家谱、宗谱活动从来就无暇顾及官方三令五申的禁令，盛行不衰，移民们及其后裔在新的故乡另立族谱，他们每每把家族的源头追溯到那“梦里萦回千百度”的大槐树和老鸹窝。辛亥革命爆发后，三民主义唤醒了广大民众的自觉意识，激发了人们寻根问祖的热情。从专制桎梏中解脱出来的那些洪洞移民的后裔们，非常渴望能找到山西故里仍然健在的亲人，在他们中间悄然掀起了一股寻根祭宗的风潮。一些在移民后裔相对集中地区为官的洪洞籍官员，因为同宗共族的缘故，受到了移民后裔的热情礼遇。有感于此，1914年，曾经在山东等地为官的洪洞人景大启、刘子林等人倡议募捐，于古大槐树东旁同根蘖生出的第二代古槐处筹建了古大槐树遗址，并竖碑立碣、组织人编修《古大槐树志》。20 世纪 80 年代后，以大槐树移民遗址为载体的寻根问宗文化活动更加活跃。自 1991 年起，每年清明节前后，都要在大槐树下举行隆重的寻根问宗文化活动，大槐树移民后裔们从全国甚至世界各地虔诚地来到大槐树下，追忆那曾经梦中的情景，这里成了数以亿计大槐树移民后裔寻根祭宗的圣地。这种挥之不去的“同宗共族，天下一家”的大槐树情结，构成了中华民族传统文化中一道亮丽的风景线。

2009 年 3 月 23 日《老年文摘报》〈文史博览〉

走近大槐树

作者　卡玛丹

迎门一堵数丈高的影壁，整面墙上就那么一个舒展的大字——“根”，赫然撞进你的眼眸，撞开你的心扉，血就在那一刻涌上来了。在洪洞这多少有些沉寂的早晨，在古槐这多少有些迷醉的花香中，我竟然清晰的感到了心的撞击，一下比一下急促，一下比一下昂扬。我的心，不是早已水波不兴了吗？怎么……

古老的大槐树在影壁之后探出身子，不，那只是一座碑亭，石碑上“古大槐树处”几个字触目惊心。那株生存几近两千年的汉槐，那株见证过明初波及大半个中国悲壮迁徙的古槐，早已在汾河的大水中荡然无存，就连它的根蘖生出的第二代古槐，也只剩枯干虬枝，那本该绿叶婆娑的枝头，如今披挂的是红红的中国结，是 800 个姓氏组成的连绵的三角彩旗。幸好第二代古槐的左近，同根蘖生的第三代大槐树正是枝繁叶茂，绿意葱葱，而四周，由三代大槐树再繁衍的大大小小的新槐，更是翠色撩人。根的繁衍是多么神奇的传递，它令你想起大槐树下那以亿计数的移民子孙，是怎样筚路蓝缕、代代相衍，把根系几乎铺向地球的每一个角落。

在人类迁徙史上，大槐树下的迁徙无疑是范围最广、规模最大也最为惨烈的一次。元末的空前战乱和明初的“靖难之役”，使得北中国满目废墟，“千里无鸡鸣”。从血泊中走出的明太祖朱元璋和他的儿子永乐帝朱棣，相继祭出了重振经济发展生产的法宝：大迁徙，从山西未遭战乱、人丁昌盛经济富庶的地区，强行迁徙出大批百姓，迁往人烟稀少的河南、河北、湖南、湖北、山东、江苏、安徽等十余个省份。“四口之家留一，六口之家留二，八口之家留三”，从朱元璋洪武元年（1368）到朱棣永乐十四年（1416），近 50 年间，这样大规模的移民，前后竟有 18 次。大槐树旁的驿站是移民迁徙前集中的地点，大槐树也就成了移民心目中的图腾。当一队队移民被绳索串着，在官兵的刀枪棍棒押解下渐行渐远，回望故乡已是一片迷茫，泪眼朦胧中最后望到的只有那株古槐，只有古槐枝桠间的老鸹窝。这样的场景化作千古传唱的歌谣，深深嵌进了移民的记忆，嵌进了子子孙孙的脑际：“问我老家在何处？山西洪洞大槐树；祖先故里叫什么？大槐树下老鸹窝。”

晨光中万籁俱寂，只有槐花槐叶在轻轻地颤动，那支古歌忧伤的旋律似乎正从槐叶间飘出，一丝淡淡的忧伤拂过心尖，颤颤地、柔柔地、幽幽地……

迁徙真是人类的共同命运么？历史上，有哪一个民族、哪一个民系，不曾经历过迁徙的血腥或艰辛呢？又有哪一个民族、哪一个民系，不是在悲壮的迁徙中凤凰涅槃而浴火重生呢？迁徙给心灵带来了难以平复的创伤，迁徙却也让原本散乱的心重新凝聚，几乎每个民族都因迁徙而有了自己新的圣地：客家人的石壁、福佬人的固始、广府人的珠玑……而眼前的大槐树，正是亿万槐裔子孙心目中的麦加。我，一个客家后人，走在这并非是我祖地的大槐树的晨光中，原本以为能因客观而平静的心，为什么竟也这样的风起云涌？

“北有大槐树，南有石壁村”，我是因了这广为流传的客家谚语而初知大槐树，进而仰慕大槐树的。多少次走在石壁的小道上，曾经翘首北望，望中原，也望中原以北的大槐树；而此刻，走在大槐树的晨光中，我的目光抑制不住地向南，回望我的石壁、我的圣地。石壁、大槐树，大槐树、石壁，两个不同民系的圣地，多么不同却又多么相似！不同是显而易见的：大槐树在北，石壁在南；大槐树的迁徙是官方行为，把百姓从富庶的安居地赶往荒凉之地，石壁的迁徙是民众自发，从战乱的中原逃往暂时安定的“桃源”；大槐树的迁徙只在明初近50年，石壁的迁徙却从两晋延至明清，前前后后跨越了千年……但它们悲壮的迁徙是相同的，作为移民迁徙聚散地的地位是相同的，甚至就连“小脚趾甲双瓣”的传说，也是那么相似：为什么后裔的小脚趾甲是双瓣的呢？大槐树说，是因为官兵怕移民逃跑，在每个人的小脚趾甲上砍了一刀以作标记；石壁说，那是因为客家人的祖先艰难跋涉，在石壁的石子道上碰裂了趾甲。不同的说法不正蕴涵着同样的辛酸？甚至就连后裔们对祖先、对故里的粉饰也是那么相似：石壁的后裔自诩，祖先本是中原士族，族谱上几乎每一姓都可上溯到古老的帝王；大槐树的后裔坚称，古歌中的“老鸹窝”应是“老鹳窝”，老鸹是乌鸦，老鹳是白色的神鸟，作为圣地的大槐树上，当然是白色的精灵做窝，怎么可能停歇黑鸦鸦的老鸹呢？而更为巧合的是，因为战乱，客家人的祖先从中原、从辽阔的北方各省逃往南方，只留下北中国一片废墟，而大槐树的移民却被官兵押着，投身的正是客家先人留下的漫漫荒莽。2003年，世界客属第18届恳亲大会在郑州举行。中原大地上，迎接这些客家人、这些古老中原人后裔的，正是今天的中原人、大槐树的后裔。古老中原人的后裔与当今的中原人相会在中原的土地上，泪光闪闪的瞳仁中，是否同样映照出迁徙的悲壮与艰辛？

其实，对于人类来说，相同的又何止这些呢？迁徙固然是人类无可选择的共同命运，回望却也是人类无法遏止的共同情感。永远地走在迁徙的路上，身不走心也在走，却又永远地回望着故土，回望着家园。而正是在频频的回望中，行走的脚步越来越远，回望的目光越来越急切。人啊，这就是人的悖论么？永远地在路上，永远地在回望，天高地迥，何处是心中不迁的故土、理想的家园？

晨光渐渐明朗些了，有虔诚的拜谒者在碑亭前燃起了香，缭绕的香烟和着槐花的香气，氤氲在霞晖间。那只古歌的旋律又一次在心中回旋：“……祖先故里叫什么？大槐树下老鸹窝”。大槐树只剩下碑亭，剩下三代四代的新槐，老鸹窝更是不见踪迹。太滥的砍伐，太多的污染，汾河早已不再是大河，只是流着污水的小溪，那曾经纷纷扬扬布满河滩的老鸹早已绝迹。可是，没有了老鸹的大槐树，还会是亿万槐裔子孙心中不走样的图腾吗？

总是这样，人类总在回望着故土，回看着家园，一个个民系的圣地，就在这回望的目光中渐渐清晰。可是当你真正踏上故土、直面圣地的时候，当你从最初的急切、从热泪盈眶的激动中渐渐平静的时候，却总有一丝失望，悄悄地、顽强地，漫上了你的心尖。大槐树是这样，石壁是这样，固始、珠玑……或许都是这样的啊！

或许，真正的圣地，只在心中！

朝阳升起来了，阳光挥洒着，镀亮了大槐树周遭的一切，还有，一个客家后人沉思的身影。

2005年8月23日《青岛日报》·琴岛

原来青岛人的祖先是从这里来的

www.toutiao.com2018.03.07

明代初期，青岛地区来自云南的移民数量较多。这些移民既不是云南土著汉人，更不是少数民族，而是受朱元璋派遣出征云南的汉族军士及其家属。

据《明史》记载，洪武十四年（1381）九月，朱元璋派傅友德、蓝玉、沐英统兵13万出征云南。洪武十五年（1382）平定云南全境，便命沐英率军镇守，设卫、所分置军士，设军屯实行屯垦，自此，许多从征军士便在云南安家落户。

（一）提及云南移民，由于史籍不载，源流无考，许多难解之谜不仅历代志书无载，在当代编修地方志书中亦未涉及。囿于习惯说法，许多人便把青岛地区的云南移民统统归到了山西省洪洞县那棵大槐树下。明初，山西省确曾向外移民，但这些移民大多来自山西省云中、云岗、云阳、云泉等地的南部，故亦泛称“云南”，决不可望文生义地与云南省混为一谈。今青岛市所辖的5市7区中，几乎都有云南移民，所不同的是数量多寡而已。现据有关史料记载，即墨市的1000多个村庄中，约有225个是由云南省移民立村的。如段村镇单家疃之《单氏族谱》记有：“明永乐二年（1404），单氏自云南凤仪县迁至段村东偏北立村。”凤仪县明代属大理府，设有洱海卫，清末时改为凤仪县，因该族谱修于清末年间，故用凤仪县之名。再如华山镇牛齐埠之李姓，于永乐二年（1404）从云南威宁州迁来立村，到清代该州已隶属贵州省，而其族谱修于清代，故其族籍记为贵州省大定府威宁县。胶州市的800多个自然村中，由云南移民建村的达112个。其中，建于洪武二年（1369）的16个村，显然与云南移民无关，因朱元璋派兵征云南是在洪武十五年（1382），在此之前，云南由元朝所封的梁王和大理国统治，不可能向山东移民。其余的80多个村庄，大多为永乐年间（1403—1424）来胶州屯垦的军户。胶南市的1104个自然村中，由云南移民建村的有349个。其中创建于洪武二年（1369）的51个村，肯定不是云南移民，其余近200个村庄，大多集中在滨海的几个乡镇。平度市的云南移民尚无法统计，仅知明初在这一带有大嵩卫、鳌山卫和浮山所设置的许多军屯，其大多集中在平度的南部和东部。黄岛区的143个自然村中，由云南移民建村的有23个。这些村庄的云南移民，大多与明初灵山卫设防有关。青岛市的市南、市北、四方和李沧4个区现有的或已撤销的村庄中，半数以上是由云南移民创建或是后来迁居至此的。如市南区的青岛村、会前村、田家村、辛家庄，市北区的杨家村、夹岭沟、埠西村，四方区阎家山的阎姓、香里村的李姓、湖岛村的王姓、沙岭庄的曹姓、保儿村的王姓和河西村的袁姓等，都是来自云南的移民。李沧区由云南移民建立的村庄达半数以上。

（二）云南移民在青岛地区分布的地域大多在沿海一带。如即墨东部沿海的金口镇、田横镇和温泉镇一带，胶南的王台镇、红石崖镇、灵山卫镇和隐珠镇一带。特别是环胶州湾沿岸，云南移民的村落更为稠密，大多靠防倭之卫、所。崂山区王哥庄靠近“鳌山卫”，这里有云南移民居住的村庄34处，占总村庄的三分之一。崂山区的中韩靠近“浮山备御千户所”，这里的40个村庄中，有30个是云南移民创建的。云南移民的祖籍已不可考，已查实者大多来自乌撒卫。“卫”是明代的军事单位，乌撒卫的治所在今贵州省威宁县。据《登州府志》附录中之《乌撒考》中记载："明永乐二年（1404），朝廷曾将乌撒卫的大批汉族军士和军户调往山东，他们从陆路到重庆，乘船渡三峡顺流而下，直抵江苏的扬州，然后转大运河北至淮阴，弃舟陆行，取道赣榆、诸城、胶州而达即墨各地。”所谓云南移民乘船来山东，即指此而言。城阳区肖家村之《肖氏族谱》中亦有类似记载。有些云南移民并不是直接到达青岛地区的，如城阳区流亭村之胡姓和白埠村之杜姓，皆从云南乌撒卫迁往青州，然后又从青州迁来。崂山区乌衣巷村的徐姓，是从云南昆山迁居上海徐家汇，后又北上至崂山老鸹巷立村的。城阳区古庙头村的云南移民是从诸城迁来的。

（三）明代的云南移民，对青岛地区经济繁荣和社会发展功不可没，特别是军民并肩屯垦戍边、同仇敌忾、共守海防的事迹，书写了明代青岛历史上最闪光的一页。明初，倭寇7次入侵青岛，使青岛百姓苦不堪言。从洪武二十一年（1388）起，青岛沿海设置卫、所后，军寨、墩堡星罗棋布，形成了固若金汤的海上长城，使倭寇不敢轻易来犯，纷纷窜往浙、闽沿海一带。城阳区小寨子村的张姓，是从云南乌撒卫迁来的，在其族谱中，记有张徽、张清兄弟二人分别在鳌山卫和浮山所任军职，分守海隅。即墨市留村镇大村之《邵氏族谱》中，也记有邵氏兄弟自云南乌撒卫来山东。由于明代云南移民的大量定居，使青岛地区的人口规模迅速扩大，据新编《即墨县志》记载，仅明代因建立卫、所和军屯而迁入的军户达7万余人。丰厚的人口资源不但促进了社会生产力的发展，而且也为明清两代青岛地区的社会繁荣奠定了基础。青岛地区云南移民的祖辈都是跟随朱元璋起义的农民，他们的祖籍大多为安徽、江苏等地。这些移民带来了他们的传统文化和民俗风情，与青岛地区当地文化相结合，形成了特有的地域文化风貌。青岛地区的某些方言、民俗与江淮地区极为相似，如咸菜在苏北称“盐渍”，而青岛地区的萝卜咸菜因是挂起来晾晒，所以称为“挂渍”（用方音读为“瓜荠”）。再如胶南的民间秧歌花鼓，颇有安徽凤阳花鼓的韵致。由于云南移民的特殊经历和处境，逐渐影响并形成了青岛地区敦厚、友善、睦邻、节俭的民风，并且铸就了青岛人讲义气、重友情的性格。

湛山公益会杜叁与市长沈鸿烈信函（青岛市档案馆）

沈市长勋鉴

承阁下于湛山海滩一大部分建筑公园，本会至深感谢。

吾人以为此系贵府最重要之建设，正可以永久保护湛山沿海之美丽风景，迩来外盼对于本会宗旨以及关心地方利益之湛山居民之态度，容有误会之处。查本会成立甚早，当时房屋极少，此避暑胜地远离青岛市内所有卫生给水设备，倾倒垃圾雇用警丁以及其他各项群众事业均由此地方自动组织之，本会负责办理并期望嗣后地方需要可由市当局办理，使本会减轻责任。最近湛山之警务卫生之设备，以及市内水管扩充与各住户直接接通皆为进行最大步骤，本会活动范围已为之大减，本会即使仍旧存在亦不似曩昔干涉公共事务之专体矣。谨代表湛山居民发表意见，以期协助贵府进行发展本市之湛山之计划而已。本会对于湛山避暑区从未要求任何特殊权利，美丽之海边道路以及其他一切不论是否居民均得同样享受，盖湛山区并非一闭关地带，亦绝不要求大众所不得享有特殊权利，本会宗旨已声明如此，爰特恭请阁下对于海边更进一步加以保护，将海边之西南一角一并划归海边公园，则使公园更形完美，同时沿海之天然风景得以保存，本会对于公园内部之发展已拟有所捐助，本会执行委员会已议决声请大会于年会时，对于公园之维持规定，每年之捐款，查前次已有所声请一渎颇感不安，惟同人主张均非自私，想在洞鉴之中，且今兹声明纯系协助贵府使湛山发展较今日尤甚，庶几海边一带之天然美景与空旷地面得以保存，使大众享受之所一节仍祈恩准前承关爱合并致谢专肃敬请。

勋安

湛山公益会杜叁敬启

七月三十一日

复杜叁先生函

杜叁先生大鉴奉

惠书备悉，种切在昔湛山居民稀少，一切公益事项多赖

贵会协助，嗣后住户渐多人事日繁，市政府于公安公共各项事宜极力设施已渐完备，足副

贵会暨湛山居民之望，今春迭据中外商民请求将太平角二路南端辟作海水浴场，当由财政局计划测量并放租一小部，嗣以各方意见未能一致，业由财政局通知领租各户暂缓建筑静候解决，俟此事告一结束，关于建设湛山海滨公园，本府当饬令主管局妥为计划设法布置。事关市政设施，所需经费自当由本府尽力筹措，也专此布复祇颂

台绥

指令第 2837 号　中华民国 22 年 4 月

胶澳商埠督办公署青岛市政府高尔夫球场案

事由：日领事馆函为汇泉跑马场内之高尔夫球场拟迁湛山案，有碍市民健康运动，请勿迁他处，即期满之续租亦请加考虑，根据山东悬案规定办理。

批示：立功好名，以至于此，真属愚不可及。此事本早在予定之中，可即据实回复，阅后经过详情即向财局查明办理可也。

十五日

中华民国二十五年一月十六日下午三时到科

日领事馆第二号公函　吴隆巽译

迳启者关于汇泉跑马场内之高尔夫球场迁至湛山第一炮垒东方沙河地方一案原由贵市长与板根总领事间曾经种种之交涉，一面根据贵市政府与高尔夫球俱乐部之商议以新高尔夫球场业于昭和九年十月开设，其旧高尔夫球场应至本年四月底交还等语，但旧高尔夫球场之地址，曾经本官屡向贵市长恳谈，已得同意将该地址不作为市街地，一律作为公共运动场公平开放，以供中外市民及公共之用，似此办法即由山东悬案纲目协定附件之规定之精神观之，或青岛市民之健康观之，似为极属必要之事项，应请贵府查照予以措置。再新高尔夫球场在契约期限内不但不可令其迁移他处，即关于期满后之续租亦请加以充分之好意之考虑，且盼根据前述山东悬案纲目协定附件之规定办理为荷此致

青岛市长沈

驻青日本代理总领事　田尻爱义　印

昭和十一年一月十四日

译高尔夫俱乐部函　李国圭译

奉青岛高尔夫俱乐部之命，请租湛山一地面积约计三十四公顷，为建设十八孔穴新球场之用。现有九孔穴之球场在跑马场范围之内，场址甚小，远不敷相当之球场之面积，不能应本市及外埠时时增加会员之用，钧长所知也。高尔夫球场为任何文明国新城市中重要外观之一，足使市民有体育上之练习，同时足以吸引世界之游客以晋国家及地方之繁荣，是故世界上多数城市具有相宜之高尔夫球场，受市政当局之管理或津贴固无足怪。敝人等敢决在此请领地址上建就新球场足为世界上最佳风景之一，且为青岛市之大观。现在青岛高尔夫俱乐部拟进行重大之业，估计约在十万元之价，在此仅有一百二十会员中负担此值，因非小数，因此希望此项领地之允准，仍按现有球场享有之条件及其享受之优待情形办理或更为优待。再者新球场之建筑，或有关于现有球场之问题，现有球场载在山东条约中，以故本俱乐部请求　钧长如有必要时向日本总领事署接洽为荷　　此致

市长沈

青岛高尔夫俱乐部会长
塔加哈西启
1933年11月8日

资料来源：

《青岛市档案馆》目录号1 案卷号160 全宗号临字22

第二章　辑文

大湛山村往事

邮电老职工　格里居

大湛山村可以说是青岛开埠前就存在的最古老的村庄之一了，它是我们青岛近代历史发展的最好见证，它经历了几百年的风风雨雨，在我们青岛的发展史上有着浓浓的一笔，它目睹了发生在1897年间的屈辱，它经历了在自己土地上发生的德日战争的硝烟，它会使那些缅怀德国殖民者的人清醒，谁是青岛人的人文祖先。

1999年在大湛山村重建和改造工程全部竣工后，原大湛山的村民为了能让其子孙和后人记住先祖们曾经繁衍生息的地方及辉煌的历史，特意集体出资在现在的休闲广场的西北端立了一块硕大的“大湛山村史碑”，碑文详实的介绍了大湛山村的发展历史和变迁过程。

这个曾位于太平山山脚下的自然村落，是老青岛较大的自然村落之一，“早在明朝初期这里就有军队设防，明嘉靖年间（1522—1566）孙氏兄弟结居于次，在其后的岁月中有贾、辛、毛、王等姓氏的先人聚居这里。”这是镌刻在大湛山村史碑上的有关大湛山村历史起源的记载，这些先民们在这块土地上挖土制陶，结网捕鱼，耕地播种，谱写了大湛山村早期发展的历史。

我初识大湛山村是因为当年位于大湛山村前街，现在裕源大厦旧址上的湛山邮电所，那时整个市南区除中山路邮电支局以外所有的邮电支局和邮电所，收寄的国内电报都需经过电话传送到广西路邮电支局，经过校验核对后再

转到中心报房发往祖国各地。在相互的电话往来中，我熟悉了在湛山邮电所工作的师姐，那时刚接触邮电工作不久，加之年轻没家庭负担，更重要的是有激情、有热情、还闲不住，总想多学习一些业务知识，就利用公休时间去这些邮电支局和邮电所做“义工”，一来可向师姐们学习更多的业务知识，二来可以满足自己年轻好奇的心理，当年的湛山邮电所是一个远离市区的邮电所，在邮电所的南边是一片菜地，北边就是与农家小院一样的大湛山村，在帮助师姐处理完电报后，到邮电所的周边走走看看，可以领略到当年在乡下务农时的感觉。

20 世纪 80 年代初因堂邑路邮政大楼的重建，邮政局在大湛山村征地建临时邮件分拣中心，这个邮件分拣中心就是现在青岛邮电宾馆的前身。这时已改行作国际邮件分拣员的我来到了设在湛山的邮件处理中心工作，这期间我们的青岛随着改革开放的渐入人心，城市建设的重心也逐渐开始向东部发展。在湛山临时邮件处理中心工作的那些日子里，每当下班时我就会到离工作现场不远的湛山菜店去买菜和买副食品，那时农贸市场还没有出现，国营的菜店还是居民日常生活的主要依靠，猪肉和鸡蛋都需凭票供应，由于当时在大湛山村周边部队单位较多，能够使用军供票购买物品，令我感到十分欣慰，加之靠近大湛山村，这里的新鲜蔬菜也比别的地方多。

到了 20 世纪 80 年代中期，随着形势的发展农贸市场应运而生，个体经济的出现给大湛山村注入了新的活力，现在裕源大厦所在地就是昔日大湛山村临近湛山大路的几条街道，大湛山村的村民以这几条街道为依托，村子里自己搞起了农贸市场，不仅自己村里的菜农可以在市场上交易，还带动了周边的菜农来此进行交易，随着市场的逐步做大，出现了小商品摊位，吸引了更多的个体经营者加入进来，使这个村办的农贸市场热闹一时。由于农贸市场的出现，使居民们逐步的摆脱了凭票购买商品的禁锢，这时在农贸市场上可以买到新鲜的鸡蛋和猪肉了，人们再不需拿着购物本到国营菜店里排队购买了。

随着个体经营的兴起，这时大湛山村村民们的生活也在悄悄地发生着变化，靠近湛山大路的村民开始拆掉自己原来在马路边的平房盖起了别墅般的小楼，这在刚改革开放不久的青岛港上还是一件十分轰动的事情，这些小楼在当年十分的抢眼，没过多久这些新建成的小楼就变成了饭店和酒肆，成了村民们致富的工具，也曾红火了好长一段时间，当后来见到那墙上大大的“拆”字时，心里还替那些村民惋惜呢。

记得 1982 年的清明节，那时我们还未迁到在大湛山村的工作场地，单位里组织团员和青年到位于湛山寺旁的烈士陵园扫墓，由于当时公交车很少，我们从市里徒步走到烈士陵园，在到烈士陵园的路上我们经过了还没改造前的大湛山村，一排排的平房，一间间的小院和飘荡在院落上空的袅袅炊烟，使大湛山村充满了乡村野趣和诗情画意，与周围部队建的疗养院形成了很大的反差，村子周围还未被征用的土地上长满了青翠的蔬菜，我还清楚地记得在空军疗养院的院墙外曾有一个天然的水库，后来这个水库也无影无踪了，在曾经是水波粼粼的地方建起了座座高楼。再后来以东海一路为中轴线的大湛山村的改造把这个远至明朝嘉靖年间，近至大湛山村村民新建起的别墅式小楼统统的给翻了个底朝天，一个环境优美、功能齐全的新居民住宅小区在经历了三年零七个月的建设之后，呈现在人们的面前，大湛山村的改建给青岛城市里的村庄改建开了一个好头，作为最先一个被改造的都市里的村庄，大湛山村的改造也是青岛城市建设史上的一座丰碑。

当我踱步在草青花香的休闲广场上，看着

沐浴着晚霞的老人与蹒跚学步的孩子，看着那祖孙相拥其乐融融的场面，看着那一双双一对对的青年男女坐在休闲椅上那卿卿我我的惬意神情，看着溜冰少年疾驰而过的身影，听着远处飘过来的动听的旋律，想着这昔日的村庄发生的沧海桑田般的变迁，我为我们能赶上这样一个和谐宽松的时代而高兴、自豪。旧的大湛山村虽然消失了，但它留给人们的回忆是美好的，当晚霞映在由花岗岩建成的“大湛山村史碑”上时，那碑在霞光的映射下熠熠生辉，仿佛是在向人们述说它往昔辉煌的历史，让人们记住它那非同寻常的往事。

小湛山村

丁正健

小湛山村，一座山环水绕之间自然天成的小村落，红砖瓦房、墼坯草房、古树碾子以及吱吱呀呀的水桶交响曲，一切看似平淡却意韵悠远。

青岛人很少有不知道湛山村的，但对于小湛山村却并不那么熟悉。小湛山村位于市南区太平山东麓，南与大湛山村、东与浮山所、北与东镇、西与佛教名寺湛山寺毗邻。现在的华严路以北、延安三路以西、仰口路以南、华严二路和“大都市”俱乐部以东就是原来的小湛山村的位置。在村的东南、东北还有一部分住户，20世纪60年代以前在村沟西崖也有一户人家。

20世纪80年代以前，小湛山村是青岛的城乡交界地，离市区最近又别有一番乡村风情。从东镇方向到湛山来，走过现在的芝泉路路口就进入了湛山地界，到了这里即进入了郊区，也可以说是到了农村。沿着黄泥土路爬上山坡，置身的是金色的麦田、碧绿的菜园、火红的果园，空气清爽而略带青草和泥土的清香；再放眼望去碧波无际的海洋，正是“天似穹庐，笼盖四野。瓜果飘香，桃李满园”。

小湛山村这个自然村落有着悠久历史，追述起来可上溯到近600年前。据《丁氏族谱》记载，明正统四年（1439）丁氏后人丁文由浮山所向西来到太平山东建村，取名小湛山村。

小湛山村丁姓是浮山所丁、詹、葛、侯等13户中丁姓的一支，另一支于明永乐年间（1403—1424年）由浮山所向东迁至了浮山脚下建村丁家庄，据说还有丁姓一支当时留在了浮山所，后来大部分都陆续迁出。小湛山村丁氏村民和丁家庄丁氏村民同宗同祖共同拥有一部族谱。每至春节族谱由两村丁氏家族成员按序轮流供奉，轮到哪村供奉，哪村的丁氏家族各家老小带着供品到供奉祖先灵位及族谱之家叩头上香祭奠祖先，而另一村则派出德高望重的长辈为代表，带着供品前往上香祭祖。年年如此往复循环，直到“文化大革命”。

小湛山村建村后邵氏家族于清乾隆四十五年（1780）由即墨迁居此地。小湛山村长期以来以丁、邵二姓为主，后来又有吴、袁、武、彭、孙、赵、张、黄、王、薛、尹、杨等姓来此定居。小湛山村虽历史悠久但发展缓慢，20世纪70年代以前门牌编号只到42号，70年代门牌增至90多号，至80年代初大湛山村许多社员到小湛山村建房定居，至拆迁改造前有村民600多户2400多人。

勤劳的小湛山村村民世代以农、渔为主，因离市区很近村民解放前就有相当一部分人务工，合作化以后，特别是1958年成立人民公社以后，遂转为以种植蔬菜为主，每天按计划向市内菜店送菜。1981年村民全部转为城市居民。当时小湛山村是一个清静的小村子，在村子最前排的房子里，坐在炕上就能看到窗户外的大海，每逢夜深人静之时，海浪拍岸声清晰可闻。一方水土养一方人，青山、秀水、碧海哺育了村民们勤劳、乐观的品格。

从村西南到村西北一华里内，大小水库有七八个，最靠近村庄的当属村西南的湛山“三八”水库和村西北的湛山第一水库。这两个水库的面积都在20亩左右，十分壮观，许多台东和市内的青少年都前来游泳。冬天水库结冰很厚，村里的孩子成群结队到冰上溜冰，打发时间。那时“三八”水库经常举行航海模型表演或比赛，吸引了众多的观众。记得，村中大街上曾有棵老槐树，虽经历几百年的风风雨雨却依然苍翠、挺拔，据说小湛山村拆迁时这棵树已有400多岁，可惜的是那时侯人们对古树的保护意识还不强，竟然将老槐树连根掘出。大街上还有一盘碾，村民经常用它来碾粮食，碾平常用的时候并不多，春节前可就不一样了，家家户户都碾地瓜干和其他杂粮，经常排很长时间的队才能挨上号。大街的西头有座关帝庙，关帝庙不知建于何年，但每年春节都有人贴对联、烧香、供奉。在小湛山村的西头有座土地庙，土地庙旁边有条小路，顺着小路走到下面有一眼井，修建“三八”水库以前，村民世代都吃这眼井里的水，水质甘甜；离井十几米处有一条小河，小河逢雨季水挺大，河水经过大湛山村东流向大海；过了小河顺着小路向西就是湛山寺，再向西就是太平山，翻过山就到了中山公园，20世纪60年代以前，村民到中山公园大多都是顺着这条小路翻过山去，很少有人坐车到公园的。

村子东面是一条马路，过了马路离村大约200米是一座小山，村民叫东山，就是现在的土山干休所所在地，民国时期青岛市市长沈鸿烈在山上建了高尔夫球场，后来美国人对高尔夫球场又进行了扩建。许多美国人经常在这里打球，村里的小孩到那里给他们捡球、背球，那些打球的外国人则给小孩小费作为回报。顺着小山南面的小路向东就到了浮山所，20世纪60年代的时候站在村东头能看到浮山，夏日的晚上，有时能见到山上零星的磷火闪烁，老人们说那是狐仙在炼丹；夏日常有浓云遮住浮山顶，村里老人说那是“浮山带帽”，“浮山带帽”就要下雨，十分灵验；夏日雨后经常出现彩虹，有时在西方有时在东方，老人把彩虹叫作“绛”，并说东绛雾露西绛雨，此说法也经常应验。秋冬季节每逢大风时有成群结队的老鹰从浮山方向飞向太平山、海西方向，十分壮观，当地人把这种老鹰叫作“风暴”，20世纪50年代老鹰从空中俯冲下来把鸡叼走的事时有发生，黄鼠狼吃鸡更是家常便饭，传说有时还能见到狼，因此讲狼叼小孩的故事也很多。

由原小湛山村向北去就到了现在的芝泉路路口，过去当地人叫作“北口子”，“北口子”解放前很荒凉，常有强盗劫掠财物。“北口子”的东北方向有条小路，直通向亢家庄方向，村民到吴家村去也走这条小路，过去当地村民叫这条小路为“阴间路”，就是现在的扬州路位置，那个时候就是白天一个人走“阴间路”也会感到毛骨悚然。

1988年1月16日，市南区人民政府在湛山街道办事处的5楼召开了小湛山村拆迁安置动员大会，小湛山村是解放后青岛市第一个整体拆迁改造的自然村，小湛山村的拆迁拉开了青岛城市自然村拆迁改造的序幕。

郁达夫在青岛

现代著名作家郁达夫家在“奇山异水，天下独绝”的富春江畔。正如郭沫若所说：“他的诗文清丽是受了这种客观环境的影响。”郁达夫以小说著称于世，散文也极好，清新秀丽，郭老还说：“达夫的诗词实在比他的小说或者散文还好。”

郁达夫来青岛，写下了散文《青岛、济南、北平、北戴河的巡游》，还写下了《青岛杂事诗》等10首，使我们欣赏到他精湛的散文和诗歌。

1934年7月6日，郁达夫应他的朋友、同乡汪静之、卢淑垣的邀请，携他的妻子王映霞、儿子郁飞，在汪静之陪同下由上海乘轮船来青岛。

郁达夫曾几次乘船路过青岛，但只是“在船楼上看着她的绿树与红楼”，深以未能登陆为遗憾，这一次实现了他的愿望。他写道：

无论你南边从上海去，或北边从天津去，若由海道而去青岛，总不过二三十个钟头可以到了。你在船舱里，只和海天相对，先当然是觉得愉快，觉得伟大，觉得飘飘然遗世而独立，羽化而登仙的样子；但一昼夜过后，未免要觉得落寞，感到厌倦；正当你内心感到这些，而嘴里还没叫出来的时候，而白的灯台，红的屋瓦，弯曲的海岸，点点的近岛遥山，就净现上你的视界里来了，这就是青岛。所以海道去青岛的人对她所得的最初印象，比无论哪一个城市，都要清新些、美丽些。

香港没有她的复杂，广州不及她的洁净，上海比她欠清静，烟台比她更渺小，刘公岛我虽然还没有到过，但推想起来，总也不能够和青岛的整齐华美相比的。以女人来比青岛，她像是一个大家闺秀；以人种来说青岛，她像是一个在热情之中隐藏着身份的南欧美妇人。

青岛的特色之一，是在她的市区的高低不平与其树木的青葱，都市的美观，若一味平直，只以颜色与摩天的高阁来调和，是不能够引人入胜的；而青岛的地面，却尽是一枝枝的小山，

老东部一瞥　张秉山

这幅照片是拍的哪里？乍一看还真认不出来，这是35年前，因为对外宣传的需要，我乘飞机拍崂山风光时，沿海飞行经浮山所上空抓拍的一幅照片。具体位置应该是在401医院和浮山所村附近的上空。我从飞机开着的一扇门中向大海方向望去，近处是田园风光，一片绿油油的菜田，生机勃勃，湛流干路(现在叫香港中路)横穿而过，更为这绿色的风貌增添了活力。菜田临海处是海产品加工场，据说海带的提碘茶加工就在这里进行。加工场以远是太平角的外侧，月牙儿状的第三海水浴场，一年四季无怨无悔地躺在那里，任凭风浪的拍打，这个浴场，只有夏季的三伏天，才有少量光顾者，而且多数是外地在青岛疗养的人员。

太平角的西侧是太平湾，文革中红卫兵小将写大标语，贴到这里说：“太平湾里不太平”不知道是指什么讲的。太平角的小洋楼，都是解放前德日统治时期外国人建的，解放后成为太平角疗养区，它的声誉仅次于“八大关”。但是太平角的角上是另一番天地。那时，我曾走进太平角，过了第三海水养殖场的办公室就是极角区，那里的房舍都是解放前后用砖头、瓦块、碎石砌起来的，又矮又小，从外形上看，非“低头入室，曲腿入睡”不可，是个约有数十户的小村落。村落入口处有个小岔路，好像是应该顺着岔路绕太平极角一周，但是走到尽头，撵出几条狗汪汪地叫，吓我一跳，一看都用铁链拴着。再往里走是部队，走不过去。只好原路返回。

立足太平角或站到第三海水浴场破旧的了望台上，向浮山所方向眺望，又是一幅赏心悦目的画面，掠过海面清晰地看到在广阔的菜田绿野中，散布着寥寥无几的建筑，靠近岸边的是上面提到的海产品加工场，其后面是401医院和浮山所村，看得不太真切，刚起步的北海船厂的船坞，生产车间一字形地摆在岸边，还有多处正在施工的工地车水马龙，热闹非凡。

在浮山所人民公社的菜田里，最夺目的是青岛远洋公司大楼和山东省外贸丝绸大厦，成为当时这里两座最风光的建筑，人们路过这里都会仰望，看看它们的威风。在当时生活较困难时期，它们的主人山东外贸局和青岛远洋公司这两个单位都给人们留下美好的想象。

我在飞机上见到这幅画面，所以按下了快门，主要想为后人留下图片资料，“待到遍地高楼起，此景谁还认得出”。这只是我当时的一个愿望，寄希望于子孙后代庆幸这一天。谁料到，改革开放加速了青岛的发展进程，想象中的愿望竟然在我退休的第二年，即1992年起步腾飞。目前东部地区高楼林立。青岛成为世界闻名的现代化大都市了。

到处可以看得见海，到处是很适宜的住宅区。就是那一条从前叫弗利特利希大街，现在叫中山路的商业通衢，两端走走，也不过两三里路，就到海边了；街的西面，一走上去，就是小山，就是眺望很好的高地。“东方第一良港”“东方第一避暑区”的封号，果然不是徒有其表的虚称。

郁达夫住在朋友骆大耕家中，也去汪静之家中做客，郁达夫对汪静之、卢叔垣盛情邀来青岛，并招待住在市立中学（湛山大路 2 号）写诗以谢，表达心情：

湛山一角夏如秋，汪酒卢茶各赠投。

他日倘修流寓志，应书某为二公留。

选自《青岛名人游踪》

探究绿豆岛

《细说青岛》之二 侯文程

“太平角”是青岛海滨的一个秀丽岬角，也是游览、垂钓的好去处。1928 年出版的《胶澳志》中，曾将太平岬与汇泉岬、团岛岬称为青岛海中并列之三岬。太平角东、南、西三面临海，北面接陆，海岸线 2.5 公里，海拔 18.3 米，向西南延伸水下有礁石，曾辟建为“太平角公园”。

清代同治十二年（1873）刻印的《即墨县志》中，将太平角记为“菉豆岛”，据《辞源》所记：“菉豆即绿豆”，这是一个明清两代使用过的地名。自 1897 年德占胶澳后，此处习称为“伊尔奇斯岬”，但在 1903 年 5 月 19 日德国当局的正式布告中，称此为“官山岛”，1922 年中国政府收回青岛后，才定名为“太平角”。最为有趣的是，1904 年由日本国际观光局编写的《青岛》一书中，对此处竟使用了“绿豆岛”之名。

站在太平角前端，环顾四周，海阔天空。右襟太平湾，波光摇曳，宛若浓淡相宜之丹青；左拥浮山湾，远山巍峨，恰似笔势豪放的油画。太平角山头入海处，五六块硕大礁石一字排开，如同传说中的秦桥遗址，使人蓦地想到了秦始皇挥鞭驱石的神话，岛东南侧绝壁悬崖，怪石嶙峋，穹隆澎湃。这景色，这气势，与“绿豆”二字风马牛不相及。

那么“绿豆岛”这名字是缘何得来的呢？笔者于整理青岛史志时来到即墨，偶然发现，即墨市丰城乡东南海边也有座小山，因山上长满野绿豆而名为“绿豆埠”，就连被山环绕的小村也叫“绿豆圈”，由是便想，这太平角旧名绿豆岛，可能亦如该山因野绿豆而得名。

青岛生活导报 * 汇泉（第十三版）1998 年 11 月 3 日

小屿可望不可及

本报记者 钱卓 文／图

迎着直扑舷窗的巨浪，海岛行报道组乘坐的青岛海监船驶近小屿，坐落在崂山区中韩街道山东头村南侧海面上的这个小岛，面积仅 0.01129 平方公里，距陆地最近点 14 公里。这样一个“小不点儿”，在大海中可谓汪洋一粟。

引人入胜的海蚀地貌

从大公岛驶近小屿，从小屿以南的海面上望过去，一道有名的景观映入眼帘：小屿的“南天门”——小岛的南面峭壁上，浮雕一样地凸现着一道略呈方形的海蚀拱桥，形态颇为奇异、逼真。站在船头的记者拿出相机，想拍张“南天门”照片，但脚下的甲板剧烈颠簸，记者只能一手抓栏杆，一手拿相机拍，连拍十几张，都因为船只在海浪中摇晃而拍不出一张清楚的。“这一天青岛海域海上阵风 7 级到 8 级，浪高 2 米到 3 米。”市海渔局副调研员周健伟介绍，小屿的周围都是刀刻一样的峭壁，一直就没有人上过这个小岛，今天这样的天气更无登岛的可能。船只离小屿越近，浪就越大，“海面下也是陡峭的礁石。”周健伟介绍。在记者要求下，青岛海监支队的同志把船开到了离这个小岛尽可能近的安全半径内，约50米，“不能再往前走了”，海监支队工作人员李强告知，再往前就碰到礁石了。

不能上岛，就围着小岛多转几圈，好好端详一下这个“个性小岛”，风浪再大，也得仔细瞧瞧！船只从小屿南面，再向东、向北、向西，一圈转过去。“小屿是基岩岛，整个岛呈东南—西北走向，岛顶呈椭圆形，东南部高，西北部低。”国家海洋局一所海岛专家陈勇介绍说，青岛的海岛在地质构造上和大陆紧密相连，是陆地地质构造的地层及岩体向海域的延伸，在历史上曾是陆地的山体或丘陵的一部分，后因海水侵蚀而成为海岛。

地质构造是形成岛屿的决定因素，而长期强烈的海水侵蚀及风化剥蚀塑造了景观各异的岛屿地貌，小屿就是这样一个典型的海蚀丘陵岛屿。在像摇篮一样大幅摇摆的船上，我们真切地看到了一幅幅“海蚀”地貌。陡直的山崖和岩石，都被纵向切割成一个个长条，从崖顶纵贯而下，“海拔41.9米的小屿，在海蚀作用下，小岛四面都形成了陡峭的山峰，山脊呈锯齿状。”陈勇说。诚如所言，小岛的山脊遍布这种锋利的“锯齿”，只有椭圆形的岛顶，覆盖着一些绿色，才约略给人一些温和之感。

无论从哪个角度看，处处的悬崖峭壁给人一种感触：这的确是一个有着强烈个性和张力的小岛，这“锯齿状的山脊”，无疑给人们的攀援带来了巨大的难度，咫尺之间，却让人可望而不可及，把人类的足迹“拒之门外”。船只一路乘风破浪，又转到岛的东面、北面，记者发现，这里的海蚀地貌同样十分发育，有多处海蚀洞穴，海蚀裂隙等处处可见。从这里的角度看，小屿仍然是道道陡崖，但已不是和海面成90度垂直的，而是构成了100多度的角度。这就是说，即使岩石上没有“锯齿”，欲上岛的攀援者也需要大幅度仰身才能向上攀登。

“因岛体较小，所以叫小屿，小屿的海岛面积仅为7520平方米。”这是载于文字的对这座岛屿的介绍，但亲历其境，你对这个岛的认识就不会停留在这个“小”字上。在呼啸的风浪中，我们似乎更走近了一座小岛的生命、历史。岛西侧有干出礁，到这里，这个小岛陡直刚毅的线条低缓了下来，一片片矮小的礁岩伸入海中，但依然迎接着不息的浪花拍击……

名副其实的“鸟岛”

据介绍，这个小岛上无淡水，基本无土层，只有石缝中长有小山草，在海风中显现着顽强劲疾。但小屿仍是一个充满生机的小岛。各种海鸟、候鸟在这个小岛上生长繁殖，该岛与著名的“鸟岛”大公岛相距1.2公里。大公岛、小屿，一大一小两个“鸟岛”，互相之间距离不远，两岛之间的鸟类是否有联系？因为鸟类的栖息，两岛是否存在某种奇妙的呼应？果然，当地人士的说法印证了记者的这一猜测。“该岛与大公岛相距1.2公里，处在大公岛上各种鸟类的活动范围内，鸟类常在两个岛之间穿梭往来。”海岛专家陈勇介绍，由于小岛上人迹罕至，岛周围悬崖高耸，岩缝洞穴密布，良好的栖息环境使小屿鸟类繁多。而大公岛又是海鸟和候鸟的主要栖息繁殖地，是中国东部候鸟迁徙必经之地。“大公岛、小屿鸟类有100多种，岛上有国家一级保护鸟类9种，国家二级保护鸟类38种。”陈勇介绍，扁嘴海雀就是其中一种珍稀鸟类，扁嘴海雀背部黑、肚皮白，也被称为“青岛小企鹅”，青岛是它在国内唯一的繁殖地。青岛林业局环保志中上次对它的记载是1992年，直到2011年，中国海洋大学水产学院曾晓启教授和市林业局鸟类专家王希明，才再次在大公岛上发现了它。“再过几天，铜嘴雀就要飞过来了，秋季，从大公岛到小屿的天空，常见这种鸟在飞翔。”青岛海监支队工作人员李强说，这种鸟每年5月、9月都会来。初秋的海天之间，海鸥，斑鸠，野鸽，三两只为伴，时时掠过小岛的山脊。“不少鸟类在这里有两个落巢点。”崂山区海渔局海岛工作人员季鲁告诉记者，大公岛是鸟类的主要集聚点，而千米以外的小屿，因为岩石缝隙多，也是鸟类愿意光顾的所在，虽然食物不多，但鸟儿可以飞过去玩耍，把那里当作它们度假的地方。小季颇自豪地说，他有眼福，常望见这些鸟儿大鸟带着小鸟，一家子地从大公岛上飞过去，小屿，成了这些鸟类的“第二居所”。“前几天，有鹰从大公岛飞到小屿”，季鲁介绍说，有的早上从大公岛飞到对面岛上，晌午、或者傍晚再飞回来。大公岛上，不同的候鸟迁徙时段有所不同，比如，珍稀的扁嘴海雀一般2月上岛繁殖，5月离岛。但不同的鸟类，许多都会选择时时飞向对面的小屿，在安静的小岛上享受自由自在的“度假时光”。对鸟儿来说，这似乎也是一种不可错过的幸福生活吧。

个性决定命运

望着海面上这座与众不同的小岛，记者想起了那句话：性格决定命运。壁立的陡崖，把小岛隔绝在人类活动之外，小屿的这一特点，终究成就了它与众不同的命运。业内人士认为，它的地理、植被、动物资源，它的生态系统，以及生态环境的维护，都在呈现一直未被人为改变和影响的状况。“对鸟类来说，小屿一定有着宜居、安静的环境，不然，铜嘴雀、鹰等，还有不少海鸟，不会把它作为第二居所。”海岛专家陈勇笑着分析。

小岛未来的存在以及开发利用的前景如何？有关专家谈到了这座小岛在功能规划上的情况。“小屿处于大公岛保护区范围内，属于市辖—崂山海岛区大公岛海岛组团内。”海岛专家陈勇说，小屿属生态保护用岛，它的功能规划为：保护海岛生态系统。这说明，业界已充分认识到这种纯粹原生态海岛资源的价值，所以把生态保护放在了首位，放在了重中之重的位置。“可望而难以企及”，正是小岛的这一个性，为自己保留了“不败金身”，成就了一份弥足珍贵的生态资源，一道富有特色的海岛景观，一笔稀缺的、原生态系统的财富。

海岛档案

小屿位于北纬35° 57′ 46.7″，东经120° 28′ 46.4″，面积0.01129平方公里，

最高点海拔 41.9 米，海岸线长 610 米。该岛为基岩岛，岛西侧有干出礁。岛上无淡水，基本无土层，石缝中长有小山草。各种海鸟、候鸟在岛上生长繁殖，鸟粪很多。该岛与大公岛相距 1.2 公里，由于岛屿周围峭壁林立，暗礁丛生，小屿至今还是一个“上不去人的岛”。

大公岛位于青岛市前海海域，北纬 35° 57′ 36.5″，东经 120° 29′ 31.8″，面积 16 平方公里，其中海域面积约 15.83 平方公里，岛屿面积约 0.17 平方公里，包括大公岛、小屿和五丁礁。大公岛保护区地理位置优越，自然资源丰富，海域开阔，水质优良，海洋生物种类繁多，有多种鱼类和贝类以及海珍品（刺参、盘鲍）生长，是青岛的近海渔场。主要鱼类有鲈鱼、鲅鱼、比目鱼、真鲷等。

大公岛距大陆最近点约 14.8 公里，面积 0.1555 平方公里，岸线长 1.93 公里，最高点海拔 120 米，是青岛第二高岛。小屿面积 0.01129 平方公里，岸线长 0.61 公里，最高点海拔 41.9 米，距陆地最近点 14 公里。五丁礁又名五顶礁，距麦岛南 10.7 公里，为花岗岩礁。大公岛上植被繁茂，鸟类资源丰富，是海鸟和候鸟的主要栖息繁殖地，是我国东部候鸟迁徙必经之地，岛上有国家一级保护鸟类 9 种，国家二级保护鸟类 38 种。其他动物资源初步调查发现：昆虫约有 120 种，两栖类 2 种，爬行类 5 种。

大公岛保护区设核心区和实验区。核心区设在大公岛南坡及南部海域，重点保护鸟类和海洋生物资源及栖息繁殖环境。其中，鸟类保护核心区为大公岛南坡，面积为 2.51 公顷，海洋生物保护核心区为大公岛南部海域，面积为 17.54 公顷。实验区为核心区以外的其他区域，在该区域内，在不破坏其群落环境的情况下可进行有控制的增养殖生产实验、教学实习、科学研究、参观考察、旅游观光、驯化及繁殖珍稀野生动物等活动。

青岛大公岛岛屿生态系统自然保护区是于 2001 年 12 月 24 日经省政府批准的省级自然保护区，按照有关条例的规定和青岛市政府的要求，由青岛市海洋与渔业局负责对其进行总体规划和管理，并建立相应的管理机构，目前青岛大公岛岛屿生态系统省级自然保护区管理站（正处级单位）正在审批过程中。保护区及相应管理部门的设立、管理职能的具体实施将对拯救大公岛及附近海域的自然生态系统，保护稀有生物资源，保护海岛的自然景观，充分发挥保护区生物物种及生态环境在青岛市教研、文化和经济方面的积极作用，对促进青岛市国家及生态系统示范区的建设和可持续发展具有重要意义

诗 词 选 录

孙中洲（86 岁）

思 念

相聚好似一场梦　人去梦散一场空
你去匆匆无遗言　但愿来生再相逢
中秋月圆家难圆　每逢节日分外愁
白天书笔解愁苦　夜间枕边泪双流
子女虽孝还不够　夫妻心切语言投
千言难诉凄楚话　叶落再难上枝头
你我相伴五十载　苦甜酸辣透心怀
晚年待享天伦乐　激流飞奔走天涯
你像飘飘一片叶　我似悠悠一孤魂
遍找笑容声何在　只待梦中再相会

徐学义

剑器颂（赋）

庚辰春月撰文山左徐学义

天赐斯：柔韵刚力之质，雄秀挺拔之姿，行若游龙，舞似飞凤，静如山岳，动似涛涌，视同处子，击摄懼虎。深奥之密，庸者难悟。其深探若无底，其高仰之无至。皎皎如苍穹皓月，巍巍似山巅古松。中华之瑰宝，武术之精髓。国之独出，民族之神，功夫至尊，万械之君，击法之最，武学之魂。含铸阴阳，傲视武林。融窈窕动人舞姿和拼杀格斗技法于一体，汇清秀高雅气质与凶猛爆裂个性于一身。天地再造之精华，宇宙珍出之奇葩，出类拔萃，博大精深，飞扬威仪，独领东方武学神奇功法之风骚！

孙立安

望海潮·湛山风貌

湛山揽胜，背倚青峦，绿荫簇拥桃花。面临沧海，碧波映射，海天一色无涯。浅滩平细沙。浪涛掀飞雪，拍岸生花。潮汐涨落，经年涛声传万家。村边小溪清澈，有红蓼傍水，摇曳翠华。蜻蜓飞舞，顽童扑抓，嬉戏村姑浣纱。溪流东南斜。看红日西沉，飞来棲鸦。追忆往昔风情，谐趣惹人夸。

第三章　轶事传说

二郎庙的传说

贾世琋（80 岁）

据老年人记忆，湛山的二郎庙坐落的位置是在现今芝泉路第三电子元件厂一带，建庙的时间是在明朝。

为什么建庙，有一个神话传说的故事。当时大湛山村人口聚居渐渐多起来，邻村如浮山所、会前村、杨家村、仲家洼等民间亲朋好友往来频繁。就在北口子西面二郎庙旧址的周围，经常发生有人走失遇害等离奇的灾害，当时的村民都疑为有妖魔鬼怪，烧香烧纸祷告上苍。终于真的感动了玉皇大帝，差遣二郎神下凡，在一个风雨雷电之夜，一个闪电将一个小山劈开。在暴风雨过后的早晨，一位老妇人出门说在梦中遇到神人劈山擒妖，并带着一只狗咬住妖怪不放腾空而去。就这样一传十，十传百，就传开了，一位老汉一听把脚一跺说“嗳，这是二郎神显灵了”，有位教私塾的师傅朗朗地念叨“这叫二郎神斩山除怪！”后来有两位退役的武官知道了这件事，他俩集资建了湛山的二郎庙，就地出家当了道士，还收了三位徒弟，都是南方人，在这里经过多年练就了武功，返回原籍。又隔了多年庙宇失修，也是在一个雷雨之夜被雷击倒。

因“二郎神斩山除怪”，此山就叫“斩山”，村名也以山为名称作“斩山”。

斩山来历的传说

孙立岳（80 岁）口述

小时候听我爷爷讲了湛山一个古老的传说：古时候，在蛤蟆石（河马石）有一个蛤蟆精兴妖作怪经常害人，周围百姓不安，人心惶惶。上天知道以后，派二郎神下界来为民除害，追杀当中蛤蟆精受伤而逃，蹦到一个山坡，蛤蟆精的血把山坡染红，这个山坡后来就叫红山坡（洪山坡），又蹦到一座山时被二郎神追上斩杀。二郎神斩妖为民除害的这座山后来就叫斩山，村名也随着山叫“斩山”，古人还在山前建了一座二郎庙，世代香火供奉纪念二郎神。

湛山轶事

（86 岁老人孙中洲的回忆）

中国几千年的帝王制，最后一代封建王朝被推翻以后，迎来了新的政权。民国政府进行教育改革，建立了新型学府小学、中学、大学。新的文化教育不像旧文化那样死板和模式化、礼教化。就青岛而言，当地政府就建立了青岛市立中学（男校）青岛女子中学（女校），但这两所中学远远不够就学所需。又先后开办了几所私立中学，主要有崇德、礼贤、东文书院（男校），文德、圣宫（女校）。新的学校教育是丰富多彩的，咱湛山第一位大学生是孙立魁，大概在 1925 年左右，他大学主攻体育。他每天早晨必经沿海的路段跑上几十里，每当他在沿途跑热了就会顺手脱下衣服放在高处，返回时再取回，据他自己说从来没有丢失过，这好像真正实现了孙中山先生的革命教育目标，路不拾遗，夜不闭户。由于他对体育的执着热爱和坚强毅力，终于在日本举办的远东运动会上夺得田径项目长跑金牌，回国后受到中国政府的欢迎和嘉奖，他给被称为东亚病夫的国家争了光。在 1956 年入社时，他和我一个生产队，干活歇点休息时，我曾问他些体育话题，他也透露些心声，说执着和方法缺一不可，他在长跑时是用两吸一呼法，使自己保持力足气长。新的文化使人民去掉若干精神枷锁，但在当时仍然有些私塾在和新教育作抗衡，为什么呢，这就是传统旧文化统治在人们思想上深深扎下的根，所以若干人愿把孩子送往私塾就读，他们觉得私塾文化更深，更适用于生活。湛山早期私塾学生辛玉峰、辛玉华学龄十一年，当时村里称他们为大学士也就等于现代的大学生了，还有孙正清学龄八年。私塾的教科书从三字经开始，继而百家姓、千字文、弟子规、上下论语、诗经、易经、大学、中庸、礼记、左传、右史等课程。私塾先生在学堂上整天板着面孔，表示他的威严，使学生格外尊敬于他。私塾是封闭式教学法，没有课间休息，学生们整天趴在书桌上，教室里一片嗡嗡的读书声，和啪啪的挨板子声，他们整天很少见天日，因此都称之为“黄面书生”。从论语开始课本上就多了些之乎者也的词语来规范礼教文化，越是学历深的私塾学子们越把旧传统的东西都深深埋藏于心灵之中，由于他们多年的生活习惯，有许多人变成了满腹经纶的书呆子，走起路来慢悠悠，说起话来慢吞吞，表示文雅。现在回忆少年时的旧私塾学堂，越想越感到那简直就是一所监狱。私塾教学特别注重毛笔字，一般都要学习行草隶篆和章法，由于学生们天天在和毛笔打交道，学历高的学子们毛笔字都写得相当好，湛山不少家庭需要写文字性的东西，都去找辛玉峰和辛玉华。1934 年，家长把我送进外乡人孙维洲老师和管老师夫妇两人开办的私塾学校，孙老师教大班，他妻子管老师教小班，那时我班的同学有孙立岳、孙立江、单继德等。

我仅上了两年私塾，1936 年就去湛山小学上“洋学”了。当时的校长是傅兴民，教师有湛山人孙素芳，她学历是高中，任高年级班主任，孙立坚她大姐孙彩云，学历是初中，只能教一、二年级，后来教私塾的管老师也去湛山小学任教。我班的同学还有从辛家庄来上学的辛兆美、辛克云，听他们说辛家庄当时只有初小，最高到四年级。洋学和私塾对比，我觉得上洋学特别好，学科又多，课间又有休息，精神上充实了很多。因为同时有两种文化教育方式存在，所以现代化教育的学校当时都称之为“洋学”。说起“洋”字，不由叫人想起了过去若干东西都加个洋字，什么洋楼、洋车、洋服、洋烟、洋火、洋油、洋蜡、洋灰……过去有些富裕和文明家庭娶媳妇，雇佣军乐队都叫洋鼓手、洋号。凡是带“洋”字的东西大都是从国外传入的改革的结晶，大都属于外来文化。而我们中华民族的古老文化，也在随着时代的变迁，日新月异，不断革新。只有不断革新，社会才有生命力。文化是无界的，如果你有了文化，必须要去应用文化，这样文化才不会失去价值。如果你有文化意识，那么你的人生会更精彩。

湛山村从有史以来到二十世纪五六十年代一直是吃井水。很早以前祖先们就共同在中街和后街的东西各建造了一眼水井，全村吃水用水全靠这四眼井。因为没有井盖，卫生问题就可想而知，成年累月，什么东西都可能掉进去。遇到大旱之年水位下降，有时会见到井底，往往因缺水，人们会踏着石头缝下去舀水吃，这时候就会发现井底下烂布、破桶等很多杂物，现在回想起来真让人恶心，可在那时人们普遍都没有卫生意识，再者，是因时代和条件造成的，也没有办法。村民每天都要抽时间去挑水，往往把水桶掉进井底，更增加了捞桶的烦恼。直到在前街、中街和后街都通上自来水管，设了供水站。大约一九八几年各家各户才通了自来水，这是村民改善用水的一大喜事。

老话说，靠山吃山，靠海吃海。记得小时候我爹到林务局花钱办个证明，包一块山林，到冬天去划拉草，家里天井一年一个大草垛，在平时也到山林上去捡点干柴，一家人全靠这些柴草烧火做饭。漫漫的山林被一些不法分子偷砍去很多，树木也渐渐地越来越少，再加上外来居民逐年多了起来，山上的柴草也不够用了，只能买些煤烧，但煤炭大多年份都是限量供应。直到大湛山村拆迁改造以后，政府统一规划，把燃气管道通进每家每户厨房内，这燃料革命既方便又卫生，更节省放置柴草煤炭的空间，这是村民的特大喜事。冬天取暖，一直到 1940 年左右，我就没记得家里买煤生炉子，爹总是到乖岭去罗些煤核、煤渣回来生炉取暖。乖岭就是湛山西岭，那里的洋楼别墅是洋人居住区和外国使馆官邸，日本领事馆就设在那里。那个区域大量的垃圾煤渣都由他们的雇员运往汽水厂东侧小树林的空地，村里的勤快人都到那里去捡煤核、罗煤渣。那时冬闲季节农民一般都吃两顿饭，爹都是利用空闲时间罗一大麻袋煤核、煤渣，用小车推回来。后来也按时托人从煤场成吨买煤，拆迁后住上新居仍然烧煤、烧蜂窝煤取暖。直到 2008 年湛山安装了暖气管道，开始集中供热，才彻底改变了冒烟发火，烧煤取暖，乌烟瘴气的落后生活习惯的烦恼，现在又省心又卫生，还大大减轻了环境污染，这又是一大喜。

湛山近邻大海，涌现多家渔业专业户，主要有孙泰修，贾维福，孙作浦、孙作泽兄弟两个，孙正道两代，孙立田，孙作惠，孙中林，孙立敦等，他们都置办舢板、渔网和各种渔具，在不同季节，进行捕捞各种不同的鱼类作业，像早春拔八带、拔墨鱼、撒大网拉面条鱼、下流网、钓黄鱼等。合作化以后他们都参加了渔业合作社，孙立敦任社长。湛山前靠海只有百米之遥，近海排列着五道礁石，人们习惯叫作一行、二行、三行、四行、五行。一旦落大潮，前海便人山人海，有时候趟水能登上四行，凡是上到四行的人，都会满载而归，而五行水域较深从来也没露出水面，只听潜水的人说在水下有五行。过去人民生活贫困，逢年过节妇女们都会去海上打些海蛎子，回家包饺子或包子。辛家庄浮山所赶海的妇女经常成群结队从咱湛山门前路过去西海，这也是咱湛山的一道亮丽的风景线。正南的三行、四行曾经是冻菜（石花菜）的丰产区，每到一定的季节就有许多麦岛“猛子将”到这里潜水拿冻菜。

旧时庙会特多，大都设在大年正月，古人对节日很会安排，因为正月是农闲的时候。像麦岛的荒草庵庙会、错埠岭的于姑庵庙会、四方的下村庙会、杨家村的清溪庵萝卜会（现东镇萝卜会）、浮山所的真武庙会（浮山所正月十三山会）、海云庵的糖球会等，只有湛山的庙会是四月初八。自1934年建湛山寺以来，湛山庙会就日益繁荣，山门前有两个大石狮子把门，前面是香纸销售点，上庙进香的香客人山人海。塔前塔后、放生池前东西芝泉路和村西的南北路（现东海一路）卖小商品的人摆得满满当当的，各类工艺品一应俱全，若干在市面上见不到的东西这里都有。树林间摆着酒桌，经营着各种小吃，游客的欢声笑语真够热闹，人们都迟迟不愿离去。每年的湛山庙会也是湛山村的节日，几乎家家都要备好酒菜，招待亲友来客，多年的盛况，湛山远近闻名。

附　录

ZHAN SHAN CUN ZHI

湛山村志

ZHAN SHAN CUN ZHI

关于贯彻省人民政府《关于青岛市将市区二十一个生产大队农业户口转为非农业户口问题的批复》的通知

青政发〔1980〕137号

各县、区人民政府（革委），市直各单位：

根据国民经济的发展和城市建设需要，省人民政府鲁政发〔1980〕166号文件，批复同意我市将娄山公社的西南曲大队、娄山后大队；吴家村公社的错埠岭大队、东吴家村大队、西吴家村大队、小村庄大队、四方大队、湖岛大队；浮山公社的亢家庄大队、浮山大队、湛山大队、辛家庄大队、大尧大队、逍遥大队、田家村大队；西流庄公社的晓翁村大队、盐滩大队、大水清沟大队、营子大队；李村公社的香里大队、阎家山大队的46075人，分期分批转为非农业户口。为了贯彻好省人民政府的批复，现将有关事项通知如下：

一、21个大队的农业户口，自1980年11月8日起，一律按非农业人口管理办法进行管理，停止办理农业户口迁入手续。

二、21个大队现有的土地，由市征地办公室办理征地手续，由市人民政府统一管理。今后，各建设单位需用土地，可直接向市规划局申请，报市人民政府批准，任何单位和个人都不得乱占乱用土地（包括租用、借用）；社队建设用地，也必须向市规划局提出申请，经市人民政府批准。已征用的土地暂时不用的，仍由原生产大队继续耕种。

三、办理转非农业户口手续，不采取一刀切的办法。哪个大队的土地全部办理完征地手续，社员生活作了妥善安排，哪个大队就转为非农业户口。现有的菜田和队办工副业要进一步经营管理好，要积极发展生产，使社员生活不断得到改善。

四、转为非农业户口的生产大队，其党政领导体制和经济管理体制不变。属社队和社员的树木、资金、物资和各种设施，所有权不变。社员的各种福利待遇（包括年老退休），仍按原规定执行。

五、这次转户征地，面广量大，涉及部门多，政策性很强。为了搞好这一工作，决定成立领导小组，由市建委、计委、经委、财委、农委、公安局、劳动局、粮食局、民政局、市南区、四方区、沧口区、崂山县的负责同志组成。由宋玉珉同志任组长，张一萍同志任副组长。并由上述单位抽调部分干部组成办公室。各有关部门要积极配合，对分工的业务工作要认真组织落实。

六、要加强对干部、社员的思想教育，严格防止一切违反上述规定营私舞弊的现象发生，违犯者要严肃处理。

本通知要于11月8日前向有关社队干部和社员群众宣布。

青岛市人民政府

1980年11月7日

青岛市人民政府关于对市区二十一个生产大队转体征地的有关规定

青政发〔1982〕100 号

各有关县、区政府、有关公社、生产大队、市府各部门、市直各单位：

山东省人民政府 1980 年 166 号文件批准我市市区 21 个生产大队农业户口转为非农业户口。同年，市人民政府下达了 113 号和 137 号文件，对 21 个生产大队的转户、征地、社员生产和生活安置作了若干规定。一年多来的实践证明，这些规定的原则是正确的，对我市的建设起到了一定的作用。但是，由于安置社员生产和生活的路子窄了一些，征地工作还不能适应建设的需要。为了加快我市建设的进度，根据当前情况，决定将 21 个生产大队和有关公社分期分批转为区街体制。现将有关问题规定如下：

一、撤销浮山、吴家村、西流庄公社，组建街道办事处。原公社经营的农、工、商项目，由组建的街道办事处领导。娄山公社的娄山后大队和西南曲大队划归娄山街道办事处领导。崂山县李村公社的阎家山大队划归西流庄街道办事处领导。

对 21 个生产大队，要根据城市建设用地需要和社员生产、生活安置情况，分期分批转为区街体制，农业人口转为城市居民，组建居民委员会。原来生产大队经营的农、工、商项目，组成集体所有制的经济组织（可称为农工商联合公司或其他名称），进行经营管理，实行统一经济核算。原参加生产的社员改为集体职工，分配形式、劳保福利等由其经济组织自行规定。烈军属、“五保户”、退休社员的福利待遇，按原规定执行。

二、对 21 个生产大队现有土地均由市人民政府统一管理。对转为区街体制的生产大队的所有土地，由市人民政府一次办理征地手续，分次使用，分次补偿，分次安置社员生活。市政公用设施建设用地，可以先用后征。对已征土地暂不使用的，仍由原单位耕种。征地补偿费，每亩 3000 元（包括地上地下的农业设施和树木、青苗等的补偿费）。征用的土地由市人民政府统一分配使用。各建设单位，未经市政府批准，不得直接向社队联系征地。各社队也不得私自占用、出租、出借土地和处理地权。对市府 1980 年 137 号文件下达后，建设单位私自与生产队办理使用的土地，由市政府收回统一分配。对社队未经城市建设部门批准，已擅自出租、出借、占用的土地，由城建局会同各区进行清查，按省市有关规定处理。今后，转为区街体制的单位建设用地、居民建房用地和动迁安置用地，按城市有关规定办理。各级政府的有关部门要严格把关，加强土地管理。

三、对被征用土地的生产大队的社员生活要妥善安置。建设用地单位每用一亩地要缴纳 5000 ~ 7000 元的劳力安置费（娄山以北地区 5000 元，以南地区 7000 元），谁安置生产队劳力归谁所有。安置办法可以多种多样：一是，尽量由被征地的生产大队兴办农工商项目安置；二是，由建设单位或其主管部门提供农工商项目安置；三是，由建设单位或其主管部门按照“土劳比”（即生产大队现有耕地和从事农业的劳力的比例）的原则，将征用土地的劳力安置就业，用地单位不再缴纳劳力安置费；四是，市、区劳动部门也要积极进行安置。

凡是按“土劳比”的原则安置就业的人员，必须是户口在生产大队，身体健康，能坚持参加生产劳动，年龄在十六至五十四周岁的男性社员，十六至四十九周岁的女社员。为了便于工作，在安置时可划分四个年龄组：十六至二十五周岁；二十六至三十五周岁；三十六至四十五周岁的男社员和三十六至四十周岁的女社员；四十六周岁以上的男社员和四十一周岁以上的女社员，每个年龄组各占四分之一，男女各半。如果少安置一个四十六周岁以上的男社员或四十一周岁以上的女社员，则要安置十六至二十五周岁的社员二人。

四、凡按“土劳比”的原则安置就业的人员，均属单位的正式职工，按照单位对职工管理的有关规定进行管理。他们参加人民公社的社龄定为工龄，享受就业单位的劳保福利待遇。工资待遇：凡年满十六周岁以上的应届毕业生，按国家规定执行；已参加集体生产的社员，要根据劳力强弱、社龄长短，参照同工种工人工资的级别，由安置单位评定为二至四级，有特长者可通过技术考核评定为相同职工的级别。

五、转体征地工作，政策性强，涉及面广，工作复杂。决定成立转体征地领导小组，负责这项工作。由李秉政同志任组长，张宣、宋玉珉、张一萍同志任副组长，市计委、经委、财委、建委、农委、城建、劳动、公安、检察院、法院、粮食、民政等部门以及市南、四方、沧口区的负责同志为成员。同时，加强市府征地办公室的力量，负责日常工作。市南、四方、沧口区的区长要亲自抓这项工，并要成立办公室，具体负责转体、征地和安置社员生产、生活等工作。

各有关区、社、队都要加强政治思想工作，广泛宣传转体征地工作的重要意义和省、市的有关规定，提高干部和广大社员群众的政治觉悟，自觉地摆正国家、集体、个人三者的关系，识大体，顾大局，服从国家建设的需要，防止和克服资产阶级自由化倾向。要克服软弱涣散状态，坚决抵制在转体征地工作中可能出现的各种不正之风。在转体期间，要保护好集体财产，组织好各项生产活动，对于借机贪污、盗窃、受贿等侵吞国家和集体财产的违法犯罪活动，要坚决予以打击。市、区有关部门，都要尽职尽责，互相支持，密切配合，共同完成任务。各建设用地单位要严格遵守征地的有关规定，对于私自出高价征地的，要追究领导责任，严肃处理。参加这项工作的各级干部都要严格坚持党的原则，执行政策，廉洁奉公，积极工作，保证这项工作的顺利完成。

过去市府有关对 21 个生产大队转户征地的规定，凡是不同于本规定内容的，都以本规定为准。

青岛市人民政府

1982 年 4 月 8 日

青岛市人民政府关于对市区二十一个生产大队转户征地的补充规定

青政发〔1982〕226号

青岛市人民政府曾先后于1980年11月7日和1982年4月8日下达文件，对市区21个生产大队转户征地问题作了若干规定。现根据国家《国家建设征用土地条例》和山东省人民政府《关于贯彻〈国家建设征用土地条例〉若干问题的规定》的精神，作如下修改和补充：

一、对21个生产大队，除已转为非农业户口的香里大队外，其余的要从1982年11月1日起，按市人民政府〔1980〕137号文件中的有关规定将农业户口转为非农业户口。对1980年11月8日以后迁入生产队人员的户口如何处理，由市公安局审查提出意见，报市人民政府审批。转户后，生产队和有关公社的领导体制和经济管理体制暂时不变，社员的收入分配、劳保福利、“五保”等仍按原办法执行，但要积极做好工作，尽快转为区街管理体制，市、区有关部门要按照业务分工抓紧做好转户的各项工作。

为了便于工作，决定将崂山县李村公社的阎家山大队，于1982年11月1日划归沧口代管。

二、对21个生产大队的所有土地，均由市人民政府统一管理，并根据建设需要，有计划的统一征用。征用土地手续由市城建局会同有关区人民政府直接与被征地单位办理。各建设单位不准私自与社队联系征地，用地时，可向市城建局提出申请，由城建局根据城市规划，给予安排。各建设用地单位要按照规定，将各项补偿费和安置补助费交市城建局统一付给被征地单位。社队建设用地和社员建房用地也必须逐级申请，经市城建局审核同意后报市人民政府批准，严禁私自圈占、出租、出借土地。对市人民政府1980年137号文下达之后建设单位私自与生产队办理使用的土地和生产队私自圈占、出租、出借的土地，由市城建局会同有关区人民政府进行全面清理。建设单位私自与生产队办理使用的土地，已搞了建筑物的，建筑物作为违章建筑处理，未搞建筑物的，一律由市城建局收回。生产队私自出租、出借、圈占的土地，要限期收回，服从统一征用；已搞了建筑物的，由市城建局提出处理意见，报市人民政府审批。

三、征用土地的补偿和劳力安置，按下列标准和办法办理。

1. 土地补偿费：每征用一亩耕地，按被征地单位全部耕地前三年平均每亩年产值的6倍补偿。征用无收益的土地、宅基地、不予补偿，但对地上地下设施，仍按有关规定予以补偿。

2. 青苗补偿费：因建设急需，必须清除被征用土地上的作物，根据作物生长情况，给予相当于当季作物产值的补偿。

3. 树木补偿费：被征用土地上的树木，凡有条件移栽的尽量组织移栽，付给移栽人工费和树苗损失费；不能移栽的，树苗按国家苗木价格补偿，半成材按不超过国家木材牌价百分之五十补偿，成才按不超过国家牌价一倍补偿。被征地单位或个人不愿按作价补偿办法处理的，允许其自伐或出卖。

4. 被征用土地上的房屋、水井、水池、地下管道等附着物，折价给予补偿。也可征得被征地单位的同意，给予异地建设同等质量的附着物。

5. 安置补助费：每征一亩地，按被征地单位全部耕地前三年平均每亩年产值的十倍付给。

对于个别特殊情况，按照上述补偿和安置补助标准，尚不能保证维持群众原有生产和生活水平的，经省人民政府批准可以增加安置补助费，但每亩土地的补偿费和安置补助费的总和，不得超过被征地单位全部耕地前三年平均每亩年产值的 20 倍。

6. 各项补偿费和安置补助费，除被征用土地上的附着物中产权确属个人的其补偿费应付给本人，集体种植的土地上的青苗补偿费可以纳入当年集体收益分配外，都应当由被征地单位用于发展生产和安排因土地被征用而出现的多余劳动力的就业和不能就业人员的生活补助，不得移作他用。有关领导机关和其他单位也不得以任何借口占用。

7. 因征地造成的农业剩余劳动力，主要由被征地单位通过发展农业生产和工副业生产进行安置。被征地单位发展工副业项目确有困难的，由市计委、经委等有关部门统一组织扩散项目，帮助解决。通过上述途经确实安置不完的剩余劳动力，用地单位和劳动部门也可以选招其中符合条件的就业，并相应核减被征地单位的安置补助费。被安置就业人员的工资、福利等各项待遇，由就业单位按国家规定办理。

8. 市政工程建设用地和拆迁安置问题，按《青岛市市政工程建设用地、拆迁安置暂行办法》办理。

四、凡经市人民政府批准要用的土地，被征地单位要按照上述补偿、安置标准和办法，同市城建局签订征地协议，对于坚持无理要求拒不签订征地协议和违反国家征用土地法令的，要按照《国家建设征用土地条例》和《国务院关于坚决制止哄抢和侵占国家资财的决定》中有关规定处理。

五、在转户征地工作中，有关人员要认真履行职责，严守法纪。对坚持原则，秉公办事的，要给予表扬，对利用职权营私舞弊，贪污受贿，虚报土地、产量、人口、索取额外财物等违法违纪行为，要严肃处理。

六、本规定自公布之日起施行，过去市人民政府对 21 个生产大队转户征地的有关规定，凡是不同于本规定内容的，按本规定执行。

1982 年 9 月 25 日

青岛市劳动局关于市区二十一个生产大队转体征地后安置就业人员有关工资福利问题的处理意见

青劳险字〔1984〕第76号

各区、县、局：

我市市区21个生产大队转体征地后，安置就业人员的有关工资福利问题，经我局研究提出的意见，已报请市政府同意，现印发给你们，请按照执行。

一、凡按“土劳比”的原则安置的就业人员（简称就业人员）在评定工资时，可根据劳动力强弱，技术水平高低，适当参考从事农业劳动时间长短，比照同工种工人的工资级别给予评定。

二、就业人员可享受所在单位职工同等的劳保福利待遇。

三、就业人员年老退休时，其从事农业劳动时间可与入厂后的工龄合并连续计算。

以上三条仅适用于自批准农转非后就业的人员，但不得列入1983年企业调整工资范围。对其他待业青年随着社会招收安置的应按新招收城镇待业青年的规定办理。

1984年5月30日

关于原公社所属大队更改名称的通知

南政发〔1985〕16号

区属各单位、政府各部门及原公社7个大队：

原浮山公社7个大队划归办事处领导后，以原大队为基础，分别成立农工商公司，现将各公司名称公布如下：

湛山大队更名为湛山农工商公司。

亢家庄大队更名为大信农工商公司。

浮山大队更名为浮山农工商公司。

田家村大队更名为裕丰农工商公司。

大尧大队更名为宏大农工商公司。

逍遥大队更名为隆昌农工商公司。

辛家庄大队更名为永盛农工商公司。

各农工商公司要分别向工商行政部门办理开业手续，取得法人地位，以维护生产经营中的合法权益。

1985年2月13日

抄送：市农业局、市工商局、乡镇企业局、区委、区人大、区政协、区法院、区检察院、区工商局。

青岛市人民政府关于城镇农工商企业从业人员参加社会养老保险若干事项的通知

青政发〔1997〕153号

各市、区人民政府，市政府各部门，市直各单位：

为促进农工商企业的健康发展，保障其从业人员年老时的基本生活，维护社会稳定，现就城镇农工商企业从业人员参加社会养老保险的有关事宜通知如下：

一、适应范围。凡在本市行政区域内已实行农转非区域的，原乡镇、村办农工商企业（以下简称企业）及其从业人员均应按本通知规定参加城镇企业从业人员社会养老保险。

二、养老保险费的缴纳。自参加社会养老保险之日起，企业按现有从业人员工资总额的20%缴纳，从业人员按本人工资的5%缴纳，以后每年提高一个百分点，直到8%为止。

三、缴费基数的核定。企业必须建立《工资基金使用手册》，纳入劳动部门的企业工资基金管理，按实发工资总额确定缴费基数。暂时无法确定工资总额的单位，以全市上年度社会平均工资作为缴费基数。

四、企业应当为从业人员补缴养老保险费。在职职工补缴养老保险费的时间从1984年1月起算，1984年以后参加工作的，从参加工作之日起算。补缴养老保险费的标准：1984年1月至1994年9月单位按每人每月8元、个人每月4元补缴；1994年10月1日后按《青岛市城镇企业从业人员养老保险暂行规定》的标准补缴。

现有退休人员由单位按照每人每月12元补缴10年养老保险费。

企业补缴养老保险费所需资金从管理费中列支。

五、建立职工养老保险个人账户。企业补缴养老保险费后，社会保险部门应当从1994年10月1日起为从业人员补建养老保险个人账户，并定期向从业人员公布个人账户对账单，接受从业人员的监督和查询。1994年10月1日以前补缴的养老保险费只计算连续工龄，不建立个人账户。

六、在职职工的工龄核定。凡按规定补缴养老保险费的从业人员，其1984年1月1日前参加人民公社劳动的农龄与企业工龄经市劳动部门审核确认后，可以合并计算为连续工龄，视同缴费年限。其中农龄为本人年满16周岁后实际参加人民公社劳动的时间。

不按规定补缴养老保险费的，不得计算连续工龄和缴费年限。

七、从参加社会统筹之日起，从业人员达到国家法定退休年龄，缴费年限（含连续工龄）达到15周年及其以上的，可以办理退休手续，享受退休待遇。本通知实施前参加工作，缴费年限（含连续工龄）满1年不满15周年的，达到退休年龄后，一次性发放退职费，同时终止养老保险关系。

八、在参加社会统筹前已退休的人员，其月养老保险金标准，原则上仍按原标准执行。但月养老金低于全市最低养老金标准的，按最低养老金标准发放，由社会保险部门从社会统筹基金中统一拨付：原养老金标准高于全市最低养老金标准的，社会统筹基金只负担最低养老金范围内的部分，其超出部分由原企业补齐。以上人员均以社会统筹基金负担部分为基数执行基本养老金的正常调整机制。

九、现有的退休人员中，凡未达到法定退休年龄的，一律按在职人员标准补缴养老保险费，作为企业内部退养处理，退养待遇由企业负责发放，退养期间单位和个人均应按规定缴纳养老保险费，待达到法定退休年龄后再办理退休手续，纳入社会统筹。

十、现有在岗从业人员中，已达到或超过退休年龄的一律办理退休手续，按退休职工标准补缴养老保险费，社会保险部门按参加社会养老保险前的退休人员拨付养老金。企业可以根据实际情况适当提高这部分人的退休待遇水平，其费用由企业负担，不纳入社会统筹。

十一、凡参加社会养老保险的企业，均应当与从业人员签订劳动合同，实行劳动合同管理。从业人员与本单位终止或解除劳动合同后，在其他单位重新就业或自谋职业并按规定缴纳养老保险费的，其缴费年限（含连续工龄）和个人账户储存额可以累计计算。

十二、各企业必须按规定参加社会养老保险，按时缴纳养老保险费，企业拒交、无故拖欠或隐瞒少缴养老保险费的，由社会保险机构责令限期补缴，按银行同期贷款利率收取利息，并按日加收 2‰的滞纳金。

十三、本通知未涉及的养老保险其他问题，均按《青岛市城镇企业从业人员养老保险暂行规定》执行。在本通知具体执行中的问题，由市劳动局负责解释。

1997 年 9 月 4 日

编后记

地方志也称“方志”,是一地之“百科全书”,有“一方之全史”之称。就是把一个地方从古到今,从自然到社会、山川、风物、史迹、人物等,分门别类记录、记述、记载下来,铭记不忘。志书是一地之信史,用资料说话,编者不加议论和褒贬,资料性是一部志书的基本属性。

随着中华民族伟大复兴的时代,我们的家乡日新月异,古老的村庄早已发展为现代的市区。物质生活富足、衣食无忧,尽享现代文明,但人们依然经常会深深怀念着曾经的生活清苦、风光陶然、人心淳厚,古风犹存的老村庄。俗话说“儿不嫌母丑,狗不嫌家贫”,家乡对每一个人来说就像母亲,是生我养我的地方。大诗人李白的一首“举头望明月,低头思故乡”的千古绝唱,牵动着古往今来无数人的乡思!人们越来越意识到需要时时回过头看看我们的爷爷、奶奶曾经走过的路,看看我们自己曾经走过的路。

盛世修志,1999 年大湛山村拆迁改造工程全部竣工,湛山农工商公司领导委托我为湛山广场村志碑撰写碑文,分管此事的时任中共湛山农工商公司党委委员、公司副经理孙中杭当时说,经常有外地客人来我们公司查询湛山村的历史情况,我们竟然一无所知,拿不出任何资料,此话深深地触动了我。经过九个月日日夜夜地辛苦努力,到青岛市档案馆查阅了大量历史档案,拜访了村里许多长者,收集到孙、辛、贾、毛、王等各姓氏族谱等重要资料,初步厘清了湛山村近 600 年的历史脉络概况。又有曾参与《青岛市志》编纂的程绪华先生、青岛市书法家协会名誉主席高小岩先生、青岛市美协副主席、山东省雕塑委员会副主席、青岛画院徐立忠教授等专家学者鼎力相助和指导,如期完成“大湛山村史碑”任务,虽因条件所限,时间仓促,不能尽如人意,但也积累了不少湛山村的珍贵史料。

2005 年开始青岛市市南区档案局、区史志办组织 7 个农工商公司各自为《市南区志》老村庄撰稿。时任中共湛山农工商公司党委书记、公司总经理孙中杭亲自抓这项工作,委托我担任主编。自思,才疏学浅,孤陋寡闻,愧当重任。然而对公司领导的信任和父老乡亲的期待,对故土的热爱和对祖先的崇敬又使我义不容辞。人生许多重要事情总不能等到什么都明白了才开始,只能一边砍柴,一边磨刀,在干中学,在学中干。于是,怀着近乎神圣的使命感和责任心,“老在须眉壮在心”,勉为其难,谨遵古训“忝荷史任,敢忘直笔,唯义是规”。

中共湛山农工商公司党委始终把修村志作为一项重要文化工程,高度重视,及时设立了村志办公室,配备了电脑等设施,公司党委委员、副经理秦继利兼任村志办公室主任,孙中雪任编辑,公司党政办公室主任王健和杨勇兼任档案查阅,资料复印,图片扫描以及后勤保障等,会计张桂芹协助整理了湛山公司各历史时期 50 余年的相关财务档案资料。只道是修村志三、五年足矣,岂料一干就是十年。

“做史莫难于志”,修村志犹难,修志之难大都因资料难求,今人欲寻觅一个名不见经传的古村落数百年的历史,无异于大海捞针。历史上处在社会下层的民众,承载和传播村落的历史和记忆主要是靠口头传承，然而随着一批一批老人的去世，村里的许许多多古老的传说已逐渐随之被湮没，被遗忘而失传。同时又随着现代文明的进程，大湛山和小湛山两个老村庄早已从农村走进了城市，许多古人遗留下来的古迹和非物质文化遗产已经消失殆尽。

“沧桑旧梦萦，古今魂魄牵”。十年来，殚精竭虑，孜孜以求，苦苦地寻觅着这片土地上先辈们一个个影子和他们留下的一串串脚印，在历史的长河里打捞被遗忘的、失踪的史实，尽可能为我们的故乡多收藏一些记忆。按照修志“详今略古”的惯例，首先抓紧对村里的很多高龄老人进行大量抢救性的采访，对广大村民以及各方面相关人员电话访问不下千余人次，每次都做了详细的资料记录。通过内寻外访和主动奉献等各种方式收集到孙、辛、贾、毛、王，大鲍岛，会前村以及其他各姓氏包括已失传多年的各种版本宗族、族谱和史料 20 余种。为村志编纂提供了重要的基础性资料来源和记述内容。远上山西洪洞大槐树探访明初移民之根，向各姓氏老祖顶礼膜拜；南下安徽省政府和合肥市政府等档案局、地方志办公室，拜访了安徽省地方志办公室市县处处长、省地方志学会副会长张长明等资深专家，探访小湛山和丁家庄丁姓明初庐州府祖籍和历史踪迹；赶赴前桃林在村委会热情协助下寻访到邵氏族谱，终于使小湛山族谱失传已久的丁、邵两大姓氏宗族历史彰明较著。辛家庄、大尧、大埠东等各村志办慷慨相助，找到了失传已久的《辛氏族谱》《丁氏族谱》。前往胶州李哥庄镇贾疃找到了湛山贾氏明初的历史渊源，对接了族谱，认祖归宗。许多事例不胜枚举。

日日做不怕千万件事，天天走不怕千万里路。有青岛市市南区档案局史志办的指导，有中共湛山街道办事处湛山公司党委的领导，有相邻各村的热情协助，有广大父老乡亲积极支持、配合、鼓励，纷纷献出大量老照片和各种资料，充分体现了众手修志、众手成书，才有《湛山村志》问世。在此谨表深深谢忱，并告慰曾经对村志翘首期盼，百般关照，已经仙逝的诸多长老在天之灵。

未敢妄谈志书存史、资政、教化三大功能，但求能为家乡和后人留下力所能及收集到的一笔文化遗产，使我们的家乡老村庄不至于完全失去记忆。

由于编者能力、水平、专业知识所限，错愕谬误、遗漏不当，在所难免，敬请批评指正。

编　者